JURIDICAL ACTS OF IDENTITY FROM

THE PERSPECTIVE OF
CIVIL CODE

民法典视角下的
身份法律行为

陈信勇 等·著

ZHEJIANG UNIVERSITY PRESS

浙江大学出版社

·杭州·

目　录

绪　论

2020 年 5 月 28 日,《中华人民共和国民法典》(以下简称《民法典》)①由第十三届全国人民代表大会第三次会议通过,自 2021 年 1 月 1 日起施行。我国进入了民法典时代。

从我国民法典的视角观察民事立法演变的经纬,关注民法典出台前后民事司法实践的变化及司法见解分歧,了解围绕民法典制定与实施过程中热点问题的各种学术争议,是当下学习、研究民法学的基本途径。本书选取"身份法律行为"这一主题,在民法典的立法发展、司法实践与学术论争的层面上,以解释论为主导研究范式,专门探讨身份法律行为的基础理论、身份法律行为纠纷的民法典适用,以及具体身份法律行为的成立、效力与法律救济等问题。

第一节　身份法律行为的立法发展

"法律行为"与"意思表示"的概念直至 18 世纪才形成。② 罗马法上,只存在各种具体的法律行为类型,而无一般性的"法律行为"甚或"债权契约"概念。③《法国民法典》使用了"意思表示"概念,确认了意思自治原则,在现代民法和大陆法系的形成中起到了划时代的作用,但它仍未建立起完整的

---

① 有关法律、法规、规章和司法解释简称,请见本书附录。附录未列出的法律、法规、规章和司法解释简称,不一一说明。

② ［德］维尔纳·弗卢梅:《法律行为论》,迟颖译,法律出版社 2013 年版,第 32 页。

③ 朱庆育:《法律行为概念疏证》,《中外法学》2008 年第 3 期。

法律行为制度。① 历史法学派的创始人胡果在研究罗马法时,概括了法律方面的行为的共同点,首创了"法律行为"这个词。② 法律行为作为术语进入法典,始见于1863年的萨克森王国民法典。1900年起施行的《德国民法典》亦采纳法律行为概念,并以之为第一编第三章的章名。由于法律行为制度规定于总则编,《德国民法典》亲属编、继承编中的身份法律行为,均为法律行为所涵盖。《大清民律草案》总则编即有"法律行为"一章。我国民国时期民法典总则编建立了法律行为制度,分则亲属编、继承编中的婚约、结婚、夫妻财产契约、离婚协议、收养协议、终止收养协议以及对于亲属法上行为之同意等行为,同样涵盖于法律行为范畴。

从革命根据地时期开始,我国亲属立法深受苏俄民法理论与立法的影响。1922年制定、1923年施行的《俄罗斯联邦民法典》只包含总则、物权、债和继承四编,土地关系、劳动关系、婚姻家庭关系等内容被排除在民法典以外,土地法、劳动法和婚姻家庭及监护法单独制定。1918年的《俄罗斯联邦户籍登记、婚姻、家庭和监护法典》和1926年的《俄罗斯联邦婚姻、家庭和监护法典》成为社会主义国家身份立法的最初范本。我国革命根据地时期制定《中华苏维埃共和国婚姻条例》(1931年)、《中华苏维埃共和国婚姻法》(1934年)和边区婚姻条例,解放后制定《婚姻法》(1950年、1980年)、《继承法》(1985年)和《收养法》(1991年),就是这种传统的延续。在一个相当长的时期里,我国法学界曾经将婚姻家庭法看作一个独立的法律部门。③ 在这些婚姻家庭法律中,没有法律行为的概念。尽管在王汉斌所作《关于〈中华人民共和国民法通则(草案)〉的说明》(1986年4月2日)中,婚姻法明确被列入"民事的或者与调整民事关系有关的"法律之中,《民法通则》第五章第四节规定了人身权,但婚姻法与民法之间的传统鸿沟并没有因此就被填平。《民法通则》中有"民事法律行为""民事行为"的概念,但在婚姻家庭和继承

---

① 董安生:《民事法律行为》,中国人民大学出版社2002年版,第17—18页。
② 周枏:《罗马法原论》(下册),商务印书馆1994年版,第582—583页。
③ 陶毅主编:《新编婚姻家庭法》,高等教育出版社2002年版,第45页。

的司法实践中,《民法通则》较少被适用。① 民法学界也较少从法律行为的视角研究婚姻家庭和继承行为(亲属法律行为)中的意思表示、成立、有效、无效、生效、撤销、解除等问题。

作为一类民事法律事实,与财产法领域相比较,身份法领域的民事法律行为确实要少得多。在身份法领域,出生(产生亲子关系)、死亡(消灭亲属关系和产生继承关系)、时间流逝(如胁迫结婚撤销权的一年除斥期间、成年)等自然事实是常见的法律事实,继父母抚养继子女的事实行为,对家庭成员实施的家庭暴力、虐待等侵权行为,以及遗弃、重婚、有配偶者与他人同居等违反亲属或家庭成员义务的违法行为,也属于身份法上的法律事实。

在民法典编纂完成之前,民法学界不少学者认为,婚姻家庭、继承立法缺少一些必要的民事法律行为,应当补充。梁慧星负责的课题组建议规定生父认领亲生子女,扶养协议,扶养顺序、方式、扶养费变更协议;②王利明主持的项目组建议规定非婚生子女的认领、扶养方式变更协议;③徐国栋主编的《绿色民法典草案》建议规定婚约、分居协议、对人工辅助生育的同意、非婚生子女的认领、扶养协议、家庭共同财产合同、死因赠与;④张玉敏建议规定继承合同。⑤ 此外,孙宪忠建议婚姻家庭编规定婚姻家庭协议,"承认婚姻以及家庭的当事人(不限于夫妻男女)在法律规定的范围内、在社会主义核心价值观的限制内,依照自己内心的真实意愿,就婚姻以及家庭的各种人身、财产关系作出的明确意思表示的协议"⑥。然而,《民法典》基本上没有吸纳这些立法建议。

民事权利可以依据民事法律行为、事实行为、法律规定的事件或者法律

---

① 泸州遗赠案的一、二审法院依据《民法通则》第七条认定遗赠非法同居者的遗嘱无效,引起了法学界的广泛争论。可参阅(2001)纳溪民初字第 561 号、(2001)泸民一终字第 621 号民事判决书。

② 梁慧星:《中国民法典草案建议稿附理由·亲属编》,法律出版社 2006 年版,第 139、215、218—220 页。

③ 王利明:《中国民法典学者建议稿及立法理由·人格权编、婚姻家庭编、继承编》,法律出版社 2005 年版,第 305,428 页。

④ 徐国栋主编:《绿色民法典草案》,社会科学文献出版社 2004 年版,第 186、200、205—206、217、219、256 页。

⑤ 张玉敏主编:《中国继承法立法建议稿及立法理由》,人民出版社 2006 年版,第 16、149—151 页。

⑥ 孙宪忠:《民法典婚姻家庭编草案应该解决的四个现实问题》,《中国人大》2019 年第 13 期。

规定的其他方式取得。① 依事实行为、自然事实取得的权利都是依照法律规定取得的，属于法定权利，而依民事法律行为取得的权利属于意定权利。民事法律行为和意定权利的扩张，意味着私法自治领域的扩张。"法律行为乃实践私法自治的主要手段。"② 由于"亲属法是强行法""因身份的法律要件所生之法律效力，为定型的、一括的"③，亲属法作为强行法有类似刑法、税法一样明确的边界，不能像合同法一样涵盖各类无名合同，在亲属法上未作规定的民事法律行为，原则上不具有法律效力，或不为亲属法所调整。法律，归根结底是一种公共产品④，应当回应社会公众的需求。

《民法典》实现了婚姻法、收养法、继承法的回归。《民法典》婚姻家庭编、继承编对婚姻家庭、继承领域的回应过于消极，不能适应和满足现实生活和司法实践的需求。这其中原因主要有：（1）总则编法律行为一般规范主要从合同制度中提取，其适用于身份法律行为，需要顾及身份法律行为的身份属性。作为调整静态财产关系的物权编规则和调整动态财产关系的合同编规则，也不能简单地适用于双方身份法律行为。（2）身份法律行为与一般法律行为的共性与个性，未能在民法典中作出清晰的表达。其实这一直以来就是民法典制定中的一个难题。（3）我国婚姻家庭领域的礼治传统，决定了身份立法的简约特性。传统社会有"清官难断家务事"的家事立法、司法的谦抑观念和将婚姻家庭、继承事务划归礼治范畴的习惯。在这种历史背景下，很难提炼出"亲属行为""亲属法律行为""身份法律行为""亲属身份行为"这样的法律概念。1950年《婚姻法》共二十七条，1980年《婚姻法》（2001年修改为五十一条）和1985年《继承法》均为三十七条，1991年《收养法》共三十四条。现行《民法典》共计一千二百六十条，其中婚姻家庭、继承两编共计一百二十四条，约占总条文数的9.8%，而《德国民法典》共计二千三百八十五条，其中亲属、继承两编共计一千零八十九条，约占总条文数的45.7%。简约的身份立法照顾了我国家事领域依风俗习惯处事的传统，但也带来了家事领域裁判标准的模糊性和法官较大的自由裁量权，并不可避免地出现

① 《中华人民共和国民法典》第一百二十九条。
② 王泽鉴：《民法总则》，中国政法大学出版社2001年版，第249页。
③ 史尚宽：《亲属法论》，中国政法大学出版社2000年版，第5页。
④ 陈信勇：《论法律产品》，《人民法院报》2003年11月10日、17日B1版。

较为突出的同案异判问题。身份立法简约引发司法实践中的大量问题,需要进行理论上的探讨,这是我们专门研究身份法律行为并撰写本书的缘由之一。

第二节　身份法律行为的司法实践

婚姻家庭、继承纠纷是《民事案件案由规定》(2020年12月14日第二次修正)规定的一个部分,包括1个一级案由(婚姻家庭、继承纠纷)、2个二级案由(婚姻家庭、继承纠纷)和23个三级案由。有的三级案由之下还有四级案由。在这大量的婚姻家庭、继承纠纷案件①中,不少案件涉及身份法律行为这一法律事实,如婚内财产分割协议、离婚协议(包含婚姻解除、子女抚养、财产分割、债务承担、经济补偿、经济帮助等内容)、财产与子女抚养调解协议、结婚、夫妻财产约定、同居协议、赡养协议、收养协议、监护协议、分家析产协议、遗嘱、遗赠扶养协议、遗产分割协议等,有些民事纠纷案件还涉及忠诚协议、婚外同居补偿协议(包养费、分手费协议)、遗产预分配协议等。

通过分析各种各样的婚姻家庭、继承纠纷案件,我们可以发现,婚姻家庭的现实生活方式(包括婚姻家庭思维方式和行为方式)与婚姻家庭立法之间存在巨大的落差。婚姻家庭的生活事实先于婚姻家庭立法存在,尽管婚姻家庭立法具有改造社会生活的功能,包括1950年婚姻法在内的婚姻家庭立法确实从根本上废除了包办强迫、男尊女卑、漠视子女利益的封建主义婚姻制度,但法律改造社会生活往往需要一个较长的时间,很难一蹴而就。

以结婚为例,尽管1950年《婚姻法》就规定"结婚应男女双方亲到所在地(区、乡)人民政府登记"(第六条第一款),但在1950年婚姻法施行后相当长

---

① 婚姻家庭、继承纠纷案件在我国民事案件中一直占有较高的比重。2005—2022年我国法院婚姻家庭、继承案一审收案数分别为1133333、1159826、1220772、1320636、1379692、1423180、1593743、1686694、1651666、1635244、1817278、1735516、1802151、1808787、1836638、1514556、1898588和1791301件,占民事案件比重分别为25.87%、26.45%、25.84%、24.54%、23.79%、23.37%、24.10%、23.05%、21.22%、19.68%、16.45%、16.13%、15.84%、14.53%、13.26%、11.53%、11.43%和11.32%,其比重虽有所下降,但案件总量大体上呈上升趋势。数据来源:最高人民法院网站。

的一段时间里,以传统结婚仪式替代结婚登记的习惯仍然在不少地区(特别在农村)盛行。1980年《婚姻法》再次规定"要求结婚的男女双方必须亲自到婚姻登记机关进行结婚登记"(第八条),结婚应当登记的观念更加深入人心,但以传统结婚仪式替代结婚登记的做法依然存在。最高人民法院面对这种社会生活现实,为保护当事人的合法权益,维护婚姻家庭和社会稳定,先后出台多个司法解释或司法性文件涉及事实婚姻问题,逐步解决现实生活与法律之间的落差问题。(1)1979年2月2日最高人民法院颁布的《关于贯彻执行民事政策法律的意见》规定,"事实婚姻是指没有配偶的男女,未进行结婚登记,以夫妻关系同居生活,群众也认为是夫妻关系的""双方或一方不满婚姻法结婚年龄的婚姻纠纷,如未生育子女,在做好工作的基础上,应解除其非法的婚姻关系,如已生有子女等特殊情况,应根据婚姻法的有关规定,对于女方及子女利益给予照顾""对双方已满婚姻法结婚年龄的事实婚姻纠纷,应按一般的婚姻案件处理"。(2)1984年9月8日最高人民法院颁布的《关于贯彻执行民事政策法律若干问题的意见》规定,"对起诉时双方都已达到婚姻法规定的婚龄和符合结婚的其他条件的,可按婚姻法第二十五条规定的精神处理,如经过调解和好或者撤诉的,应令其到有关部门补办结婚登记手续;起诉时双方或一方仍未达到法定婚龄或不符合结婚的其他条件的,应解除其同居关系。所生子女的抚养或财产的分割问题,按婚姻法的有关规定处理"。(3)1989年12月13日最高人民法院颁布的《关于人民法院审理未办结婚登记而以夫妻名义同居生活案件的若干意见》规定,"1986年3月15日《婚姻登记办法》施行之前,未办结婚登记手续即以夫妻名义同居生活,群众也认为是夫妻关系的,一方向人民法院起诉'离婚',如起诉时双方均符合结婚的法院条件,可认定为事实婚姻关系;如起诉时一方或双方不符合结婚的法定条件,应认定为非法同居关系""1986年3月15日《婚姻登记办法》施行之后,未办结婚登记手续即以夫妻名义同居生活,群众也认为是夫妻关系的,一方向人民法院起诉'离婚',如同居时双方均符合结婚的法定条件,可认定为事实婚姻关系;如同居时一方或双方不符合结婚的法定条件,应认定为非法同居关系"。该意见以1986年3月15日《婚姻登记办法》施行时间为界,规定了不同的认定标准。(4)2001年12月25日最高人民法院颁布的《婚姻法解释(一)》第五条规定,"未按婚姻法第八条规定办理结婚登记而以夫妻名义共同生活的男女，起诉到人民法院要求离婚的，应当区别对待：（一）1994 年 2 月 1 日民政部《婚姻登记管理条例》公布实施以前，男女双方已经符合结婚实质要件的，按事实婚姻处理；（二）1994 年 2 月 1 日民政部《婚姻登记管理条例》公布实施以后，男女双方符合结婚实质要件的，人民法院应当告知其在案件受理前补办结婚登记；未补办结婚登记的，按解除同居关系处理"。该解释以 1994 年 2 月 1 日《婚姻登记管理条例》公布时间为界，规定了不同的认定标准。（5）《民法典》颁布并施行后，自 2021 年 1 月 1 日起施行的最高人民法院《婚姻家庭编解释（一）》第七条延续原《婚姻法解释（一）》第五条的规定，但将"未补办结婚登记的，按解除同居关系处理"修改为"当事人提起诉讼仅请求解除同居关系的，人民法院不予受理；已经受理的，裁定驳回起诉。当事人因同居期间财产分割或者子女抚养纠纷提起诉讼的，人民法院应当受理"。在现实生活与国家立法存在巨大落差的场合，国家政策还可以成为连接现实生活与国家立法的阶梯，我国法院有关事实婚姻的司法经验，生动地证实了国家政策所具有的这一独特功能。

不仅仅是事实婚姻问题，其他婚姻家庭生活事项的处理同样与婚姻家庭立法存在落差。比如家庭成员之间处理财产问题，往往没有明确的意思表示，即便有明确的意思表示也往往没有采用书面的形式。这给有关婚姻家庭财产纠纷案件的处理带来很大的困惑。以在中国社会常见的父母出资为子女购置房产为例，如果父母与子女及其配偶就出资购置房产后的产权归属和付款性质作出明确认定，发生纠纷的概率就会大大下降。最高人民法院《婚姻法解释（二）》（2003 年 12 月 26 日颁布）第二十二条区分婚前、婚后作出不同规定："当事人结婚前，父母为双方购置房屋出资的，该出资应当认定为对自己子女的个人赠与，但父母明确表示赠与双方的除外。当事人结婚后，父母为双方购置房屋出资的，该出资应当认定为对夫妻双方的赠与，但父母明确表示赠与一方的除外。"《婚姻法解释（三）》（2011 年 8 月 9 日颁布）第七条则就婚后父母出资购买的不动产，区分为一方、双方父母出资两种情形，并与登记情况关联："婚后由一方父母出资为子女购买的不动产，产权登记在出资人子女名下的，可按照婚姻法第十八条第三项的规定，视为只对自己子女一方的赠与，该不动产应认定为夫妻一方的个人财产。由双方父母出资购买的不动产，产权登记在一方子女名下的，该不动产可认定为双方按照各自父母的出资份额按份共有,但当事人另有约定的除外。"该条规定曾引起公众的广泛关注和争论,在《婚姻家庭编解释(一)》中已经不见。

此外,有关夫妻共同债务认定标准,也曾在司法实践中发生巨大的争议,最高人民法院通过有关司法解释的修改不断完善这一标准。以身份关系为基础的财产协议(例如夫妻财产约定、离婚财产协议、遗产分割协议),是仅仅具有负担效力,还是具有处分效力,这也是民事案件中的一个争议问题,由此发生的同案不同判、同判不同理问题迄今尚未解决。

身份法律行为司法实践中存在诸多分歧,需要深入探讨,这是撰写本书的一个重要缘由。

第三节 身份法律行为的学术探讨

与财产法问题的理论研究比较,身份法问题的理论研究相对薄弱。我们对有关身份法律行为问题的学术探讨作一简要的梳理,就可以发现在身份法律行为的基本理论问题和具体身份法律行为问题上均存在不少分歧。这也是本书作者撰写本书的缘由之一。

首先是关于身份法律行为的概念。不少民法教科书将法律行为(或民事法律行为)划分为财产行为与身份行为,[①]但对二者划分的具体边界始终不够清晰。部分婚姻家庭法(或亲属法)教材、专著有亲属法律行为的用语,也有亲属行为、亲属身份行为、亲属法上之行为的用语。用语的不同反映了不同的划分标准,并出现不尽相同的内涵、外延。这些相近的用语在使用中也没有严格的区分。

史尚宽之《亲属法论》采用"亲属法上之行为"这一概念,从行为的构成方面分为契约(例如婚约、结婚、协议离婚、收养、协议终止收养)与单独行为(例如认领、亲属法上行为之撤销、亲属法上行为之同意);从行为效力方面

---

① 如魏振瀛主编:《民法》,北京大学出版社、高等教育出版社 2017 年第 7 版,第 154－155 页;梁慧星:《民法总论》,法律出版社 2017 年第 5 版,第 168－169 页;马俊驹、余延满:《民法原论》,法律出版社 2007 年第 3 版,第 185－186 页。

分为形成的行为（直接以亲属关系之设定、废止或变更为目的的行为）、附随的行为（附随形成行为而为之的行为）以及支配的行为（有一定身份关系者，基于身份而于他人之身上所为某种身份的支配行为）。① 魏振瀛主编之《民法》将身份行为定义为"以发生身份上法律效果为目的的行为"，"身份行为的后果是在当事人之间发生身份关系的变动。例如结婚、离婚、收养、解除收养等行为"。② 张作华所著《亲属身份行为基本理论研究》也将身份行为限定于"以亲属身份关系的变动为目的的法律行为"，"不包含附有财产内容的'身份财产行为'，也不包含亲属身份人之'支配行为'。这种纯粹的身份行为具体包括结婚行为、协议离婚行为、收养行为、协议终止收养行为以及任意认领行为五类"。③ 杨立新之《亲属法专论》第三章专章阐述"亲属法律行为"理论，认为"亲属法律行为又称之为身份法律行为，简称为亲属行为或身份行为，是指民事主体实施的对亲属身份关系的发生、变更、消灭产生法律后果的民事法律行为"。"狭义的亲属法律行为仅指亲属身份行为，是指发生亲属关系发生、变更或者消灭法律后果的行为。广义的亲属法律行为不仅包括身份法律行为，还包括亲属之间确定财产关系的法律行为，例如夫妻之间约定财产关系的协议。"④

从上述简要归纳可以得知，概念表述以及内涵、外延均存在不一致的现象。该如何给财产行为与身份行为划界？我们认为，在民法的世界里，尽管民法调整的对象是平等主体的自然人、法人和非法人组织的人身关系和财产关系，但人身关系和财产关系实际上是相互交织的。原则上可以说，财产法是调整财产关系的，人身法是调整人身关系的，但实际上并不完全如此。身份法不仅调整纯粹的亲属身份关系，也调整基于亲属身份所产生的财产关系；财产法也不完全排斥身份关系，基于村民身份所承受的农村集体成员权利义务，业主身份权利义务，基于消费者身份所享有的合法权益，基于监护人身份而承担替代侵权责任，知识产权中的身份权利，股东和其他投资人

---

① 史尚宽：《亲属法论》，中国政法大学出版社 2000 年版，第 8—9 页。

② 魏振瀛主编：《民法》，北京大学出版社、高等教育出版社 2017 年第 7 版，第 155 页。梁慧星之《民法总论》，马俊驹、余延满之《民法原论》与此定义相近。

③ 张作华：《亲属身份行为基本理论研究》，法律出版社 2011 年版，第 20、25 页。

④ 杨立新：《亲属法专论》，高等教育出版社 2005 年版，第 41—42 页。

在各种投资中所享有的身份权利,都与特定身份有关。至于继承法为身份法抑为财产法,一直存在争论。有学者主张继承法属于身份法,认为继承法虽规定财产转移的方式及条件,然不过是地位继承所伴之效力。史尚宽先生则认为:"自沿革言之,继承原为亲属关系之效力,在财产属于氏族或家之协同体所有时,谓为身分法,亦无不当。然在今日财产属于个人支配,身分继承大都已被废止,惟承认财产继承,在法定继承,继承权虽仍为附随于一定亲属或家属地位之权利,然已非亲属关系之当然效力,尤其在指定继承,依遗嘱之财产处分,已不以有此关系为前提,故谓之纯粹的身分法,已不适当。但在私人所有权基础之下,法定继承仍以近代家族的共同生活为着眼点,故继承法实为财产法与亲属关系之融合,以之为亲属关系上之财产法,较为妥适。"①我们认为,既然我国民法典的调整对象并列"人身关系和财产关系",就不应过度强调民法的财产法性质,将凡有财产内容的民法典编章一律归为财产法并不妥当,且继承编之所以于财产法(物编、债编)之外单独设编,其原因在于"身份性"而非"财产性"。财产继承关系不是普通财产关系,尽管遗嘱继承加入了意思自治的要素,但依然不能否认继承权源于身份关系这一前提,继承权仍为广义之身份权。基于这种认识,我们将继承法归入广义身份法的范畴。遗嘱、遗赠扶养协议、遗产分割协议以及继承协议(继承合同)也不是一般的财产法律行为,可以归入身份财产行为的范畴。同时,继承制度于亲属制度之外单独设编,则说明继承制度也有其特殊性。

本书所称之身份法律行为,基于解释论的考虑,采用广义,既包括纯粹身份行为(即直接发生亲属身份关系变动效果的法律行为),也包括身份财产行为(即基于亲属身份而发生的财产关系变动效果的法律行为),但不包括身份法上的准法律行为、事实行为、侵权行为、失权行为和债务不履行。基于村民、业主、消费者、股东等投资者、知识产权享有者等非亲属的身份所进行的身份行为,亦非本书的研究范围。②

身份法律行为中的意思表示及其成立、有效、无效、生效、撤销、解除等方面的法律适用问题,既是司法实践问题,也是法学理论问题。杨晋玲所著

①　史尚宽:《继承法论》,中国政法大学出版社 2000 年版,第 14 页。
②　本书第一章还将对身份法律行为概念进行详细阐述。

《亲属法基础理论问题研究》一书的下编专门探讨亲属编与民法典总则编、物权编、债权编(合同法编)的关系问题,其中有涉及身份法律行为能否和如何适用民法典总则编、物权编、债权编规范的问题。① 我国民法典颁布后,若干民法典条文释义的著作问世,其中有涉及身份法律行为的法律适用问题,②也有一些论文研究身份法律行为法律适用问题。③ 在有关论著中,有关身份法律行为法律适用的观点并不一致。试举几例:(1)关于结婚行为能力问题。杨立新认为,我国结婚行为能力的构成,应当具备两个要件:一是完全民事行为能力人;二是男性为 22 周岁以上,女性为 20 周岁以上。④ 田韶华则认为,"结婚和协议解除收养行为所需之能力,现行立法并未设明文",《民法典》只要求"双方完全自愿",既未对结婚行为能力有所要求,也未将结婚行为能力的欠缺作为婚姻无效或可撤销的事由,而《婚姻家庭编解释(一)》第十七条第一款更是排除了将此种情形作为婚姻无效事由的可能性。⑤ (2)关于婚姻无效、可撤销的事由。多数学者赞成《婚姻家庭编解释(一)》第十七条的封闭规定("当事人以民法典第一千零五十一条规定的三种无效婚姻以外的情形请求确认婚姻无效的,人民法院应当判决驳回当事人的诉讼请求"),可撤销事由也以《民法典》明确规定的胁迫、隐瞒重大疾病为限。但韩世远认为,"关于虚假婚姻,《民法典》婚姻家庭编既然无特别规定,总则编中关于虚假行为的一般规定就可以当然适用",应当认定婚姻无

---

① 杨晋玲:《亲属法基础理论问题研究》,法律出版社 2017 年版,下编。

② 如黄薇主编:《中华人民共和国民法典释义(上、中、下)》,法律出版社 2020 年版;中国审判理论研究会民事审判理论专业委员会编著:《民法典婚姻家庭编条文理解与司法适用》,法律出版社 2020 年版;中国审判理论研究会民事审判理论专业委员会编著:《民法典继承编条文理解与司法适用》,法律出版社 2020 年版。

③ 如冉克平:《论意思自治在亲属身份行为中的表达及其维度》,《比较法研究》2020 年第 6 期;冉克平、曾佳:《民法典视野下婚姻登记瑕疵的困境及其路径选择》,《河北法学》2020 年第 10 期;冉克平:《"身份关系协议"准用〈民法典〉合同编的体系化释论》,《法制与社会发展》2021 年第 4 期;冉克平:《〈民法典〉视域中离婚协议的夫妻财产给与条款》,《当代法学》2021 年第 6 期;蒋月:《论家庭成员身份的法定与约定——以〈民法典〉第 1045 条和第 1050 条为中心》,《中华女子学院学报》2020 年第 4 期;韩世远:《财产行为、人身行为与民法典适用》,《当代法学》2021 年第 4 期;田韶华:《身份行为能力论》,《法学》2021 年第 10 期;李姗萍:《论婚约及其解除之损害赔偿》,《法律科学》2021 年第 5 期;李瀚琰:《〈民法典〉欺诈婚姻的理解与适用——以民事法律行为为中心》,《中华女子学院学报》2020 年第 2 期;等等。

④ 杨立新:《亲属法专论》,高等教育出版社 2005 年版,第 46 页。

⑤ 田韶华:《身份行为能力论》,《法学》2021 年第 10 期。

效;赞成依《民法典》总则编之规定,认定婚姻欺诈、重大误解为婚姻可撤销事由。① (3)关于夫妻财产约定是否具有物权效力的问题。王忠、朱伟认为,夫妻约定财产制下的物权变动应适用《物权法》第九条的但书条款,可归入意思主义模式。财产约定因合法有效的婚姻存续而发生效力,可根据婚姻法的规定直接发生物权效力,不宜过分强调登记公示。② 黄海涛则认为,夫妻财产约定对外、对内都不具有物权效力。③

在研究课题及其范围确定之后,我们必须明确研究目的及其方法。正如韩世远教授所言:"民法理论大致可以区分为两类:解释论与立法论。民法的解释论,是通过解释既存的民法规范而形成的理论,其目的在于正确地理解和适用民法规范。民法的立法论,是围绕着如何设计出合理的民法规范或者如何改进既有的民法规范而发表的见解、观点和理论,其目的在于指导或者影响民事立法实践。"④本书既然定位于解释论,那就需要按照解释论的章法来探讨身份法律行为相关法律规范的正确理解和适用。在确定某一个具体的身份法律行为相关问题后,首先要去寻找可以援引适用的法律规范,并运用各种方法⑤进行认真的解释。如果确实没有现成的法律规范可以援引适用,就需要在现行法的框架下依习惯、法理或者判例补充其漏洞。

本书是从《民法典》视角研究"身份法律行为"问题的一部著作,由第一作者与其研究生一起完成。本书的写作,是第一作者开设"身份法专题"课程教学过程的一部分。基于前文所述的三个缘由,第一作者组织安排本书的写作,对写作任务进行了分工。由于分工写作的安排和基于学术自由的考虑,本书各章在观点、用语、思路等方面可能有所不同,敬请读者谅解。本书的错谬之处,也敬请各位读者指正。

---

① 韩世远:《财产行为、人身行为与民法典适用》,《当代法学》2021年第4期。
② 王忠、朱伟:《夫妻约定财产制下的不动产物权变动》,《人民司法》2015年第4期。
③ 黄海涛:《夫妻财产约定的物权效力》,《人民司法》2017年第1期。
④ 韩世远:《民法的解释论与立法论》,《人民法院报》2005年5月18日B1版。
⑤ 梁慧星先生在《民法解释学》一书第十一章将法律解释方法分为文义解释、论理解释、比较法解释和社会学解释四类。其中,论理解释包括:体系解释;法意解释;扩张解释;限缩解释;当然解释;目的解释;合宪性解释。参见梁慧星:《民法解释学》,法律出版社2015年第4版,第215页。

第一章　身份法律行为的基础理论

第一节　身份法律行为的概念

一、财产行为与身份行为

(一)法律要件与法律事实

法学是一门逻辑严密的学科,民法学尤其如此。比如,学界有法律规范三要素说、二要素说,就是关于法律规范逻辑成分的学说。"三要素说"认为法律规范由假定条件、行为模式和法律效果(或假定、处理和制裁)三个因素构成,"二要素说"认为法律规范由行为模式和法律效果二因素构成(也有学者认为,宪法规范只有假定和处理,没有制裁;刑法规范只有假定和制裁,没有处理)。依笔者观点,法律规范既是行为规范,也是处理规范。[①] 国家首先通过法律规定各社会主体(自然人个体、社会组织等主体)应当遵循的行为规范(以可以做什么、应当做什么和不能做什么为内容),其次规定国家机关及其他主体对法律事务的处理规范。基于行为规范视角,行为人的行为如符合规定的假定条件、行为模式,即产生规定的相应效果,以"三要素说"为宜;基于处理规范视角,符合法律规定的要件即产生规定的效果,"二要素说"也说得通。在这种情况下,法律规范的二要素可以理解为法律要件和法

---

① 梁慧星教授认为"民法为行为规范兼裁判规范"。参见梁慧星:《民法总论》,法律出版社2017年第5版,第36页。法律规范不仅仅是法院的裁判规范,也是其他国家机关和有关主体(如仲裁机构、调解组织等)依法处理法律事务的规范,故法律规范既是行为规范,也是处理规范。

律效果。

在法律规定的要件具备时,法律效果得以产生。法律要件与法律效果之间的这种确定性关系,类似数学上由自变量和因变量所确定的一种关系,可以称之为法律函数关系。而构成法律要件的事实就是法律事实,法律效果则是指权利、义务的产生、变更和终止,或者法律关系的变动。① 新中国成立后,在民法领域将引起法律效果的法律事实称为民事法律事实。

关于法律事实的分类,学者之分类有所不同。史尚宽首先将法律事实分为人之行为(广义的法律上之行为②)、自然事实;其次,将人之行为分为适法行为、无过失有赔偿责任之行为和违法行为,将自然事实分为状态、事件;再次,将适法行为分为表示行为、事实行为,将违法行为分为侵权行为、失权行为和债务不履行;最后,将表示行为分为意思表示(即法律行为)和准法律行为(包括意思通知、观念通知和宥恕)。③ 梁慧星对法律事实的分类与此类似,但将人的行为分为合法行为(包括法律行为、准法律行为和事实行为)、违法行为(包括侵权行为和违约行为)。④ 韩世远则将人的行为分为合法行为、非法行为和其他行为三类。⑤ 但民法学界也有观点认为,事实行为有合法的,也有不合法的,违法行为是事实行为的一种。⑥ 杨代雄认为先将行为划分为适法(合法)行为与违法行为意义不大,更为可取的做法是先将行为

---

① 史尚宽先生认为:"法律要件(Rechtstatbestand)者,法律付以法律效力所必具之一切事实也。法律要件,有以一个事实存在而完备者,有需数个事实之齐备而始完成者。此等个个之事实,谓之法律事实(Juristische tatsache)。"参见史尚宽:《民法总论》,中国政法大学出版社 2000 年版,第 297-298 页。

② 凡足以引起法律上效力之行为,广称之为法律上之行为。狭义的法律上之行为,是指准法律行为和事实行为。参见史尚宽:《民法总论》,中国政法大学出版社 2000 年版,第 302、304 页。

史尚宽所称"狭义的法律上之行为",也就是弗卢梅所称的与法律行为、违法行为并称的法律上之行为。"一般而言,人们所适用的法律上行为这一概念,是对法律秩序所规定的那些既不构成违法行为,也不构成法律行为,但具有法律上相关性事实构成的抽象。"法律上行为分为事实行为(Realakte)、通知(Mitteilungen)和谅解(Verzeihung)。参见[德]维尔纳·弗卢梅:《法律行为论》,迟颖译,法律出版社 2012 年版,第 122-133 页。

③ 史尚宽:《民法总论》,中国政法大学出版社 2000 年版,第 301-304 页。

④ 梁慧星:《民法总论》,法律出版社 2017 年第 5 版,第 63-64 页。

⑤ 韩世远:《合同法总论》,法律出版社 2018 年第 4 版,第 7 页。

⑥ 马俊驹、余延满:《民法原论》,法律出版社 2010 年第 4 版,第 74 页;李永军:《民法总论》,中国政法大学出版社 2012 年第 2 版,第 166 页;王利明:《民法总则》,中国人民大学出版社 2017 年版,第 84 页。

划分为表示行为与非表示行为,然后再作合法行为与违法行为之划分。①

（二）法律事实中的法律行为

法律行为是很普遍和重要的法律事实,但"现实中不存在'某一'法律行为本身,而仅存在为法律秩序所认可的,因其而存在的各种行为类型,例如买卖合同、债权让与、所有权转移、订婚、结婚、遗嘱等行为,这些行为都可以被置于抽象的法律行为概念之下去理解。……法律行为是一个抽象概念"②。

理解法律行为这一概念,首先要厘清广义、狭义法律上行为与法律行为的相互关系。因为在不同的逻辑层次上,同一词语被赋予了不同的含义。广义的法律上行为包含了法律行为,狭义的法律上行为与法律行为、违法行为并列,并不包含法律行为。

我国《民法典》第一百三十三条规定:"民事法律行为是民事主体通过意思表示设立、变更、终止民事法律关系的行为。"第一百二十九条规定:"民事权利可以依据民事法律行为、事实行为、法律规定的事件或者法律规定的其他方式取得。"民事法律行为是产生民事权利、民事义务的最常见的法律事实。在我国民法典中,民事法律行为是一个基本法律概念,事实行为、侵权行为也是法律概念,但不存在德语中"法律上行为"（Handlungen im Rechtssinne）对应的法律概念。

（三）法律行为的类型

凡符合《民法典》第一百三十三条规定定义的行为,均可归入民事法律行为。依据不同标准,民事法律行为可作各种分类。比如,依据作出意思表示的主体数量,可以将民事法律行为分为单方行为、双方行为、多方行为和决议行为。合同是民事主体之间设立、变更、终止民事法律关系的协议,属于双方或多方行为。合同也是最常见的民事法律行为,我国《民法典》还以此命名第三编。

因所产生的具体法律效果不同,我们可以将民事法律行为分为身份行

---

① 杨代雄:《法律行为论》,北京大学出版社2021年版,第42—43页。
② ［德］维尔纳·弗卢梅:《法律行为论》,迟颖译,法律出版社2012年版,第26—27页。

为与财产行为。① 发生身份法上效果之行为，为身份行为；发生财产法上效果之行为，为财产行为。这是民法学中常见的一种分类。

由于人的身份与财产关系紧密联系，各国的身份法（包括民法典亲属编、继承编等）不仅仅调整纯粹的身份关系，同时调整与亲属身份相关的财产关系。以《德国民法典》为例，亲属编共计六百二十五条（第一千二百九十七至第一千九百二十一条），继承编共计四百六十四条（第一千九百二十二条至第二千三百八十五条）②，相当部分与财产有关。例如，《德国民法典》亲属编在婚约一节规定了婚约解除时的赔偿义务，在婚姻废止的后果中规定准用对配偶的扶养义务规范，在婚姻的一般效果中规定了扶养家庭的义务，详细规定了夫妻财产制，在离婚一节规定了离婚配偶的受扶养权，在亲属一章规定了亲属间的扶养义务；《德国民法典》继承编则规范自然人死亡引起的财产继承关系，规定了法定继承、遗嘱继承（单方的死因处分、终意处分）、继承合同（双方的死因处分）等制度，无不与财产有关。③ 我国《民法典》婚姻家庭、继承两编也同样规范了基于近亲属关系产生的抚养、扶养、赡养、继承关系，与婚姻有关的财产所有、债务承担，婚姻无效与被撤销时无过错方的损害赔偿，因离婚引起的财产分割、经济补偿、损害赔偿以及离婚后的经济帮助，财产继承等财产关系。因此，身份行为与财产行为如何划分，是一个复杂的问题。概括而言，广义之身份行为，系指身份法规范之法律行为；狭义之身份行为，仅指以发生亲属关系变动为内容的法律行为。同理，财产法规范之法律行为，无论是否与特定身份（如股东、业主、合作社社员等）有关，均为"财产行为"概念所涵盖。④

---

① 维尔纳·弗卢梅按照法律行为所调整的法律关系的不同内容，将法律行为划分为债法上的法律行为、物法上的法律行为、人身法上的法律行为或者亲属法上的法律行为、继承法上的法律行为。财产法上的法律行为与人身法上的法律行为，仍然是较为普遍的分类。参见［德］维尔纳·弗卢梅：《法律行为论》，迟颖译，法律出版社 2012 年版，第 159 页。

② 不考虑施行后的条文增减。

③ 在法律领域，继承是指生者对死者生前所处的社会地位及其伴随的权利义务的承袭，包括身份继承、财产继承。现代少数君主制国家依然存在王位继承、爵位继承等身份继承现象，但这不属于继承法调整的范围。现代继承法上所称"继承"仅指财产继承。

④ 详见本书绪论有关论述。

二、与身份法律行为相关概念的比较

(一)与身份准法律行为的比较

法律行为的根本特征在于,发生特定的法律效果,是因为行为人想要发生该法律效果并且将其意愿表达于外部(意思表示),法律在行为人的意愿与法律效果之间建立了因果关联。[①] 准法律行为,是指对外表示内心状态,但效果由法律直接规定的行为。法律行为、准法律行为同属表示行为,但法律行为属于"效果意定"的行为,准法律行为属于"效果法定"的行为。这是它们的根本区别。准法律行为通常分为观念通知(事实通知、观念表达)、意思通知(意思表达)和情感表示(宥恕、宽恕)三类。

在身份法领域,既存在法律行为,也存在准法律行为。基于身份立法的民族性或本土性特征,各国身份法中的法律行为、准法律行为有较大差异。对照我国《民法典》,下列情形应属身份准法律行为。(1)婚姻当事人一方如实告知重大疾病的行为。《民法典》第一千零五十三条规定:"一方患有重大疾病的,应当在结婚登记前如实告知另一方;不如实告知的,另一方可以向人民法院请求撤销婚姻。""请求撤销婚姻的,应当自知道或者应当知道撤销事由之日起一年内提出。"患有重大疾病的一方在结婚登记前将病情如实告知另一方,另一方仍自愿与其结婚的,就不构成婚姻的可撤销事由,即另一方不具有婚姻撤销权。这里的"如实告知"行为属于观念通知,当事人是否希望或者意识到"如实告知"的效果,在所不问,并不影响法定的效果。(2)一方送养未成年子女时死亡一方的父母主张优先抚养的表示。《民法典》第一千一百零八条规定:"配偶一方死亡,另一方送养未成年子女的,死亡一方的父母有优先抚养的权利。"在配偶一方死亡,另一方欲将未成年子女送养时,民法典尊重我国传统,规定了死亡一方的父母优先抚养的权利(即祖父母或者外祖父母优先抚养孙子女或者外孙子女,阻止将未成年子女送养的权利)。此时祖父母或者外祖父母优先抚养孙子女或者外孙子女的表示是一种意思通知,虽然没有产生新的身份法律关系(祖孙关系没有发生变化),但依法阻止了对该未成年孙子女的送养行为,这种效果是法定而非意定的。

---

① 杨代雄:《法律行为论》,北京大学出版社 2021 年版,第 39 页。

（3）被继承人对继承人的宽恕表示。《民法典》第一千一百二十五条规定："继承人有下列行为之一的,丧失继承权:(一)故意杀害被继承人;(二)为争夺遗产而杀害其他继承人;(三)遗弃被继承人,或者虐待被继承人情节严重;(四)伪造、篡改、隐匿或者销毁遗嘱,情节严重;(五)以欺诈、胁迫手段迫使或者妨碍被继承人设立、变更或者撤回遗嘱,情节严重。""继承人有前款第三项至第五项行为,确有悔改表现,被继承人表示宽恕或者事后在遗嘱中将其列为继承人的,该继承人不丧失继承权。""受遗赠人有本条第一款规定行为的,丧失受遗赠权。"这里被继承人对继承人的宽恕表示,就是一种情感表示,也属于身份准法律行为。遗赠人对受遗赠人的宽恕表示,亦同。①

（二）与身份事实行为的比较

事实行为,是指行为人不具有设立、变更或消灭民事法律关系的意图,但依照法律的规定能引起民事法律效果的行为。法律行为与事实行为的主要区别在于:(1)法律行为以意思表示为必备要素,而事实行为不以意思表示为其必备要素;(2)法律行为依据行为人的意思表示的内容而发生效果,事实行为依法律规定产生法律效果;(3)法律行为要求行为人具有相应的民

---

① 有观点认为我国《民法典》第一千一百二十五条是关于继承权丧失和恢复的规定,第一款规定了丧失继承权的5种法定事由;第二款规定了"继承权的恢复","只要被继承人对其表示宽恕或者事后在遗嘱中仍将其列为继承人,其丧失的继承权即可以恢复"。第三款规定受遗赠权的丧失,"丧失受遗赠权属于绝对丧失,受遗赠人一旦实施了第一款规定的行为,即永久丧失受遗赠权,不得再恢复"。参见黄薇主编:《中华人民共和国民法典释义》(下),法律出版社2020年版,第2147-2151页。

笔者认为上述观点有可商榷之处。第一,《民法典》第一千一百二十五条第二款是关于"不丧失继承权"的规定,而非"继承权恢复"的规定。该条所谓"丧失继承权"是指既得继承权的丧失而非期待继承权的丧失,尽管继承人的有关行为以及被继承人的宽恕表示、在遗嘱中将其列为继承人的行为都发生于被继承人生前,但在被继承人生前并不能进行继承人丧失继承权的认定。继承人丧失继承权,意味着在被继承人死亡时,在既得继承权发生后随即丧失了继承权(如果既得继承权未发生,则不存在丧失的问题)。该条第二款规定的是出现第一款第3~5项的情形下继承权丧失的阻却事由,即在符合第二款规定的条件下,"该继承人不丧失继承权",而非丧失继承权后又恢复了继承权。被继承人的宽恕表示是情感表示的准法律行为,而非作出"恢复继承权的意思表示"(见上书第2150页)的法律行为,被继承人的宽恕表示不需要具备法律行为所需要的"效果目的"。第二,如果遗赠人对受遗赠人的有关行为表示了宽恕或者事后在遗嘱中仍将其列为受遗赠人,应参照该条第二款的规定,认定该受遗赠人不丧失受遗赠权。原《继承法》对受遗赠权的丧失未作规定,《民法典》第一千一百二十五条第三款作出了规定,受遗赠权丧失的阻却事由同样可参照适用该条第二款的规定。在受遗赠人作出了《民法典》第一千一百二十五条第三款的有关行为后,遗赠人本可以不予宽恕或者撤回遗嘱,从而使受遗赠人不享有受遗赠权,但其在受遗赠人确有悔改表现的情况下表示了宽恕,且在生前未撤回遗嘱,此种情形下应当尊重遗赠人的意愿和选择,这也是遗嘱自由原则的体现和要求。

事行为能力,而事实行为不要求行为人具有相应的民事行为能力。另外,事实行为不同于准法律行为,尽管二者都依法发生法律效果,但准法律行为属于表示行为,"依其与法律行为的共同点以及利益状况,可以准用法律行为制度中关于行为能力、代理、意思瑕疵、可撤销、同意、追认、无效、意思表示解释等规则"①;事实行为属于非表示行为,有关意思表示的法律规则(如民事行为能力、意思瑕疵等)没有适用的余地。

在身份法领域,既存在法律行为,也存在事实行为。对照我国民法典及相关司法解释,下列情形应属身份事实行为:(1)构成事实婚姻的男女共同生活。民法典没有规定事实婚姻,《婚姻家庭编解释(一)》第七、八条作出了规定。未办理结婚登记而以夫妻名义共同生活的男女,符合该司法解释规定的条件,按夫妻关系处理,并依此规定享有配偶的继承权。(2)构成事实收养的行为。依 1992 年 4 月 1 日起施行的《收养法》的规定,收养应当向县级以上人民政府民政部门登记。收养关系自登记之日起成立。此前未经收养登记,已经事实上成立的收养关系,有关司法解释和政策性文件是承认和保护的,按收养关系处理。《最高人民法院关于学习宣传贯彻执行〈中华人民共和国收养法〉的通知》(1992 年 3 月 26 日发布)第二条、《最高人民法院关于贯彻执行民事政策法律若干问题的意见》(1984 年 8 月 30 日发布)第二十七、二十八条作出了规定。(3)继父母对继子女的抚养教育。《民法典》第一千零七十二条第二款规定:"继父或者继母和受其抚养教育的继子女间的权利义务关系,适用本法关于父母子女关系的规定。"只要继父或者继母对继子女事实上进行了抚养教育,继父母与继子女之间就产生了拟制血亲关系,适用法律关于父母子女关系的规定。(4)负担较多家庭义务。依《民法典》第一千零八十八条规定:"夫妻一方因抚育子女、照料老年人、协助另一方工作等负担较多义务的,离婚时有权向另一方请求补偿,另一方应当给予补偿。"这意味着负担较多家庭义务的一方,在离婚时享有经济补偿请求权。(5)对被继承人尽了主要扶养义务或者与被继承人共同生活。同一顺序继承人继承遗产的份额,一般应当均等,但依《民法典》第一千一百三十条第二款规定:"对被继承人尽了主要扶养义务或者与被继承人共同生活的继承

① 杨代雄:《法律行为论》,北京大学出版社 2021 年版,第 40—41 页。

人,分配遗产时,可以多分。"(6)非继承人对被继承人有较多扶养。继承人以外的人本无继承权(或者法定继承人被遗嘱排除),但如果对被继承人扶养较多,可以依《民法典》第一千一百三十一条规定主张酌情分得遗产权,这是我国民法典(以及原《继承法》)规定的一种非继承方式取得遗产的制度。

(三)与身份侵权行为、失权行为的比较

侵权行为是指侵害他人的绝对性民事权益,依法应当承担民事责任的行为。① 侵权行为一般表现为积极的加害行为,但在行为人负有积极保护他人义务的情况下,其不作为也构成侵权行为。法律行为与侵权行为的主要区别是:(1)法律行为属于适法行为,而侵权行为属于违法行为。(2)法律行为属于"效果意定"的行为,侵权行为属于"效果法定"的行为。

因违法行为而失去自己的权利,这种违法行为可以称之为失权行为。侵权行为、失权行为均属违法行为,只是侵权行为因损害他人民事权益而应当承担侵权责任,失权行为依照法律的规定而失去自己的某项权利。

在身份法领域,既存在法律行为,也存在侵权行为、失权行为。对具有特定身份关系的人(近亲属、家庭成员、被继承人等)实施侵权行为,同样应当承担侵权责任,并不会因为有特定身份关系就会阻却其行为的违法性。如果因侵权行为严重恶化亲属关系,导致婚姻关系解除(离婚)、收养关系解除的后果,还应当承担损害赔偿责任。有些违法行为将承担不利后果(包括丧失自己的某些权利)。对照我国民法典及相关司法解释,身份侵权行为大致可分为侵害人身权益的侵权行为和侵害财产权益的侵权行为。(1)家庭暴力。家庭暴力,是指家庭成员之间以殴打、捆绑、残害、限制人身自由以及经常性谩骂、恐吓等方式实施的身体、精神等侵害行为。② 家庭成员之间以冻、饿或者经常性侮辱、诽谤、威胁、跟踪、骚扰等方式实施的身体或者精神侵害行为,应当认定为《反家庭暴力法》第二条规定的"家庭暴力"。③ 因一方

---

① 《民法典》第一千一百六十四条规定:"本编调整因侵害民事权益产生的民事关系。"民事权益广泛存在于民事主体,侵权行为会侵害民事权益,然而侵害民事权益的行为并非都是侵权行为。侵权行为、违约行为都是违反民法规定,侵害他人合法权益,依法应当承担民事责任的行为。参见梁慧星:《民法总论》,法律出版社 2017 年第 5 版,第 64 页。侵权行为侵害的是绝对性民事权益,违约行为侵害的是相对性民事权益。

② 《反家庭暴力法》第二条。

③ 《最高人民法院关于办理人身安全保护令案件适用法律若干问题的规定》第三条。

实施家庭暴力导致离婚的,无过错方有权依《民法典》第一千零九十一条规定请求损害赔偿。因虐待①家庭成员导致离婚的,无过错方同样有权依《民法典》第一千零九十一条规定请求损害赔偿。另据《民法典》第一千一百一十八条的规定,因养子女成年后虐待、遗弃养父母而解除收养关系的,养父母可以要求养子女补偿收养期间支出的抚养费。生父母要求解除收养关系的,养父母可以要求生父母适当补偿收养期间支出的抚养费;但是,因养父母虐待、遗弃养子女而解除收养关系的除外。(2)丧失继承权、受遗赠权的有关违法行为。故意杀害被继承人,为争夺遗产而杀害其他继承人,遗弃被继承人或者虐待被继承人情节严重的行为,伪造、篡改、隐匿或者销毁遗嘱情节严重的行为,以欺诈、胁迫手段迫使或者妨碍被继承人设立、变更或者撤回遗嘱情节严重的行为,依《民法典》第一千一百二十五条的规定丧失继承权、受遗赠权。(3)侵害夫妻共同财产的行为。依《民法典》第一千零九十二条规定,夫妻一方隐藏、转移、变卖、毁损、挥霍夫妻共同财产,或者伪造夫妻共同债务企图侵占另一方财产的,在离婚分割夫妻共同财产时,对该方可以少分或者不分。离婚后,另一方发现有上述行为的,可以向人民法院提起诉讼,请求再次分割夫妻共同财产。

《民法典》第一千零五十四条规定了婚姻无效或者被撤销时无过错方的损害赔偿请求权。产生该项损害赔偿请求权的法律事实是过错方的违法行为,主要有:(1)有配偶而与无过错方结婚;(2)胁迫另一方与其结婚;(3)患有重大疾病不如实告知而与另一方结婚。无效的或者被撤销的婚姻自始没有法律约束力,当事人不具有夫妻的权利和义务,双方尚未产生特定的身份关系。行为人的行为违反有关结婚要件的规定,违背诚信义务,具有不法性、过错性,应当承担损害赔偿责任,但与前述发生于特定身份关系的当事人之间的身份侵权行为有所区别。

(四)与身份债务不履行的比较

侵权行为损害的是绝对性民事权益,债务不履行损害的是相对性民事权益。债务不履行,包括违约行为、不履行身份债务的行为以及不履行其他债务的行为。违约行为包括履行不能、履行迟延、不完全履行和拒绝履行等

---

① 虐待是指持续性、经常性的家庭暴力。

情形。因债务可分为意定债务和法定债务,债务不履行也可分为意定债务不履行和法定债务不履行两类情形。

在身份法领域,债务不履行也可以分为法定债务不履行、意定债务不履行两类情形。法定身份债务不履行的主要情形有:(1)重婚、有配偶者与他人同居。重婚、有配偶者与他人同居行为是严重违背夫妻忠诚义务的行为。依民法典有关规定,因一方重婚、与他人同居而导致离婚的,无过错方有权请求损害赔偿。(2)不履行抚养、扶养、赡养义务,或者遗弃家庭成员。依民法典规定,夫妻有相互扶养的义务,父母对未成年子女、不能独立生活的成年子女负有抚养的义务,成年子女对父母负有赡养的义务。祖孙、兄弟姐妹在符合规定的条件时负有扶养的义务。家庭成员中负有赡养、扶养、抚养义务的一方,对需要赡养、扶养和抚养的另一方,不履行其应尽的义务,构成遗弃。需要抚养、扶养、赡养的一方,有要求义务人给付抚养费、扶养费、赡养费的权利。因遗弃家庭成员而导致离婚的,无过错方有权请求损害赔偿。有扶养能力和有扶养条件的继承人,不尽扶养义务的,分配遗产时,应当不分或者少分。意定债务不履行的主要情形有:(1)一方违反夫妻财产约定的行为。夫妻对婚姻关系存续期间所得的财产以及婚前财产的约定,对双方具有法律约束力。一方违反约定,应承担相应的民事责任。(2)一方违反生效离婚协议的行为。离婚协议因离婚登记完成而生效,双方均应遵守。(3)一方违反收养协议的行为。收养关系当事人自愿签订的收养协议,对双方具有约束力。(4)违反遗嘱所附义务的行为。遗嘱继承或者遗嘱附有义务的,继承人或者受遗赠人应当履行义务。没有正当理由不履行义务的,经利害关系人或者有关组织请求,人民法院可以取消其接受附义务部分遗产的权利。(5)违反遗产分割协议的行为。遗产分割协议约定的义务,义务人应当遵守。(6)违反遗赠扶养协议的行为。继承人以外的组织或者个人与自然人签订遗赠扶养协议后,无正当理由不履行,导致协议解除的,不能享有受遗赠的权利,其支付的供养费用一般不予补偿;遗赠人无正当理由不履行,导致协议解除的,则应当偿还继承人以外的组织或者个人已支付的供养费用。

第二节　身份法律行为的分类

一、纯粹身份行为与身份财产行为

张作华认为,在整个民事法律行为体系上形成身份行为与财产行为两个既共享法律行为一般特征、又各自保有其特质的二类架构。鉴于此,需要将涉及亲属身份关系的纯粹财产行为和身份财产行为析出,交由财产法调整,而明确身份法所应该规制的身份行为类型。① 笔者赞成纯粹身份行为与身份财产行为的区分,但并不赞成身份财产行为交由财产法调整,理由是:(1)纯粹身份行为和身份财产行为在目的、效果、法律适用上都存在区别,纯粹身份行为的目的、效果在于亲属身份关系的成立、撤销、解除,身份财产行为是基于亲属身份而发生财产关系的法律行为;纯粹身份行为适用婚姻家庭、继承法律规范,在结合身份属性的前提下适用民法总则,几无参照适用财产法律规范的余地,而身份财产行为优先适用婚姻家庭、继承法律规范,并在顾及身份属性的同时适用民法总则,参照适用财产法律规范。(2)"涉及亲属身份关系的纯粹财产行为"的用语易生歧义。如果是基于亲属身份而进行的财产行为,就不是纯粹财产行为;如果这种财产行为与亲属身份完全无关,就不应称之为"涉及亲属身份关系的纯粹财产行为"。凡民法典婚姻家庭编、继承编上涉及的法律行为,与亲属身份均存在一定的关系,都不是"纯粹财产行为"。(3)身份财产行为尽管具有不同于纯粹身份行为的特征,依然应当交由身份法调整。纯粹身份行为由身份法调整,涉及亲属身份关系的财产行为交由财产法调整,这种简单二分的立法体例构想与民法发展的历史与现实都不相符。按照我国民法典的体例,婚姻家庭编、继承编上的身份财产行为,首先受婚姻家庭编、继承编调整。夫妻财产约定、离婚财产协议、遗嘱、遗赠、受遗赠、遗赠扶养协议等法律行为都不是纯粹的财产行为,也未交由财产法调整,只是在必要时可参照适用财产法律规范。(4)在

---

① 张作华:《亲属身份行为基本理论研究》,法律出版社 2011 年版,第 24 页。

人身法、财产法二分的语境下,继承法应划入人身法,而不应划入财产法。继承法是身份法还是财产法,向来有争论。① 笔者认为,如果继承不具有身份性,继承编就没有独立成编的理由。婚姻家庭关系和财产继承关系都与亲属身份有关,婚姻家庭法上的继承权(即生存近亲属之间的继承权)是亲属权的权能之一,与继承法上的继承权(即自被继承人死亡时产生的继承权)一脉相承,无前者即无后者,二者是期待权与既得权的关系。这是将婚姻家庭法与继承法连接在一起的一根"钢筋"。

在学术研究中,我们可以对相关概念进行范围不同的定义,也就是根据研究需要定义。比如,史尚宽所谓"亲属身份行为"包括形成、附随和支配的行为②,而林秀雄所谓"身份行为"即为发生或消灭身份关系之法律行为③,张作华也将身份行为定义为"民事主体以形成亲属身份关系为目的的意思表示行为,即属于狭义的身份行为,学说理论中有称之为'纯粹的身份行为'或'形成的身份行为'"④。从立法、司法实践角度考虑,法律概念的定义或者类型划分,应着重考虑立法现状和法律适用的需要。基于这种考虑,凡亲属法上的法律行为,均可归入"身份法律行为"这一概念,而后根据行为目的、效果及其法律适用的不同,划分出纯粹身份行为、身份财产行为。此处的纯粹身份行为,是指直接发生亲属身份关系变动效果的法律行为;身份财产行为是指基于亲属身份而发生的财产关系变动效果的法律行为。

二、形成的行为、附随的行为与支配的行为

史尚宽先生从行为效力方面将身份行为区分为形成的、附随的和支配的身份行为,其中形成的身份行为是指直接以亲属关系之设定、废止或变更为目的的行为,例如结婚、离婚、婚生子女之否认、非婚生子女之认领、收养、

---

① 主张为财产法者,谓继承法不过规定财产移转之方式、效力及条件,其本质上为财产法;主张为身份法者,谓继承法虽规定财产移转之方式及条件,然不过为地位继承所伴之效力。继承法之本旨,在于规定有一定身份关系者继承被继承人地位之条件,即系规定以身份为基础而发生之权利,乃为亲属法之补充法,故应使属于身份法之范围。史尚宽先生认为继承法实为财产法与亲属关系之融合,以之为亲属关系上之财产法,较为妥适。参见史尚宽:《继承法论》,中国政法大学出版社 2000 年版,第 14 页。

② 史尚宽:《亲属法论》,中国政法大学出版社 2000 年版,第 9 页。

③ 林秀雄:《亲属法讲义》,元照出版公司 2018 年第 4 版,第 12 页。

④ 张作华:《亲属身份行为基本理论研究》,法律出版社 2011 年版,第 21 页。

终止收养;附随的身份行为是指以形成的行为为前提,附随形成行为而为之的行为①,例如夫妻财产契约、协议离婚时关于子女监护之约定;支配的身份行为是指有一定身份关系者,基于身份而于他人之身上所为某种身份的支配行为,也称为身份的监护行为,例如基于亲权之行为,法定代理人对于未成年人的婚姻、离婚之同意,生母对于生父认领之否认行为,夫对于妻的财产管理行为,配偶一方对于他方配偶被收养之同意。② 史先生对身份行为的内部划分,既考虑到了不同身份行为的依存关系,也考虑到了不同身份行为在行为能力等方面在法律适用上的区别,具有理论和实际的意义。

依我国现行民法典,结婚、离婚、收养协议、解除收养协议等属于形成的身份行为。(1)结婚、离婚行为。要求结婚的男女双方应当亲自到婚姻登记机关申请结婚登记,填交《申请结婚登记声明书》。夫妻双方自愿离婚的,应当签订书面离婚协议,并亲自到婚姻登记机关申请离婚登记,填交《申请离婚登记声明书》。双方在结婚、离婚登记程序中完成结婚、协议离婚行为。双方在离婚诉讼中的有关行为,属于诉讼法上的行为,与民事法律行为不同。(2)收养、解除收养协议。收养人收养与送养人送养,应当双方自愿。收养8周岁以上未成年人的,应当征得被收养人的同意。当事人需填交《收养登记申请书》。协议解除收养关系的,应当办理解除收养关系登记。养子女8周岁以上的,应当征得被收养人的同意。当事人需填交《解除收养登记申请书》。收养当事人的收养、解除收养法律行为在收养登记程序中完成。收养、解除收养中8周岁以上被收养人的同意,也是形成的身份行为。另需注意的是,我国民法典只规定了确认或者否认亲子关系之诉制度,并未明确规定婚生子女之否认、非婚生子女之认领制度。

依我国现行民法典,夫妻财产约定、离婚协议、遗嘱、遗赠、遗赠扶养协议、遗产分割协议等属于附随的身份行为。(1)夫妻财产约定。夫妻财产约定从属于婚姻关系,属于从契约。夫妻财产约定可以于婚后订立,也可以于

---

① 将附随的行为定义为"附随一定的亲属身份关系而为之行为"或许比"附随形成的行为而为之行为"更准确。比如附随亲子关系而为之行为,是附随一定的亲属身份关系而为之行为,而非附随形成的行为而为之行为,出生是自然事实,不属于"形成的行为"。附随婚姻关系而为之行为,而非附随结婚行为而为之行为。

② 史尚宽:《亲属法论》,中国政法大学出版社 2000 年版,第 9 页。

婚前订立,但婚前订立的财产约定在婚姻成立之前不发生效力。婚姻不成立、无效或被撤销,夫妻财产约定自始不发生效力。夫妻财产约定的效力因婚姻关系终止(离婚或夫妻一方死亡)而终止。(2)离婚协议。我国的离婚方式有协议离婚(也称登记离婚、行政离婚)、诉讼离婚两种。夫妻双方自愿离婚的,应当签订书面离婚协议,并亲自到婚姻登记机关申请离婚登记。离婚协议应当载明双方自愿离婚的意思表示和对子女抚养、财产以及债务处理等事项协商一致的意见。离婚协议只有在完成离婚登记时生效。当事人达成的以登记离婚或者到人民法院协议离婚为条件的离婚协议,如果双方协议离婚未成,一方在离婚诉讼中反悔的,人民法院应当认定该协议没有生效,并根据实际情况依法处理财产和子女抚养问题。(3)遗嘱、遗赠、遗赠扶养协议。自然人可以依照本法规定立遗嘱处分个人财产,可以立遗嘱将个人财产指定由法定继承人中的一人或者数人继承,也可以立遗嘱将个人财产赠与国家、集体或者法定继承人以外的组织、个人。根据遗嘱中的遗产接受者不同,可以将遗嘱分为遗嘱继承中的遗嘱和遗赠中的遗嘱。因为继承权在继承开始前属于身份权①,作为遗嘱继承根据的遗嘱,从属于继承人与被继承人的身份关系,故属于附随的身份行为。遗赠、受遗赠、遗赠扶养协议行为尽管不以存在亲属身份关系为前提,但因为此类行为同样涉及遗产之处理,遗嘱人死亡后,受遗赠人依遗嘱向继承人请求交付遗产,相当于被继承人给继承人添加了债务,与继承人存在间接的关系。民法典继承编规定和调整遗赠、遗赠扶养协议,实际上赋予了受遗赠人、享有受遗赠权利的扶养人类似于继承人的地位。依我国《民法典》第一千一百二十三条的规定,继承开始后,按照法定继承办理;有遗嘱的,按照遗嘱继承或者遗赠办理;有遗赠扶养协议的,按照协议办理。遗产的处理,最优先的是遗赠扶养协议,其次是遗嘱继承、遗赠,最后是法定继承。(4)遗产分割协议。继承人之间就遗产分割、债务清偿等事项达成的协议,是行使继承权的具体行为,从属于继承关系,应遵守继承编有关遗产分割的规范,依然不同于纯粹的财产行为,可归入附随的身份行为。

---

① 《民法典》在婚姻家庭编中明确规定,夫妻有相互继承遗产的权利(第一千零六十一条),父母和子女有相互继承遗产的权利(第一千零七十条)。

依我国现行民法典,基于身份关系的监护行为属于支配的身份行为。监护关系主要存在于近亲属之间,由未成年人的父母、祖父母、外祖父母、兄、姐,无民事行为能力或者限制民事行为能力的成年人的配偶、父母、子女以及其他近亲属,按法定顺序担任监护人。监护人也可以由其他愿意担任监护人的个人或者组织担任,但是须经未成年人住所地的居民委员会、村民委员会或者民政部门同意。为需要监护的人担任监护人,是近亲属的一项法定义务。基于这种考虑,不少人主张监护制度应规定于亲属编(婚姻家庭编)。① 我国民法典将监护制度规定于总则编,可能考虑到监护关系不完全存在于近亲属之间,且为需要监护的人设立监护人不仅仅是近亲属的一项法定义务,也是国家、社会的一项责任。监护人有一项主要职责是作为法定代理人"代理被监护人实施民事法律行为",这一职责与民事法律行为及其代理制度有密切关系。基于近亲属监护关系所进行的法律行为,比如监护人对被监护人财产的管理行为,就属于支配的身份行为。

三、单方行为、双方行为与多方行为

民事法律行为依其成立要件中意思表示的不同,一般可以划分为单方法律行为、双方法律行为和多方法律行为。我国《民法典》第一百三十四条规定了单方行为、双方行为、多方行为和决议行为。基于单方的意思表示成立的法律行为是单方法律行为,基于双方的意思表示一致成立的法律行为是双方法律行为,基于多方的意思表示一致成立的法律行为是多方法律行为,法人、非法人组织依照法律或者章程规定的议事方式和表决程序作出决议的法律行为是决议行为。

身份法律行为一般可划分为单方行为、双方行为与多方行为。(1)单方行为。遗嘱是一种单方行为。遗嘱人根据法律的规定通过合法有效的意思表示即可成立遗嘱,无需与相对方的意思表示一致,是一种典型的单方民事行为。在遗嘱生效前,遗嘱人可以根据自己的意思变更或撤回遗嘱。《德国民法典》规定,被继承人可以以单方的死因处分(遗嘱、终意处分)指定继承

---

① 《德国民法典》的父母照顾(原称"亲权")、辅佐、监护、法律上的照管、保佐都规定于亲属编。参见《德国民法典》,陈卫佐译注,法律出版社 2015 年第 4 版,第四编第二、三章。

人(第一千九百三十七条),也可以以合同指定继承人以及指示遗赠和负担(第一千九百四十一条第一款),并以第五编第三章、第四章分别规定遗嘱和继承合同。我国民法典没有规定继承合同,但在司法实践中,人民法院对通过分家析产协议(或称分书)、遗产预分配协议等形式处分遗产的行为,只要内容不违反强制性规定,一般也是认可其效力的。这些协议实质上属于继承合同,或者包含继承合同。另外,支配的身份行为一般是单方行为。婚生子女之否认、非婚生子女之认领属于单方行为,但我国民法典对此未作规定。(2)双方、多方行为。结婚、夫妻财产约定、离婚协议、收养协议、解除收养协议、遗赠扶养协议等属于双方行为。遗产分割协议可能是多方行为。另外,学界有契约行为、共同行为划分的说法。依此种分类,双方、多方身份法律行为基本上属于共同行为,而非契约行为。

四、有效行为、可撤销行为与无效行为

在民事法律行为成立的前提下,我们需要对民事法律行为的效力进行评价。民事法律行为的效力评价在逻辑上可以区分为两个方面:一是效力性能的判断,二是生效样态的判断。效力性能的判断是对民事法律行为生效可能性的判断,而生效样态的判断则是对民事法律行为生效现实性的判断。依我国民法典的规定,民事法律行为效力性能分为有效、效力待定、可撤销和无效,生效样态则分为生效、未生效、不生效和失效。效力性能判断是生效样态判断的逻辑前提,因为没有生效可能性的民事法律行为是绝无生效可能的,只要确定一法律行为无效,就没有探究其是否生效的必要了。①

在身份法领域,纯粹的身份行为在效力性能上只有有效、可撤销和无效三种,不存在效力待定的效力性能。纯粹的身份行为不允许代理,故《民法典》第一百四十五条没有适用的余地。如果未成年人结婚,不符合法定婚龄的规定,属于无效婚姻,因达到法定婚龄而治愈这一结婚条件瑕疵的除外。②身份财产行为在多数情况下也不能代理,如夫妻财产约定、离婚财产协议、

---

① 陈信勇:《民事法律行为效力性能与生效样态区分论》,《浙江社会科学》2018 年第 7 期。

② 《婚姻法解释(一)》第十条规定:"当事人依据民法典第一千零五十一条规定向人民法院请求确认婚姻无效,法定的无效婚姻情形在提起诉讼时已经消失的,人民法院不予支持。"

遗嘱等,也无适用《民法典》第一百四十五条的余地。纯粹的身份行为没有效力待定,身份财产行为一般也没有效力待定,其目的都是亲属身份关系的安定。

第三节　身份法律行为的特性

一、主体身份性

主体的身份性,是身份法律行为的首要特性。不论是纯粹身份行为,还是身份财产行为,都与主体的身份性相关,要么是将建立某种身份关系,要么是解除某种身份关系,要么是依托某种身份关系进行法律行为。

在身份法领域,身份法律行为的主体身份性是有强弱之分的。纯粹身份行为的主体身份性最强,结婚、离婚、收养协议、解除收养协议等形成的身份行为直接关系婚姻、血亲关系的成立和解除。结婚、离婚是以婚姻关系的成立、解除为目的的行为,当事人是欲结为夫妻或解除夫妻关系的双方。收养协议、解除收养协议是以拟制血亲关系的成立、解除为目的的行为,当事人是收养人、送养人、养子女(8周岁以上的被收养人和成年养子女)。在身份财产行为中,夫妻财产约定、离婚协议的主体身份性较强,遗嘱、遗产分割协议的主体身份性较弱(遗嘱继承中的遗嘱与遗赠中的遗嘱相比,前者主体身份性较强),遗赠扶养协议的主体身份性最弱。身份法律行为主体身份性的强弱,不影响其为身份法调整的实质性。可以这么说,凡身份法调整的法律行为都具有身份性,故将身份法上的法律行为统称为“身份法律行为”并无不妥。[①]

并非具有亲属身份关系的当事人之间的所有财产行为都是身份财产行为。如果具有亲属身份关系的当事人之间进行的是非身份法调整的普通财

---

　　① 《民法典》婚姻家庭编规定婚姻登记、收养及解除收养登记等行政行为,体现了公私法的交叉关系。婚姻登记、收养及解除收养登记虽然是行政行为,但也产生私法上的效果,且结婚、离婚的民事法律行为是在上述登记程序中完成,其身份关系的变动需要通过登记予以公示。

产行为,就不属于身份财产行为,比较典型的是:(1)近亲属间的借款行为。《婚姻家庭编解释(一)》第八十二条规定:"夫妻之间订立借款协议,以夫妻共同财产出借给一方从事个人经营活动或者用于其他个人事务的,应视为双方约定处分夫妻共同财产的行为,离婚时可以按照借款协议的约定处理。"这里包含两个行为:一是夫妻双方作为所有权人共同处分夫妻共同财产;二是夫妻一方以普通的借款人身份(而非配偶的身份)借入款项,另一方作为夫妻共同财产所有人的代表出借款项。(2)近亲属间的赠与行为。《婚姻家庭编解释(一)》第三十二条规定:"婚前或者婚姻关系存续期间,当事人约定将一方所有的房产赠与另一方或者共有,赠与方在赠与房产变更登记之前撤销赠与,另一方请求判令继续履行的,人民法院可以按照民法典第六百五十八条的规定处理。"在司法实践中,对于近亲属间借款、赠与行为的认定与处理,也存在争议,有观点认为近亲属间借款、赠与,事实上可能与身份有较大的关联,与普通人之间的借款、赠与在动机上往往有别。笔者认为,如果有确凿的证据证明借款、赠与的事实,司法机关应当尊重当事人的意思表示,而不问其动机如何,应当按照借款、赠与处理。至于父母是以借款还是赠与的方式资助子女购买房屋的问题,在实践中认定当事人的真实意思确实很困难,有关司法解释的表述也发生过变化。《婚姻家庭编解释(一)》第二十九条规定:"当事人结婚前,父母为双方购置房屋出资的,该出资应当认定为对自己子女个人的赠与,但父母明确表示赠与双方的除外。""当事人结婚后,父母为双方购置房屋出资的,依照约定处理;没有约定或者约定不明确的,按照民法典第一千零六十二条第一款第四项规定的原则处理。"实践中有的父母主张"为双方购置房屋出资"是借款而非赠与(既不是赠与自己子女一方,也不是赠与自己子女和其配偶双方),但所能提供的证据只能证明父母提供了一定数额的资金,不能证明是借款,子女及其配偶也不能证明是赠与。笔者认为,此时可以根据双方所能提供的证据,认定为不当得利,应予返还。

二、不可代理性

身份法律行为因为主体的身份性，原则上应当亲自为之，而不允许代理①，但主体身份性较弱的一些身份财产行为可以代理（比如遗产分割协议）。

结婚、离婚、非婚生子女的认领、婚生子女的否认、收养协议、解除收养协议等形成的身份行为或纯粹的身份行为，以行为人自身的自由意志为必要，原则上不许代理。② 我国民法典规定，要求结婚的男女双方应当亲自到婚姻登记机关申请结婚登记；夫妻双方自愿离婚的，应当签订书面离婚协议，并亲自到婚姻登记机关申请离婚登记；按有关规定，《收养登记申请书》《解除收养登记申请书》中收养人、被收养人和送养人（以及社会福利机构的经办人）的签名必须由当事人在收养登记员面前完成，并接受收养登记员的询问。上述规定包含的实际意涵就是上述身份行为应当亲为，而不许代理。夫妻财产约定、离婚协议事关当事人的重大利益，也同样应当亲自订立，而不许代理。不同形式的遗嘱，尽管有不同的法律要求，但都体现了遗嘱人亲自订立这一要求。③ 遗赠扶养协议亦同。

三、要式性

由于身份法律行为事关当事人及其他关系人的重大利益，且有证明身份关系及相关事项的长期需要，法律一般规定采用书面形式。

纯粹身份行为涉及亲属身份关系的变动，各国民法一般规定须在身份关系登记中提交规定的书面材料，形成档案。依我国民法典及国家有关规定，结婚、离婚、收养、解除收养须在民政部门进行登记，在登记程序中当事人需填交有关申请书（双方的申请书就是合意的载体）。

身份财产行为依规定一般也应当采取书面形式。《民法典》第一千零六十五条规定，夫妻财产约定应当采用书面形式；第一千零七十六条规定，夫

---

① 《德国民法典》第一千一百三十一条规定："结婚当事人双方必须亲自和在同时在场的情况下作出第一千三百一十条第一款所规定的表示。……"

② 史尚宽：《民法总论》，中国政法大学出版社 2000 年版，第 319 页。

③ 遗嘱以及其他表达当事人真实意思的书面材料可以代书，但代书不是代理。

妻双方自愿离婚的,应当签订书面离婚协议;第一千一百零九条第二款规定,外国人在中华人民共和国收养子女,应当与送养人签订书面收养协议;第一千一百二十四条规定,继承开始后,继承人放弃继承的,应当在遗产处理前,以书面形式作出放弃继承的表示;第一千一百五十八条规定,自然人可以与继承人以外的组织或者个人签订遗赠扶养协议。依民法典有关遗嘱的规定,遗嘱原则上采用书面形式:自书遗嘱由遗嘱人亲笔书写,签名;代书遗嘱由见证人之一代书,并由遗嘱人、代书人和其他见证人签名;打印遗嘱,遗嘱人和见证人应当在遗嘱每一页签名;以录音录像形式立的遗嘱也有特别的形式要求;遗嘱人只有在危急情况下,可以立口头遗嘱(危急情况消除后,遗嘱人能够以书面或者录音录像形式立遗嘱的,所立的口头遗嘱无效)。但民法典对遗赠扶养协议没有作特定形式的要求。

四、不得附条件、附期限

身份法律行为涉及亲属身份关系的变动,以及与亲属身份关系密切相关事项的确定,为了婚姻家庭生活的稳定性,各国法律一般明确规定身份法律行为不得附条件、附期限①,但有些身份财产行为是可以附条件、附期限的。

依据我国《民法典》第一千零四十九条的规定,完成结婚登记,即确立婚姻关系。该规定实际上排除了结婚登记附条件、附期限的可能性。倘若结婚可以附条件、附期限,结婚须在条件成就或期限届至时生效,就无法立即确立婚姻关系,故反推可知,依我国民法典,结婚不得附条件、附期限。《民法典》第一千零八十条规定,完成离婚登记,或者离婚判决书、调解书生效,即解除婚姻关系。由此可知,登记离婚也是不得附条件、附期限的。离婚协议与登记离婚同时生效,当然也不能附条件、附期限。另据民法典有关收养制度的规定,自收养关系成立之日起,养父母与养子女间的权利义务关系,适用本法关于父母子女关系的规定;养子女与养父母的近亲属间的权利义务关系,适用本法关于子女与父母的近亲属关系的规定。收养关系解除后,

---

① 《德国民法典》第一千一百三十一条规定:"结婚当事人双方必须亲自和在同时在场的情况下作出第一千三百一十条第一款所规定的表示。这些表示不得附条件或期限而作出。"

养子女与养父母以及其他近亲属间的权利义务关系即行消除。上述规定都表明,收养、解除收养不得附条件、附期限。

纯粹身份行为不得附条件、附期限是非常明确的。身份财产行为可否附条件、附期限呢?(1)夫妻财产约定。关于夫妻财产约定是否允许附条件、附期限,我国民法典未作规定。既然是夫妻财产约定,该约定当然以双方成为夫妻(结婚)为生效条件;如果离婚,该约定将失效(不再继续适用)。这是夫妻财产约定的应有之义,无需当事人约定。夫妻财产约定涉及婚姻关系存续期间所得的财产以及婚前财产的归属,这是约定的财产范围问题,与约定是否附条件、附期限无关。是否进行夫妻财产约定,夫妻财产约定后是否再行变更,当事人对此有自主的权利。既然如此,当事人就夫妻财产约定附加不违背强制性规定和公序良俗的生效、解除条件或者附加生效、终止期限,就没有不允许的理由了。笔者认为,夫妻财产约定可以附条件、附期限。(2)遗嘱。遗嘱作为死因行为,因遗嘱人死亡而生效,不得另行附加条件、期限。遗嘱指定的遗嘱继承人、受遗赠人是否接受继承、遗赠,与遗嘱生效无关。遗嘱继承或者遗赠负有义务,与附条件、附期限无关。(3)遗赠扶养协议。遗赠扶养协议是诺成协议,自双方当事人意思表示达成一致时即可成立。至于是否可附条件、附期限,民法典未作规定。考虑到遗赠扶养协议中一方的受扶养权利与另一方受遗赠的权利开始时间截然不同,被扶养人接受扶养的时间不确定(人的寿命无法预先确知),遗赠扶养协议附条件、附期限将可能使遗赠扶养协议的效力以及当事人行使权利的期待处于不确定状态,进而影响被扶养人的正常生活或者影响扶养人的正当利益,笔者认为遗赠扶养协议以不得附条件、附期限为宜。

五、行为能力上的特殊性

民事行为能力制度是民法总则的重要制度。对照民法典总则编与各分则编,我们可以发现身份法律行为与财产法律行为在行为能力上的一些差异。民法典总则编有关民事行为能力的规定,可以适用于某些身份法律行为,但并不能像财产法律行为一样普遍适用。这说明身份法律行为基于自身特性,在行为能力上有不同的要求。

依我国民法典婚姻家庭编的规定,结婚并不明确要求具备一定的民事行为能力,但因为"结婚应当男女双方完全自愿",相当的意思能力还是应当具备的。① 有的学者所持结婚需具有完全行为能力的观点②,笔者认为值得商榷,有关法律并无如此规定。申请离婚登记和订立离婚协议,应当具备完全民事行为能力,《婚姻登记条例》第十二条第二项明确规定"办理离婚登记的当事人""属于无民事行为能力人或者限制民事行为能力人的",婚姻登记机关不予受理。立遗嘱也需要具备完全民事行为能力,《民法典》第一千一百四十三条第一款明确规定:"无民事行为能力人或者限制民事行为能力人所立的遗嘱无效。"订立夫妻财产约定,收养和送养,解除收养关系,对当事人来说关系重大,均应具备完全民事行为能力。

六、效力瑕疵上的特殊性

基于亲属身份关系和婚姻家庭生活和谐稳定的考虑,民法典在身份法律行为的效力方面有不少特殊的规定。我国民法典总则编有关民事法律行为成立及效力的规定,并不当然可以适用于身份法律行为。民法典婚姻家庭编、继承编还规定了结婚、离婚、收养、遗嘱等法律行为的有效要件,有的还规定了具体的无效、可撤销情形。与财产法律行为相比较,身份法律行为在效力瑕疵方面具有特殊性。下面仅以婚姻的效力瑕疵为例分析之。

结婚行为的效力瑕疵包括无效、可撤销两类。民法典婚姻家庭编明确规定婚姻的无效情形包括重婚、有禁止结婚的亲属关系和未到法定婚龄三种;婚姻可撤销情形包括胁迫结婚、一方患有重大疾病而在结婚登记前不如实告知另一方这两种。全国人大和最高人民法院基于对当事人婚姻自由的充分尊重,在民法典和相关司法解释中尽量挽救婚姻的效力,或者从实际出发保护当事人的切身利益,维护婚姻家庭生活的安定,比如:(1)删除禁止患一定疾病者结婚的规定。原《婚姻法》规定的"婚前患有医学上认为不应当

---

① 史尚宽先生认为,关于形成的身份行为,民法总则关于行为能力之规定不能适用,此时有意思能力,即为有行为能力;附随的身份行为,原则上有为主身份行为者,亦有为附随的身份行为之能力,夫妻财产契约等财产法行为,通说谓为以财产法能力为必要;他人之身上为身份之支配行为,行为人不独应为其行为之识别能力,并须有为合理的行动之能力,原则上要求其与财产法行为能力有同等之能力。参见史尚宽:《亲属法论》,中国政法大学出版社 2000 年版,第 12—15 页。

② 杨立新:《亲属法专论》,高等教育出版社 2005 年版,第 46 页。另见杨立新:《家事法》,法律出版社 2013 年版,第 39 页;孟令志:《无效婚姻论》,中国社会科学出版社 1996 年版,第 11 页。

结婚的疾病,婚后尚未治愈"在民法典中已经不是婚姻无效情形之一,只是将一方患有重大疾病而在结婚登记前不如实告知另一方列为婚姻可撤销事由。(2)允许补办结婚登记。《民法典》第一千零四十九条规定"未办理结婚登记的,应当补办登记",《婚姻家庭编解释(一)》第六条明确规定"男女双方依据民法典第一千零四十九条规定补办结婚登记的,婚姻关系的效力从双方均符合民法典所规定的结婚的实质要件时起算"。(3)对事实婚姻进行司法保护。事实婚姻,是指符合结婚条件的男女双方当事人,未办理结婚登记,以夫妻名义共同生活,根据司法解释,赋予婚姻保护司法效力的情形。事实婚姻的当事人未依法办理结婚登记,不符合结婚的形式要件,并不能依法成立婚姻关系。但最高人民法院考虑到婚姻登记问题的历史原因和现实状况,对以往产生的事实婚姻采取了逐步从严的司法政策[①],有条件地保护事实婚姻当事人的切身利益。男女当事人被认定构成事实婚姻的,取得等同于登记婚姻的司法保护效力,即在司法实践中,事实婚姻与登记婚姻同样处理。[②] 这项司法政策既适用于婚姻关系,也同样适用于继承关系。(4)承认无效婚姻情形瑕疵治愈效果。《婚姻家庭编解释(一)》第十条规定:"当事人依据民法典第一千零五十一条规定向人民法院请求确认婚姻无效,法定的无效婚姻情形在提起诉讼时已经消失的,人民法院不予支持。"比如,当事人一方或双方结婚时未到法定婚龄,但在提起诉讼时双方均已达法定婚龄,当事人或利害关系人起诉请求确认婚姻无效,人民法院不予支持。(5)司法解释明确规定婚姻无效限于《民法典》第一千零五十一条规定的三种情形。《婚姻家庭编解释(一)》第十七条规定:"当事人以民法典第一千零五十一条规定的三种无效婚姻以外的情形请求确认婚姻无效的,人民法院应当判决驳回当事人的诉讼请求。"

韩世远教授在近期的一篇论文[③]中主张,在民法典婚姻家庭编未作特别

---

① 《最高人民法院关于贯彻执行民事政策法律的意见》(1979年2月2日)、《最高人民法院关于贯彻执行民事政策法律若干问题的意见》(1984年9月8日)、《最高人民法院关于人民法院审理未办结婚登记而以夫妻名义同居生活案件的若干意见》(1989年12月13日)、《婚姻法解释(一)》(2001年12月25日)和《婚姻家庭编解释(一)》(2021年1月1日)。

② 我国司法机关对事实婚姻采取了等同于婚姻的司法保护措施,并非在登记婚姻之外,创设了另一种婚姻法律形式。参见陈信勇:《亲属与继承法》,法律出版社2016年版,第75页。

③ 韩世远:《财产行为、人身行为与民法典适用》,《当代法学》2021年第4期。

规定的场合,总则编关于民事法律行为的一般规定理应适用于婚姻家庭问题。韩教授通过虚假结婚、婚姻欺诈、因重大误解结婚典型案例的分析,试图说明以总则编规定适用于此类问题具有实质的合理性及正当性。笔者无意一概否认民事法律行为的一般规定适用于婚姻家庭问题的可能性(至少在夫妻财产约定、离婚财产协议等身份财产行为上有适用的空间),仅就韩教授所列举的三个案例来说,认为可以商榷,司法机关并不存在轻易"打开突破口"的必要性和迫切性。(1)虚假结婚案。某女 X 与 Y 恋爱期间怀孕,因 Y 未达法定婚龄,遂与 Y 的堂兄 Y1 去婚姻登记机关办理了结婚登记,而后与 Y 共同生活,直至 X 与 Y 感情破裂而诉请离婚。依笔者之见,此案与借他人名义(身份证件)进行结婚登记的案件不同①,Y 并没有与 X 在婚姻登记机关表示过结婚的合意(其书面形式就是双方各自填交《申请结婚登记声明书》),在婚姻登记机关表示过结婚合意的是 X 与 Y1。X 与 Y 虽有恋爱、生育事实,但没有发生过结婚行为。在没有结婚行为的情况下,自然不存在其结婚无效的可能,也完全没有离婚的前提。X 与 Y1 在婚姻登记机关表示过结婚的合意,只是两人内心没有结婚的意思。婚姻登记员事实上无法在查明结婚申请人的内心真实意思后再决定是否颁发结婚证书,如果申请人不具备结婚真实意思就可以认定婚姻无效,立法机关完全可以在婚姻无效规范中增添这一情形。立法机关显然不是因为疏漏,而是采取了不增添这一婚姻无效情形的立法态度。最高人民法院也已经在《婚姻家庭编解释(一)》第十七条中表明了不扩张婚姻无效情形的立场。在结婚登记实践中对申请人的内心真实意思进行实质性审查,并不具有可行性。(2)婚姻欺诈案。自称"雷丽华"的女人利用伪造的身份证和户口簿与 A 男共同到婚姻登记机关办理了婚姻登记,而后带着钱款离家,下落不明。本案中,自称"雷丽华"的女人是真实存在的,只是身份不明(包括真实姓名、住址、身份证号等),且与 A 男共同到婚姻登记机关办理了婚姻登记。"雷丽华"是否构成诈骗罪另当别论,A 男因未充分了解女方身份而与其登记结婚,发现上当后向

---

① 本案中 Y1 没有借用、冒用他人身份或伪造身份,也没有表示为 Y 代理结婚。有关"以伪造、变造、冒用证件等方式骗取结婚登记"问题的分析,可参见陈信勇:《亲属身份行为的立法构造——兼论民法典婚姻家庭编、继承编草案之完善》,《上海政法学院学报》2019 年第 6 期。

有关机关主张婚姻无效或撤销婚姻,恐都未得其法。A 男摆脱与"雷丽华"的婚姻,只有离婚诉讼一条途径。刑事被告人身份不明,可以追究其刑事责任,在身份诉讼中也应允许列身份不明者为被告(可在法律文书中加贴照片),并采取公告送达、缺席审判方式。如果未来立法机关认为此种婚姻欺诈可以列为婚姻可撤销情形,自无不可。(3)重大误解案。凤凰网报道,长沙一名 51 岁"女子"被医学证明是个男人,丈夫得知真相后蒙了。本案实际上就是一个不知道自己是男性的人与另一个男性办理结婚登记。我国原《婚姻法》和现行《民法典》都明确规定"结婚应当男女双方完全自愿""要求结婚的男女双方应当亲自到婚姻登记机关申请结婚登记"。一夫一妻的婚姻制度就是一男一女结为夫妻的制度。结婚的实质要件之一是符合一夫一妻制,也就是符合一男一女结婚的条件。一男一女的认定标准,当然是生理标准,而非外观上的标准,也非当事人的性别认知。两个男性办理结婚登记,不符合一夫一妻制的结婚要件①,该项婚姻登记属于违法登记的行政行为。在民法典没有规定两个同性结婚为无效婚姻的背景下,笔者建议通过行政法的救济方式(行政复议、行政诉讼,必要时的公益行政诉讼)解决。概而言之,虚假结婚、婚姻欺诈、因重大误解结婚,均可依据现行有关结婚的规定予以合适救济,民法典婚姻家庭编关于婚姻无效、可撤销情形的规定应当是基于婚姻家庭安定性考虑所作的特别规范,婚姻家庭立法、司法的谦抑性理念应当得到充分尊重并一以贯之。

---

① 在中国,一夫一妻制不仅要求只有一个配偶,而且这个配偶必须是异性。

第二章　身份法律行为的民法典适用

第一节　身份法律行为规范模式的历史沿革

身份法律行为作为身份法律关系产生、变更和消灭的法律行为,其首先受到身份有关的单行法或法典中相关编的约束,并且其法律适用与法律行为这一概念的产生、立法上的使用密切相关。从亲属相关法律的立法模式来看,各国主要存在以下三种模式:(1)编入法典,例如中国、瑞士、德国、法国、日本;(2)作为特别单行法典,例如苏俄1918年10月6日公布的《俄罗斯联邦户籍登记、婚姻、家庭和监护法典》;(3)由多数单行特别法组成,例如英美法。① 本节通过境外不同立法模式的历史沿革以及我国身份法律行为规范模式的演化分别展开。

一、不同立法模式的历史变迁

比较法上存在前述三种不同立法模式,下文选取德国与日本、苏联与俄罗斯以及美国作为各立法模式之典型,就其立法之内容与历史变迁具体展开。

(一)德国身份法律行为规范之演化

"身份法律行为"是"身份"与"法律行为"两个语词的结合,故以下通过这两个方面予以展开,并介绍身份法律行为适用规范之特殊性。

第一,关于德国身份领域法律规范之发展。在《德国民法典》生效后,家

---

① 史尚宽:《亲属法论》,中国政法大学出版社2000年版,第2页。

庭法编经过多次重大修订,仅在 1957 年到 2009 年,《德国民法典》家庭法部分就经历了 22 次重大修订。《德国民法典》第五编的大幅度修改根本上可以归因为人们观念的调整,但基于家庭伦理专制,德国家庭法改革缓慢。德国家庭法改革的保守与犹豫,使得德国宪法法院不得不多次介入,督促立法者实现宪法的规定。例如关于夫妻关系,尽管德国设立了改革期限,所有与男女平等原则相抵触的规定必须在 1953 年 3 月 31 日之前进行修改,但德国联邦政府提交的民法典修正案遭到教会为代表的保守势力强烈反对,认为其会破坏自然的婚姻秩序,该反对最终使草案未能实现。这使得 1953 年 3 月 31 日至 1957 年 6 月 18 日家庭法中的部分条款与基本法第三条冲突而无效,却又没有新的法律及时替补。德国法院在此期间发挥了重要的作用,通过解释基本法来确立相关的规则。① 德国家庭法编进行的多次重大修订,主导思想有二:(1)在家庭法中实现男女平等;(2)加强对子女权利的保护。大量修订法案对现行家庭法起到了重大作用,例如 1957 年 6 月 18 日通过的《平权法》,该法首次尝试在家庭法领域贯彻男女平等原则,但并未取得完全成功,该法还将增益共有制规定为法定婚姻财产制。又例如 1976 年 6 月 14 日通过的《婚姻法和家庭法改革第一号法律》,进一步确立了男女平等原则,并在破裂原则基础上重新规定了离婚法。该法还新设了增益补偿制度,设立了家庭法院。另外,1979 年《重新规定父母照顾法律》、1990 年《修改成年监护和保佐法的法律》、1997 年《修改子女权利的法律》、1998 年《统一未成年子女扶养权利的法律》、1998 年《重新规定结婚法的法律》等均对家庭法产生了重大影响。②

第二,提及身份法律行为,需要明确的是法律行为这一概念的产生与使用的过程。法律行为之概念,和当代私法理论中很多其他的一般性概念一样,尚且不被罗马法所使用,但在罗马法学家的大量个案实践中已有所萌芽,例如其对法律行为的区分已存在一定的认识。为使对各项事务的判断互相协调,罗马人使用其独特的法律知识,现代理论由此发展出法律行为的

---

① 刘征峰:《家庭法与民法知识谱系的分立》,《法学研究》2017 年第 4 期。
② 〔德〕迪特尔·施瓦布:《德国家庭法》,王葆莳译,法律出版社 2010 年版,第 4—5 页。

一般理论。① "行为"和"法律行为"的表述来源于罗马法,但罗马法时期并未将其作为法律术语予以适用,而是仅承认了单个的法律行为类型,仅就个别的债权合同类型予以规定,即使后续在发展过程中类型有所增加,也并未形成债权合同或法律行为的具体概念。"法律行为"概念的历史与学说汇纂体系的产生密不可分。弗卢梅就此指出,学说汇纂体系的主要特点是总则的前置,而总则部分的核心内容为法律行为理论。② 在 18 世纪末,"法律行为"相关术语开始出现于法学家的一些作品中,如韦伯的《自然之债理论的体系发展》、胡果的《当代罗马法学阶梯》,但当时还未形成统一的概念术语,直至1807 年海泽的《共同民法体系基础知识——学说汇纂教科书》,其使用的术语才为德国法学共同使用。首先对"法律行为"概念予以深入讨论的是萨维尼和普赫塔,萨维尼在《当代罗马法体系》第三卷中将法律行为界定为行为人的意志直接指向法律关系的产生或解除的自由行为,而普赫塔进一步将其定义为引发法律效果的行为。上述观点成为德国法学关于法律行为之通说。③ 与学界理论发展同步进行的,是立法中对法律行为理论的体现。1794年,《普鲁士普通邦法》使用了法律行为理论进行立法,此为法律行为理论首次纳入制定法,但其使用了"意思表示"的表述而非"法律行为"这一表述。1863 年,《萨卡尔森王国民法典》中对法律行为作出了法律上的定义。④ 至1900 年,《德国民法典》施行,其中总则编对"法律行为"设专章予以规定。在《德国民法典》中,其未对法律行为作出定义,此为《民法典第一草案》的编纂者故意回避之结果。但在第一草案的《立法理由书》中对于法律行为作出了如下定义:"法律行为是旨在产生特定法律效果的私人意思表示,该法律效果之所以以法律秩序而产生,是人们希望产生这一法律效果。"并且,该草案指出,法律行为的本质在于该意思表示,法律秩序通过认可意思表示来判定其旨在进行的法律形成在法律世界观中的实现。⑤

---

① [德]马克斯·卡泽尔、罗尔夫·克努特尔:《罗马私法》,田士永译,法律出版社 2018 年版,第 84—85 页。

② [德]维尔纳·弗卢梅:《法律行为论》,迟颖译,法律出版社 2013 年版,第 32—33 页。

③ 朱庆育:《民法总论》,北京大学出版社 2016 年版,第 76—80 页。

④ [德]维尔纳·弗卢梅:《法律行为论》,迟颖译,法律出版社 2013 年版,第 35 页。

⑤ [德]维尔纳·弗卢梅:《法律行为论》,迟颖译,法律出版社 2013 年版,第 26 页。

从法律行为的定义方式与体系定位来看,其理论并不排斥适用于身份领域,弗卢梅在法律行为的各种行为类型举例时,提及了订婚、结婚、遗嘱等行为。① 拉伦茨也指出,"法律行为"是指一人或若干人之以引起私法法律后果之发生为目的的每一种意思行为,广义的法律行为存在于私法的所有领域,但它们的内容和产生的法律后果是不同的。《德国民法典》在"总则"第三章中的规定,原则上适用于所有类型的法律行为,总体上也适用于物权法、亲属法和继承法,除非这些领域有特别规定。② 德国法学理论中,一般认为法律行为的概念不仅包括财产领域的债权契约、物权合意,也包括家庭领域的契约以及遗嘱等内容。但也有德国学者提出,法律行为原理的作用并没有我们想象中大,其概念中只有"表示"这一项因素是共同的,但用其包含物权移转行为、家庭领域的行为、单方意思表示等内容是无法做到的。我国学者在研究德国的法律行为这一概念时,对此内容也有所展开。有学者指出,从法律行为的规则来看,通说认为法律行为制度主要是从契约制度和遗嘱制度中抽象出来的,其理论源于罗马法的诺成契约、遗嘱等具体的财产流转方式。《德国民法典》并未对法律行为作出定义,但从合成词的构成来分析,其由设定权利人通过作出意思表示与他人结成约束性关系的行为所组成,而"交易"是该组成部分最基本、最本质的含义。因此,法律行为不包括身份行为(非财产关系)。"法律行为"这一语词要求设权行为和财产交易行为这两个要素,因此原初意义的"法律行为"只能是财产流转中的债权行为、债权契约。③

(二)日本家族法之变迁

日本民法与德国民法均采取了亲属相关立法编入法典的立法模式。从日本家族法的立法过程来看,其受到西欧法的影响,立法自明治(1868—1912 年)初期以来虽然只经过百余年,但由于各种观点的对立,进行了多次立法修改,可谓西欧的家族法(最开始是法国民法的想法)和明治之前就存

---

① 〔德〕维尔纳·弗卢梅:《法律行为论》,迟颖译,法律出版社 2013 年版,第 27 页。

② 〔德〕卡尔·拉伦茨:《德国民法通论》(上册),王晓晔等译,法律出版社 2003 年版,第 39—40 页。

③ 张作华:《法律行为概念及其适用范围之原本考察——以"法律行为(Rechtsgeschäf)"的词源为线索》,《四川师范大学学报》(社会科学版)2008 年第 4 期。

在于日本社会的家族观、家族法乃至习惯法对立的历史。日本最初汇总的民法典,称为"旧民法",其中家族法部分为1890年公布的人事编和财产取得编中的第十三章、第十五章(相当于继承法的部分),家族法部分出于必须考虑"本国民情"的理由,由日本人的编撰委员起草,但也受到法国民法等的影响,其以日本的习惯为基础,却又是西欧式的法律。该法规定了一夫一妻制,夫妇要互相信守真实,把通奸作为裁判离婚的理由,在离婚原因中注重夫妇平等。上述草案被以"本国的风俗习惯"为由加以批判的很多,修改后提交元老院,审议后又进行大幅度的改变,可见主张日本"历来的风俗习惯"之强烈。旧民法公布后发生"民法典论争",民法典延期,关于亲属编,只要无害秉持以往制度、不因社会稍变就修改法典的理念,继承编则变更为最后编。二战后家族法进行了全面修改,"家"制度被废止,违反男女同权的规定都作出了修改,另外在离婚、抚养等具体制度上也进行了改变。以上修改主要是为了配合宪法的施行,之后在1962年、1976年、1980年、1987年,日本家族法又作了中小规模的修改。①

从内容上看,日本民法第四编包括总则、婚姻、父母子女、亲权、监护、扶养六章,其将身份关系分成夫妻、父母子女、亲属三类。旧法中有关"户主及家属"的规定在新法中已经被删去。日本社会经历了等级的身份、家族支配关系至自由的相互尊重人格平等的变迁,故有学者指出,把当下的夫妻、父母子女和亲属关系仍称作"身份关系"、使用"身份法"等用语不妥,而应为家属关系、家属法。②

关于身份法律行为能否适用民法总则的问题,曾有日本最高裁判所昭和二十七年关于无代理权过继的追认判决认为,民法总则的规定可类推适用于该问题,因为民法总则的规定无法直接适用于亲族法上的行为。在立法时,民法总则预定适用于家族法上的行为,但到了大正时代,判例和学说先后忽视了适用问题而采取了否定观点。③ 不少学者主张没有特别规定时,

---

① 〔日〕星野英一:《现代民法基本问题》,段匡、杨永庄译,上海三联书店2012年版,第385—390页。

② 〔日〕我妻荣、有泉亨:《日本民法亲属法》,夏玉芝译,工商出版社1996年版,第1—3页。

③ 前田泰「無効な身分行為の追認と113条」「法学セミナー」第596号(2004年8月)第26—27页。

应当类推亲属编的规定,树立亲属法独立的原理,而不应当适用总则的规定。身份法律行为应该以亲属、继承两编的规定为基础,对能力、意思表示等规定出一定的标准。但也有学者持相反意见,认为身份法律行为既然是法律行为,亲属编如果没有特别规定,总则的规定应当可以适用。有学者主张,除有明文规定或依照性质不能适用以外,总则的规定应当可以适用。① 我妻荣认为,总则的规定主要是以财产行为为对象制定的,如果原封不动地运用到身份法律行为是不妥当的,应当研究行为的性质再判断能否适用总则的规定,例如《日本民法典》第九百一十九条第二款,关于继承的接受或放弃,适用总则的规定。② 现在多数学说认为,无论原则适用还是原则不适用,都应该根据个别规定分别进行判断。如果采纳适用说,则无类推的必要性。中川善之助认为,在明治民法下,提倡所谓的"身份行为论",意味着家族法上很多"身份行为"中,婚姻、离婚、过继等"形成的身份行为",由身份的效果意识(心素)和身份的生活事实(体素)以及申报形式构成的,如果没有效果意识则无效,但经过申报后,行为根据效果意识和生活事实的补充而有效。但近期,也有学者提出了正面否定"身份行为论"的有力说法,以家族法上的基础理论展开了讨论。目前,该问题尚无定论。③

(三)苏联与俄罗斯婚姻家庭法典之演化

1918 年,苏俄颁布《俄罗斯联邦户籍登记、婚姻、家庭和监护法典》,开创了亲属法独立于民法典的立法模式,婚姻家庭法典和民法典处于同一法律位阶。该模式被二战后的一系列社会主义国家所采纳。④ 苏俄采取前述立法模式的原因为亲属法的调整对象为家庭成员之间的人身关系,在社会主义社会中,该人身关系不能被划分到财产关系中,与人身关系有关的费用也不能适用民法典中关于债的规定。而苏俄的民法则主要调整财产关系,尽管苏俄的两部《苏俄民法典》及《民事立法纲要》采取了对财产关系和身份关

---

① 史尚宽:《亲属法论》,中国政法大学出版社 2000 年版,第 11 页;[日]我妻荣、有泉亨:《日本民法亲属法》,夏玉芝译,工商出版社 1996 年版,第 8 页。

② [日]我妻荣、有泉亨:《日本民法亲属法》,夏玉芝译,工商出版社 1996 年版,第 7—11 页。

③ 前田泰「無効な身分行為の追認と 113 条」「法学セミナー」第 596 号(2004 年 8 月)第 26—27 页。

④ 杨晋玲:《亲属法基础理论问题研究》,法律出版社 2017 年版,第 37 页。

系的统一调整模式,但其对人身非财产关系没有做出专章规定,内容也较少,并且对与财产关系无关的人身非财产关系的调整存在争议。① 关于家庭法典,苏联时期一共颁布了三部家庭法典。第一部为前述 1918 年颁布的家庭法典,该法典将民事身份立法从教会的管辖转移到了国家的管辖中,否认了宗教婚姻的效力,简化缔结婚姻的条件与离婚的程序,并且废除了妻子和母亲的妇女的从属地位。这部法典为强调妇女的独立自主,而保留了革命前的婚姻财产分割制度。同时,其赋予了非婚生子女平等的法律地位,并且废除了收养制度。1926 年,《俄罗斯苏维埃联邦社会主义共和国婚姻、家庭和监护法典》作为新的家庭法典被通过。在这部法典中,事实婚姻得到承认,离婚程序予以简化,并且引入了婚姻财产共同体制度以保护妇女的权利。但该部法律因 1936 年、1944 年斯大林颁布的对其进行修改的法律而失去民主化的特征,其废除了流产、事实婚姻、非婚生子女的亲子关系确认制度,以使得婚姻与家庭关系更加确定且稳固。至 1968 年,该家庭法典被废止,第三部家庭法典施行。这部家庭法典删去了斯大林时代的大多数规则,使离婚更容易,并且删除了阻碍亲子关系确定的规则,但大部分规则具有严格的强制性。②

1991 年苏联解体,除极少数国家如俄罗斯、白俄罗斯等还沿用上述独立家庭法典的立法模式,其他大陆法系国家多将婚姻法纳入民法的范畴。③ 1995 年颁布的新《俄罗斯家庭法典》仍采取了独立于《俄罗斯联邦民法典》的模式,该法典减少了强制性规范,增加了任意性规范,引入婚姻契约制度,扩大了家庭成员调整扶养关系的权利,并且简化了离婚程序。④ 就上述苏联与俄罗斯所采取的独立法典立法模式,我国有学者指出体系独立存在其优劣之处。一方面,独立法典的形式会导致家庭法引用民法一般条款时存在困难,降低了民法典的完整性和私法的体系性;另一方面,该模式对实现婚姻

---

① 王春梅:《苏联法对中国民事主体制度的影响》,法律出版社 2017 年版,第 4—6 页。

② 魏磊杰、张建文:《俄罗斯联邦民法典的过去、现在及其未来》,中国政法大学出版社 2012 年版,第 263—266 页。

③ 杨晋玲:《亲属法基础理论问题研究》,法律出版社 2017 年版,第 37 页。

④ 魏磊杰、张建文:《俄罗斯联邦民法典的过去、现在及其未来》,中国政法大学出版社 2012 年版,第 266—268 页。

家庭法的社会化有独特的意义,便于社会权、管制性规范和细致的身份权利义务方案进入婚姻家庭法,使相关基本原则、一般条款、基本概念等可在民法以外演化,在不受民法典各编协调约束的情况下更自由地规定具有针对性的具体制度。① 从《俄罗斯联邦民法典》与《俄罗斯家庭法典》的内容上看,《俄罗斯联邦民法典》第一编第四分编为"法律行为与代理",其在总则中存在关于法律行为的规定。《俄罗斯家庭法典》中第四条、第五条规定了民事立法对家庭关系的适用以及家庭立法和民事立法对家庭关系的类推适用。根据这两条的规定,在民事立法和家庭关系的本质不冲突时,家庭立法未调整的财产和人身非财产关系适用民事立法;在家庭法与民法均未对其规定时,可类推适用不与该家庭关系本质矛盾的类似关系的家庭法或民法规范;在无调整类似关系的家庭法与民法规范时,适用家庭法和民法的基本原则以及人道、理性和公正原则予以确定。② 上述规范为家庭法领域的法律关系适用民法建立了桥梁。

(四)美国家庭相关立法

英美法系国家虽然受到罗马法的影响,将亲属法作为私法,但各国并没有成文的民法典,其家庭相关法律以判例及单行法规为主。③ 从美国的家庭相关立法来看,婚姻关系一直由各州制定法律进行管理,1888 年美国最高法院就曾指出,家庭关系的全部内容包括夫妻关系、父母子女关系由州法律予以规范,不由联邦法规定。在各州立法的层面,家庭法的制定受到各州宪法的影响,并且因家庭法领域很多问题难以做出确切的规定,大多数州在家庭法领域只做出了纲领性的规定,并交由法官个案裁量。美国州法律全国统一委员会在家庭法领域制定了多部重要法律,如《统一结婚离婚法》《统一父母身份法》《统一互惠扶养费强制执行法》《州际家庭扶养法》等,这些法律有些已被所有州采用,有些则被部分州采用或部分被采用,并且对未采用的州相关立法产生重要影响。从联邦家庭法的层面来看,联邦法院不审理离婚、

① 张力:《我国〈民法典〉中优良家风条款的规范效力》,《暨南学报》(哲学社会科学版)2022 年第 3 期。

② 中国法学会婚姻法学研究会:《外国婚姻家庭法汇编》,群众出版社 2000 年版,第 466-467 页。

③ 陈苇:《外国婚姻家庭法比较研究》,群众出版社 2006 年版,第 72 页。

扶养等案件之原则逐渐动摇,虽然家庭法仍属于各州立法范畴,但联邦立法逐步涉足家庭法领域,其主要以联邦单行法的形式体现,并审理个别类型的家庭法案件。① 另外,从联邦宪法层面来看,由于家庭结构发生重大变化,尤其是 20 世纪 60 年代后,政府通过各种方式更为广泛地介入婚姻家庭领域,宪法也更多地介入了家庭法领域。大量宪法的规范和原理成为调整家庭成员关系的规则,家庭法上的权利上升为宪法权利,权利的扩张成为家庭法"宪法化"的主题。② 总体来说,美国作为判例法国家,其存在部分家庭法的单行法规与判例,但并不涉及成文法国家身份领域行为的民法典适用问题。

二、我国身份法律行为规范模式的演化概述

在新中国成立前,我国最初借鉴了苏联的独立立法模式,革命根据地时期制定了《中华苏维埃共和国婚姻条例》(1931 年)、《中华苏维埃共和国婚姻法》(1934 年)和边区婚姻条例。新中国成立后,我国于 1950 年制定《婚姻法》,继续采取独立立法模式。该法虽名为"婚姻法",但该名称主要是根据革命根据地使其形成的立法习惯以及苏联立法模式的影响,其调整范围实际超出夫妻婚姻关系,实为亲属法。③ 1950 年至 1986 年,我国学界主流观点及实务均认为《婚姻法》为独立的法律部门,直至《民法通则》出台,其第二条将调整范围规定为财产关系和人身关系,自此亲属法基本确立了作为民法组成部分的法律地位。④ 2020 年《民法典》出台,《婚姻法》《收养法》作为婚姻家庭编纳入《民法典》,《继承法》也作为继承编纳入民法典,实现了亲属法立法模式的转变。

从立法模式来看,身份相关法律作为《民法典》的两编纳入法典,对身份法律行为的法律适用产生了以下影响。(1)增加了总则编的规范适用于身份法律行为的可能。在《民法通则》时代,其虽然在第二条"调整范围"中包括了人身关系,但后续法律行为等大量规范主要基于财产行为规定,其能否

---

① 夏吟兰:《美国现代婚姻家庭制度》,中国政法大学出版社 1999 年版,第 11—13 页。
② 姚国建:《宪法是如何介入家庭的?——判例法视角下的美国宪法对家庭法的影响极其争拗》,《比较法研究》2011 年第 6 期。
③ 余延满:《亲属法原论》,法律出版社 2007 年版,第 1 页。
④ 杨晋玲:《亲属法基础理论问题研究》,法律出版社 2017 年版,第 39 页。

适用于身份关系存在较大争议。现在民法典总则编作为民法典的总括规范，从体系角度出发应可适用于其他分编，但基于身份行为的特殊性，具体情况的适用需要进一步考量；(2)合同法、物权法等财产法律规范对身份法律行为的适用发生变化。《民法典》出台后，合同法、物权法等财产法纳入法典成编，与婚姻家庭编、继承编同在一个法典中，并且部分编存在转介规范，法律适用相较之前作为单独民事法律存在差异。例如，关于合同法律规范能否适用于身份关系，立法态度发生较大改变。原《合同法》第二条第二款规定，婚姻、收养、监护等有关身份关系的协议，适用其他法律的规定。对于有关身份关系的协议能否适用《合同法》规范，《合同法》持否定态度。但在《民法典》第四百六十四条第二款，该条文被修改为"婚姻、收养、监护等有关身份关系的协议，适用有关该身份关系的法律规定；没有规定的，可以根据其性质参照适用本编规定"。该条文确定了身份关系相关法律对身份协议的优先适用，也填补了没有相关规定时身份关系协议的规范空白，作出可参照适用合同编的规定，此相对《合同法》态度发生了转变，但仍然面临何种性质的身份关系协议能够参照适用、如何参照适用的问题。这两点变化带来的法律适用问题将于本章后续具体展开。另外，对于并不直接涉及法律行为规范的其他编，也存在用于规范身份关系的新增条文，例如在人格权编中，《民法典》第一千零一条规定："对自然人因婚姻家庭关系等产生的身份权利的保护，适用本法第一编、第五编和其他法律的相关规定；没有规定的，可以根据其性质参照适用本编人格权保护的有关规定。"此条与第四百六十四条第二款相同，均是身份关系参照适用其他编规定的规范，同样面临何种情况下能够参照适用以及如何参照适用的问题。但鉴于其并不涉及法律行为，故不予展开讨论。

第二节　对民法总则的适用

一、身份法律行为适用民法总则概述

(一)民法总则相关规范适用于身份法律行为的历史沿革

在近代以前,中国古代法律与西方传统迥然不同。作为近现代西方法律源头的罗马法,其规范来源于社会各个阶层和各部落的利益平衡,所以民法非常发达,反之公法则较少。而中国古代则与此相反,法律制度以统治为目的,其制度来源于君主立法,因而注重刑法,传统律学上只存在对"刑律"的解释。① 对于民法而言,中国古代民刑不分,故只存在实质上的民法,而不存在形式上的民法。直至清末《大清民律草案》,该草案完成了中国古代法向现代法的转换,采用了学说汇纂的体例②,即总则、债权、物权、亲属、继承的五编制形式,总则第五章即为"法律行为"。在此基础上,20 世纪 30 年代国民政府完成了六法全书的编纂,基本确立了近代化、西方式的法律体系。1949 年新中国成立,六法全书予以废除,法律制度一度向苏联倾斜,以苏联模式建立中国的法律体系。③ 此后,我国曾于 1954 年、1962 年、1979 年、2001 年四次启动民法典制定工作,前两次由于多种原因并未取得实际成果,1979 年因处于改革开放历史新时期,许多事务都需要重新认识和实践探索,因而还不具备制定一部完整民法典的充分、成熟条件,故确定按照"成熟一个通过一个"的工作思路。1986 年,为解决民事活动中的共同性问题、应对当时民事纠纷和经济纠纷大量增加而产生的迫切需要④,《民法通则》通过。从《民法通则》的性质与地位来看,一方面,《民法通则》是改革开放初期的具

---

① 邵义:《民律释义》,北京大学出版社 2008 年版,序言第 1 页。

② 杨立新:《从民法通则到民法总则:中国当代民法的历史性跨越》,《中国社会科学》2018 年第 2 期。

③ 邵义:《民律释义》,北京大学出版社 2008 年版,序言第 1—2 页。

④ 《关于〈中华人民共和国民法通则(草案)〉的说明——1986 年 4 月 2 日在第六届全国人民代表大会第四次会议上》。

有民法总则性质的单行法①,其包含了基本原则、民事主体、民事行为、民事权利等民法总则性质的法律规范,其中第四章第一节即为"民事法律行为";另一方面,《民法通则》也是当时社会背景下的小型"民法"或"小民法典"②,在陆续颁布经济合同法、涉外经济合同法、婚姻法、继承法等单行法的背景下,为尚且存在规范缺位的当时社会提供可参照的民法规范。从《民法通则》的调整范围来看,尽管第二条明确了本法调整财产关系和人身关系,但从第四条"等价有偿"原则、第四章第一节"民事法律行为"的内容及法工委主任对《民法通则(草案)》作出的说明来看③,其更强调对于经济活动的调整,而非对身份关系的调整④。有学者将《民法通则》定位为具有中国特色的调整经济关系的基本法。⑤ 另外,从立法体例的角度出发,《民法通则》的立法例源于《苏俄民法典》⑥,而在苏俄的法律体系当中,家庭法典本身独立于《民法典》,这使得《民法通则》适用于婚姻家庭领域时需要进一步斟酌。至1999年,《合同法》出台,其以《联合国国际货物销售合同公约》(简称CISG)为原型,在法律行为方面作出了较为详细的规定。但在《合同法》时代,根据其第2条第2款的规定,这些法律行为的规范无法适用于身份法律行为。2014年10月,党的十八届四中全会通过《中共中央关于全面推进依法治国若干重大问题的决定》,作出编纂民法典的重大决定。2017年,《民法总则》颁布实施。从内容上来看,《民法总则》中存在直接适用于身份领域的法律规范,例如第五章"民事权利"的列举中第一百一十二条规定因婚姻、家庭关

---

① 杨立新:《从民法通则到民法总则:中国当代民法的历史性跨越》,《中国社会科学》2018年第2期。

② 朱庆育:《第三种体例:从〈民法通则〉到〈民法典〉总则编》,《法制与社会发展》2020年第4期;杨立新:《从民法通则到民法总则:中国当代民法的历史性跨越》,《中国社会科学》2018年第2期。

③ 《关于〈中华人民共和国民法通则(草案)〉的说明——1986年4月2日在第六届全国人民代表大会第四次会议上》。

④ 例如《民法通则》第六十一条关于民事行为无效的后果以及第六十二条民事法律行为可附条件的规定,均倾向适用于财产法律行为而非身份法律行为。前引草案说明中亦指出,为避免国内外涉外经济活动中的行贿受贿等违背手段使国家、集体遭受损失的情况而规定违背法律、社会公共利益的,恶意串通,损害国家、集体或他人利益的法律行为无效,不得破坏国家经济计划、扰乱社会经济秩序,经济合同不得违背国家指令性计划。

⑤ 金平、赵万一:《民法与社会进步》,《西北政法学院学报》1986年第4期。

⑥ 方新军:《内在体系外显与民法典体系融贯性的实现——对〈民法总则〉基本原则规定的评论》,《中外法学》2017年第3期。

系等产生的人身权利受保护,第一百二十四条规定自然人依法享有继承权。而从体例上来看,总则编的设置是借鉴潘德克顿体系的产物,其通过"提取公因式"的方式确立民法的一般规则,也有学者指出,我国《民法总则》从我国实际出发进行了本土化①,与潘德克顿体系存在差异,是以民事权利的列举为中心,通过活页环的形式将以单行法活页式汇聚的民法典串联起来的总则②。而具体到身份法律行为而言,总则编之于民法典其他各编的统领作用决定了其存在适用于身份法律行为的空间,但鉴于身份法律行为的特殊性,对于总则编规范的具体适用还需要进一步考量。

(二)民法总则能否适用于身份法律行为的观点争议

对于身份行为能否适用民法总则之规则,存在肯定说与否定说两种观点。

持否定说的学者,如陈棋炎认为,民法总则为财产法的通则性规定,所谓的法律行为一般也指财产法律行为,因此即使存在身份行为也与民法总则格格不入,所以身份行为不能被法律行为所包括。只有具有财产性的身份关系领域方可援用或类推适用总则相关内容。其主张将纯粹亲属的身份关系另行立法,而将有关亲属的身份财产法关系部分留在民法中。③ 余延满认为,亲属的身份关系秩序,在本质上以人伦秩序为基础,具有事实先在性,这与财产法关系可由行为人创设不同。因此作为财产法总则的民法总则绝大部分不能适用于亲属身份法。④

而持肯定说的学者则认为身份行为存在适用民法总则民事法律行为规则的可能,但须作出一定的限制。史尚宽认为,亲属法未规定事项,适用民法总则的规定应遵循以下方式:第一,因亲属法上身份行为之特性,不容总则之适用者,应类推适用亲属编之规定,例如身份行为之撤销;第二,原则上可适用总则之规定,而亲属法上行为的特性不能完全适用者,应变通适用。⑤

---

① 王利明:《中国民法典释评·总则编》,中国人民大学出版社 2020 年版,序言第 7—9 页。

② 朱庆育:《第三种体例:从〈民法通则〉到〈民法典〉总则编》,《法制与社会发展》2020 年第 4 期。

③ 陈棋炎:《亲属·继承法基本问题》,台北三民书局 1980 年版,第 15、583 页。

④ 余延满:《亲属法原论》,法律出版社 2007 年版,第 45 页。

⑤ 史尚宽:《亲属法论》,中国政法大学出版社 2000 年版,第 12—13 页。

杨立新认为,在民事法律行为规则方面,亲属法有特别规定的,优先适用亲属法,没有规定的,适用民事法律行为规则又不具有社会不妥当性后果的,可以适用民事法律行为的一般规则,如果适用不具有社会妥当性的,应类推适用亲属法的规定而不能适用民事法律行为的一般规则。① 张作华认为,从逻辑上来说,民法总则应当原则上能够适用于身份行为,否则将沦为财产法总则。其将身份行为限定为不包含财产内容、也不包含亲属身份人之"支配行为"的纯粹的身份行为,通过"形成行为"或"关系行为"理论,构建法律行为二元体系,以论证法律行为规则对身份行为的适用性,并且从立法论上构建民法总则法律行为规定适用于所有法律行为、只能适用于财产法的规定设财产法通则、只能适用于亲属法的规定亦设立通则的立法模式。② 在《民法典》尚未出台时,王雷指出应该对《民法总则》第十一条和《合同法》第二条第二款进行目的性限缩解释,《民法典》应当为身份法律行为设置缺乏相关规定时在不与身份关系性质相冲突情况下适用民法总则的规定。③

另外,也有学者就法律行为以外的民法总则中个别规则能否适用于身份行为展开讨论。如关于显失公平制度,有学者指出离婚财产分割协议虽涉身份因素,但本质为财产协议,可能存在分配不公的问题。《民法典》第四百六十四条第二款尚且规定合同编规则有适用于身份协议的可能,位于民法总则编中的显失公平规则则更能够适用于此。但对于是否属于显失公平情形,需要具体因素考量。④

从总则编所置的位置来看,无论其以"提取公因式"形式还是"活页环"形式构成,毋庸置疑的是其对于其他各编的引导与适用。对于具体哪些规范能够直接适用于身份法律行为,哪些规范需要限制适用或者无法适用于身份法律行为,须结合规范的性质与行为的类型具体考量。但值得注意的是,身份法律行为作为婚姻家庭、继承等领域涉及身份关系的行为,其规范

---

① 杨立新:《亲属法专论》,高等教育出版社 2005 年版,第 43—44 页。
② 张作华:《亲属身份行为基本理论研究》,法律出版社 2011 年,第 182—218 页。
③ 王雷:《婚姻、收养、监护等有关身份关系协议的法律适用问题——〈合同法〉第 2 条第 2 款的解释论》,《广东社会科学》2017 年第 6 期。
④ 蔡睿:《显失公平制度的解释论定位——从显失公平与公序良俗的关系切入》,《法学》2021 年第 4 期。

的适用与财产法上之行为的规范适用具有不同的规范目的,须以维护婚姻家庭和谐或妥善处理家庭关系为导向,同时将家庭关系中的弱势群体保护纳入考量因素。本节第二部分、第三部分分别聚焦总则编中基本原则与法律行为规范对身份法律行为的适用,以维护家庭关系为出发点阐述与身份法律行为规范适用关系最为密切、争议最多的两部分法律规范。

二、基本原则适用于身份法律行为

(一)基本原则在身份法律行为中的适用概述

总则编的设定虽然起源于潘德克顿体系,但早期的潘德克顿法学中民法与民法总则均未规定基本原则,例如《德国民法典》即无基本原则的规定,但随着后续发展,之后的民法典普遍地存在基本原则的规定。① 我国《民法通则》体例来源于《苏俄民法典》,而自 1922 年《苏俄民法典》以来,社会主义国家在民法典总则编中规定基本原则已成惯例。② 《民法通则》与《民法典》总则编均于第一章中规定了基本原则,但在具体内容上,从偏向于引导经济活动的《民法通则》到规范身份行为在内的《民法典》,基本原则的功能与调整范围也逐渐发生变化,而为了适应这种变化,总则编基本原则的内容也相较于《民法通则》作出了相应的修改,例如删除了等价有偿原则。有学者指出,《民法总则》在基本原则方面相较于《民法通则》作出的更新,使其经济内容减少,国际共同规则增加。在继承法与婚姻家庭法回归《民法典》并且新增设人格权编的体系下,曾以商品交换法为参照系的基本原则需要重构。③从体例上看,基本原则作为整部民法典所依据的准则,其应当能够对民法典各编内容起到统领和引导的作用。在各单行法合并编纂为民法典的当下,作为基本规定的民法基本原则如何具体运用于身份法律行为,值得思考。

目前,在民法典总则编第一章"基本规定"中,民法典确立了平等、自愿、公平、诚信、守法与公序良俗、绿色六大原则。另外,《民法典》于第一百三十二条新增禁止权利滥用规范,该规范虽然未置于第一章"基本规定"中,但学

---

① 孙宪忠:《中国民法典总则与分则之间的统辖遵从关系》,《法学研究》2020 年第 3 期。
② 方新军:《内在体系外显与民法典体系融贯性的实现——对〈民法总则〉基本原则规定的评论》,《中外法学》2017 年第 3 期。
③ 徐国栋:《〈民法总则〉后我国民法基本原则理论研究述评》,《法治研究》2022 年第 1 期。

理上大部分学者将禁止权利滥用作为一项基本原则。不过也有学者指出，司法实务表明，禁止权利滥用规范不同于独立的抽象原则和具体规则，实为介乎于原则和规则之间的中间状态。① 从功能上来看，基本原则具有价值宣示性，其不同于追求"价值中立"而天然地排斥价值宣示的《德国民法典》，基本原则是民法承载的基本价值所在，其相较于具体规则更具稳定性。② 同时，基本原则又是解释其他法律规范的依据，是补充法律漏洞的基础③，各编的具体规则又会对基本原则作出具象的体现，例如《民法典》第一千零四十二条第一款、第一千零四十六条关于禁止干涉结婚自由、结婚自愿的规定即为自愿原则的具体体现。另外，对于基本原则的功能，存在较多争议的主要是它的裁判功能。对于基本原则的地位与作用以及其裁判中应如何运用，并非民法典时代独有的问题，其本身争议不断。关于基本原则能否直接作为裁判依据，学界主要存在以下三种不同观点。第一，肯定说。当无具体条文或依照具体条文处理将导致不妥当结果时，法官需要把握当前社会价值观，进行具体的利益衡量，并作出妥善的判决，而法律原则作为一般性条款，可为法官裁判正当化提供理由，法官可依此判决。④ 法律原则适用于裁判受到严格的限制，惟有规则穷尽而仍存在规则空缺、规则冲突和规则悖反时才可以法律原则作为裁判依据，并且在适用过程中必须经由"更强理由"之论证。⑤ 拉伦茨虽然认为所有法律原则都需要被具体化，最高位阶的法律原则没有具体的构成要件和法效果的规定，只是一种"普世性的法律思想"，部分法律原则尽管已经出现了分化出构成要件和法效果的征兆，但仍与直接用于裁判案件的具体规则相去甚远，但拉伦茨并不否认最终具体化的工作需要由裁判来完成，并且有一些原则已经被凝练成可以直接适用的规则，可称为"法条形式的原则"。⑥ 第二，区分说。该说认为，各基本原则的性质、地位

① 李敏：《我国民法上的禁止权利滥用规范》，《法律科学》2018 年第 5 期。

② 龙卫球：《我国民法基本原则的内容嬗变与体系化意义——关于〈民法总则〉第一章第 3—9 条的重点解读》，《法治现代化研究》2017 年第 2 期。

③ 梁慧星：《民法总论》，法律出版社 2017 年版，第 46 页。

④ 于飞：《公序良俗原则研究——以基本原则的具体化为中心》，北京大学出版社 2006 年版，第 104 页。

⑤ 陈林林：《基于法律原则的裁判》，《法学研究》2006 年第 3 期。

⑥ ［德］卡尔·拉伦茨：《法学方法论》，商务印书馆 2020 年版，第 593—603 页。

与功能并不相同,仅部分基本原则可以直接发挥裁判功能。梁慧星认为,只有授权条款性质的禁止权利滥用原则和诚实信用原则能够直接作为裁判依据,但其他基本原则,例如公平原则、平等原则等原则不具有授权条款的性质,因此不能直接作为裁判依据。① 也有学者认为,在我国《民法通则》的背景下,一般认为仅诚信原则和公序良俗原则具有授权条款性质,体现社会化要求的限制性原则多为授权性条款,而体制性原则多为价值宣示条款。同时,民法典背景下的绿色原则具有强烈的社会化色彩,故为授权性条款,可作为裁判依据。② 有学者就各个原则分别论述,认为公平原则属于"弹性"较强的原则,法官在裁判过程中应当优先选择具体法律规则,而公序良俗原则因其抽象性难以在裁判中直接援引,需要通过法律补充来具体化。③ 也有观点认为,公平原则构成司法机关审理案件的裁判规范和裁判依据。④ 关于诚实信用原则是否具有修正现行法规定的功能,存在相反观点。否定说认为,为了维护法律的权威、防止法官滥用诚信原则损害法律的安定,不应赋予诚信原则修正现行法的功能。而肯定说认为,法律之标准应为人类最高理想,而诚实信用原则就是该理想的体现,如果规则与该理想不同,则应适用诚信原则。亦有学者认为,不适用具体规定而适用诚信原则时,需要程序上的限制。⑤

　　身份法律行为适用总则编基本原则之规定,其面临的主要问题同样为基本原则能否以及何种情况下可直接作为裁判依据。法律原则作为"实质的法律思想"⑥,其在裁判过程中作为说理依据并无争议,但作为未被具体化的指导性规范,能否运用于裁判值得思考。一般而言,在存在具体规则时,法院应适用具体规则而不应援引原则进行裁判,否则存在向一般条款逃逸之嫌。基本原则在裁判中更多运用于具体规则的解释过程中,例如在客观目的解释中,其解释标准之一即法伦理性原则,而规则体与法理念之间的意

---

① 梁慧星:《民法总论》,法律出版社 2017 年版,第 46 页。
② 巩固:《民法典绿色原则的法理辩护与内容解析》,《政治与法律》2021 年第 8 期。
③ 王利明:《中国民法典释评·总则编》,中国人民大学出版社 2020 年版,第 22、29 页。
④ 最高人民法院民法典贯彻实施工作领导小组:《中华人民共和国民法典总则编理解与适用》,人民法院出版社 2020 年版,第 61 页。
⑤ 梁慧星:《民法解释学》,法律出版社 2015 年版,第 312—313 页。
⑥ [德]卡尔·拉伦茨:《法学方法论》,商务印书馆 2020 年版,第 593 页。

义关联通过这些原则予以展现。① 另外，基本原则还适用于法续造的过程，其可为目的论的限缩提供标准或运用于基于目的论的制定法修正。② 并且，在存在类推适用等其他漏洞填补方式且与适用基本原则得出的结论相同时，其他漏洞填补方式应当优先。③ 对于身份法律行为而言，其直接适用基本原则而非具体规则时同样受到以上限制，在已经存在具体规则或类推适用等其他漏洞填补方式时，一般情况下基本原则并无直接适用于裁判的空间，除非出现规则悖反等情形。但在具体规则的适用过程中，在涉及规则的解释时，基本原则可发挥其解释标准的功能，在客观目的解释层面发挥作用。具体到各个基本原则而言，从各基本原则置于民法典的位置来看，其在身份法律行为中的适用并无明显的地位差别，但从基本原则的性质上分析，诚信原则作为授权性条款，其可作为裁判依据并无太大争议，而公序良俗原则被较多学者认可作为授权性条款而可直接适用于裁判过程，但在《民法典》第一百五十三条已规定违反公序良俗的法律行为无效的规范背景下，公序良俗原则的规则具象化使该原则的裁判功能大大压缩。另外，关于《民法典》第一百三十二条禁止权利滥用之规定，其在民法典中的位置使其作为原则之定位尚不清晰，并且从司法实践来看，禁止权利滥用原则的运用在身份领域的裁判中鲜少出现。④ 从基本原则的规范内容来看，公序良俗原则无疑为身份领域联系最为密切之原则，公共秩序与善良风俗在家庭关系中具有其特殊且具体的体现。故以下以公序良俗原则在身份法律行为中的适用为例展开论述。

（二）民法典中公序良俗原则对身份法律行为的适用

在民法典出台前，我国民事法律中并不使用"公序良俗"的概念，而使用"社会公共利益""社会公德"等概念，例如《民法通则》第七条、第五十五条第

---

① ［德］卡尔·拉伦茨：《法学方法论》，商务印书馆 2020 年版，第 419 页。

② ［德］卡尔·拉伦茨：《法学方法论》，商务印书馆 2020 年版，第 492—504 页。

③ 梁慧星：《民法解释学》，法律出版社 2015 年版，第 314—315 页。

④ 截至 2021 年 1 月 22 日，以"权利滥用"为关键词在北大法宝司法案例数据库中搜索，总共检索到 3202 篇民事案例、348 篇知识产权案例。以"《民法总则》第一百三十二条"为关键词，共检索到 1480 篇民事案例、7 篇知识产权案例。以《民法总则》第一百三十二条作为裁判依据的民事案例共检索到 810 份、知识产权 3 份。其中民事案例案由多围绕相邻关系、保险纠纷、侵权纠纷、不当得利、排除妨害、担保追偿、房屋租赁等方面。

三项,《合同法》第七条、第五十二条第四项等。虽然《民法通则》与《合同法》中使用"社会公共利益"与"社会公德"的表述,但学者普遍将前两者表述为"公序良俗"。梁慧星指出:"依学者通说,中国现行法所谓'社会公共利益'相当于'公共秩序','社会公德'相当于'善良风俗'。"①王利明表示:"我国现行民事立法虽然没有采纳公序良俗的概念,而采用了社会公共利益和社会公共道德等概念,但它们表达的都是相同的含义。"②但在实际使用时,"社会公共利益"与"公共秩序""社会公德"与"善良风俗"之间并非严格对应。王利明指出,破坏社会经济生活秩序的行为,固然是违反社会公共利益,而社会公共利益概念也包括有关公共道德的内容,因而将社会公共利益作为衡量法律行为生效的要件,也有利于维护社会公共道德。当然,也有学者持相反观点,认为"社会公共利益"条款解释为公序良俗,与文义相去太远。李永军教授认为,社会公共利益包括物质利益与非物质利益两种形态,将其等同于公序良俗,仅凸显非物质利益一面,而忽略物质利益。③或更直白的解释为,"社会公共利益"仅仅是与私人利益相对的利益类型。民法典的出台则改变了先前的"社会公共利益"等表述,首次正式使用"公序良俗"这一概念,主要体现在《民法典》第八条、第一百四十三条、第一百五十三条等。其中,第一百五十三条第二款为公序良俗原则重要的具象化体现,其明确了违反公序良俗的法律后果,解决了民法典未颁布时身份法律行为适用公序良俗原则缺乏明确法律效果依据的困扰。④但在其具体适用时,仍需结合具体情形以及身份法领域是否已存在其他规则予以判断。

就《民法典》第一百五十三条第二款于身份法律行为的适用而言,值得注意的是身份法的特殊性与总则编的调和问题。一方面,总则编作为整部法典的统领,其规范原则上能够适用于其他各编;另一方面,基于身份行为

---

① 梁慧星:《民法总论》,法律出版社 2011 年第 4 版,第 51 页。
② 王利明:《民法总论》,中国人民大学出版社 2015 年第 2 版,第 60 页。
③ 李永军:《民法总论》,中国政法大学出版社 2012 年第 2 版,第 208 页。
④ 关于公序良俗原则能否直接作为裁判依据,有学者持否定态度,也有学者认为《民法通则》第七条无法律效果之规定,无法单独以此认为法律行为违反公序良俗则无效,至少应结合《民法通则》第五十八条第一款第五项情形之二。对于身份法律行为而言,在《民法典》出台前,《民法通则》仅存在违反社会公共利益的法律行为无效之规定,违反公序良俗能否直接适配至违反社会公共利益的框架下是需要论证的。《民法典》第一百五十三条直接明确了法律行为违反公序良俗的后果,很大程度上规避了公序良俗原则的具体适用困境。

的特殊性，"婚姻家庭编"和"继承编"的部分规定实际排除了总则编的具体适用，例如关于婚姻效力之规定，通说认为"婚姻家庭编"关于婚姻效力的规定为封闭式规定，仅符合"婚姻家庭编"所规定的效力瑕疵情形才认定婚姻无效或可撤销，婚姻的效力并不受到总则编第六章第三节"民事法律行为的效力"中规范的约束。除了婚姻效力，司法实践与学理中被重点关注的问题还有遗嘱、遗赠的效力与公序良俗原则之间的关系。泸州遗赠案即为此问题的典型。① 《民法典》第一百五十三条第二款解决了案件当时存在的公序良俗作为原则能否直接作为裁判依据的问题，但其适用《民法典》第一百五十三条第二款规定仍面临着是否与继承编关于遗嘱无效规定发生冲突的问题。在民法典尚未颁布时，有学者指出，《继承法》对遗嘱无效情形有具体规定，违反公序良俗（或社会公德）并非《继承法》规定的遗嘱无效情形。《民法通则》第五十八条第一款第五项与《继承法》关于遗嘱效力之规定属于新的一般规定与旧的特别规定之间的矛盾，可考虑依据《立法法》第九十四条第一款上报全国人民代表大会常务委员会裁决。② 而民法典背景下两者不存在新法与旧法的矛盾，故现在该问题无法通过此路径予以解决。从遗赠行为的性质上来看，其属于负担行为还是处分行为将影响公序良俗原则对其适用。原则上，唯有负担行为才存在悖俗问题，处分行为则因其目的与价值中立而无关伦理道德。因此除非处分行为有损第三人利益，否则不会因为悖俗而无效。③ 遗赠行为是负担行为还是处分行为尚存争议，朱庆育教授即认为遗赠属于负担行为。④ 另外，从价值衡量的角度来看，对遗赠人处分自己财产的意思自治的维护与对婚姻家庭忠诚之维护两者之间如何权衡，亦是公序良俗原则能否适用于遗赠效力的内在问题。

---

① 该案基本案情为遗赠人立下书面遗嘱将财产赠与婚外同居者，受遗赠人起诉遗赠人妻子交付遗赠财产，一审、二审法院均认为根据《民法通则》第七条，民事行为不得违反公共秩序和社会公德，并且根据《婚姻法》第二条的一夫一妻制度、第三条禁止有配偶者与他人同居的规定以及第四条夫妻应当互相忠实和互相尊重的规定，遗赠人之行为违反公共秩序与善良风俗，因此驳回原告诉讼请求。

② 陈信勇：《身份关系视角下的民法总则》，《法治研究》2016年第5期。

③ 朱庆育：《民法总论》，北京大学出版社2016年第2版，第304页。

④ 朱庆育：《法律适用中的概念使用于法律论证——以泸州遗赠案为分析对象》，载郑永流主编《法哲学与法社会学论丛》（总第11期），北京大学出版社2007年版，第255－272页。

三、民事法律行为规范适用于身份法律行为

（一）民法典总则编中法律行为规范的规制对象

《民法通则》是为适应迅猛发展的社会主义商品经济应运而生的法律，其法律行为相关规范具有调整经济关系的色彩。例如，其关于民事行为无效情形的规定，曾于第五十八条第一款第六项规定"经济合同违反国家指令性计划的"民事行为无效①。当时法工委主任对《民法通则（草案）》的说明中对民事法律行为之规定进行总结②，归纳为以下四点：1.法律地位平等，遵循自愿原则；2.遵循公平、等价有偿、诚实信用原则；3.遵守法律，尊重社会公德，不得损害社会公共利益，并且以国内外经济活动中的行贿、受贿等违法手段为例，指出为规制此种行为，而规定违背法律、社会公共利益的，恶意串通，损害国家、集体或他人利益的民事行为无效；4.不得破坏国家经济计划、扰乱社会经济秩序，经济合同不得违背国家指令性计划。该说明体现了《民法通则》立法过程中对经济关系调整之重视。至民法典时代，民事法律行为规范作出了以下三方面完善：第一，扩充民事法律行为的内涵，其包括合法、无效、可撤销与效力待定的法律行为；第二，增加了意思表示的规则；第三，完善了民事法律行为的效力规则。③ 这些改变并非针对身份法律行为而为之，但从第六章"民事法律行为"部分规范的具体内容来看，确可见其对于身份法律行为的适用考虑。例如《民法典》第一百五十七条关于民事法律行为无效、被撤销或确定不发生效力的法律后果之规定，其相较《民法通则》第六十一条第一款增加了"法律另有规定的，依照其规定"之规范，为《民法典》第一千零五十四条所规定的婚姻无效和被撤销的法律后果敞开路径。又如第六章第四节"民事法律行为的附条件和附期限"中第一百五十八条、第一百六十条均规定了根据其性质不得附条件或附期限的除外，为身份法律行为根据其性质无法附条件或附期限时留有排除适用的空间。民法典关于民事

---

① 该项于 2009 年 8 月 27 日删去。

② 《关于〈中华人民共和国民法通则（草案）〉的说明——1986 年 4 月 2 日在第六届全国人民代表大会第四次会议上》。

③ 《关于〈中华人民共和国民法总则（草案）〉的说明——2017 年 3 月 8 日在第十二届全国人民代表大会第五次会议上》。

法律行为之规定相较《民法通则》作出了更细致的部署,在规制对象方面从实质上的强调经济关系的调整转变至注重总则规范统一、适用于各编的身份与财产行为兼顾,但在具体规范的适用上,还需要就身份法律行为的特殊性予以分别考量。

(二)民事法律行为规范在身份法律行为中的适用空间

民法典总则编第六章"民事法律行为"共分为 4 节,其中第一节"一般规定"与第二节"意思表示"中并无对身份法律行为产生争议性问题之规范,故不予展开。关于第三节"民事法律行为的效力"以及第四节"民事法律行为的附条件和附期限"在身份法律行为中的适用,基于身份法律行为与财产法律行为之不同,判断身份法律行为能否适用总则编相关规定时须考虑维护家庭稳定、妥善处理家庭关系、保护弱势群体等家庭法之宗旨,根据具体行为的性质与规范目的分别判断能否适用相关规定。其适用主要可以归纳为以下几个方面。

第一,无效与可撤销情形规定对身份法律行为的适用。民事法律行为效力是否存在瑕疵主要涉及三个方面:(1)行为人是否具有相应的行为能力;(2)意思表示是否真实;(3)是否违反法律、行政法规的强制性规定,是否违背公序良俗。对于纯粹身份法律行为而言,其相关规范约束更多,故在已存在特别规定时应排除总则编对于法律行为效力瑕疵情形之规定。在行为人是否具有相应行为能力方面,多数纯粹身份行为对年龄、行为能力等方面存在直接的规定,因此并不适用该章相关规范。例如,《民法典》第一千零四十七条规定,结婚年龄男不得早于 22 周岁,女不得早于 20 周岁。尽管该规定并非行为能力的规定,仅为结婚实质要件的规定[①],但其实质上排除了因年龄而导致不具备完全民事行为能力的情形。对于不能辨认或不能完全辨认自己行为的成年人,当事人必须具备理解婚姻行为与法律效果并且表达婚姻意思的能力。为保护自然人结婚的权利,该认定标准不宜过高[②],但无行为能力人因无法辨认其行为而不具有婚姻意思能力。又如民法典关于收养之规定,其要求收养人有抚养、教育和保护被收养人的能力并且年满 30 周

---

① 陈信勇:《亲属与继承法》,法律出版社 2016 年版,第 61 页。
② 陈信勇:《亲属与继承法》,法律出版社 2016 年版,第 58 页。

岁,无配偶者收养异性子女时年龄差应在 40 周岁以上。在意思是否真实方面,部分纯粹身份法律行为并无适用该章规定的空间①,例如有关婚姻效力瑕疵之规定,其规定属于穷尽式列举规定,即婚姻无效之情形仅为重婚、有禁止结婚的亲属关系与未到法定婚龄三种,可撤销之情形仅为胁迫婚姻以及隐瞒重大疾病两种。关于离婚能否适用总则编意思表示瑕疵产生的撤销权,从身份关系的稳定性角度考虑,结婚的可撤销情形已经限缩在胁迫与隐瞒重大疾病两种,离婚行为的效力瑕疵情形亦不应过分扩大,可根据性质类推适用结婚的可撤销情形。但由于疾病不应当作为影响离婚意思表示真实性的要素,故离婚行为只能类推适用胁迫结婚的相关规定。而对于收养行为而言,能否适用意思表示不真实而导致效力瑕疵的总则编规定需要斟酌。从民法典关于收养的规定来看,其并未规定意思表示不真实时当事人享有撤销收养的权利,亦无明确排除总则编相关规范适用的规定。民政部发布的《中国公民收养子女登记办法》第十二条与《收养登记工作规范》第三十条规定了当事人弄虚作假骗取收养登记的,由收养登记机关撤销登记,《中国公民收养子女登记办法》第十二条同时指出该情形下收养关系无效。但上述规定是以公权力机关为视角出发的,并非针对当事人之间的意思表示不真实行为作出,其规范的效力层级亦低于民法典,故难以佐证收养可否以一方当事人的欺诈或其他行为而撤销。从收养制度的目的来看,历史上收养制度最初是以延续后代、继承宗祧为目的的,后演化成使收养人在年老时老有所依之目的,现代的收养则发展至以保护被收养的未成年人利益为核心。② 若从保护被收养人目的出发,则更应当维护收养关系的稳定性,不应轻易赋予撤销收养之权利③。但对未成年人之保护不应排除极端情况下严重侵害收养人利益时收养人撤销收养的权利,只是此种意思表示不真实而

---

① 鉴于纯粹身份法律行为如婚姻、离婚等均存在形式要求,双方共同的虚假表示在行为满足法律形式要件时并不影响其效力,故此处主要讨论一方意思表示不真实是否产生撤销权之问题。

② 夏吟兰、龙翼飞、曹思婕,等:《中国民法典释评·婚姻家庭编》,中国人民大学出版社,第 268 页。

③ 此处主要考虑撤销影响被收养人的利益。《民法典》对收养人的条件作出了明确的限制,违反这些限制可直接导致收养无效,在这些方面并不存在被收养人意思表示不真实而导致效力瑕疵的空间,故主要考虑收养人意思表示不真实的情形,其是否享有撤销权、撤销是否影响被收养人的利益。

产生行为效力瑕疵的判断标准不应与财产行为一致，而应当作出更加严格的判断，从而保护被收养人之权益。另外，对于是否存在违反法律、行政法规的强制性规定之情形由相关法律决定，违背公序良俗是否导致无效已在本节第二部分中论述，故不予展开。

对于身份财产法律行为而言，其适用第六章规定存在更大空间。纯粹身份法律行为在适用总则编相关规定时存在较多限制是因为其身份性与伦理性，纯粹身份法律行为规范目的不同于财产法领域之法律行为，其不同于交易，而是以维护家庭和谐为宗旨，因此对于法律关系的稳定性要求更高。而身份财产法律行为的法律适用则同时涉及当事人特殊的身份关系与财产关系，相较纯粹身份法律行为具有更多的适用总则编的空间。在行为人是否具有相应行为能力方面，身份财产法律行为或已存在具体规定，或因行为前置的纯粹身份法律行为而存在相应的限制，故难以适用此处规则，例如《民法典》第一千一百四十三条要求遗嘱订立须完全民事行为能力，以及婚姻之效力存在前述年龄、婚姻意思能力的限制，故夫妻财产约定适用该章相关规范的空间较小[①]。在意思表示是否真实相关规范方面，各身份财产法律行为能否适用此处规定值得思考。在婚姻家庭领域，身份财产法律行为主要涉及夫妻之间的身份财产法律行为以及亲子之间的身份财产法律行为。夫妻之间的身份财产行为主要有夫妻财产约定与离婚财产分割协议。从夫妻财产约定的性质来看，其作为兼具身份与财产性质的契约，当事人身份的特殊性并不与第六章意思表示不真实而导致效力瑕疵之规则相抵触，故并无适用障碍。只是需要注意的是，夫妻财产约定作为建立在夫妻关系前提下的财产约定，该约定很可能与夫妻其他财产约定和其他家庭事务安排具有不可分性，故在适用相关规则时需要整体考量。关于离婚财产分割协议，《婚姻家庭编解释（一）》第七十条规定，法院审理当事人撤销离婚财产分割

---

① 对于婚后一方成为无民事行为能力人或限制行为能力人之情形，根据《民法典》第二十三条、第二十八条的规定，配偶为其第一顺序的监护人以及法定代理人，夫妻财产约定可适用《民法典》第一百四十四条关于无民事行为能力人实施的法律行为无效之规定，但对于第一百四十五条关于限制行为能力人之规定，夫妻财产约定之复杂性与身份特殊性决定了其并非限制民事行为能力人智力、精神状况相适应之行为，若为限制民事行为能力人纯获利益之约定可肯定其效力，但对于此类以外的夫妻财产约定，基于身份行为的特殊性以及监护人本身为夫妻财产约定的一方当事人，故无法追认，因此否定其效力为宜。

协议时发现不存在欺诈、胁迫等情形时,应驳回当事人的诉讼请求。司法解释仅提及欺诈、胁迫两种情形,尽管后接"等"字,但不宜作过度扩张解释。对于欺诈与胁迫之情形,《民法典》第一千零九十二条已体现了离婚财产分割情形下对被欺诈者的保护,而胁迫又属于严重侵害当事人意思自由之行为,该行为常为身份法领域列为影响行为效力之情形,故以上两者作为离婚财产分割协议的可撤销事由具有充分理由,撤销权除斥期间可适用《民法典》第一百五十二条之规定。对于总则编第六章其他可撤销情形,从维护法律关系稳定、婚姻关系中公平与否难以判断的角度来看,不宜作为离婚财产分割协议可撤销的事由。① 对于亲子之间的身份财产法律行为,大多涉及夫妻之间的约定,例如夫妻在夫妻财产约定或离婚财产分割协议中约定将财产给予子女,故不予赘述。另外,关于常见的父母赠与子女财产之行为,虽然当事人之间具有父母子女关系,但该身份关系并不影响其行为的法律适用,该赠与行为仍适用合同编赠与合同的规范,不属于需要特别考量法律适用问题的身份财产法律行为。在继承领域,涉及意思表示真实与否的法律行为主要为遗嘱与遗赠行为。《民法典》第一千一百四十三条对遗嘱的实质要件予以规定,故不存在适用总则编相关规定的空间。

第二,撤销权除斥期间规定对身份法律行为的适用。《民法典》第一百五十二条规定了不同事由撤销权的除斥期间,身份法律行为能否适用该规定需要分类讨论。身份法律行为适用该规定的前提是存在相应事由的撤销权,如果没有则不存在适用该规范的空间。部分身份法律行为在规定特殊撤销事由时已经对相应撤销权的行使期限予以规定,例如第一千零五十二条、第一千零五十三条对可撤销婚姻的撤销权行使期限已经予以规定,故无适用《民法典》第一百五十二条的空间与必要。而对于可以适用撤销权制度的身份法律行为,若其能够适用相应的可撤销情形之规则,则存在适用相应撤销权除斥期间规则的空间。例如根据前文论述,夫妻财产约定可在考虑身份行为的整体性与伦理性的基础上适用关于意思表示不真实导致法律行

---

① 也有学者认为,仅财产权利的严重失衡并不能认定离婚财产分割协议属于显失公平,但如果存在一方处于危困状态,丧失选择的自由,而另一方明知却提出苛刻的财产处分方式,可准用总则编显失公平的规则,并结合子女抚养、保护弱势方等因素调整协议。参见冉克平:《"身份关系协议"准用〈民法典〉合同编的体系化释论》,《法制与社会发展》2021年第4期。

为效力瑕疵的规定,从体系上以及维护法律关系稳定角度考虑,同时适用相应的除斥期间的规定更为适宜。但在适用时,鉴于撤销权属于形成诉权,在身份领域要求当事人在双方仍具有身份关系时、在较短时间内通过诉讼行使撤销权,可能有害于当事人之间的家庭关系,故需要进一步考量。

第三,无效、被撤销或确定不发生效力的法律后果规范对身份法律行为的适用。民法典对部分身份法律行为的无效、被撤销的法律后果作出了特别规定,例如《民法典》第一千零五十四条对婚姻无效和被撤销的法律后果作出了规定,《民法典》第一百五十七条也为法律另有规定的情形留有缺口。而大部分身份法律行为并无单独的无效或被撤销的法律后果规定,这是身份领域立法模式所导致的。因身份领域存在较多法律直接规定当事人关系的法定模式,在法律行为无效、被撤销时当事人将自动适用法定关系,因而《民法典》第一百五十七条的适用空间较少。例如在夫妻财产约定无效或被撤销时,夫妻之间将直接适用法定财产制;又如在遗嘱无效时,被继承人将直接以法定继承的方式继承被继承人财产。在少数存在适用法律行为无效、被撤销或确定不发生效力空间的场合,《民法典》第一百五十七条亦不可直接适用。《民法典》第一百五十七条由《民法通则》第六十一条第一款演化而来,具有财产法的色彩,在身份法律行为,尤其是纯粹身份法律行为适用时,需要考虑身份法律行为的规范目的与宗旨,根据各身份法律行为的性质,通过解释等方式判断能否适用《民法典》第一百五十七条。

第四,法律行为的附条件与附期限规范对身份法律行为的适用。《民法典》第一百五十八条、第一百六十条均对于根据性质不得附条件、附期限之行为作出了除外规定,而纯粹身份法律行为根据内在目的与宗旨,即属于此处根据性质不得附条件、附期限之行为。纯粹身份法律行为制度须充分保护当事人缔结或终止身份法律关系的自由,确保其法律行为生效时愿意受到该法律关系的约束,并且保障身份关系的稳定性,因此不能附条件或附期限。但部分身份财产法律行为可附条件或附期限。例如夫妻财产制约定以外的夫妻财产约定,这些约定从性质上来看是夫妻双方对其财产的安排,在不违反法律、公序良俗的前提下应当尊重当事人的意思自治,因此可以附条件或附期限。

第三节 对合同编的适用

一、《民法典》第四百六十四条的历史沿革

关于合同相关规则能否适用于身份关系协议,《合同法》与《民法典》采取了不同的态度。《合同法》第二条第二款明确采取了否定态度,规定身份关系协议适用其他法律规定。《合同法》的立法借鉴了《联合国国际货物销售合同公约》,其本身为财产法规范,在调整范围上,相较《合同法》出台前的三部合同法已经在主体、合同种类等方面予以扩展。从《合同法》单行法的地位与法律性质来看,当时该法难以适用于身份协议,因此导致了身份关系协议的部分规范空白。在《民法典》尚未出台的学理发展过程中,不少学者对此展开了探讨。对于身份协议是否能适用《合同法》规则的问题,存在肯定说与否定说两种观点。在《合同法》出台以前,已有持否定观点学者认为,身份关系非债权债务关系,故相关协议不属于合同。[①]《合同法》出台后,有学者指出《合同法》采纳了广义合同的概念,其包含债权合同和物权合同及其他合同,但《合同法》第二条第二款明确将身份合同排除在外。[②] 而持肯定说的学者则认为,《合同法》第二条第二款应当解释为优先适用其他法律的规定,此为特别法优先的具体化,《合同法》第二条第一款将合同定义为"设立、变更、终止民事权利义务关系的协议",而身份关系也属于民事权利义务关系,故在特别法没有规定时,可以适用《合同法》。[③] 在各个身份协议的具体法律适用问题上,也有学者认为可适用《合同法》的相关规则,例如认为夫妻忠诚协议可受《合同法》调整,其中财产给付的约定本质为给付精神损害违约金,可以参照《合同法》相关规范予以调整。[④] 至《民法典》出台,其第四百六十四条为身份关系协议参照适用合同规则提供了路径。根据该条规

---

① 梁慧星:《论我国民法合同概念》,《中国法学》1992 年第 3 期。

② 韩世远:《合同法总论》,法律出版社 2018 年版,第 5 页。

③ 田士永:《论合同变动的民事权利义务关系》,《华东政法大学学报》2017 年第 3 期。

④ 隋彭生:《夫妻忠诚协议分析——以法律关系为重心》,《法学杂志》2011 年第 2 期。

定,身份关系协议在没有有关该身份关系的规定时,可根据性质参照适用合同编的规定。身份关系协议除仅引起身份关系变动的协议之外,还包括同时引起身份与财产关系变动的复合型协议,而调整身份关系的法律中又缺乏调整这些财产关系的规定,司法实践亟需解决方案,而《民法典》第四百六十四条第二款则回应了司法实践之需要。[①] 具体而言,有学者认为,构成夫妻财产约定的忠诚协议可参照适用合同违约责任的规定,违反婚姻忠实原则时夫妻财产约定可参照适用赠与合同的法定撤销权,收养人不履行扶养义务但未达到虐待或遗弃等程度时,可参照适用合同继续履行责任进行违约救济。[②] 从身份法律行为的分类来看,虽然身份财产法律行为因涉及财产关系而参照适用合同编规则的空间相较纯粹身份法律行为更广,但并不意味着纯粹身份关系的协议没有参照适用合同编规则的余地。故以下从纯粹身份法律行为与身份财产法律行为两方面展开,具体论述身份法律行为在何种情形下可参照适用合同编规则。

二、身份法律行为参照性质适用合同编的具体空间

(一)纯粹身份行为的法律参照适用

纯粹身份法律行为相较身份财产行为具有更强的伦理性,其不涉及财产关系而仅关涉身份关系的发生、变更与消灭,故在参照适用合同编规则时须更加谨慎考量其性质,判断能否参照适用合同编规则。典型的以协议形式存在的纯粹身份法律行为有收养协议、监护协议等,以下以监护协议为例,探讨其参照适用合同编规则的可能性。

监护协议包括成年意定监护协议、委托监护协议、协议确定监护人等[③],也有学者认为意定监护强调监护人的产生非依据法律直接规定而是依据当事人的意愿,因此依据当事人意愿产生的与被监护人意愿无关的和与被监护人意愿相关的监护都属于意定监护[④],即前述三种均属于意定监护的范畴。有学者将成年意定监护协议、委托监护协议与委托合同相联系,认为成

---

① 最高人民法院民法典贯彻实施工作领导小组:《中华人民共和国民法典合同编理解与适用(一)》,人民法院出版社 2020 年版,第 27 页。
②③ 王雷:《论身份关系协议对民法典合同编的参照适用》,《法学家》2020 年第 1 期。
④ 费安玲:《我国民法典中的成年人自主监护:理念与规则》,《中国法学》2019 年第 4 期。

年意定监护协议可参照适用委托合同规范,无偿委托监护协议应参照适用无偿委托合同中受托人的归责原则。① 监护协议至少存在以下两种情形无法参照适用合同编的规则。(1)已存在相应规定故无法参照适用合同编规则。根据《民法典》第四百六十四条第二款之规定,仅没有规定时可参照适用合同编的规定。具体而言,例如《民法典》第三十九条规定了监护关系终止的情形,监护关系一旦产生不能随意终止,其关系到被监护人的切身利益,因此在监护关系发生后合同编关于合同权利义务终止的规定无法参照适用于监护协议。(2)根据其性质无法参照适用合同编规则。监护人的确定与监护人履行职责均须遵循最有利于被监护人原则,其制度目的在于实现对未成年人或不具备完全民事行为能力的成年人的人身与财产的照顾,其性质决定了其无法参照适用一些合同编的规则。合同编中一些纯粹财产法之条文,无法参照适用于监护协议,比如合同编第五章"合同的保全"中的规则、第四章"合同的履行"中纯粹规范财产法上行为的规则。又如,合同编部分规则适用对象与监护协议并无相似性,故监护协议无参照适用这些规则的空间,比如合同编第二分编"典型合同"的绝大部分规范以及第三分编"准合同"的规则。

对于监护协议可否以及如何参照适用委托合同的规则,成人意定监护协议与委托合同存在相似性,委托监护协议属于委托合同,而协议确定监护人之情形与委托合同并不类似,故仅前两者存在参照适用委托合同规则之可能。对于成人意定监护协议而言,在监护人的责任承担方面,其与其他形式的监护人之间应做相同处理,故无参照适用委托合同规范之空间。关于任意解除权之适用,根据《总则编解释》第十一条规定,成年人签订意定监护协议后具备完全民事行为能力时,任一方可解除协议,但其丧失或部分丧失民事行为能力时,则监护人无正当理由不可解除协议。该条明确了在监护关系发生前可适用任意解除权,发生后则无任意解除权,此为监护的保护被监护人的制度目的所决定的。对于委托监护协议,其为监护人因患病、外出务工等事由将监护职责委托于他人之协议,是受托人根据约定处理委托人事务之协议,本身属于委托合同的范畴,只是因其为身份关系之协议,故不

---

① 王雷:《论身份关系协议对民法典合同编的参照适用》,《法学家》2020 年第 1 期。

受合同编的直接调整。根据《民法典》第四百六十四条第二款的规定,在没有相应身份关系的规定时可参照适用合同编规则,故在没有相关身份关系规范时,委托监护协议存在参照适用委托合同规则的空间。但部分规则因监护协议之性质无法参照适用,例如任意解除权制度,若允许受托人任意解除委托监护协议,则会使被监护人陷于无人照管的境地,不利于被监护人权益的维护,不符合监护制度之目的。关于受托人在被监护人造成他人损害时的责任承担问题,《民通意见》第二十二条曾规定,被委托人有过错的负连带责任。《民法典》第一千一百八十九条吸收了该条规定,但鉴于《民通意见》第二十二条对受托人责任规定过重,缺乏对委托人和受托人的利益平衡①,第一千一百八十九条对受托人的责任作出了修改,其规定受托人有过错的承担相应的责任。第一千一百八十九条为此处的责任认定留有了空间,学界对此存在受托人根据过错及原因力承担相应的按份责任②、承担不真正连带责任③等不同的观点。受托人的责任分为两个层面,即受托人对被侵权人的责任与受托人对委托人的责任。从第一个层面来看,受托人若对被侵权人存在过错,应在其过错范围内对被侵权人承担责任。对于监护人而言,尽管其与受托人签订了委托监护协议,但其监护人地位并未改变,其仍须承担监护人责任,根据第一千一百八十九条之规定,其应当对被侵权人就造成的全部损害负责,并在受托人的过错范围内,与受托人承担连带责任。在受托人对委托人的责任层面,受托人对委托人的责任可参照适用合同编委托合同的规定。在受托人的过错范围内,委托人若承担责任而遭受损失的,可参照适用《民法典》第九百二十九条,区分有偿委托与无偿委托。在有偿委托的场合,委托人可请求赔偿损失;在无偿委托的场合,如果受托人存在故意或重大过失,委托人可请求赔偿损失。

（二）身份财产行为的法律参照适用

身份财产法律行为相较于纯粹身份法律行为存在更多参照适用合同编

---

① 黄薇主编:《中华人民共和国民法典侵权责任编解读》,中国法制出版社 2020 年版,第 101—102 页。

② 最高人民法院民法典贯彻实施工作小组:《中华人民共和国民法典侵权责任编理解与适用》,人民法院出版社 2020 年版,第 228 页。

③ 张新宝:《中国民法典释评·侵权责任编》,中国人民大学出版社 2020 年版,第 93 页。

规则的空间,身份财产法律行为涉及财产关系,在相关身份关系规范无规定时,可参照适用规范类似情形的合同编规则。典型的身份财产法律行为有夫妻财产约定、离婚财产分割协议、分家析产协议、遗赠扶养协议、继承协议、遗产分割协议等。上述部分身份财产法律行为将于本书之后内容具体展开,故此处不予赘述,仅以离婚财产分割协议为例探究其合同编规则的参照适用可能。

在司法实践中,离婚财产分割协议常常涉及夫妻一方债权人能否参照适用债权人撤销权以防止夫妻"假离婚,真逃债"之行为。目前,司法实践存在两种截然不同的态度,一部分法院认为夫妻离婚财产分割与身份关系变动密切相关,无法适用债权人撤销权,另一部分法院则将离婚财产分割与普通财产处分相同对待,认为可适用债权人撤销权。[①] 从学界观点来看,较多学者支持债权人撤销权在上述情形中的参照适用[②],亦有学者认为夫妻为逃避债务离婚的,离婚财产分割协议无效,其债权人无论以撤销权为由、总则编恶意串通行为无效为由,还是以当时《合同法》第五十二条第二项为由,价值判断结论是一致的,只是参照适用,法官论证负担更重,故以补充适用总则编恶意串通行为无效规则为宜[③]。从债权人撤销权的制度目的来看,其旨在针对债务人不当处分财产的积极行为,撤销其行为以保障债权的实现,而夫妻之间以离婚财产分割形式恶意移转财产、逃避债务的行为与债务人和第三人不具有身份关系时无偿转让财产的行为具有同一性,无论当事人具有何种身份关系,均属于无偿、不当处分财产,减少责任财产、逃避债务的行为,故可参照适用《民法典》第五百三十八条债权人撤销权之规则。但鉴于身份财产行为中所涉及的身份关系的复杂性,在判断离婚财产分割协议是否属于无偿处分财产而需要由债权人撤销权予以调整的行为时,不能仅以分割时是否超过共同财产的半数予以判断,而须综合考量子女抚养、照顾弱

---

① 薛启明:《夫妻财产和债务关系的解构与重构——以〈民法典〉第 1062—1065 条的解释论为中心》,《法学论坛》2022 年第 1 期。

② 冉克平:《论意思自治在亲属身份行为中的表达及其维度》,《比较法研究》2020 年第 6 期;薛启明:《夫妻财产和债务关系的解构与重构——以〈民法典〉第 1062—1065 条的解释论为中心》,《法学论坛》2022 年第 1 期。

③ 王雷:《论身份关系协议对民法典合同编的参照适用》,《法学家》2020 年第 1 期。

势方、照顾无过错方等因素。对于上述情形能否适用《民法典》第一百五十四条恶意串通民事法律行为无效的规则,如果债权人确能证明债务人夫妻之间存在恶意串通行为,可适用恶意串通规则,但夫妻之间的意思具有隐蔽性,债权人很难证明两者之间的恶意串通行为,故尽管恶意串通规则可降低法院的论证难度,但其增加了债权人的举证负担,不利于保障债权人实现债权,在债权人无法证明债务人夫妻之间存在恶意串通行为时可参照适用债权人撤销权之规则。①

---

①　上述问题还存在另一种法律适用思路,离婚财产分割协议能否通过债权人撤销权予以撤销需要判断的是债权人撤销权的具体适用范围,其是否包含离婚财产分割协议,即此处可能为法律的直接适用问题而非参照适用问题。

第三章 婚姻无效或者被撤销损害赔偿问题分析

第一节 新增损害赔偿请求权之必要

一、保护无过错方的合法权益

我国 1950 年《婚姻法》和 1980 年《婚姻法》均要求,结婚必须符合法定的结婚实质要件和形式要件,才产生婚姻的法律效力,但对欠缺婚姻实质要件的当事人之间的结合尚未明确其法律后果。为了保护合法婚姻和制裁违法婚姻,2001 年修订的《婚姻法》增设了无效婚姻制度与可撤销婚姻制度。[①]此后,由于我国民事立法未赋予无效和被撤销婚姻中的无过错方损害赔偿请求权,司法实践中对婚姻被确认无效或者被撤销之后当事人能否主张损害赔偿存在一定的分歧。部分法院认为,婚姻家庭法中的损害赔偿应以法律明确规定为准,婚姻被确认无效不同于离婚,不可适用《婚姻法》第四十六条的离婚损害赔偿的规定。[②] 部分法院未分析原因,径行认定损害赔偿请求缺乏法律依据。[③] 亦有部分法院基于公平正义价值的考量,认为一方在婚姻登记前隐瞒已婚或重大疾病给另外一方造成了一定的精神损害,应承担精

[①] 夏吟兰:《婚姻家庭编的创新和发展》,《中国法学》2020 年第 4 期。

[②] 湖南省安化县人民法院(2013)安法民一初第 1123-2 号民事判决书、福建省连城县人民法院(2015)连民初字第 797 号民事判决书。

[③] 重庆市第一中级人民法院(2016)渝 01 民再 44 号民事判决书、湖南省石门县人民法院(2018)湘 0726 民初 341 号之一民事判决书。

神损害赔偿责任,但并未说明该请求权之基础。① 与之相对,有法院认为一方重婚导致婚姻无效时,可以参照适用《婚姻法》第四十六条关于离婚损害赔偿的规定,支持无过错方的精神损害赔偿请求。② 在追求结果正义的过程中,上述裁判依然存在两个难以解决的问题。第一,司法机关借助离婚损害赔偿的规范救济重婚中的无过错方,但其他无效和可撤销婚姻情形中的无过错方仍然缺乏救济规范。如(2014)朝民初字第 37161 号杨×与刘×婚姻无效一审民事纠纷中,北京市朝阳区人民法院借道离婚损害赔偿制度分析精神损害赔偿的合理性,最终依据《婚姻法》第四十六条支持了 5 万元精神损害赔偿请求。而在(2018)闽 0582 民初 8767 号之一曾某与庄某婚姻无效纠纷一审民事纠纷中,被告婚前隐瞒其患有精神分裂症的事实与原告登记结婚,原告在主张被告赔偿彩礼的同时,还主张赔偿损失 1150072 元(其中包括原告订婚所支付的费用 150072 元、精神损失费 1000000 元),福建省晋江市人民法院认为,双方的无效婚姻应当视为未办理结婚登记手续,应依据《婚姻法解释(二)》第十条第一款第一项的规定判决被告返还彩礼部分,其他经济损失和精神损害赔偿,由于缺乏法律依据而不予支持。由此可见,缺乏直接规范已经导致司法机关陷入无法可依的局面,借助离婚损害赔偿制度无法圆满填补该法律漏洞。第二,无过错方的财产损害无法获得赔偿。正如上述案例所示,既有判决仅支持无过错方的精神损害赔偿,财产损害赔偿则通常被当事人和审判机关遗漏。值得注意的是,在(2000)理刑初字第 1 号罗文燕重婚案中,四川省理塘县人民法院部分支持了自诉人的经济损失赔偿诉求,但是刑事附带民事判决书中却未提及民事裁判依据。显然,现实存在救济无效和被撤销婚姻中无过错方的财产损害之需,但司法机关困于规范供给不足的窘境。

　　为了充分保护无效和可撤销婚姻中的无过错方,《民法典》第一千零五十四条新增了婚姻无效或被撤销的无过错方享有损害赔偿请求权。围绕此

---

　　① 湖南省长沙市中级人民法院(2019)湘 01 民终 7768 号民事判决书、黑龙江省哈尔滨市中级人民法院(2014)哈民二民终字第 267 号民事判决书。
　　② 广东省阳江市江城区人民法院(2017)粤 1702 民初 1629 号之 2 民事判决书、江苏省海安县人民法院(2014)安李民初字第 00313 号民事判决书、北京市平谷区人民法院(2015)平民初字第 03850 号民事判决书、北京市朝阳区人民法院(2014)朝民初字第 37161 号民事判决书。

目的和民法典的规范价值,学者将立法理由总结为以下几点。第一,违法婚姻行为,损害了当事人作为独立的民事主体所享有的合法民事权益,应当承担相应的民事责任。① 例如,在一方采取胁迫、欺诈、故意隐瞒违反法定结婚要件而导致婚姻违法被认定无效或撤销的情况下,会损害无过错方的婚姻自主权、名誉权、健康权、财产权等。因此,赋予无过错方以损害赔偿请求权,是遵循"有损害必有赔偿"侵权理论前提下,引导民众诚信行事,保护无过错方的信赖利益,填补其因婚姻无效或被撤销所遭受的物质损害或精神损害的必然要求。② 第二,通过追究过错方的法律责任,保护无过错一方的合法权益,可以达到明辨是非、伸张正义、惩罚过错方、救济无过错方的目的,进一步强化对弱者利益的保护,实现法律的实质正义。③ 违法婚姻损害了法律意欲建立和保护的婚姻关系和社会秩序,具有社会危害性和违法性,理所当然地应受到法律的制裁。惟有如此,才能表明法律依据社会公认的价值准则和行为准则对该违法行为的否定性评价的态度,体现法律的约束力,维护法律的权威。第三,新增婚姻无效或被撤销无过错方的损害赔偿请求权,不仅可以填补无过错方的物质损害和精神损害,还可以通过制裁过错方的违法行为,预防和减少此类违反婚姻法行为的发生。④ 第四,此乃《民法典总则编》第一百五十七条关于民事法律行为无效或被撤销的法律后果之规定在婚姻家庭编中的贯彻落实,有利于实现民法典的一般规则与特殊规则的协调统一。第五,从域外立法看,韩国、菲律宾等均规定了婚姻无效或被撤销后,无过错方享有财产损害及精神损害的赔偿请求权。⑤ 通过立法明确赋予无过错方以损害赔偿请求权,是多国共同的立法经验。

二、维护正常婚姻家庭秩序

2016 年 12 月 12 日,习近平总书记在会见第一届全国文明家庭代表讲

---

① 焦少林:《建立违法婚姻侵权责任制度探析》,《法学家》2004 年第 4 期。
② 陈苇、贺海燕:《论中国民法典婚姻家庭编的立法理念与制度新规》,《河北法学》2021 年第1 期。
③ 夏吟兰:《婚姻家庭编的创新和发展》,《中国法学》2020 年第 4 期。
④ 陈苇:《论我国婚姻无效与撤销制度的完善》,《甘肃政法学院学报》2003 年第 4 期。
⑤ 《菲律宾民法典》第九十一条,《韩国民法典》第八百二十五、八百零六条。

话时指出:"无论时代如何变化,无论经济社会如何发展,对一个社会来说,家庭的生活依托都不可替代,家庭的社会功能都不可替代,家庭的文明作用都不可替代",并提出希望大家注重家庭、注重家教、注重家风。① 优良家风作为社会风气的重要组成部分,符合中华民族历来重视家风教育的文化传统,为家庭与社会和谐提供了内在价值与秩序支持。② 家庭是个人通过婚姻、血缘关系结合而成的共同生活体,是身份关系、人格关系、财产关系交错的结构体,其民事纠纷多发并有转化为刑事犯罪的可能性,因而也是社会治理的重要对象。③ 民法是社会治理的基础性工具,"树立优良家风"入典反映了民法典对于构建平等、和睦、文明的婚姻家庭关系所形成的价值共识,且这种共识符合公序良俗。④ 2021 年 3 月 12 日,全国人民代表大会将"传承优良家风"⑤写入《中华人民共和国国民经济和社会发展第十四个五年规划和2035 年远景目标纲要》之中,"树立优良家风"以及"充分发挥家风在基层社会治理中的作用"的内在联系和重要性不言而喻。

三、弘扬社会主义核心价值观

习近平总书记在全面依法治国重点任务的论述中强调:"在推进依法治国过程中,必须大力弘扬社会主义核心价值观,培育社会公德、职业道德、家庭美德、个人品德,提高全民族思想道德水平,为依法治国创造良好的人文环境。"⑥为了贯彻实施民法典,最高人民法院 2021 年发布的《关于深入推进社会主义核心价值观融入裁判文书释法说理的指导意见》中提到:"各级人民法院应当深入推进社会主义核心价值观融入裁判文书释法说理,将社会

---

① 习近平:《习近平谈治国理政》(第 2 卷),外文出版社 2017 年版,第 353—356 页。

② 刘承ँ:《民法典的字源解读与重要影响》,《人民检察》2020 年第 16 期;张力:《"优良家风"写进民法典的法治意义》,《检察日报》2020 年 1 月 8 日第 7 版。

③ 李伟:《亲属法价值取向中的人性根基》,《法学杂志》2017 年第 9 期。

④ 王轶:《民法价值判断问题的实体性论证规则——以中国民法学的学术实践为背景》,《中国社会科学》2004 年第 6 期;张力:《中国民法典中的"自然人"的制度面向》,《甘肃政法大学学报》2020年第 5 期。

⑤ 《中华人民共和国国民经济和社会发展第十四个五年规划和 2035 年远景目标纲要》第五十章保障妇女、未成年人和残疾人基本权益之第三节加强家庭建设:"以建设文明家庭、实施科学家教、传承优良家风为重点,深入实施家家幸福安康工程。"

⑥ 习近平:《加快建设社会主义法治国家》,《求是》2015 年第 1 期。

主义核心价值观作为理解立法目的和法律原则的重要指引,作为检验自由裁量权是否合理行使的重要标准,确保准确认定事实,正确适用法律。"基于此,人民法院在审理家事纠纷案件中,一是应结合社会主义核心价值观、《民法典》第一千零四十三条和其他法律规范,提高释法说理的正当性与可接受性;二是在填补法律漏洞时,应强化运用社会主义核心价值观和援引《民法典》第一千零四十三条进行裁判说理,以期充分发挥司法裁判在国家治理、社会治理中的规则引领和价值导向作用。① 将"弘扬家庭美德"融入民法典之中,展示出依法治国与以德治国的完美结合、守法和尚善的共同指引、法律思维与道德思维的法理融合,②必将持续提升公民文明素养。

第二节 婚姻无效或被撤销损害赔偿责任的构成

一、婚姻被确认无效或者被撤销

结婚不仅关系当事人双方及子女的切身利益,而且涉及社会公共利益。因此,各国立法均规定了结婚当事人双方必须具备的法定要件。只有符合法定要件的婚姻,才具有法律效力,受到法律的保护。尽管婚姻无效或撤销的原因,各国立法不尽相同,然而对于欠缺结婚法定要件的婚姻,分不同情形,予以区别处理,这一基本精神则是一致的。需要注意的是,我国对违法婚姻的处理并未采取单一的婚姻无效制度,而是采取婚姻无效与撤销并行的双轨制。但二元结构恰好体现了实事求是、区别处理,既注意维护法律的严肃性,又注意保护当事人及子女权益的立法价值取向。③ 在此基础上,有学者指出无效婚姻与可撤销婚姻两者欠缺结婚的法定要件不同,社会危害性亦不相同,因而在法律效力上是否溯及既往、自始无效也应有所不同。④ 如忽视婚姻关系的特殊性使其撤销具有溯及力,将会产生不利影响,表现在已

---

① 龙翼飞、赫欣:《〈民法典〉婚姻家庭编最新司法适用准则探析》,《法学杂志》2021 年第 8 期。
② 郭晔:《中国民法典的法理定位》,《东方法学》2020 年第 6 期。
③④ 陈苇:《婚姻法修改及其完善》,《现代法学》2003 年第 4 期。

发生的身份事实不可能在婚姻被撤销后恢复原状,强制将撤销前的财产赠与、家事劳动的提供等财产行为恢复原状,不利于当事人及其子女的利益保护。① 故而有学者认为,立法宜借鉴大多数国家或地区的做法,规定婚姻被宣告无效或撤销后,原则上溯及既往,但对善意的当事人仍然发生如同有效婚姻之效力,并且不影响子女的法律地位。② 更有学者认为,应建立婚姻诚信制度和拟制婚姻制度,将"无效的或者被撤销的婚姻自始没有约束力"修改为"婚姻被宣告无效或被撤销,不具有溯及力"。③ 但是我国立法征求意见过程中,公众对婚姻法有关无效和可撤销婚姻自始无效的规定并无异议,故而民法典保留了原有的规定,④ 即"无效的或者被撤销的婚姻自始没有约束力,当事人不具有夫妻的权利和义务"。换言之,不同于德国、日本、瑞士、韩国撤销婚姻不具有溯及力的规定,我国无效婚姻和被撤销的婚姻均自成立之时起无效。各国婚姻观念和社会习惯差异较大,我国的立法未必不合时宜。事实上,我国认同婚姻自始无效和撤销的效力溯及既往,并规定仅无过错方享有损害赔偿请求权,便意味着无过错方既可以主张其为维持共同生活付出之利益,也可以保有同居期间过错方为维持共同生活付出之利益。此举在保护无过错方合法利益的同时,还能间接惩戒过错方,起到预防和警示作用。较之区分婚姻自始无效和撤销后不具有溯及力,尚需单独设立财产返还规则⑤或准用离婚有关规定的规则⑥,才能实现公平救济无过错方和惩戒过错方的目的,我国立法更为简洁,更符合我国社会现实对立法表达的要求。

(一)婚姻无效的事由

婚姻无效制度,本质上是公民权利保障的问题,焦点在于法律对公民的婚姻自由进行限制的正当性。因此,有学者主张婚姻无效事由应当遵循行

---

　①④　黄薇主编:《中华人民共和国民法典婚姻家庭编解读》,中国法制出版社 2020 年版,第64—65页。

　②　冉克平:《论民法典婚姻家庭编(草案)的体系、内容及其完善》,《武汉大学学报》(哲学社会科学版)2019 年第6期。

　③　徐国栋:《无效与可撤销婚姻中诚信当事人的保护》,《中国法学》2013 年版第5期。

　⑤　《日本民法典》第七百四十八条。

　⑥　《瑞士民法典》第一百三十四条。

政法理论下的比例原则理论①,即适合性原则、必要性原则和狭义比例原则三个子原则②,在对 2001 年《婚姻法》中存在争议的法定婚姻准入条件依次进行检验时,发现"特定疾病"作为法定婚姻无效事由不具有正当性③。民法典在广泛征求学界和社会意见的基础上,以封闭式条款将婚姻无效事由减为三项,即第一千零五十一条规定的重婚、有禁止结婚的亲属关系和未到法定婚龄,不再将"婚前患有医学上认为不应当结婚的疾病,婚后尚未治愈的"作为婚姻无效的法定情形。与之相应,《〈民法典〉婚姻家庭编解释(一)》第九条也作出了修改,将与婚前患有医学上认为不应当结婚的疾病且婚后尚未治愈的患病者共同生活的近亲属排除在请求人民法院确认婚姻无效的主体外。

重婚包括法律上重婚和事实上重婚。前者指办理两次或者两次以上的结婚登记,后者指婚姻尚未消灭又与他人以夫妻名义共同生活。禁止重婚是对一夫一妻制的贯彻,也是男女平等之要求,是现代文明国家婚姻制度的基石,已然获得世界各国立法的认同。重婚行为危害家庭稳定和社会安定,直接侵害了配偶的合法权益,因此我国《刑法》第二百五十八条规定了重婚罪之罪名,违法行为人会因此承担民事和刑事法律责任。

禁止近亲结婚,是生物学上物种繁衍的更优选择,也是人类社会发展的智慧结晶,此种强度的婚姻自由限制,符合比例原则的要求。首先,我国法律上禁止直系血亲和三代以内的旁系血亲结婚,符合适合性原则。虽然防止遗传病发生的概率、保证人口质量也是立法目的之一,但是随着婚姻的去生殖化,此种目的逐渐淡化,维护家庭伦理的目的反而得到进一步凸显。从效果上来看,禁止近亲结婚能够对于上述立法目的产生促成作用,因此可以通过适合性原则的检验。其次,对于家庭伦理道德的维持而言,乱伦造成当事人社会评价降低和自我情感、道德矛盾,也会动摇社会基本家庭秩序,上述社会危害无法为其他手段消除,因此立法禁止具有必要性。最后,限制公民与近亲结婚的自由并不会妨碍公民的正常社会生活,但能够有效维护家

---

① 余凌云:《论行政法上的比例原则》,《法学家》2002 年第 2 期。
② 张翔:《基本权利的规范建构》,高等教育出版社 2008 年版,第 72 页。
③ 申晨:《论婚姻无效的制度构建》,《中外法学》2019 年第 2 期。

庭伦理秩序,立法规制的强度与意图形成的效果相匹配,因此可以通过狭义比例原则的检验。

至于禁止未达法定婚龄的自然人结婚,是由婚姻关系的自然属性和社会属性所决定。① 一方面,人类的生长规律决定男女达到一定年龄,生理和心理才能发育成熟,在法律的善良家父视角下,达到一定年龄的自然人才有能力理解和承受婚姻法律关系。另一方面,我国的人口问题关乎国计民生,是影响生存发展权利的重要因素,而作为法律制度之一的婚姻制度便是人民自我管理的手段。为了更好地生存和发展,我国采取了计划生育的基本国策,利用婚姻与生育之间的概率关系,通过法定婚龄的设置调节人口增长速度。现阶段,我国男 22 周岁、女 20 周岁的法定婚龄高于多数国家的规定,但实为我国社会现实需要所决定。因此,随着社会发展需要的变化也会通过立法修改加以调整。

(二)婚姻可撤销的事由

婚姻的可撤销规则,与合同的可撤销规则具有一定的类似性,其均是平等民事主体之间由一方发起的直接对法律关系效力进行否认的制度。合同可撤销规则的适用情境包括重大误解、欺诈、胁迫、乘人之危所致的显失公平等,其共同特征是当事人一方或双方存在意思表示瑕疵。由此,学者指出婚姻可撤销规则的适用对象为意思表示瑕疵婚姻,并将规则概括为:比照合同法,认定意思表示瑕疵婚姻为可撤销婚姻,同时兼顾身份行为具有"事实先在性"的特点②,例外承认其为有效婚姻③。但是婚姻具有不同于合同的法律价值,婚姻撤销制度的功能在于给予意思表示瑕疵的婚姻缔结人,自由、无负担地退出婚姻的渠道,故而应当遵循"价值法学"的判断路径,在婚姻法独具的"个人意志""家庭共同体""国家意志"三元价值体系中加以判断。④ 基于社会对婚姻缔结的重要性、严肃性的认知和国家的婚姻登记制

---

① 黄薇主编:《中华人民共和国民法典婚姻家庭编解读》,中国法制出版社 2020 年版,第52页。

② 冉克平:《论婚姻缔结中的意思表示瑕疵及其效力》,《武汉大学学报》(哲学社会科学版)2016 年第 5 期。

③ 冉克平:《论婚姻缔结中的意思表示瑕疵及其效力》,《武汉大学学报》(哲学社会科学版)2016 年第 5 期;金眉:《论通谋虚伪结婚的法律效力》,《政法论坛》2015 年第 3 期。

④ 申晨:《论婚姻无效的制度构建》,《中外法学》2019 年第 2 期。

度,可以推定个人对缔结婚姻行为的意思表示不存在过失和表示错误。顾及婚姻内部存在以牺牲个人利益而维持家庭共同体存续的特殊价值,个人缔结婚姻行为亦需排除以经济视角的"公平"作为衡量标准。而在缔结婚姻行为的意思表示层面,胁迫导致的意思表示不自由和隐瞒重大疾病导致另一方意思表示不真实,是个人利益和公共利益一致要求法律应予保护的领域。因此,《民法典》第一千零五十二条和第一千零五十三条以封闭的方式规定了可撤销婚姻的事由,保障婚姻制度稳定的同时,保护当事人的婚姻自主权。

1. 胁迫

《民通意见》第六十九条规定,以给公民及其亲友的生命健康、荣誉、名誉、财产等造成损害或者以给法人的荣誉、名誉、财产等造成损害为要挟,迫使对方作出违背真实的意思表示的,可以认定为胁迫行为。《婚姻法解释(一)》(已废止)第十条规定,"胁迫"是指行为人以给另一方当事人或者其近亲属的生命、身体健康、名誉、财产等方面造成损害为要挟,迫使另一方当事人违背真实意愿结婚的情况。《总则编解释》第二十二条规定,以给自然人及其近亲属等的人身权利、财产权利以及其他合法权益造成损害或者以给法人、非法人组织的名誉、荣誉、财产权益等造成损害为要挟,迫使其基于恐惧心理作出意思表示的,人民法院可以认定为《民法典》第一百五十条规定的胁迫。由此可见,民法一般意义上的"胁迫"之范围发生了科学调整,要挟内容已拓展为损害自然人及其近亲属等的合法权益和法人、非法人组织的名誉、荣誉、财产权益等。《婚姻家庭编解释(一)》第十八条对此未作修改。很显然,家事领域的"胁迫"在要挟内容上更为狭窄,但是依然强调当事人为法律行为的意思表示不真实。从制度功能观察,二者均以保障当事人的法律行为自由为目的,赋予受胁迫方撤销非真实意思表示下的法律行为,摆脱该行为的法律约束力。但是婚姻的稳定性具有特殊的公共秩序价值,婚姻缔结行为较之于一般法律行为具备突出的重要性和严肃性,且一般威慑力较弱的要挟事项不足以排挤当事人的婚姻自由,因此排除以损害当事人的朋友、法人、非法人组织的合法利益为要挟的内容,间接减少撤销婚姻的事由,以免权利被滥用,具有一定合理性。

有学者认为,《民法典》总则编第一百五十条规定了仲裁机构同样是受理撤销请求的机构,而在受胁迫婚姻的场合,受胁迫方只能向人民法院提出撤销婚姻的请求,此乃不甚完美之处。[1] 笔者却认为恰恰相反。《仲裁法》第一条规定了仲裁机构的职能为公正、及时地仲裁经济纠纷,第三条第一款更是明确将"婚姻、收养、监护、扶养、继承纠纷"排除在仲裁受理范围外。仲裁机构作为独立的、民间性的解决民商事争议的机构,是提高经济纠纷解决效率的良策。如将婚姻撤销案件交由非政府的准司法机构处理,不仅因难以达成仲裁合议导致纠纷解决丧失效率价值,还因仲裁机构的权威性不足有损婚姻制度的严肃性。

2.重大疾病未告知

民法典婚姻家庭编对结婚的禁止要件作出了重大修改,删除了 2001 年修订的《婚姻法》第七条第二项"患有医学上认为不应当结婚的疾病"禁止结婚的规定,而在婚姻可撤销情形中规定了"在结婚登记前不如实告知自己患有重大疾病"。对于"重大疾病"的范围,有学者认为是指花费巨大且较长一段时间会严重影响患者及其家庭的正常工作和生活的疾病,可以参照医学标准以及保险领域的标准,同时结合个案予以判断,如 2007 年实施的《重大疾病保险的疾病定义使用规范》所列举的 28 种重大疾病。[2] 具体包括重度恶性肿瘤、较重急性心肌梗死、严重脑中风后遗症、重大器官移植术或造血干细胞移植术、冠状动脉搭桥术(或称冠状动脉旁路移植术)、严重慢性肾衰竭、多个肢体缺失、急性重症肝炎或亚急性重症肝炎、严重非恶性颅内肿瘤、严重慢性肝衰竭、严重脑炎后遗症或严重脑膜炎后遗症、深度昏迷、双耳失聪、双目失明、瘫痪、心脏瓣膜手术、严重阿尔茨海默病、严重脑损伤、严重原发性帕金森病、严重Ⅲ度烧伤、严重特发性肺动脉高压、严重运动神经元病、语言能力丧失、重型再生障碍性贫血、主动脉手术、严重慢性呼吸衰竭、严重克罗恩病、严重溃疡性结肠炎。也有学者认为可以参考《母婴保健法》第八

---

① 王文娜、李昊:《缔结婚姻行为的效力瑕疵——兼评民法典婚姻家庭编草案的相关规定》,《法学研究》2019 年第 4 期。

② 薛宁兰、谢鸿飞主编:《民法典评注:婚姻家庭编》,中国法制出版社 2020 年版,第 92、262 页。

条和第三十八条规定的"指定传染病""严重遗传性疾病"和"有关精神病"。① 还有观点认为,考虑到技术进步和医疗水平提高,"重大疾病"在不同时期可能完全不同,为了维持民法典的适用性和延续性,应由司法机关和有关部门在个案中具体认定。② 上述观点在"重大疾病"的范围上存在较大差异,且应否包含《重大疾病保险的疾病定义使用规范》额外列举的 3 种轻度疾病(即轻度恶性肿瘤、较轻急性心肌梗死、轻度脑中风后遗症)和家族病史均不明确。至此,进一步研究重大疾病告知义务的制度功能具有重要的理论和实践意义。

我国早期《婚姻法》有关疾病的立法目的,民事规范一直未予明示,但可从《母婴保健法》第一条③推知一二,即防止疾病传染或遗传,提高人口素质。④ 如我国 1950 年《婚姻法》第五条规定,"有生理缺陷不能发生性行为者""患花柳病或精神失常未经治愈,患麻风或其他在医学上认为不应结婚之疾病者"禁止结婚。受到婚姻"生殖化"和优生优育观念的影响,当时的立法对结婚的群体进行了较为严格的筛选。尔后为了尊重当事人的意愿,保障婚姻自由,1980 年《婚姻法》第六条将"不能发生性行为"从禁止结婚要件中取消,其理由包括此类疾病可以治愈、不会传染和遗传,删除这些还有利于老年人再婚,为老年人安享晚年创造了条件。⑤ 2001 年《婚姻法》再次修订,虑及麻风病已经随着科学技术的发展和医疗水平的提高得到控制,其第七条将禁止结婚的疾病进一步限缩为"医学上认为不应当结婚的疾病",既

① 《母婴保健法》第三十八条规定:"本法下列用语的含义:

"指定传染病,是指《中华人民共和国传染病防治法》中规定的艾滋病、淋病、梅毒、麻风病以及医学上认为影响结婚和生育的其他传染病。

"严重遗传性疾病,是指由于遗传因素先天形成,患者全部或者部分丧失自主生活能力,后代再现风险高,医学上认为不宜生育的遗传性疾病。

"有关精神病,是指精神分裂症、躁狂抑郁型精神病以及其他重型精神病。

"产前诊断,是指对胎儿进行先天性缺陷和遗传性疾病的诊断。"

② 黄薇主编:《中华人民共和国民法典婚姻家庭编解读》,中国法制出版社 2020 年版,第 63 页;最高人民法院民法典贯彻实施工作领导小组主编:《中华人民共和国民法典婚姻家庭编继承编理解与适用》,人民法院出版社 2020 年版,第 99—100 页。

③ 《母婴保健法》第一条规定:"为了保障母亲和婴儿健康,提高出生人口素质,根据宪法,制定本法。"

④ 申晨:《论婚姻无效的制度构建》,《中外法学》2019 年第 2 期。

⑤ 马忆南、高庆:《改革开放三十年中国结婚法研究回顾与展望》,陈苇主编,《家事法研究》(2008 年卷),群众出版社 2009 年版,第 117 页。

保障此类病人的婚姻自由,又保护弱势群体的正当利益。民法典婚姻家庭编编纂过程中,鉴于婚姻与生育可以分离,取消强制婚检制度后,国家已无法对当事人的疾病状态进行了解和干预,且将疾病作为无效事由限制婚姻自由权违反了比例原则,立法最终从结婚的禁止要件中取消了患病禁止结婚的规定,改为结婚前未如实告知患有重大疾病的,另一方可以请求撤销婚姻。[①]　自此,立法规定疾病影响婚姻效力的目的,已从提高人口素质转变为对婚姻自由和当事人知情权[②]的保护,并以缔结婚姻关系的意思表示真实且完整为判断标准。与之相应,特定疾病从有效婚姻的消极构成要件转变为结婚行为前的告知义务。

值得关注的是,按照主客观相一致的认定原则,事实上足以导致当事人缔结婚姻关系的意思表示存在瑕疵的信息告知义务内容颇多,包括但不限于"重大疾病"。鉴于婚姻具有长期性、非计算性、全面合作、互相依赖等特征[③],婚姻当事人在建立信任关系的过程必然会增加相互的了解,一般必要的信息告知义务和注意义务便会于婚前履行完毕。但"重大疾病"等信息属于隐私范畴,具有隐蔽性,对共同生活质量的影响大(包括经济和精神支持等方面),部分疾病甚至威胁另一方或子女的健康,因此动摇婚姻基础的风险性更高,是故立法仅赋予对此不知情的当事人婚姻撤销权。反观《婚姻法》、民法典及其司法解释,虽均未明确"医学上认为不应当结婚的疾病"或"重大疾病"的具体范围,但我国司法实践一直普遍参考《母婴保健法》第八

[①]　薛宁兰、谢鸿飞主编:《民法典评注:婚姻家庭编》,中国法制出版社2020年版,第83页。

[②]　有学者认为虽然一方是否患病、患有何种疾病,并不必然影响当事人的结婚意愿,但患病的一方的告知义务与另一方的知情同意权均是意思表示中非常重要的因素,并运用一般法律行为中"欺诈"的有关理论论证无过错方享有撤销权的合理性。参见夏吟兰:《婚姻家庭编的创新和发展》,《中国法学》2020年第4期。

[③]　[美]麦克尼尔:《新社会契约论》,雷喜宁、潘勤译,中国政法大学出版社1994年版,第12页。

条所列举的婚前医学检查范围加以认定。① 笔者认为此举甚为不妥。具体而言,指定传染病中部分已治愈或因医疗水平进步不再具有传染性的疾病,对另一方的健康没有危害性,因此无需纳入"重大疾病"要求病人告知,更不宜因此赋予对方婚姻撤销权和相应的损害赔偿请求权,如麻风病。严重遗传性疾病的不利影响主要存在于生育方面,在婚姻"去生殖化"影响的背景下,如双方就不生育或领养子女方面已达成合意,便不宜以牺牲患病一方甚至该方血亲的隐私权为代价,维护另一方的知情权。至于有关精神病,由于复发率较高,即便治愈了也应告知对方,因此精神病类型的"重大疾病"不仅指即时患有有关精神病,也包括相关精神病史。此外,其他需要花费巨大且较长一段时间会严重影响患者及其家庭的正常工作和生活的疾病很多,除了《重大疾病保险的疾病定义使用规范》所列举的 28 种重大疾病,其他 3 种轻度疾病(即轻度恶性肿瘤、较轻急性心肌梗死、轻度脑中风后遗症)也存在高度转化为重大疾病的风险和相应的治疗成本,因此均应被纳入"重大疾病"。

综上,"重大疾病"的范围不可简单沿用《母婴保健法》第八条和第三十八条的规定,而应结合该新增制度之目的、当下医疗水平和个案的实际情况进行综合判断。

依《民法典》第一千零五十四条第二款"婚姻无效或者被撤销的,无过错方有权请求损害赔偿"之规定,婚姻无效或者被撤销是无过错方请求损害赔偿的前提条件,也是婚姻无效或被撤销损害赔偿责任构成的首要条件。

---

① 重庆市南岸区人民法院(2010)南法民初字第 191 号一审民事判决书(张某等诉赵某婚姻无效纠纷案)、四川省广元市中级人民法院(2014)广民终字第 106 号二审民事判决书(张某某与朱某某离婚纠纷案)、安徽省合肥市蜀山区人民法院(2016)皖 0104 民初 3058 号一审民事判决书(郑某与宋某婚姻无效纠纷案)、重庆市巫溪县人民法院(2014)巫法民初字第 01058 号一审民事判决书(马某与冉某婚姻无效纠纷申请案)、河南省孟州市人民法院(2021)豫 0883 民初 1213 号一审民事判决书(籍某、李某撤销婚姻纠纷)、濮阳市华龙区人民法院(2021)豫 0902 民初 5680 号民事一审民事判决书(王某、周某 1 撤销婚姻纠纷)。《上海市高级人民法院关于下发〈关于在民事审判中实施《中华人民共和国婚姻法》的暂行意见〉的通知》(沪高法〔2001〕263 号)第十二条规定:"患有医学上认为不应当结婚的疾病,可参照《母婴保健法》第八条、第九条、第十条、第三十八条之规定确定:①法律规定的禁止结婚的严重遗传性疾病;②指定传染病,即艾滋病、淋病、梅毒、麻风病及医学上认为影响结婚和生育的传染病;③有关精神病,指精神分裂症、躁狂抑郁型精神病及其他重型精神病。"

二、存在损害结果

域外法上,《意大利民法典》第一百二十九条附加条有关非善意缔结婚姻的配偶责任规定,"因婚姻无效而被起诉的配偶,在婚姻被撤销的情况下,即使善意缔结婚姻的配偶没有遭受损失的证据,也要对其给予适当的补偿。在任何情况下,补偿费至少应当包括足够维持3年现有生活水平的费用。此外,如果没有其他应当承担赡养义务的人,则被起诉的配偶还要承担向善意缔结婚姻的配偶支付扶养费的责任"①。那么,我国婚姻无效或被撤销的损害赔偿请求权是否应当借鉴呢?从《意大利民法典》的文义观之,其对于婚姻无效之损害赔偿请求权并不以善意缔结婚姻方遭受实际损害为要件,但善意缔结婚姻方遭受损害当然可获赔偿。显然,意大利婚姻无效之损害赔偿制度的功能,更侧重对无过错方的补偿和生活保障作用,而非纯粹的损害填补功能。但其根源在于,《意大利民法典》第一百二十八条第三款规定了婚姻无效或被撤销的效力具有相对性,即对恶意方婚姻自始无效,但对于善意缔结婚姻方和子女发生有效婚姻的效力。因此,善意缔结婚姻方可以获得如同《意大利民法典》第一百五十六条赋予非分居责任方的法律地位,即可从另一方处获取维持生活的必要费用和扶养费。其本质系夫妻扶助义务之延续,并通过对善意方的单方赋权实现对非善意方的惩戒。而我国婚姻无效或被撤销后婚姻自始无效,当事人之间不存在夫妻扶助义务,因此难以借鉴意大利的兼具补偿、生活保障和损害救济三重功能的损害赔偿制度。此外,我国《民法典》第一千零九十条规定的离婚经济帮助请求权,以一方生活困难和另一方有负担能力为其前提,并不区分是否具有离婚过错。② 由此可知,我国的离婚经济帮助请求权较之意大利的扶养费请求权,条件更为严格,且以救助弱者为初衷,具有制度中立性。如通过扩张无过错方的损害赔偿范围,变相要求过错方承担无过错方的生活保障责任,或者取消损害结果之要求,以强化对无过错方的保护,不仅会扭曲经济帮助制度的中立价值,还会引起损害赔偿制度异化。

①　《意大利民法典》,费安玲、丁枚译,中国政法大学出版社1997年版,第78页。
②　薛宁兰、谢鸿飞主编:《民法典评注:婚姻家庭编》,中国法制出版社2020年版,第446页。

与《意大利民法典》立场相似,《俄罗斯联邦家庭法典》第三十条规定:"法院在作出认定婚姻无效判决时,根据本法典第九十条(离婚后的原配偶获得扶养费的权利)和第九十一条(依司法程序索取夫妻和原配偶扶养费的数额)的规定,有权为因此类婚姻而被侵犯权利的该夫妻一方(善意的一方)确认其从另一方获取生活费的权利。善意一方有权按照民事立法规定的规则请求赔偿给其造成的物质和精神损害。"①显然,俄罗斯的婚姻无效之善意方扶养制度与损害赔偿制度相分离,但仍然给予了婚姻无效之善意方双重保护,即被推定为弱者有权主张扶养费,还可基于损害主张损害赔偿。支持扶养费的规范逻辑是扶养义务的现实存在,俄罗斯的立法为此保留了规范依据,而我国缺乏现实的制度土壤,具体理由上文已作分析,此处不再赘述。至此,虽然我国立法给予无过错方的保护力度相对较弱,但放弃规定对无过错方的一定期限内的扶养,或许更符合我国的现实需要。一方面,婚姻无效或被撤销的当事人追求最大程度减少因此带来的持续性负面影响,按照我国扶养费支付的习惯,当事人受到婚姻无效或被撤销影响的时间必然会增长。另一方面,我国存在普遍的"厌诉"情绪,放弃规定扶养费能够有效降低无过错方与过错方再次因扶养费给付、调整发生纠纷的风险。

目前,学理上对婚姻无效或被撤销的损害赔偿责任的法律属性存在两种解读,其一为侵权损害赔偿责任②,其二为缔约过失责任③。无论采何种解释路径,侵害婚姻自主权和导致婚姻无效或被撤销的结果仅为侵权责任或缔约过失责任的构成要件,而非《民法典》第一千零五十四条第二款损害赔偿请求权的"损害结果"之要件。作为损害赔偿责任构成要件的"损害结果",系权益所受之不利益。④ 这包含财产上损害和非财产上损害,前者指现存利益的积极减少和消极妨碍新财产的取得,后者则指精神、肉体痛苦等难以计算价值的损害。⑤《民法典》第一千零五十四条第一款规定,当婚姻无效

---

① 焦少林:《建立违法婚姻侵权责任制度》,《法学家》2004 年第 4 期。

② 陈苇在其立法构想中采用"侵害他人合法权益,造成财产损失或者其他损害的"之表述,可见采用了侵权责任的构成逻辑。参见陈苇:《关于建立我国婚姻无效制度的思考》,《法律科学》1996 年第 4 期;于东辉:《无效婚姻制度探析》,《法学论坛》2007 年第 4 期。

③ 刘征峰:《结婚中的缔约过失责任》,《政法论坛》2021 年第 3 期。

④ 史尚宽:《债法总论》,中国政法大学出版社 2000 年版,第 287 页。

⑤ 王泽鉴:《损害赔偿》,三民书局 2017 年版,第 77、82 页。

或被撤销,当事人之间不发生夫妻的权利义务。但对婚姻效力存在合理信
赖的当事人,通常已经履行了法定的扶助义务,甚至为了维持婚姻关系而作
出了诸多家庭内部的"牺牲",即承受了经济上的不利益,包括但不限于当事
人为缔结婚姻而支出的费用、同居期间为履行夫妻间的扶助义务所支出的
费用、为共同生活所付出的劳动等。此外,婚姻权利具有强烈的"精神"属
性,婚姻不仅是个人亲密感情的最终依托①,也是公民取得正面社会评价的
重要依据②。一旦被胁迫结婚或者婚姻被宣告无效或被撤销,一般正常人均
会因此遭受严重的精神痛苦。对于被胁迫缔结婚姻的当事人,还可能被限
制人身自由,同时遭受人身权益的侵害。上述经济上的不利益、精神痛苦和
人身损害,均为民事主体参与社会交往不应承受的风险,因此属于法律矫正
正义的干预范围,即为法律上的损害结果,理应获得法律救济。

三、隐瞒婚姻无效事由、重大疾病或者胁迫结婚与损害结果具
备因果关系

因果关系指的是加害行为或违反契约义务的行为与损害结果之间的引
起与被引起的关系,解决的是损害结果多大程度可以被归因于加害行为或
违反契约义务的行为,是责任的原因。关于因果关系的判断,我国通说采纳
相当因果关系,即首先判断是否存在条件关系,采用"若无,则不"的判断方
式,尔后判断相当性,采用"无此行为,虽必不生此损害,有此行为,通常足生
此种损害"的判断方式。③ 对于婚姻无效或被撤销的损害赔偿责任,无论采
取何种解释路径,均要求隐瞒婚姻无效事由、重大疾病或胁迫与损害结果之
间存在法律上的因果关系。就善意方的精神痛苦而言,没有另一方隐瞒婚
姻无效事由、重大疾病或胁迫的行为,必然不会发生婚姻被宣告无效、被撤
销或结婚登记的结果,善意方也必然不会遭受因婚姻无效、被撤销而带来的
情感失落和社会、自我负面评价,也不会遭受违背自身意志与他人结婚的内
心煎熬和社会、自我负面评价,且通常情况下,隐瞒婚姻无效事由、重大疾病

---

① ［美］麦克尼尔:《新社会契约论》,雷喜宁、潘勤译,中国政法大学出版社 1994 年版,第 12
页。
② 申晨:《论婚姻无效的制度构建》,《中外法学》2019 年第 2 期。
③ 王泽鉴:《损害赔偿》,三民书局 2017 年版,第 93、100 页。

或胁迫的行为足以造成上述精神痛苦。就财产损失而言,因相信婚姻依法有效而作出的劳动、财产付出,均符合相当因果关系的判断标准。

四、仅一方存在过错

作为婚姻无效或被撤销损害赔偿要件的过错主要表现为两种形态:其一为胁迫,其二为对信息义务的违反。此处对信息义务的违反可以细分为两种情形:一为积极做出错误的陈述,二为消极地不告知。① 前者具有明显的故意,即希望或者放任对方陷入双方不存在婚姻无效事由和重大疾病的错误认识,后者对信息义务的违反并不要求故意,过失亦可,此为缔约过失之应有之义。因此,《民法典》第一千零五十一条所规定的告知义务违反并不等同于第一百四十八条所规定的欺诈,因为欺诈仅针对故意,而不包含过失类型。②

婚姻无效或被撤销的损害赔偿责任中,过错的判断不同于合同或侵权领域的一般判断规则,此处仅以对婚姻无效或可撤销的事由的存在是否知情或产生为判断标准。就重婚、未达法定婚龄和隐瞒重大疾病而言,通常隐瞒方具有过错,另一方如尽到常规缔结婚姻的注意义务,仍对上述婚姻无效或可撤销事由的存在不知情便为无过错方。由于在中国的传统家庭生活方式中,当事人系直系血亲和三代以内旁系血亲通常知情,而法律意识淡薄不可成为过错的豁免事由,因此近亲属结婚导致婚姻无效时原则上应认定双方均为过错方,但以证据可以证明当事人确实无法知情或不知情为例外。对于胁迫结婚的当事人而言,只要胁迫方作出胁迫行为,被胁迫方因胁迫行为造成的恐惧缔结婚姻,便可认定胁迫方为过错方,被胁迫方为无过错方。需要注意的是,仅存在一个婚姻无效或可撤销事由时,依据上述规则判断即可。如存在两个及以上婚姻无效或可撤销事由,不同的婚姻无效或可撤销事由中双方均存在过错,应于各个事由内按照上述规则各自判断过错方与无过错方,还是直接认定双方均有过错,尚需进一步分析。

---

① 刘征峰:《结婚中的缔约过失责任》,《政法论坛》2021年第3期。
② 尚连杰:《缔约过失与欺诈的关系再造——以错误理论的功能介入为辅线》,《法学家》2017年第4期。

　　学界多认为婚姻无效或被撤销的"无过错方"指笔者不具有婚姻无效或撤销的原因,并善意地相信登记成立的婚姻有效的一方。① 该观点能够解释在照顾无过错方分割共同财产制度下,依然设置损害赔偿制度的合理性,但是从损害赔偿制度自身审视,至少有三点不足。第一,不合理地提高了婚姻当事人的损害赔偿责任的成立门槛。《民法典》第一百五十七条、第五百条未将受害人自己不具有过错作为一般缔约过失责任的成立要件,《民法典》第一千一百六十五条规定的一般侵权责任构成要件亦未要求受害人无过错,《民法典》第一千零五十四条第二款显然更为严苛。较之于合同和侵权领域,法律提高了婚姻缔结当事人的注意义务和信息告知义务,因为人身利益事关重大,需要当事人更为谨慎,加强自我保护意识,同时也强化对受害人的保护。但《民法典》第一千零五十四条第二款以受害人无过错为要件,这必然导致立法受害人的保护低于一般缔约过失责任和侵权责任,直接背离了立法初衷。第二,危害婚姻无效或被撤销案件中损害赔偿制度的公平价值。《民法典》第一千零五十四条第二款不区分过错程度和类型,在双方所受损害悬殊时阻碍损害赔偿请求权构成实有不妥。具体而言,双方对同一婚姻无效、可撤销事由的存在均存在过错或对不同婚姻无效、可撤销事由存在各自过错,当双方损害范围差异较大时,否定双方的损害赔偿请求权有悖公平。比如,男方隐瞒其患有重大疾病,女方隐瞒已婚事实,男方为举办婚礼已经支出大额财产,但双方对婚姻无效或可撤销事由各自存在过错,纵然双方所受损害差异悬殊,双方仍均无权主张损害赔偿。第三,与有过失规则的适用的空间丧失。不论在合同还是侵权责任领域,受害人对损害发生或扩大存在过错均可以成为减轻违约方或侵权责任人减轻责任的法定理由,详见《民法典》第五百九十一条、第五百九十二条和第一千一百七十三条。这是公平原则和诚信原则在损害赔偿范围确定中的具体化,能够有效缓和损害赔偿"全有全无"的弊端。但是《民法典》第一千零五十四条第二款规定仅一方存在过错时损害赔偿责任才可能成立,那么双方对损害产生或

　　① 陈苇主编:《婚姻家庭继承法学》,高等教育出版社 2014 年版,第 75 页;最高人民法院民法典贯彻实施工作领导小组主编:《中华人民共和国民法典婚姻家庭继承编理解与适用》,人民法院出版社 2020 年版,第 108 页。

扩大均存在过错时,损害赔偿责任尚不能成立,遑论与有过失规则的适用。

从立法工作者的解读来看,《民法典》第一千零五十四条第二款的增设似受到了我国台湾地区"民法"第九百九十九条规定之影响。① 但第九百九十九条区分了财产损害与非财产损害,且存在与有过失规则适用的空间。② 具体而言,于财产损害,倘他方有过失,则不问受害人有无过失,均得请求损害赔偿。③ 于非财产损害,则需受害人并无过失,否则请求权不成立。反观《民法典》第一千零五十四条第二款,如所称"损害赔偿"包括财产上、非财产上的损害,均要求受害人无过错,其严苛程度远高于我国台湾地区"民法"第九百九十九条之规定。囿于《民法典》第一千零五十四条第二款之文义,目前至少存在两种缓和的解释方案。其一,将其作限缩解释,局限于侵害婚姻自主权情形,至于财产损害,则适用民法典中的缔约过失规范或者侵权责任规范予以解决。其二,更为温和的解释方案是将过错局限在损害发生阶段,这样在确定责任范围时,至少预留了与有过失规则适用的空间。④ 易言之,对于损害赔偿责任成立之过错,依各个婚姻无效或可撤销的事由各自判断,可能互为过错方和无过错方。至于导致自身损害扩大之过错,其不影响损害赔偿责任之成立,应允许责任成立之过错方援用与有过失规则,相应地减轻其损害赔偿责任。

如此,在婚姻无效或被撤销的损害赔偿制度下,对婚姻无效或被撤销事由存在无过错的一方,既可以继续保有过错方为维持婚姻家庭所付出的财产利益,也可以主张损害赔偿请求权,达到与拟制婚姻相同的财产效果,能够实现充分保护无过错方合法利益之初衷。当双方对同一婚姻无效或被撤销事由均有过错时,任何一方对婚姻有效都不享有信赖利益,因此不存在无过错方,便也无法成立损害赔偿请求权。如双方对不同事由各自存在过错,双方在不同事由下均可能成为无过错方,是否各自成立损害赔偿请求权需要进一步分析。一方面,秉承效率原则应否定双方互相主张损害赔偿,坚持公平原则便应引导支持双方各自承担相应的损害赔偿责任,但虑及婚姻家

---

① 黄薇主编:《中华人民共和国民法典释义》,法律出版社 2020 年,第 1975 页。
② 高凤仙:《亲属法——理论与实务》(增订五版),五南图书出版公司 2005 年版,第 75 页。
③ 戴炎辉、戴东雄、戴瑀如:《亲属法》,自版 2010 年版,第 115 页。
④ 刘征峰:《结婚中的缔约过失责任》,《政法论坛》2021 年第 3 期。

庭领域的保护弱者之特殊价值和我国的嫁娶习俗,否定双方各自享有损害赔偿请求权更符合社会期许。具体而言,如双方共同生活时间短,由于婚礼举办成本多由男方承担,该方案对女方的保护更为有利。如双方共同生活时间长,在《民法典》第一千零五十四条第一款的财产分割原则下,阻却双方互相主张损害赔偿能够减少互相的敌意,对可能育有的子女成长更为有利。另一方面,婚姻无效或被撤销损害赔偿的本质即对婚姻效力信赖利益的救济,因不同事由各自存在过错的双方对婚姻有效均不享有信赖基础,这便从根本上否定了损害赔偿制度适用的必要性。因此,双方各自对不同事由存在过错时,宜认定为"双方均存在过错",即双方均不享有损害赔偿请求权。需要注意的是,作为损害赔偿责任构成要件的"过错"不同于导致损害扩大之"过错",前者以是否导致婚姻无效或被撤销事由存在为标准,后者以损害扩张的原因为尺度。当前者所指"过错"仅限一方时,后者才有查明之必要,具有后者"过错"的一方不影响其作为无前者"过错"的法律地位。

简言之,"仅一方存在过错"作为婚姻无效或被撤销的损害赔偿构成要件之一,指的是隐瞒婚姻无效或被撤销事由存在之过错,但该"无过错方"可能于损害范围的扩大中存在与有过失之过错。

第三节　损害赔偿方法与范围

一、赔偿方法

损害赔偿制度目的包括损害填补、损害预防和惩罚制裁。[1] 为了实现补偿功能,大陆法系民法的损害赔偿制度产生了"完全赔偿"与"禁止得利"这两项基本原则,并以恢复原状与金钱赔偿作为基本赔偿方法,分别保护受害人的完整利益与价值利益。[2] 主流观点认为,完整利益指恢复发生前状态的利益,赔偿方法包括恢复发生前的状态和请求恢复状态所必要的金钱;价值

---

[1]　王泽鉴:《损害赔偿》,元照出版社 2018 年版,第 26—45 页。
[2]　程啸、王丹:《损害赔偿的方法》,《法学研究》2013 年第 3 期。

利益则是因加害事由致被害人财产受有损害。① 就恢复原状与金钱赔偿这两种损害赔偿方法的适用关系而言,大陆法系民法中有恢复原状优先原则②、金钱赔偿主义③与自由裁量主义④三种不同的立法例。比较观之,恢复原状优先原则最符合损害赔偿的目的,能充分实现完全赔偿之原则,而金钱赔偿主义简便易行、具有很强的操作性。⑤

域外多数国家对于违法婚姻侵权责任都采取财产责任,且以赔偿损失(含精神损害抚慰金)作为主要责任方式。⑥ 鉴于婚姻关系的成立通常伴随着诸多财产减损事实发生,婚姻无效或被撤销后的精神损害难以采用恢复原状予以填补,我国的婚姻无效或被撤销的损害赔偿也应形成以赔偿损失为主,以恢复原状为补充的赔偿方式体系。需要注意的是,赔偿损失只是婚姻无效或被撤销的民事责任承担方式之一,《民法典》第一千零五十四条第二款的赋权条款并未排除权利人选择其他民事责任方式。比如《民法典》第一百七十九条规定的返还财产、恢复原状、消除影响、恢复名誉、赔礼道歉等民事责任方式,可以为受害人提供自由选择对维护自己权益最为有利的方法,从而更有力地保护受害人的合法权益。

二、赔偿范围

我国主流观点认为,婚姻无效或被撤销后的损害赔偿范围包括财产损失和精神损害赔偿。⑦ 需要注意的是,损害赔偿责任构成要件中的"损害"不同于损害赔偿范围中的"损害"。前者是实际发生的损害,是事实的概念,而

---

① 王泽鉴:《损害赔偿》,元照出版社 2018 年版,第 128 页。

② 以恢复原状作为损害赔偿的首选方法,法律另有规定或契约另有约定的除外。德国、奥地利、我国台湾地区等采之。

③ 金钱赔偿主义根据损害的程度估计金钱,使赔偿义务人对于受害人给付金钱,从而填补损害。法国、日本、韩国采之。

④ 自由裁量主义是指法律既不以恢复原状为原则,也不以金钱赔偿为原则,而是采取平行规范结构,由法官在个案中根据案件具体的情形确定之。瑞士、俄罗斯采之。

⑤ 〔日〕我妻荣:《新订债权总论》,王燚译,中国法制出版社 2008 年版,第 105 页。

⑥ 焦少林:《建立违法婚姻侵权责任制度探析》,《法学家》2004 年第 4 期。

⑦ 薛宁兰、谢鸿飞主编:《民法典评注:婚姻家庭编》,中国法制出版社 2020 年版,第 101 页;最高人民法院民法典贯彻实施工作领导小组主编:《中华人民共和国民法典婚姻家庭继承编理解与适用》,人民法院出版社 2020 年版,第 109 页。

后者则是得请求赔偿的损害,包括所受损害和所失利益①,是规范的概念,在完全赔偿原则下受到因果关系的限制。因此,婚姻无效或被撤销的损害赔偿范围需要接受法律上的因果关系逐步检验,部分具有相关性但是缺乏条件性的"损害"便无需赔偿。如一方当事人隐瞒具有传染性的重大疾病,通过特定传染方式导致另一方感染,由此造成的人身损害并非隐瞒重大疾病的行为直接引起,便不可作为此处损害赔偿责任的构成要件。再如一方婚前隐瞒具有暴力倾向的精神类重大疾病,婚后该疾病复发,该方于发病期间造成第三人人身或财产损害,另一方作为配偶应当承担替代的损害赔偿责任。由于当事人遭受的损害与另一方的隐瞒行为之间不存在法律上的因果关系,故而并非《民法典》第一千零五十四条第二款的救济范围。当然,如后续行为构成侵权或者不当得利,遭受损害的一方得另案主张损害赔偿或返还获利。

于缔约过失情形,损害一般指向信赖利益,损害赔偿以恢复至善意方未因合理信赖而作出相应行为时的状态。在信赖利益中,亦有所受损害与所失机会之区分。在婚姻未有效缔结场合,所受损害应包含为信赖婚姻将有效缔结所支出的各项费用,这些费用因婚姻被确认无效或者被撤销而成为徒劳费用。② 如采取侵权责任的解释路径,违法婚姻侵权行为对另一方当事人合法权益的损害,包括财产损害、人身损害和精神损害,其范围的确定,可以参照适用《民法典》侵权责任编的一般规则。③ 但无论采取何种解释路径,均可为财产损失和精神损害所囊括。因此,下文将依此分类展开分析。

(一)精神损害的范围

婚姻不仅是个人亲密感情的最终依托④,也是公民取得正面社会评价的重要依据⑤。一旦婚姻被宣告无效或被撤销,无过错方通常会因此遭受忧虑、怨愤、悲伤、失望、绝望、羞辱等精神上的痛苦,因此精神损害为《民法典》第一千零五十四条第二款救济之内容。

① 王泽鉴:《损害赔偿》,元照出版社 2018 年版,第 68、78、80 页。

② 刘征峰:《结婚中的缔约过失责任》,《政法论坛》2021 年第 3 期。

③ 焦少林:《建立违法婚姻侵权责任制度探析》,《法学家》2004 年第 4 期。

④ [美]麦克尼尔:《新社会契约论》,雷喜宁、潘勤译,中国政法大学出版社 1994 年版,第 12 页。

⑤ 申晨:《论婚姻无效的制度构建》,《中外法学》2019 年第 2 期。

（二）财产损失的范围

1.直接损害

在婚姻无效和过错方隐瞒重大疾病的情形中，无过错方通常会因举办婚礼、拍摄婚纱照或为履行夫妻扶助义务等支出徒劳费用。这些徒劳费用在无过错方知悉存在婚姻无效时不会支出，也是依据社会习惯和法律要求通常会支出的费用，因此与过错方隐瞒婚姻存在无效事由或隐瞒重大疾病的行为之间具备相当因果关系，故而系直接损害的内容之一。在过错方胁迫无过错方缔结婚姻时，无过错方支出无益费用的可能性较低，但是因被迫缔结可撤销的婚姻所遭受的精神痛苦通常更为严重。

需要注意的是，导致婚姻无效和被撤销的行为可能同时构成侵权行为，但是该侵权行为引起的损害并非《民法典》第一千零五十四条第二款所救济的损害，典型的为胁迫结婚行为。胁迫缔结婚姻的行为通常以无过错方及其近亲属的合法权益为要挟，迫使无过错方基于恐惧心理缔结婚姻，通常不会造成无过错方的人身损害。即便造成人身损害，该胁迫行为触发婚姻可撤销规则，同时构成人身权加害行为，相应的侵权责任并不会与导致婚姻可撤销之民事责任竞合，基于民事责任填平原则应当支持无过错方另案诉请侵权损害赔偿，或者于刑事附带民事诉讼中提出损害赔偿请求。与之相关的，胁迫缔结婚姻后发生的人身侵害行为是独立的加害行为，因此造成的人身损害当然并非婚姻无效或被撤销之损害。

另外，彩礼并非社会通常观念下的财产支出，亦非婚姻无效或被撤销后所生损害，而是依据习俗而为的财产赠与，因此也在《民法典》第一千零五十四条第二款救济范围之外。不同于《婚姻家庭编解释（一）》第五条之规定，婚姻无效或被撤销情形下的彩礼返还规则应依过错状态区别设计。无过错方的彩礼给付行为，系以婚姻关系有效成立为生效条件的赠与行为，当婚姻被宣告无效或被撤销，赠与条件不成就，无论双方是否共同生活，无过错方得依赠与合同未生效主张返还财产。如过错方给付彩礼，由于其明知婚姻成立存在瑕疵，彩礼给付行为便系无条件的赠与行为，当婚姻被宣告无效或被撤销，无论是否共同生活均不得主张返还。

2.间接损害

在合同领域，所失利益通常指"一方当事人由于信赖合同磋商会取得成功而没有订立另外一项能带来利益的合同"①。然而,在婚姻领域,丧失与他人结婚的机会往往难以确定,即使与他人存在结婚可能,由此带来的利益也往往难以衡量。有学者提出参照履行利益来确定所失利益,以过错为基点,对既已形成的婚姻履行利益进行分配。② 但是婚姻无效或被撤销的损害赔偿不同于合同法上缔约过失责任之损害赔偿,前者在认同婚姻事实发生不可恢复的前提下,意在抚慰无过错方,减少无效或被撤销婚姻对其产生的不利影响,后者则重点保护交易活动中诚信方的财产利益,旨在降低交易风险,建立并维持良好的经济秩序。因此,婚姻无效或被撤销的损害认定不可参照《民法典》合同编的缔约过失责任之损害认定规则,亦无需探讨合同法上履行利益赔偿与徒劳费用赔偿之关系。

对于无过错方而言,当婚姻被宣告无效或被撤销,其与过错方法律上的夫妻关系自始不存在,那么在此期间其支出徒劳费用的利息、为维持共同生活所付出的劳动之价值,便是本可获得但并未获得的利益。过错方导致的徒劳费用利息损失具有相当因果关系,共享无过错方劳动价值缺乏法律依据,因此应当在无过错方主张损害赔偿时予以赔偿。

---

① 〔德〕迪特尔·梅迪库斯:《德国债法总论》,杜景林、卢谌译,法律出版社 2004 年版,第97 页。
② 刘征峰:《结婚中的缔约过失责任》,《政法论坛》2021 年第 3 期。

第四章 忠诚协议的性质与效力问题分析

第一节 忠诚协议相关的法律问题

一、人民法院应否受理的问题

部分法院认为,忠诚协议系家庭内部的道德伦理问题,一方是否不忠并非法律应予调整的行为,因此由忠诚协议订立、履行引发的纠纷不在人民法院的受理范围内。[①] 另一部分法院则认为,当事人签订的协议对双方具有法律约束力,为了充分保护当事人的诉讼利益,应依据《民事诉讼法》第三条的规定予以受理。[②] 与之对应,有学者认为,人民法院应当保持对家庭内部事务的谦抑态度,此类纠纷应不予受理。[③] 也有学者主张,忠诚协议使抽象的夫妻忠实义务具体化,具有了可诉性。[④] 在此之外,还有学者提出,在离婚诉讼中或离婚后,忠诚协议纠纷系因民事人身、财产关系提起的诉讼,自然应当受理;但婚姻关系存续期间,仅诉请履行忠诚协议的纠纷本质上为家庭内部纠纷,应不予受理。[⑤]

就实体规范而言,裁判规则的立场尚不明朗。最高人民法院在起草《婚

[①] 江苏省南京市中级人民法院(2013)宁民终字第 2967 号民事判决书、江苏省苏州市姑苏区人民法院(2018)苏 0508 民初 5795 号民事判决书。

[②] 湖南省湘潭市中级人民法院(2021)湘 03 民终 1080 号民事判决书。

[③] 陈信勇、沈凤丹:《基于自然债视角下的忠诚协议研究》,《浙江树人大学学报》2014 年第 4 期;谢鸿飞:《创设法律关系的意图:法律介入社会生活的限度》,《环球法律评论》2012 年第 3 期。

[④] 吴晓芳:《当前婚姻家庭案件的疑难问题探析》,《人民司法》2010 年第 1 期。

[⑤] 梅夏英、叶雄彪:《婚姻忠诚协议问题研究》,《法律适用》2020 年第 3 版。

姻法解释(三)》时便曾尝试解决忠诚协议的问题,原拟定的条款是,"夫妻双方签订有关忠诚协议,一方以另一方违反忠诚协议为由主张按照约定内容履行的,经法院审查没有欺诈、胁迫的情形,应当予以支持。当事人约定的赔偿数额过高的,一方可以请求法院予以适当调整",但由于争议太大无法达成倾向性意见,忠诚协议问题最终被搁置。于是《婚姻法解释(三)》第三条,仅排除了单独以违反忠诚义务为由提起的诉讼。对此,地方司法机关也曾进行探索。如江苏省高级人民法院 2019 年 7 月 18 日印发的《家事纠纷案件审理指南(婚姻家庭部分)》中指出:"夫妻忠诚协议是夫妻双方在结婚前后,为保证双方在婚姻关系存续期间不违反夫妻忠诚义务而以书面形式约定违约金或者赔偿金责任的协议。夫妻是否忠诚属于情感道德领域的范畴,夫妻双方订立的忠诚协议应当自觉履行。夫妻一方起诉主张确认忠诚协议的效力或者以夫妻另一方违反忠诚协议为由主张其承担责任的,裁定不予受理;已经受理的,裁定驳回起诉。"浙江高院则参照夫妻财产分割协议作出规定,即确认"净身出户"之类的忠诚协议条款非属《婚姻法》第十九条规定的夫妻财产约定,应参照最高人民法院《婚姻法解释(三)》第十四条处理,即一方在离婚诉讼中反悔的,对此协议、承诺或保证书的效力不予确认,法院应根据实际情况对财产进行分割。[①] 民法典生效后,最高人民法院于 2020 年 12 月 31 日颁布了《婚姻家庭编解释(一)》,其中第四条再次重申,当事人仅以《民法典》第一千零四十三条为依据提起诉讼的,人民法院不予受理;已经受理的,裁定驳回起诉。至此,法律规范对忠诚协议的法律问题的规制,仍不明确。

从域外法经验来看,法国、德国、英国、美国有关法律实践均对夫妻忠诚协议或忠诚条款的效力持否定态度。[②] 即使配偶双方能够在通奸的损害赔偿问题上达成一致,法院通常拒绝执行上述条款,以避免对于婚姻中行为的不当干涉。[③] 由此观之,域外司法倾向避免过深介入婚姻关系内部,与我国"清官难断家务事"的传统理念有异曲同工之妙。笔者认为,忠诚协议虽多

---

① 《浙江省高级人民法院民一庭关于审理婚姻家庭案件若干问题的解答》,2016 年 6 月 27 日。

② 王芳:《婚姻案件律师实务焦点问题解析》,人民法院出版社 2012 年版,第 79 页。

③ 转引自吴晓芳:《〈民法典〉婚姻家庭编谁的有关争议问题探析》,《法律适用》2020 年第 21 期。

以夫妻间忠实义务为基础,内容却不仅限于此。是否应据《婚姻家庭编解释(一)》第四条将相关纠纷拒于司法之外,根本在于忠诚协议的法律定性。详言之,如认定忠诚协议系纯粹道德领域的问题,法律自然应审慎考虑,不可轻易介入。如认定为法律行为,司法机关必不可以《婚姻家庭编解释(一)》第四条为由拒绝受理,应基于人身关系和财产关系的相关法律规范进行救济。

二、忠诚协议的效力分歧

自 2003 年忠诚协议纠纷出现至今,关于忠诚协议的效力争论从未停止。现有观点主要可分为四种学说,即"有效说""无效说""区分说"和"自然之债说"。"有效说"认为,夫妻忠诚协议是意思自治的表现,并不违法,毕竟夫妻互负忠实义务本系法律规定的内容,属于法律明确的要求,双方只是通过协议将法定义务具体化,或将法定义务转变成约定义务。[①]"无效说"则认为,忠诚协议实为身份协议,具有情绪性和非道德性,不仅可能导致婚姻关系的异化,也会形成对人身自由的约束,最终使婚姻自由名存实亡。[②] 此外,夫妻忠实义务只是倡导性义务,即使"忠诚协议"是当事人平等自愿协商一致的结果,然此种协议并非契约,而是一种"情谊行为"或"社会层面的行为",因此无效。[③]"区分说"则认为,忠诚协议约定的内容丰富多样,应根据具体内容区分出人身关系协议和财产关系协议两部分。[④] 前者约定如违反身份权变动的法定性,约定效力受到阻却,包括终止婚姻效力、放弃监护权、探望权等。后者则需适用婚姻财产契约的规定,结合公平原则进行效力判断。"自然之债说"虑及忠实义务违反责任的道德性和司法的谦抑性,故而认同忠诚

---

① 李明舜:《妇女权益法律保障研究》,国家行政出版社 2003 年版,第 399 页;吴晓芳:《当前婚姻家庭案件的疑难问题探析》,《人民司法·应用》2010 年第 1 期;隋彭生:《夫妻忠诚协议分析——以法律关系为重心》,《法学杂志》2011 年第 2 期;蒋月:《婚姻家庭法前沿导论》,科学出版社 2007 年版,第 73 页;吴晓芳:《关于'婚姻契约'问题的思考》,《人民法院报》2007 年 2 月 8 日;强音:《试论夫妻忠诚协议的效力》,《学理论·法学研究》2010 年第 1 期。

② 陈甦:《婚内情感协议得否拥有强制执行力》,《人民法院报》2007 年 1 月 11 日,第 5 版;郭站红:《夫妻忠诚协议的法学思考》,《宁波大学学报》(人文科学版)2010 年第 2 期。

③ 余延满:《亲属法原论》,法律出版社 2007 年版,第 10—14 页。

④ 王歌雅:《夫妻忠诚协议:价值认知与效力判断》,《政法论丛》2009 年第 5 期。

协议具有债之受领力,但缺乏法律强制力。①

以上各种观点争论至今,学理上尚未达成共识。民法典施行后,司法判例却呈现出采纳"自然之债说"的趋势。如湖南省郴州市北湖区人民法院于(2021)湘1002民初3617号民事判决书中写道,"双方是否忠诚,应属于情感道德领域的范畴,而不应由法律过多干涉与规制,故双方签订的类似忠诚协议的条款由当事人本着诚信原则自觉履行,法律并不赋予强制执行力"。其他多份民事判决书中,也存在类似表达。② 但这是否意味着"自然之债说"率先在司法实践领域逐渐达成共识呢? 其实不然。从判决书中认为忠实义务的履行属于情感道德领域的判断出发,并不能得出忠诚协议不具有法律约束力的论断,更无法得出其缺乏强制执行力的结论。因此该问题的解答,依然要回到其基础性问题的分析上,即忠诚协议的法律定性。

三、是否必须以离婚为履行前提

实践中,当事人的约定丰富多样,偶尔存在类似"如一方违反忠诚义务则违反一方无条件与对方离婚,并放弃婚后或特定财产"的表达。此类忠诚协议将婚姻关系的解除纳入约定,并将财产责任内容约定为夫妻共同财产的分割方案。于是部分法院认为,该类协议涉及以离婚为条件的财产分割,另辟蹊径地将之解释为附条件的民事法律行为,即以离婚为前提的财产分割协议。③ 根据《婚姻法》第四十六条、《婚姻法解释(一)》第二十九条、《婚姻法解释(二)》第二十七条的规定,④只有协议离婚后或者诉讼离婚时才能提

① 陈信勇、沈凤丹:《基于自然债视角下的忠诚协议研究》,《浙江树人大学学报》2014年第4期。

② 陕西省西安市中级人民法院(2021)陕01民终13697号民事判决书、北京市第三中级人民法院(2021)京03民终8334号民事判决书、北京市顺义区人民法院(2020)京0113民初9414号民事判决书、贵州省六盘水市中级人民法院(2021)黔02民终288号民事判决书等。

③ 北京市第三中级人民法院(2014)三中民终字第08873号民事判决书,上海市长宁区人民法院(2015)长民四(民)初字第161号民事判决书。

④ 《婚姻法》第四十六条规定:"有下列情形之一,导致离婚的,无过错方有权请求损害赔偿:(一)重婚的;(二)有配偶者与他人同居的;(三)实施家庭暴力的;(四)虐待、遗弃家庭成员的。"条文中的损害赔偿包括财产损害赔偿和精神损害赔偿。《婚姻法解释(一)》第二十九条第二款规定:"人民法院判决不准离婚的案件,对于当事人基于婚姻法第四十六条提出的损害赔偿请求,不予支持。"第三款规定:"在婚姻关系存续期间,当事人不起诉离婚而单独依据该条规定提起损害赔偿请求的,人民法院不予受理。"

起离婚损害赔偿诉讼，因此离婚是此类案件的前置程序。鉴于此类忠诚协议自协议离婚或者诉讼离婚时始生效，婚内提出履行忠诚协议的诉讼请求，司法机关便只能以忠诚协议未生效为由不予支持。依我国《婚姻法》第四十六条之文义，只有重婚、有配偶者与他人同居以及遗弃三种不忠行为，在夫妻双方离婚时，无过错方可依法提请离婚损害赔偿，而通奸以及其他婚外恋等其他有违夫妻忠实义务的行为则不能依法获得损害赔偿。因此，有学者敏锐地发现，如夫妻双方不离婚，即便构成婚内侵权，也因我国《婚姻法》未规定婚内侵权条款而不能主张权益的救济，故而提出扩大离婚损害赔偿的事由并增设配偶权，以规制婚内侵权行为。① 而民法典并未增设配偶权，违反忠实义务的损害赔偿依然无法援用民法典侵权责任编的规定。即便将其他违背忠实义务的行为纳入《民法典》第一千零九十一条新增的兜底条款，主张离婚损害赔偿依然以过错方一方过错导致离婚为前提。由此可见，如采"附条件（以离婚为条件）生效说"，同时约定离婚责任和财产责任的忠诚协议必然以离婚为前提。

　　上述推论看似严谨，却在根本上将忠诚协议与离婚财产分割协议混同，极易引发不良的连锁效应。首先，"附条件（离婚为条件）生效说"存在扭曲当事人意思表示的高度风险，毕竟双方订立忠诚协议的意图在于促进相互忠实，离婚实乃违背忠实义务的责任之一，而非约定的财产责任之条件，除非当事人有特别约定。② 其次，如坚持离婚为忠诚协议履行之前提，不仅导致忠诚协议促进夫妻履行忠实义务、维系婚姻稳定的积极功能丧失殆尽，还会引起违反忠实义务的一方在夫妻感情确已破裂时仍拒不离婚，以逃避约定的财产责任，同时增加无过错方在夫妻感情尚未破裂时主张离婚的道德风险。最后，不论夫妻双方采用约定财产制还是法定共有制，夫妻在婚内履行财产给付均无障碍，以离婚为忠诚协议的履行前提，缺乏规范合理性。③因此，无论从意思表示解释层面、社会效果层面还是规范供给考量，均不宜对忠诚协议采"附条件（离婚为条件）生效说"。易言之，在厘定忠诚协议的

---

① 王歌雅：《夫妻忠诚协议：价值认知与效力判断》，《政法论丛》2009 年第 5 期。
② 梅夏英、叶雄彪：《婚姻忠诚协议问题研究》，《法律适用》2020 年第 3 版。
③ 隋彭生：《夫妻忠诚协议分析——以法律关系为重心》，《法学杂志》2011 年第 2 期。

法律属性之前,可先行否定以离婚作为履行前提的主张。

综上,关于忠诚协议的法律问题繁杂,但根源在于忠诚协议的法律性质不清。故而下文将主要围绕该前提性问题展开,继而尝试解决效力分歧。

第二节　忠诚协议的法律性质

一、忠诚协议的类型

"忠诚协议"并非法律概念,而是意欲长期共同生活的双方之间,自愿约定的互负忠诚义务,违之则承担约定责任的契约。法学界主流观点认为,此类协议限于夫妻之间。比如王歌雅认为,"夫妻忠诚协议"是夫妻双方基于相互忠诚的要求,在平等协商的基础上,签订的有关夫妻权利义务关系的协议。[①] 隋彭生认为,所谓"忠诚协议"是指夫妻之间违反忠实义务的一方给付对方若干财产的协议。[②] 刘加良则认为,婚姻忠诚协议是夫妻双方在婚前或者婚姻存续期间签署的,约定彼此之间相互忠于对方的协议,是夫妻忠实义务的具体体现。[③] 由此可见,对于此类源于道德、关涉人身义务的契约,内容随社会观念变化而丰富,概念的不确定性和不周延性恰好说明了既有的抽象和概括尚有不足。意欲探究民法典时代的忠诚协议的法律本质问题,只能先着手于实践生活中的具体类型。

以协议订立时的订约人间关系为准,可将之分为非夫妻间忠诚协议和夫妻间忠诚协议。前者依订约人是否有结婚意愿为准,可再分为同居忠诚协议和准夫妻间忠诚协议。此种区分的意义在于,不同忠诚协议的订约人之间,忠诚义务来源不同,协议所约定的忠诚义务于法律上的地位存在一定差异。在此基础上,违反忠诚义务之责任的约定,法律评价宜作相应的区分。

---

① 王歌雅:《夫妻忠诚协议:价值认知与效力判断》,《政法论丛》2009 年第 5 期。
② 隋彭生:《夫妻忠诚协议分析——以法律关系为重心》,《法学杂志》2011 年第 2 期。
③ 刘加良:《夫妻忠诚协议的效力之争与理性应对》,《法学论坛》2014 年第 4 期。

　　以订立的协议所负忠诚义务的主体数量为准,可将之区分为单方义务型忠诚协议和双方义务型忠诚协议。前者通常经双方约定仅男方负担忠诚义务,后者则约定双方均负担忠诚义务。此种区分的意义在于,《民法典》第六条规定的公平原则作为民事基本原则,即便家庭领域存在大量的"牺牲"行为,夫妻间的财产处分约定亦应接受该基本原则的检验。只是此处的公平原则,应有别于财产法上的内涵,宜将保护弱者和儿童的价值立场纳入实质公平的范畴。

　　以忠诚协议的义务内容为准,可区分为家庭义务型忠诚协议和性义务型忠诚协议。前者通常约定,义务方须积极履行照顾家庭成员之义务,可能具体至陪伴时长,扶养、赡养、扶养费的金额等;后者通常约定,义务方须保持对相对方的精神与身体上的专一性。由于夫妻之间具有法定的相互扶养之义务,成年子女负有法定的赡养义务,父母亦负有法定的扶养义务,家庭义务型的忠诚义务,事实上在夫妻之间并未增设新的义务关系,而非夫妻间通过约定设定上述法定义务,其可行性尚需进一步探讨。至于性义务型忠诚协议,夫妻间依法互负忠诚义务,主要便指贞操义务,即专一的夫妻性生活义务。① 因此,夫妻间单方义务型或双方义务性忠诚协议,并未变更双方的婚姻法律关系,亦不能变更法定的忠诚义务。而非夫妻间的性义务型忠诚协议,系纯粹的道德义务之意定法律化,此间合理性、合法性等问题,均有待进一步研判。

　　以忠诚协议的责任内容为准,可区分为财产责任型忠诚协议、人身责任型忠诚协议或兼而有之的双重责任型忠诚协议。其中财产责任型协议亦包含多种类型,如对个人财产处分、共同财产分割的约定,对违约赔偿额的约定等。而人身责任型忠诚协议则极尽想象,包含人身权利放弃型、伤害虐待型、辱骂起誓型等类型。② 双重责任型忠诚协议便是财产、人身责任内容,兼而有之。鉴于财产责任和人身责任约定效力的判断规范存在差异,前者主要受到公平原则的制约,后者则主要受到权利保护的强制性规定或公序良俗制约,因此区分二者实有必要。为了便于称谓,下文财产责任型忠诚协议

---

① 巫昌祯:《婚姻与继承法学》,中国政法大学出版社 2007 年版,第 150 页。
② 刘加良:《夫妻忠诚协议的效力之争与理性应对》,《法学论坛》2014 年第 4 期。

和双重责任型忠诚协议中的财产责任条款将以"忠诚协议的财产责任内容"代称,人身责任型忠诚协议和双重责任型忠诚协议中的人身责任条款将以"忠诚协议的人身责任内容"代称。

二、忠诚协议的属性之争

忠诚协议系亲密关系[①]当事人之间,对约定或法定的忠实义务之履行进行督促的协议。其中,非夫妻间忠实义务源于当事人自愿承担,夫妻间忠实义务源于中国的道德观念和法律的明确规定。由于我国存在崇尚爱情忠贞专一的社会观念,伦理道德便对情侣或夫妻提出一定程度的互相忠实之要求,但对后者显然更为严格。纵览域外立法例,对夫妻间忠实义务进行明文规定的为数不多,主要有法国[②]、瑞士[③]、意大利[④]和美国的部分州[⑤]。而违反忠实义务的法律责任,多表现为法定的损害赔偿责任。具体而言,当配偶一方违反该义务时,《法国民法典》赋予另一方即可请求离婚、别居和请求对方或与其相奸之第三人承担损害赔偿责任的权利。[⑥]《瑞士民法典》规定另一方得请求离婚、别居、中止其行为、损害赔偿及慰藉金,亦得对案涉的第三人,请求中止其妨害、损害赔偿及慰藉金。[⑦] 美国法律将违反忠实义务的行为视为对另一方配偶权的侵害,故而另一方可以据此提出损害赔偿之诉。[⑧]此外,"第三人以诱惑、离间与通奸行为导致夫妻感情疏远,一方不履行同居义务,不尽家庭责任,并使夫妻关系受到严重威胁,甚至造成夫妻关系的解体,致使他方配偶的配偶权受到严重侵害的,受害的配偶一方有权要求第三人予以赔偿损失。一些州的法律明确规定,只要通奸行为对婚姻有所损害,就可判决第三人予以赔偿"[⑨]。与之相似,我国台湾地区有学者认为,"与有

---

　　① 　此处仅限伴侣之间以爱情为纽带所维系的主体可感受到情感上亲近的关系。

　　② 　《法国民法典》第二百一十二条。

　　③ 　《瑞士民法典》第一百五十九条。

　　④ 　《意大利民法典》第一百四十三条。

　　⑤ 　夏吟兰:《美国现代婚姻家庭制度》,中国政法大学出版社1999年版,第82页。

　　⑥ 　《法国民法典》第二百二十九条、第二百三十条、第三百零六条和第一千三百八十二条。

　　⑦ 　《瑞士民法典》第一百六十九条、第一百三十七条、第一百五十一条、第二十八条和《瑞士债法》第四十一条、第四十九条。

　　⑧ 　陈苇:《外国婚姻家庭法比较研究》,群众出版社2006年版,第220页。

　　⑨ 　夏吟兰:《美国现代婚姻家庭制度》,中国政法大学出版社1999年版,第82页。

配偶者奸通,对于配偶之他方,则为夫权或妻之权利之侵害"[①]。《意大利民法典》虽未规定损害赔偿权,但赋予另一方诉请分居的权利和分居期间获取必要生活费的权利。[②] 简言之,对于违反忠实义务的一方,通常需要向其配偶承担法定的损害赔偿责任。需要注意的是,法定的损害赔偿责任不仅是对权利人的法律保护,也是对责任方在责任承担内容和方式上的保护,故而夫妻间有关违反忠实义务责任的约定应当在此限度内,自行约定的意义不大。

部分学者认为,法律规定夫妻间互负的忠实义务仅为倡导性规定[③],不忠行为宜区分对待,一般不道德行为(如通奸)应由道德谴责,而有配偶者与他人同居、重婚等则应当依法处理[④]。在此基础上,对于督促忠实义务履行的忠诚协议,我国部分观点持广义契约论,或称广义身份契约、无名契约论,即认为忠诚协议是对夫妻法定义务——"夫妻应当互相忠实、互相尊重"规范的具体化。[⑤] 也有观点认为"忠诚协议"的财产内容不容忽视,因而相继提出"财产契约说""身份财产关联协议说"。为探明本质,本书将逐一予以分析。

(一)"财产契约说"

持该种观点的学者并非仅关注"忠诚协议的财产责任内容",而是立足各种类型的忠诚协议之上,深度思索后得出的结论。其理由包括:1. 约定内容为违反夫妻忠实义务的过错方必须给予无过错方一定的经济赔偿。2. 忠诚协议并不创设或解除身份法律关系。3. 夫妻忠与不忠并非归属身份范畴,而是双方基于夫妻身份关系而作的具体事务安排。[⑥] 该观点最值得思考的便是忠诚协议是否关涉身份法律关系。身份是指一个人在社会中的特定

① 史尚宽:《债法总论》,中国政法大学出版社 2000 年版,第 159 页。
② 《意大利民法典》第一百五十一条、第一百五十六条。
③ 马忆南:《论夫妻人身权利义务的发展和我国〈婚姻法〉的完善》,《法学杂志》2014 年第 11 期;龙翼飞、赫欣:《〈民法典〉婚姻家庭编最新司法适用准则探析》,《法学杂志》2021 年第 8 期。
④ 陈苇:《外国婚姻家庭法比较研究》,群众出版社 2006 年版,第 229 页。
⑤ 王歌雅:《夫妻忠诚协议:价值认知与效力判断》,《政法论丛》2009 年第 5 期;陈信勇、沈凤丹:《基于自然债视角下的忠诚协议研究》,《浙江树人大学学报》2014 年第 4 期;隋彭生:《夫妻忠诚协议分析——以法律关系为重心》,《法学杂志》2011 年第 2 期。
⑥ 宋豫、李建:《夫妻忠诚协议的价值判断与效力分析》,《重庆工商大学学报》(社会科学版)2012 年第 3 期;李健:《夫妻忠诚协议法律效力的认定》,《人民法院报》2012 年 1 月 19 日。

的不可移转的地位,身份权则是指基于特定身份享有的权利。① 因此,身份法律关系便是基于身份而产生的权利义务关系。那么忠诚协议是否能够引起身份法律关系(以下简称"身份关系")变动呢?

目前,我国典型的忠诚协议包括家庭义务型忠诚协议和性义务型忠诚协议,并明确约定了违反义务的财产责任。为了使论证更加清晰,此处先以家庭义务型忠诚协议为例展开详细分析。通常家庭义务型忠诚协议中,除了约定夫妻间互相扶助、抚养子女的具体内容,还经常约定一方对其配偶的父母之赡养义务。就前者而言,我国《民法典》第一千零五十八条和第一千零五十九条第一款规定了父母对子女的扶养、教育、保护义务和夫妻间扶养义务,但鉴于人身义务无法强制履行,仅在义务方不履行相应义务时,权利人得依《民法典》第一千零六十七条第一款和第一千零五十九条第二款请求司法机关强制执行相应的财产责任,即支付抚养费、扶养费。至于具体标准,学理上主要持"生活保持说",即不论义务人是否富裕,都必须尽其所能甚至降低自己的生活标准,无条件地使权利人达到与义务人相当或相近的生活标准。② 那么忠诚协议约定的抚养、扶养标准,在不违反《民法典》第一百五十三条规定的前提下,较大概率高于法定标准。鉴于法定赡养、扶养义务的立法意图在于保护弱者,是法律"家父主义"在婚姻家庭领域的表现,本质上是具有强制性的最低义务履行标准。如认同忠诚协议的法律约束力,当义务人自愿承担更高程度的义务,并通过约定予以明确,同时通过约定相应责任进行履行威慑,只要该约定的内容不违反法律的强制性规定和公序良俗,法律应对其履行加以保障。那么,该超出法定标准之义务,显然是通过意思表示新增的义务内容,即便该义务增量依然属于身份义务的范畴,也无法否认该身份关系的具体内容因约定发生了变动。同理,《民法典》第二十六条第二款和第一千零六十七条第二款虽分别规定了成年子女对父母的赡养义务,及义务方不履行相应义务时,向权利人支付赡养费的义务,但女婿和儿媳并不负有上述法定义务。如夫妻双方通过忠诚协议约定承担上述

---

① 张作华:《认真对待民法中的身份——我国身份法研究之反思》,《法律科学》(西北政法大学学报)2012年第4期。

② 梁慧星:《中国民法典草案建议稿附理由:亲属编》,法律出版社2013年版,第98页。

义务,显然也是基于特定身份和意思表示,为了实现身份利益之目的,产生了新的权利义务关系。至于性义务型忠诚协议,作为忠诚协议的主要类型,在判断身份关系变动上更具复杂性,但忠诚协议依然具备使之发生变动之可能。一方面,夫妻间的忠诚义务乃法定义务,非夫妻间忠诚协议便增设了当事人间的身份权利义务。另一方面,民法典并未规定忠实义务违反的法律责任,仅在离婚损害赔偿制度中有所体现。如认为忠诚协议具有法律约束力,当事人约定的义务违反责任便仍处法律允许的范围内,该约定的责任内容便是权利人获得的权利内容增量。例如,法定的忠实义务仅为倡导性义务,权利人无法单独诉请履行,更无法强制履行,但通过约定的财产责任,权利人可诉请的内容便向财产领域拓宽。

至此,可以认为,只要认同忠诚协议可发生法律约束力,就必须承认其具备引起身份关系变动的可能。认为是否忠诚不属于身份关系范畴的观点,显然忽视了身份关系变动在身份关系产生和消灭之外,还包含身份权利、义务内容变动的部分。

(二)"附生效条件的财产契约说"

该观点认为,忠诚协议的违约责任实际上是一种附延缓条件的夫妻财产关系约定,仅当所附条件(约定的义务方违反忠实义务)成就时,协议才能生效。[①] 该说作为"财产契约说"的子类型,将忠诚协议作为纯粹财产契约同样存在上文所指出的忽视身份关系变动的弊端,此处不再赘述。不同于"附条件(离婚为条件)生效说","附生效条件的财产契约说"以约定的义务方违反忠实义务作为条件,且该条件符合将来性、不确定性、合意性和合法性的要求,并未与忠诚协议的主要内容自相矛盾,因此具有一定解释力。但是创设法律行为的意图是法律行为的重要隐含条件,与意思表示之效果意思保持一致,故而也是识别法律行为内容的重要工具。[②] 而通常情况下,忠诚协议的真实目的并非分割或处分夫妻共同或各自的财产,而是促进当事人履行忠实义务,以维持当事人之间的性专一或对家庭成员的责任感。因此,将

---

① 赵敏:《"忠诚协议"效力问题的法律分析》,《广西政法管理干部学院学报》2010年第3期;包静雅、王英秀:《论夫妻"忠诚协议"的效力》,《襄樊学院学报》2010年第7期。

② 谢鸿飞:《创设法律关系的意图:法律介入社会生活的限度》,《环球法律评论》2012年第3期。

忠实义务的违反作为生效条件，反而将约定夫妻财产关系的内容作为法律行为，在忠诚协议的解释上本末倒置。不妨作出假设，如当事人的真实意愿为分割或处分共同或各自财产，夫妻间可通过《民法典》第一千零六十五条规定的方法有效实现目的，非夫妻间亦可依《民法典》第三百零五条或第六百五十七条分割共有财产或赠与各自财产，当事人何必舍近求远，为财产关系约定忠实义务违反这般具有较高证明难度的条件？至于非夫妻间为了增强同居期间的责任感而约定的忠实义务，因其排除了当事人的行为自由而丧失效力。即便将非夫妻间忠诚协议认定为《民法典》第六百六十一条规定的附义务（同居期间的忠实义务）赠与行为，按照我国现阶段对同居行为的道德评价，以及作为所附条件自身的属性要求，此种约定亦无法通过法律行为和条件的合法性检验，故而无法对当事人产生法律约束力。

简言之，夫妻间忠诚协议按照"附生效条件的财产契约说"，将沦为未附条件的纯粹财产契约，非夫妻间忠诚协议按该说，难以通过公序良俗的合法性检验。因此，该解释方案必将因扭曲当事人的真实意思而被摒弃。

（三）"身份财产协议说"

该观点认为忠诚协议系家庭成员之间缔结的以身份权利行使、义务承担为内容并附带金钱给付义务的协议，其类型随社会发展需要逐渐增多，典型如"夫妻间忠诚协议""夫妻空床费协议""探望权补偿协议""抚养费给付协议"等。鉴于忠诚协议的伦理性较弱、财产性较强，遂提出"身份财产协议说"。[①] 该说的核心观点为，家庭成员之间达成的关于身份权行使或义务履行的协议是对家庭身份生活作出的预先安排，双方对损害赔偿计算方式或违约金的约定，是一种旨在使预先安排得以实现的法律手段，实质上是现代社会中平权型家庭的成员在生活方式上选择自由的表达。司法判决本质上是一种由社会决定的产物，其目的就在于回应更多的社会需求。[②] 为了增强婚姻家庭生活的透明度和世俗生活的规则化，使婚姻家庭领域的新兴诉求

---

① 冉克平：《"身份关系协议"准用〈民法典〉合同编的体系化释论》，《法制与社会发展》2021 年第 4 期。

② Brian Leiter，"American Legal Realism"，in Martin P. Golding and William A. Edmundson (eds.)，The Blackwell Guide to the Philosophy of Law and Legal Theory，Blackwell Publishing Ltd，2005，p. 56.

在司法领域得到确认和保护,规避成文法在回应社会现实需求方面的滞后性,我国司法实践应当以灵活的方式回应此类对身份关系协议的社会需求。① 而《民法典》第四百六十四条第二款规定的"参照适用"条款,便是司法裁判最为恰当的路径。

该说虽摆脱了纯粹财产契约的局限,但终究未能正面识破身份契约的本质。以"身份财产协议"定性,虽然兼顾了协议约定的内容,但尚未完成法律概念高度抽象和对事实进行概括的使命。新的法律概念创制,要么基于新事物的产生,既有概念均无法囊括;要么由既有概念衍生而来,但已于本质发生畸变,而溢于既有概念之外的内容,无法援用既有概念的相关规则。忠诚协议是社会生活发展的产物,尤其体现出家庭中相对弱势的群体增强自我保护之智慧。但是无论从内容还是形式进行观察,忠诚协议均无既有法律概念之外的内容,亦未出现法律缺位,导致相关问题无法通过既有规则和解释方法加以解决。因此,于此处创制新的法律概念实无必要。此外,《民法典》第四百六十四条第二款规定的"参照适用"条款,指婚姻、收养、监护等身份协议在无具体规定时,可以参照适用《民法典》合同编的规定,故而适用前提是"身份协议"。如所谓"身份财产协议"不同于"身份协议",该"参照适用"条款的司法适用便需要额外补充论证,无法得出上述当然适用的结论。

因此,"身份财产协议说"看似更为准确地贴合忠诚协议的内容,实则暗含"身份契约说"之要旨,且有悖于法律概念的严谨性。

(四)"身份契约说"

持该说的学者认为,我国婚姻的缔结是民法上的身份契约,是意定相对法律关系,其标的包含但不限于财产上的给付。忠诚协议作为规定夫妻双方忠诚义务的一种载体,本质是身份法律关系,其标的是精神给付。② 该说从广义契约的角度为身份协议找到民法上的准确定位,只是身份利益的私法形态包括权利化利益与非权利化利益,利益内容又包括财产、精神、伦理

---

① 李拥军:《当代中国法律对亲属的调整:文本与实践的背反及统合》,《法制与社会发展》2017年第4期。

② 隋彭生:《夫妻忠诚协议分析——以法律关系为重心》,《法学杂志》2011年第2期;郭站红:《夫妻忠诚协议的法学思考》,《宁波大学学报》(人文科学版)2010年第2期。

等方面,而不限于精神给付。① 以夫妻间忠诚协议为例,性义务型忠诚协议基于双方的夫妻身份和意思表示成立,通常包含性专一和违约财产给付责任等内容;家庭义务型忠诚协议则基于当事人的夫妻、父母、子女身份和意思表示成立,通常直接约定具体的财产给付义务。因此,在认同忠诚协议为法律行为的前提下,认为"身份契约说"标的仅为精神给付稍显偏狭。如根据身份利益的范围扩展上述"身份契约"的范畴,其解释力将可获得较大提升,甚至足以囊括社会生活中丰富的忠诚协议类型。

该说之下,尚有"附延缓/停止条件的身份契约说""附生效条件的夫妻财产约定说"和"婚姻协议的补充协议说"等子类型,但是均难自圆其说。"附延缓/停止条件的身份契约说"认为,忠诚协议存在两个法律关系,第一个法律关系以不作为的身份行为为标的(客体),第二个法律关系以财产给付为标的(客体),而第一个法律关系是第二个法律关系所附的意定条件。② 此观点将财产关系与身份关系依协议内容进行分割,并将之处于对立状态,既违背了当事人的真实意思表示,也忽略了身份关系自身便关涉多种利益的特征。"附生效条件的夫妻财产约定说"不同于"附生效条件的财产契约说",其落脚点在"夫妻财产约定"。该观点认为夫妻忠诚协议以财产变动为核心内容,以婚姻不忠行为发生为生效要件,以维护婚姻忠实和婚姻关系稳定为根本目的,故而系以财产关系为核心内容的身份关系协议。③ 但是与"附生效条件的财产契约说"的分析同理,如当事人以财产关系为核心内容,无需舍近求远。更为关键的是,身份法律行为本不应附条件,否则身份关系将因条件成就与否而陷于效力不定的状态,危害社会关系的稳定性。④ 至于"婚姻协议的补充协议说",自相矛盾更加严重。该说一方面主张夫妻忠诚协议不能变更身份关系,另一方面又坚持忠诚协议系作为身份协议的婚姻协议之补充协议。⑤ 一般而言,补充协议与本协议之间存在同质同源的关

---

① 童列春:《私法中的身份调整》,西南财经大学 2010 年博士学位论文,第 23 页。

② 隋彭生:《夫妻忠诚协议分析——以法律关系为重心》,《法学杂志》2011 年第 2 期。

③ 王雷:《论身份关系协议对民法典合同编的参照适用》,《法学家》2020 年第 1 期。

④ 黄立:《民法总则》,中国政法大学出版社 2002 年版,第 376—377 页;曹诗权、孟令志、麻昌华:《婚姻家庭继承法》,北京大学出版社 2012 年版,第 58 页。

⑤ 闫卫国:《论夫妻忠诚协议与离婚损害赔偿》,《法律适用》2013 年第 5 期。

系,那么不能引起身份关系变动的忠诚协议,何以成为身份协议的补充协议?该说的另一个重要主张为,夫妻间忠诚协议只是对一方违反忠实义务而导致离婚时其应承担损害赔偿责任的预先约定或安排,这显然混淆了违反忠实义务所生损害与离婚损害的本质。学界通说认为,因配偶违反忠实义务所受损害的赔偿,系侵害作为身份权的配偶权的侵权行为所生之损害。① 至于离婚损害,尽管学者对财产契约解除所生损害赔偿请求权之基础,有债务不履行赔偿说与信赖利益赔偿说之争,但对婚姻这种身份契约解除所生损害赔偿请求权之基础,却毫无例外地采信赖利益赔偿说,即离婚本身所致损害之赔偿。② 因此,权利人依亲属法上的特殊规定可直接请求离婚损害赔偿,而无需考察是否符合侵权责任的构成要件。③

简言之,在认同缔结忠诚协议为法律行为的前提下,采取广义的"身份契约说"最符合当事人的真实意图,也符合《民法典》第四百六十四条第二款适用的大前提。但症结在于,缔结忠诚协议是否为法律行为或准法律行为?笔者认为不然,具体分析如下。

(五)"情谊行为说"

纵观上述学说,各观点均从忠诚协议的内容出发,探求当事人真实的意思表示,以归纳出忠诚协议的法律本质,故而皆默认缔结忠诚协议之行为乃法律行为。事实上,此类身份关系协议既体现了法律与伦理、家庭与市场、情理与法理、国家与社会的互动,也反映了国家、社会与个人的博弈,其究竟是属于"法外空间",还是具有法律意义,主要不是法律技术问题,而是价值衡量和选择的问题,映照着国家对社会的治理智慧。④ 因此,该被广泛默认的前提,仍有待斟酌。

目前,支持"情谊行为说"的理由有如下几点。第一,忠诚协议虽无法律明确禁止,但是法无明文规定并不意味着当事人的约定就会产生法律约束力。当事人之间虽有形式上的合意,但忠实义务是夫妻之间的法定义务,对

---

① 林秀雄:《婚姻家庭法之研究》,中国政法大学出版社 2001 年版,第 115 页。

② 闵卫国:《论夫妻忠诚协议与离婚损害赛赔偿》,《法律适用》2013 年第 5 期。

③ 戴炎辉:《中国亲属法》,1956 年版,第 190 页;陈棋炎:《民法亲属》,三民书局 1958 年版,第 172 页。

④ 谢鸿飞:《论创设法律关系的意图》,《环球法律评论》2012 年第 3 期。

此合意当事人并无受法律约束的意思,因此不构成民法上的意思表示。第二,当事人对忠诚协议不具有受法律保护的信赖利益等利益类型。第三,若支持违约责任便会对义务人的人身自由构成不合理的限制,毕竟忠诚行为并非法律强制的内容。第四,即使是将财产责任认定为精神损害赔偿或者未尽忠诚义务的补偿,这些也不可由当事人事先约定,否则就不符合损害填补的本意。① 第五,支持忠诚协议的客观社会效果是夫妻情感的贬值,法律保护婚姻,但不能通过认可忠诚协议形式来保护夫妻感情。② 基于上述利益考量,持该说学者便认为,夫妻之间的忠实感情问题适合交由婚姻自治和婚姻家庭道德来解决,除非违反忠实义务的行为足够严重,已构成我国《婚姻法》第四十六条所规定的情形。③

笔者赞同"情谊行为说"的结论,但上述理由均难以成立。笔者认为,如从当下法律自身的功能定位和局限性出发,能够暂时得出相同结论,同时保留未来的发展空间。

第一,合意行为是否具备效果意思,难以仅通过行为外观进行识别。一方面,书面订立的契约通常被推定具有效果意思,毕竟留存"证据"的意图在于便捷法律救济,而未书面订立的协议未必不具有效果意思。事实上,合意行为中的效果意思多为事实推定,即从事法律调整的行为时推定其具备效果意思;反之亦然。因此,效果意思的识别本身就存在循环论证的漏洞,结合行为情境、当事人利益状态、诚实信用原则、信赖程度等因素判断才是更为妥当的办法。④ 与此相关的是,有学者认为法律不应当赋予夫妻忠诚协议以国家强制力,但经过公证的便应当是有效的、可执行的。⑤ 此种逻辑显然忽视了公证制度的功能和前提。根据我国《公证法》第二条的规定:"公证是公证机构根据自然人、法人或者其他组织的申请,依照法定程序对民事法律行为、有法律意义的事实和文书的真实性、合法性予以证明的活动。"若认可忠诚协议属于"民事法律行为、有法律意义的事实和文书",那么该合意无需

---

① 王雷:《论身份情谊行为》,《北方法学》2014 年第 4 期。
② 陈甦:《婚内情感协议得否拥有强制执行力》,《人民法院报》2007 年 1 月 11 日,第 5 版。
③ 余延满:《亲属法》,法律出版社 2007 年版,第 13—14 页。
④ 谢鸿飞:《论创设法律关系的意图》,《环球法律评论》2012 年第 3 期。
⑤ 黎震:《对"夫妻忠实协议"效力的思考》,《经营管理者》2010 年第 13 期。

公证便应当具备法律约束力。反之,如忠诚协议不在此列,公证行为本身便存在错误,当然不能依据《公证法》第三十七条直接赋予忠诚协议强制执行力。另一方面,即便在法律明确规定的事项中,也可能存在当事人的约定空间,这取决于条文自身的规范意旨。如《民法典》第一千一百七十二条规定,二人以上分别实施侵权行为造成同一损害,能够确定责任大小的,各自承担相应的责任;难以确定责任大小的,平均承担责任。该条款规定了共同侵权人的损害赔偿责任承担方式,但不论能否确定责任大小,共同侵权人都可在权利人同意的情况下,以合意的方案承担损害赔偿责任。毕竟在不损害他人利益的情况下,权利人便可自由处分其财产。重点在于,民法典仅规定部分违反忠实义务的法定责任,旨在将其他违反行为排除于法律调整范围,尊重"人无完人"的客观规律。因此,订立忠诚协议的行为虽非法律行为,但上述第一点论证理由不具有说服力。

第二,婚姻家庭虽不同于合同领域,但同样存在应受法律保护的信赖利益。我国的合同是实现交易借助的工具,因此保护其中信赖利益的理论基础,在于充分救济非违约方的损失、维护协作关系和保护交易安全,可获赔偿的信赖利益,包括非违约方为履行合同而实际支出的费用、因支出上述各种费用而损失的利息和因丧失订约机会而遭受的损失。① 婚姻家庭中充斥着感情,因此诸多行为表现出情绪性和非理性,但均以行为人的身份为基础,也旨在实现各方当事人的身份利益,该身份利益包括但不限于财产利益。可以说,对特定法律身份的信赖和对具有特定身份的自然人的信赖,是诸多无偿法律行为的发生前提,也是出现积极维系感情的情谊行为和甘愿令自己处于法律上不利地位的基础,比如赠与、为自己无法律义务的对方近亲属提供无偿劳务、为对方提供担保等。而《民法典》第一千零九十一条和新增的第一千零五十四条第二款,便是对婚姻家庭中信赖利益受法律保护的正面肯定。忠诚协议自订立伊始,便承载着当事人对彼此忠诚的期待,也成为当事人自我约束的具体参照。即便夫妻之间本负法定忠实义务,且相互的忠诚并无对价关系,一方的不忠行为也会对另一方的精神、财产利益产生客观影响。个中因果关系或许不够明朗,但婚姻家庭中通过感情维系的

---

① 王利明:《违约中的信赖利益赔偿》,《法律科学》(西北政法大学学报)2019 年第 6 期。

利益共享、风险共担状态,均可能因一方的不忠行为立刻发生变化。因此,夫妻基于法律规定,已对对方之忠诚存在信赖利益,而约定了违反忠诚义务之责任的当事人之间,在合意的基础之上,亦能产生合理的信赖利益。

第三,以财产责任为内容违约责任,不会不合理地限制义务人的人身自由。一般而言,忠诚协议所约定的人身责任,具有不合理地限制义务人的人身自由之风险,如人身责任型忠诚协议中的权利放弃、伤害虐待等内容。但是除了赔礼道歉,其他的人身责任约定本身就无法通过强制性法律规定和公序良俗的检验,因此不具有法律约束力,也就无法产生限制人身自由的不良后果。而财产责任的强制执行,本不涉及义务人的人身自由,何谈不合理的限制?毕竟,这也是我国强制执行制度的合法性基础。故而忠诚协议所约定的违约责任,并不会危害义务人的人身自由权。如果将财产责任约定的督促力,作为限制义务人的人身自由的理由,那么法定的忠实义务也存此嫌疑,劳动合同中的违约金条款更难辞其咎。

第四,当事人订立协议时约定违约的财产责任,无论有无损害填补的本意,均不妨碍其成为法律的调整对象。就合同违约金而言,可表现为确定金额或计算方法,兼具补偿功能和担保功能。[①] 我国立法并未效仿德国,《民法典》第五百七十七条仍未区分违约金和损害赔偿概括计算条款,而是设置统一的违约金模范类型,因此当事人未(明确)是否排斥强制履行或者与损害赔偿处于何种关系时,适用法定模范类型。即违约金作为履行之替代,不能与强制履行并行;约定金额作为损害赔偿总额的预定,债务人无权经举证损害较小而减责,债权人亦无权经举证损害较大而就超出约定的部分损害要求补充赔偿,但是可以放弃违约金而选择就全部损害主张损害赔偿。[②] 与此类似,忠诚协议约定的忠诚义务可能包含人身型和财产型内容,如义务人违反义务,仅后者可以强制履行。而忠诚协议约定的财产违约责任,以处分义务人特定财产或以约定方案分割共同财产为内容,具有强烈的督促履约意图,通常并未明确是否用于填补损害。事实上,于损害发生前进行约定,不论是否存在填补损害的本意,该约定均在当事人的意思自治范围内,故而不

---

① 姚明斌:《〈合同法〉第 114 条(约定违约金)评注》,《法学家》2017 年第 5 期。
② 姚明斌:《违约金的类型构造》,《法学研究》2015 年第 4 期。

能基于此佐证忠诚协议为法律调整范围外的"情谊行为"。

第五,忠诚协议的客观社会效果存在两面性。诚如学者所言,忠诚协议的本质是通过违约责任的方式"威慑"义务方,"促使"或"迫使"其履行夫妻忠实义务,即便财产责任与不忠行为间不存在对价关系,忠诚协议也客观存在"积极促进"或"消极迫使"两种运行模式。① 换言之,忠诚协议的客观社会效果存在两面性,法律的介入既无法实现忠诚协议的积极功能,也无法消除其负面社会影响,因此从社会效果层面难以得出法律应否介入的判断。

归根结底,法律能否调整忠诚协议,只能结合忠诚协议的订立初衷、法律的功能和现阶段法律的自我定位等因素,进行综合判断。第一,法律和道德同为社会行为规范,前者以制裁作为手段保障其设置的义务得到落实,后者通过潜移默化教导人们弃恶扬善,二者存在显著的功能差异。② 忠诚协议传达着人们对和睦家庭生活的期许,但法律存在自身的有限性,毕竟作为社会治理工具,其正义性来源于人民"限制部分自由以实现更多秩序价值"的共同意志。既然法律客观上无法实现"举世皆良人"的愿望,非法定情形下的忠实义务的履行和督促便是法律不可承受之重,只能交予法律不可强制之道德加以调整。③ 第二,法律的历史局限性和我国现阶段法律的自我定位,决定了其当下无法实现忠诚协议之善意初衷。现阶段,我国法律的主要功能和历史使命为组织经济文化建设,大力发展商品经济,提高劳动生产率,逐步实现社会主义现代化建设,并为此不断改革生产关系和上层建筑中不适应生产力发展的部分,以推进生产力的发展。④ 而我国的婚姻家庭观念,正随着社会生产关系的迅速变革发生急剧变化,个体主义的觉醒也在重塑着"伦理道德"的时代内涵。人们开始深入地思考自由与伦理道德之间的

---

① 申晨:《〈民法典〉视野下婚内协议的效力认定》,《法学评论》2021年第6期。

② 孙海波:《法律能强制执行道德吗?——乔治〈使人成为有德之人〉介评》,《政法论坛》2020年第4期。

③ 道德作为一种对待行为或事件的规范性态度,本质是一种反思性的善。实践个体如若不以批判的态度来看待道德,或不加反思地就接受某个道德规范,是无法真正理解道德之内在要求的。通过立法的方式将道德要求注入法律规范,强迫人们去做道德上"所谓正确之事",便违反了道德的内在规定性。参见孙海波:《法律能强制执行道德吗?——乔治〈使人成为有德之人〉介评》,《政法论坛》2020年第4期。

④ 朱华泽、刘升平:《论我国社会主义初级阶段法律的本质和基本特征》,《中国法学》1988年第5期。

关系,并率先从个体层面不断探索,尝试寻求二者之间新的平衡点。可以说,忠诚协议中当事人间的身份利益博弈,背后是当代个体自由与传统道德的博弈。立法进程中具体表现出的"争议过大",本质上是我国短时间内难以在婚姻家庭领域形成"共同意志",并将之上升至法律层面。在此现实下,通过认同忠诚协议以扩张忠实义务的法律责任,只会导致法律系统内部矛盾。比如《民法典》第一千零三十四条一方面强调忠诚义务仅为倡导性规定,以捍卫人"不忠"的自由,却又支持了非法定违反忠实义务行为的法律责任。法律无法超越现有的历史阶段,忠诚协议的善意初衷便无法通过法律手段得以实现。第三,人的情感具有极强的个性特征,缺乏一般而稳定的变化规律,法律对情感的强制本不现实。诚如卢梭所言,"婚姻的结合要求夫妇双方都要忠实,忠实是一切权利中最神圣的权利;不过,一要求忠实就必然会使一方把对方管束得过严。强制和爱情是不能融合在一起的,要命令一方给予快乐是办不到的"①。

综上,非法定情形下的忠实义务履行不属于法律调整范围,忠诚协议所体现的双方合意目前只能定性为不具有法律意义的情谊行为。

第三节　忠诚协议的效力辨析

一、效力研究的意义

在忠诚协议的法律属性争执不下的几十年中,不少学者尝试进一步探索忠诚协议的法律后果。鉴于"与由个人权利义务体系构建的财产法相比,家族法在出发点上具有许多性质不同的要素"②,民法典总则编关于民事法律行为的规定主要适用于财产民事法律行为,不能完全适用于身份民事法律行为。即便有学者认为忠诚协议的问题可一定程度上"参照适用"民法典

---

① ［法］卢梭:《爱弥儿》,李平沤译,商务印书馆 1978 年版,第 735 页。
② ［日］加藤雅信等编:《民法学说百年史:日本民法施行 100 年纪念》,牟宪魁等译,商务印书馆 2017 年版,第 866—867 页。

合同编的规则，也不可忽视其以法律能够并且应当调整忠诚协议为前提。因此，当下阶段的忠诚协议仅为法律调整范围之外的"情谊行为"，无需探讨其法律效力。但是感情中互相忠诚是人们对亲密关系的美好愿景，即便情感状态无法通过外力加以监督，保障权利人自由处分财产的自由依然是法律的应有之意。如未来的忠诚协议减少对身份义务的履行督促意图，径直转向财产约定，法律当然应予调整。比如基于维系情感的目的，直接约定一方定期或不定期向对方或特定近亲属赠与一定价值的财产（份额），包括义务方的个人财产或共同财产份额，民法应当贯彻意思自治的基本原则。抑或随着社会观念演变，个体意识日渐增强，集体主义式微，越来越多的人采取夫妻分别财产制或选择不婚而共同生活，相较于捍卫人们"不忠之自由"，更多地保障人们意图通过法律确认其甘愿自我牺牲的自由。届时，认同违反忠实义务应负更多法律责任将存在社会基础，法律规范层面也可能达成共识，忠诚协议的法律属性，便从情谊行为完全转化为法律行为。因此，先行探讨忠诚协议法律效力，亦存在理论价值。

二、协议的效力认定

现有的关于忠诚协议效力的研究，均建立在对其法律属性不明的基础上，因此分析逻辑会略显凌乱。作为对未来规范的展望，不妨逐一评析。

（一）"有效说"的评述及展望

该说认为夫妻忠诚协议是社会进步的表现，既符合法律规定的立场，也具备规制婚外恋的社会功能，本质上属于契约范畴，按照法无禁止即自由的原则，应属有效。持该说观点的学者，将忠诚协议的属性认定为契约[①]，因此极力强调意思自治。然而，忽视现有忠诚协议身份义务履行督促的强烈意图，必然遗漏将之进行身份法上强制性规定的检验，进而导致效力判断环节不完整。如着眼于未来趋势，忠诚协议的身份义务督促的强烈意图削弱，财产处分意图得到凸显，或立法给予亲密关系中履行忠实义务的一方更多财

---

① 李明舜：《妇女权益法律保障研究》，国家行政出版社 2003 年版，第 399 页；吴晓芳：《当前婚姻家庭案件的疑难问题探析》，《人民司法·应用》2010 年第 1 期；隋彭生：《夫妻忠诚协议分析——以法律关系为重心》，《法学杂志》2011 年第 2 期；蒋月：《婚姻家庭法前沿导论》，科学出版社 2007 年版，第 73 页；强音：《试论夫妻忠诚协议的效力》，《学理论·法学研究》2010 年第 1 期。

产保护。忠诚协议的内容,如无违反其他强制性规定或公序良俗的内容,则应以有效为原则。

(二)"无效说"的评述及展望

否定忠诚协议效力的理由包括:第一,情绪性[①],即夫妻忠诚协议往往是由当事人依照情绪、情感因素签订;第二,非道德性[②],即夫妻忠诚协议往往以金钱作为夫妻忠实义务的对价,具有道德瑕疵;第三,非强制性[③],即夫妻忠实义务只是婚姻家庭法的倡导性义务,其性质类似于自然债务。[④] 事实上,不论着眼当下或未来趋势,上述理由均失之偏颇。

第一,婚姻家庭领域内的法律行为大多具有浓重的情感底色,如以此为由认定情绪化的意思表示存在效力瑕疵,那么诸多双身份法律行为的效力均存在瑕疵,从而导致婚姻家庭立法丧失基础性价值。例如,婚姻缔结行为多以爱情为推动力,离婚行为以夫妻感情破裂为基础,如要求婚姻家庭领域内的法律行为排除情感动机,将不会发生相关法律行为,更无立法加以调整之必要。此外,如将"情绪性"进行"冲动性、非理性"的解读,则默认婚姻家庭领域内的法律主体,同财产法领域一般,亦存在"理性人"的假设。循此思路,沿用财产法中的"理性人"的财产利益计算标准,不仅没有父母存在生养子女之意愿,也没有自然人能够达成缔结婚姻的合意。毕竟前者注定导致自身的经济不利益,人们会尽力避免此类法律事实发生,后者在自然人均享有"性自由"的理念下,甘愿接受婚姻法律效力的束缚,也显得十分"不理性"。如将个人意志实现和情感满足视为身份法上当事人甘愿承受经济不利益的合理理由,那么忠诚协议的当事人基于平等公平达成合意,对不忠行为设置财产上的不利益条款也不存在所谓的"情绪性"。法律的价值评判标准应当保持一致性,如承认身份法律行为的情感利益实现亦属理性选择,即便双方的情感付出无法构成对价关系,基于平等协商所订立的忠诚协议,亦符合理性需要,也不存在意思表示上的瑕疵。当然,与一般法律行为一致,单方虚假意思表示、重大误解、欺诈、胁迫等情形系例外。

---

① 陈甦:《婚内情感协议得否拥有强制执行力》,《人民法院报》2007 年 1 月 11 日,第 5 版。
② 郭站红:《夫妻忠诚协议的法学思考》,《宁波大学学报》(人文科学版)2010 年第 2 期。
③ 吴晓芳:《〈民法典〉婚姻家庭编涉及的有关争议问题探析》,《法律适用》2020 年第 21 期。
④ 何晓航、何志:《夫妻忠诚协议的法律思考》,《法律适用》2012 年第 3 期。

第二,忠诚协议与当下社会道德观念一致,不存在非道德性。主张忠诚协议以金钱作为夫妻忠实义务的对价,可能导致婚姻关系的异化,也会形成对人身自由的约束,具有道德瑕疵。持该观点的学者多主张忠诚协议系身份契约①,但过度强调了身份伦理道德,因而不能自圆其说。一方面,夫妻忠实义务是民法典明确规定的法定义务,即便仅为倡导性义务,但仍体现了国家作为教化人对家庭成员维护家庭和增进家庭感情的要求,以此限制和约束婚姻家庭中的不道德行为,②因此其恰恰是我国社会道德要求于立法上的表达。另一方面,忠诚协议将财产责任作为督促履行忠实义务的推动手段,意欲维持互相忠实的状态,而非二者间的对价给付。如以二者存在客观因果关系为由,主张金钱给付与不忠行为之间存在事实"对价"关系,那么《婚姻家庭编解释(一)》第五条规定的法定情形下的彩礼返还请求权,便从反面支持了金钱与婚姻缔结行为间的事实"对价"关系。此举不仅夸大了上述行为的经济目的性和身份行为的道德纯洁性,过度强调了道德风险,更忽视了婚姻家庭生活中不可缺少的物质生活条件,不符合当下的社会发展需求。社会道德观念会随时间而变化,法律也会相应地调整其规范内容,且均以尊重人的自由意志、加强人权保护为趋势。因此,忠诚协议作为物质生活基本满足背景下的时代产物,反映婚姻家庭内部更高的物质和精神需求,逐渐成为道德追求通过合意行为进入法律保护领域的新工具。

第三,非强制性司法实践是考虑社会接受程度的产物,本质上是学理和司法实践对忠诚协议的法律效力进行降格保护的妥协方案。但该论断不仅存在内部逻辑错误,还缺乏现实的规范基础。一是探讨忠诚协议的法律效力,默认前提系其为法律行为。一般而言,有效的债权具备强制执行力,而逆否命题的真假性同于原命题,似乎可得出不具有强制执行力的债权为无效债权的结论。但事实上,原命题"有效的债权具备强制执行力"便是假命题,因为在自然债权的例外中,原命题便不成立。故而该命题的逆否命题,也是假命题。以法律行为的效力特征反推该行为效力的做法,存在逻辑上的致命缺陷。二是民事领域意思自治原则下,除非具备法定无效事由,法律

① 郭站红:《夫妻忠诚协议的法学思考》,《宁波大学学报》(人文科学版)2010 年第 2 期。
② 谢鸿飞:《〈民法典〉中的"国家"》,《法学评论》2020 年第 5 期。

行为的效力应获肯定。认为忠诚协议具备非强制性的观点，事实上源于对法律执行效果的考量，但是缺乏充分的论证。此举或能一时缓和激昂的社会情绪，但终将付出高昂的体系矛盾之成本。毕竟司法的谦抑性和家事领域的伦理性，如能成为剥夺忠诚协议法律强制力的理由，那么诸如婚内财产协议、离婚抚(扶)养协议、父母子女间的赠与合同等，均将失去法律强制执行力的保护，继而引发家事法中法律行为效力地震。三是我国目前缺乏关于剥夺部分法律行为强制执行力的一般规定，亦无关于忠诚协议效力的特殊规定，该观点缺乏客观的规范依据。"无效说"所谓的"非强制性"，系对当下社会接受程度的模糊概括，并非基于规范分析得出的结论，因此不具有稳定性、准确性和说服力。

除以上观点外，"无效说"还有一种自相矛盾极为明显的理由，因此笔者未列入上述分析。该理由为"忠诚协议是当事人平等自愿协商一致的结果，然此种协议并非契约，而是一种'情谊行为'或'社会层面的行为'，因此夫妻忠诚协议无效"[①]。很显然，非法律调整范围内的行为无需探讨法律效力，因此该种"无效说"本质为"情谊行为论"，但是于法律后果层面出现判断错误。基于上述分析，"无效说"难觅立足之地。

(三)"区分说"的评述及展望

在"有效说""无效说"之外，还有观点认为，对忠诚协议的效力不能一概而论，应当还存在依照是否违反公序良俗，[②]区分忠诚协议的不同类型。具体而言，即为"忠诚协议的财产责任内容"，可以认定为有效，而"忠诚协议的人身责任内容"，应当认定为无效。[③]

该说立足于丰富的约定类型，对忠诚协议的效力进行区分，符合我国的社会现实和法律规定。一方面，当事人法律知识水平参差，不同的家庭对不同忠诚内容的需求也不同，因此内容差异悬殊，采"有效"或"无效"的一刀切做法，显得粗糙且鲁莽。另一方面，《民法典》第一百五十六条规定了法律行为的部分无效制度，为"区分说"提供规范可能。此外，虽然人身与财产法律

---

① 余延满:《亲属法原论》,法律出版社 2007 年版,第 10—14 页。

② 于程远:《〈民法典〉时代家庭契约的效力审查体系》,《社会科学》2021 年第 5 期。

③ 梅夏英、叶雄彪:《婚姻忠诚协议问题研究》,《法律适用》2020 年第 3 版。

关系均系民法的调整对象,均坚持私法自治原则,但是自治法理存在客观差异,因此亦需区分各部,继而分别适用法律规则。以合同法与婚姻法为例,合同法的自治法理暗含四个要素。第一,理性人假设,即当事人是以理性考虑自身利益最大化、并尽可能掌握完全信息①的前提来订立协议;第二,交易独立性,即一份合同一般处理一项交易关系,当事人的权利义务以且仅以该合同内容为限;第三,对价物质性,即一般只承认财产、劳务等作为合同的义务形式,例如赠与合同被视为无偿合同,其中通过财产赠与交换的情谊等不被视为对价;②第四,伦理中立性③,即在不违反法律和公序良俗的前提下,合同内容只受当事人意志制约,不受道德、伦理等价值的约束。然而,婚姻关系自治发生的情境,与上述合同的假想背景有明显不同。根据既有理论的概括,婚姻关系的特征包括:一是伦理性④,即不同于合同的伦理中立,婚姻中需要考虑夫妻关系的伦理道德因素和相应的情谊、信任对价;二是身份性⑤,即当事人间存在"家人"这一特殊身份⑥,不同于合同的"陌生人"假设;三是长期性,即不同于一时的偶发合同,夫妻在婚姻长期存续中负有持续的尽力义务和极强的信赖关系;⑦四是合作性⑧,即夫妻关系并不完全以个人主义为价值本位,强调通过合作维护双方一体的共同利益;五是情绪性,即婚姻以夫妻感情为基础,夫妻互动受到更多的情绪、情感因素影响。在上述特征的作用下,婚姻关系的自治状态呈现出两点与合同自治状态的差异:第一,非利己要素对意思表示的广泛渗透;第二,利益博弈的结构化。⑨

（四）"自然之债说"的评述及展望

该说认为,夫妻忠诚协议应当属于广义的民事契约,是将道德义务以合

---

① ［美］奥利弗·哈特等:《现代合约理论》,中国社会科学文献出版社 2011 年版,第 115 页。
② 韩世远:《合同法总论》,法律出版社 2018 年版,第 79 页。
③ 易军:《私人自治与私法品性》,《法学研究》2012 年第 3 期。
④ 杨大文、龙翼飞主编:《婚姻家庭法》,中国人民大学出版社 2018 年版,第 42 页。
⑤ 杨立新:《家事法》,法律出版社 2013 年版,第 8 页。
⑥ 费孝通:《乡土中国·生育制度》,北京大学出版社 1998 年版,第 24 页。
⑦ 屈茂辉、张红:《继续性合同:基于合同法理与立法技术的多重考量》,《中国法学》2010 年第 4 期。
⑧ ［美］麦克尼尔:《新社会契约论》,雷喜宁、潘勤译,中国政法大学出版社 1994 年版,第 12 页。
⑨ 申晨:《〈民法典〉视野下婚内协议的效力认定》,《法学评论》2021 年第 6 期。

同的形式予以设定,虽约定了违约责任,但夫妻忠诚协议不具有法律约束力。[①]　其理由包括:第一,夫妻忠诚协议是基于夫妻关系合法身份而签订的协议,而夫妻双方的权利义务是由法律规定,即身份权具有法定性,排除了当事人的约定权,因此,夫妻双方所签订的忠诚协议违反了身份权法定原则。第二,法定的"夫妻应当互相忠实",是关于婚姻家庭道德规范的法律化,是倡导性条款。因此,夫妻忠诚协议的效力并不能依据该条的规定得出是有效或者无效的结论。第三,如果认定夫妻忠诚协议有效,则又从"身份回归到契约",宪法赋予公民的人身自由的基本权利会被"架空"。第四,如认定夫妻忠诚协议无效,现实生活中已经履行的夫妻忠诚协议会因请求返还而大量地涌入法院。但是无论是认定有效抑或无效,均会陷入"道德审判"的地步,出现法律之手伸得过长的现象。因此,最佳的解决方案是认定夫妻忠诚协议不具有法律约束力。显然,上述理由否认了夫妻忠诚协议的有效性,但没有认可其无效性。

就上述理由来看,充满自相矛盾。如一方面认为其属广义的民事契约,另一方面又认为其属无法律约束力的道德协议。一方面认为此类协议本身并不违法,故其并非无效;另一方面又认为其违反了身份权法定原则等,故而并非有效,即所谓"否认了有效性,也没有认可无效性"。[②]　但不可否认的是,上述矛盾正是司法机关面临的现实困境。经笔者筛选的涉忠诚协议效力的判决,目前共有 80 份[③],其中 19 份判决直接或间接认定协议有效[④],19份判决认定无效[⑤],37 份判决对效力问题予以回避,另外 5 份判决书虽对效力予以回应,但表述中满是疑窦。具体而言,5 份判决中有 1 份判决认为忠诚协议不属于合同法调整范围,但在缺乏是否属于《民法总则》调整情况下

---

① 何晓航、何志:《夫妻忠诚协议的法律思考》,《法律适用》2012 年第 3 期。

② 闵卫国:《论夫妻忠诚协议与离婚损害赔偿》,《法律适用》2013 年第 5 期。

③ 系笔者以"忠诚协议"为关键词于北大法宝的案例数据库中检索的结果,检索日期为 2022年 3 月 28 日。

④ 直接认定有效的判决,参见湖南省湘潭市中级人民法院(2021)湘 03 民终 1080 号民事判决书、成都市中级人民法院(2019)川 01 民终 1078 号民事判决书;间接认定有效的判决,参见广西壮族自治区浦北县人民法院(2021)桂 0722 民初 265 号民事判决书。

⑤ 江苏省扬州市江都区人民法院(2015)扬江民初字第 00195 号民事判决书和福建省厦门市思明区人民法院(2021)闽 0203 民初 7032 号民事判决书。前者认定夫妻忠诚协议无效,后者认定非夫妻忠诚协议无效。

直接认定协议因离婚而失效。① 另外 4 份判决，均认为忠诚协议应当由当事人按照诚实信用原则自觉履行，但是法院不赋予强制执行力。② 令人困惑的是，"当事人应按照诚实信用原则自觉履行"是对债之法律约束力的描述，抑或仅对道德义务的提倡？ 如为前者，即认定忠诚协议为自然之债；如为后者，则"法院不赋予强制执行力"系对忠诚协议无法律约束力的确认性表达。至此，忠诚协议是否为自然之债？ 此外，基于审判实践的裁判需要，我国的民事规范中，是否存在认定自然之债的法律依据？ 如存在，忠诚协议可否囊括其中？

在我国，"自然之债"这一概念在学理上是被承认的③，判例也逐渐认可，只是标准和法律依据不明④。"自然之债"源于罗马法，取决于罗马"万民分而治之"的特殊政治体制，一直与"人与非人"的区分相联系，可分为"纯自然之债"与"非纯自然之债"。其中，前者主要限于同"他权人"尤其是同奴隶的关系的"纯自然之债"，包含：1. 奴隶之间、奴隶同其主人之间或同外人之间的债。2. 被父权关系联系在一起的人之间（即家父同家子之间或者两个奴隶属于同一父权的家子之间）的债。3. 仅仅为惩罚债权人而通过抗辩使之消灭的债。4. 因"人格减等"而消灭的债。5. 受监护人未经监护人"准可"而缔结的债。6. 因对债务人的不当开免而消灭的债。7. 因时效而消灭的债。8. 无特定形式的"简约"。⑤ 后者则为道德的、宗教的或者其他社会渊源引起的，以财产给付为目的的债，于法律上即便是因错误而偿付也不得索回已经

---

① 陕西省西安市中级人民法院(2021)陕 01 民终 13697 号民事判决书。

② 分别为湖南省郴州市北湖区人民法院(2021)湘 1002 民初 3617 号民事判决书、北京市第三中级人民法院(2021)京 03 民终 8334 号民事判决书、北京市顺义区人民法院(2020)京 0113 民初 9414 号民事判决书、贵州省六盘水市中级人民法院(2021)黔 02 民终 288 号民事判决书。

③ 郑玉波：《民法债编总论》，中国政法大学出版社 2004 年版，第 8 页。

④ 如(2019)最高法民申 2218 号再审审查与审判监督民事裁定书和(2019)最高法民申 5155 号再审审查与审判监督民事裁定书中，最高人民法院均以《最高人民法院关于审理民间借贷案件适用法律若干问题的规定》〔法释(2015)18 号〕第二十六条为依据，认为民间借贷利息约定于 24％～36％的部分为自然之债，已经履行的不可以不当得利为由请求返还。再如(2017)最高法民申 3503 号再审审查与审判监督民事裁定书中，最高人民法院认为超过诉讼时效的损害赔偿之债为自然之债，但仅在说理部分提此概念，并未论证成立要件及规范依据。《民法典》实施后，广东省仁化县人民法院于(2022)粤 0224 民初 110 号民事判决书中，依据《民法典》第一百八十二条和第一百九十二条认定超过诉讼时效的合伙人追偿权为自然之债。

⑤ ［意］彼德罗·彭梵得：《罗马法教科书》，黄风译，中国政法大学出版社 1992 年版，第 300－301 页。

偿付的钱物,包含:1.解放自由人对其庇主的劳作义务。2.妻子为自己设立嫁资的义务。3.不属于法定扶养责任范围内的给付抚养费的义务。4.为已收款支付利息(以"简约"形式商定的)的义务。5.母亲为使儿子免受奴役而支付的钱款。6.为自己的亲属支付的丧葬费。① 基于上述分类和我国的社会现实,有学者提出自然之债是一种工具性概念,用以描述和表达的是处在法定义务与社会、道德义务之间的一种"亚类义务",用"自然"和"债"表明了这种义务的边缘性和跨域性特征,并进行新的类型化,即:1.经过诉讼时效期间的债务。2.赌债。3.因限定继承而发生的债务。4.因婚姻家庭或者同居关系而发生的义务。5.破产程序终结后免责的债务。② 在我国民事主体法律地位平等的前提下,新的类型化背后其实是将法律调整范围拓展至社会道德义务履行末端。虽然能够平衡各方利益,却扰乱了法律调整范围的内在秩序,也亦非最佳平衡方案。

首先,我国法律体系中尚无自然之债的一般性规定,特殊规定亦未表述为"自然之债",司法实践广泛应用存在违背"依法裁判"的准则。其次,法律的调整范围以法律进行调整的可行性和一定程度的社会稳定性为前提,即以法律能够规制和通过立法程序为准。新的自然之债类型中,除却经过诉讼时效期间的债务,债务人获得抗辩权已获明确法律规定,其余均仍停留于社会道义领域,以道德评价为履行督促力,其根本原因为法律调整能力的有限性和社会认知尚未达至立法必要之共识。法律贸然介入保护上述债之受领,违背了法律科学的自身规律。最后,对于法律调整之外的"债",司法机关无需通过剥夺强制执行力亦可平衡各方利益。学界通说认为,法律上的债权一般具备诉请履行力、强制执行力、私力实现力、处分权能及保持力。③ 仅于例外情形,债权欠缺某种效力,沦为不完全债权,自然之债便是其中缺乏强制执行力的类型。但是对于此类债,如认同其具备法律约束力,仅剥夺

---

① ［意］彼德罗·彭梵得:《罗马法教科书》,黄风译,中国政法大学出版社 1992 年版,第 304—305 页。

② 李永军:《自然之债源流考评》,《中国法学》2011 年第 6 期。

③ 郑玉波:《民法债编总论》,中国政法大学出版社 2003 年版,第 244—246 页;邱聪志:《新订民法债编通则》(上),中国人民大学出版社 2003 年版,第 6 页;王泽鉴:《债法原理》,北京大学出版社 2013 年版,第 68—69 页。

其强制执行力的合理性基础为何？如认为仍属道德之债的范畴，通过法律保护其保持力的理据何在？事实上，无论此类"债"是否已经履行，司法机关只要坚守法律不予调整的立场拒绝受理，便能实现借道"自然之债"的效果。具体而言，如此类"债"尚未履行，当事人诉至法院被拒绝受理，当然无法获得强制执行力；如此类"债"已经履行，当事人诉至法院主张财产返还仍应拒绝受理，那么已经履行的一方无法主张返还，"债"权人的财产保持状态便得以维持。依此，既不会徒增司法机关的负担，也不会挑战"法律仅调整法律行为和准法律行为"的既有规则。基于此，即便域外立法例中存在自然之债，我国既然尚无必要，便也不必效仿，或许这正是民法典未予规定"自然之债"的一般性规范的原因。我国立法既无忠诚协议的特别规定，亦无此类情谊行为的一般规定，将之交予道德调整是当下最合理的做法。

综上，"有效说"虽遵循了民事领域意思自治优先的原则，但忽略了身份法定义务的强制性，更混淆了约定义务与法定义务各自的合法性依据，其论证环节存在明显的缺陷。"无效说"不仅错误评估了婚姻家庭领域浓厚的情感因素对法律行为效力的影响，还片面夸大了忠诚协议的负面社会效应。相对而言，"区分说"更多关注了民事法律行为效力规则的适用，但同样以缔结忠诚协议为法律行为的前提。至于"自然之债说"，既未论证忠诚协议较之于其他道德约定应具备法律效力的缘由，亦未提供作为法律之债遭受降格保护的充分理据，还难以于现行法上觅得裁判依据，严重脱离了我国的立法现状和现实需要。实际上，以上分歧的根本，依然在于对忠诚协议的法律属性认识不清。倘若认清缔结忠诚协议并非法律调整范围，那么本无需探讨其效力。如若未来，我国的社会实践对忠诚协议的法律化实有需要，其法律规则之供给可借鉴我国民间借贷利息约定的路径，即通过司法解释先行解决纠纷，待立法时机成熟再考虑通过法律加以调整。

三、责任承担约定的效力

虽然当下忠诚协议被认定为情谊行为，不存在法律约束力，但是将来纳入法律行为范围已有趋势。届时，既有研究婚内协议效力识别方法的成果，可资借鉴。具体而言，忠诚的效力认定进路依次为是否有特别规定、是否属于可自治范围、是否具有特殊自治法理。其中，可自治范围需重点考察是否限制人格权益、违反婚姻法定内容、破坏婚姻伦理基础。特殊自治法理表现为非利己要素对意思表示的渗透和利益博弈的结构化,最终体现为意思表示的偏差性。[①] 因此,忠诚协议的有效条件有:1. 当事人具有相应的行为能力。2. 意思表示是否真实。3. 以履行基础夫妻忠实义务和违反财产责任为内容,但无限制人格权益、违反婚姻法定内容,否则该部分约定无效。至于所涉财产责任的约定应否受到限制,目前存在"肯定说"和"否定说"。"肯定说"认为可以参照《民法典》第五百八十五条予以调整。"否定说"认同适用违约金规则,但坚决反对适用违约金调整规则。欲解决此问题,需在忠诚协议系法律行为的假设下,先对财产责任约定的本质进行剖析。

"否定说"认为身份契约的违约责任具有特殊性,无法判断"违约金"是否低于或者高于"造成的损失",因此不能参照违约金调整规则,以免司法审查过度介入家庭自治。[②] 但是家庭自治依然属于意思自治的范畴,忠诚协议较之合同的意思自治负有更多的伦理道德价值,具有不同于一般赠与合同的信任和亲密关系维持功能,更有防止自治恣意之必要。

而"肯定说"内部,对于财产责任约定的认识存在分化。第一种认为,损害赔偿分为物质损害赔偿和精神损害赔偿,忠诚协议中约定的赔偿,应认定为精神损害赔偿,并且允许在公平的准则下约定精神损害赔偿额。[③] 第二种认为,应结合当事人受伤害的程度、加害人的过错行为、家庭经济状态及共同生活的实际情况等因素予以综合考虑,并可以参照《民法典》第五百八十五条的违约金调整规范。[④] 如约定的财产责任为共同财产分割的,无论协议离婚还是诉讼离婚,均应按照约定分割,但以约定可能导致一方生活困难而显失公平的除外。[⑤] 第二种观点虽未对财产责任约定进行性质归纳,但调整目的显然不同于《民法典》第五百八十五条的设立目的。其在交易公平之外明显更多考虑了家庭的社会功能,尤其是家庭成员的生存保障功能。较之

---

① 申晨:《〈民法典〉视野下婚内协议的效力认定》,《法学评论》2021年第6期。
② 王雷:《论身份关系协议对民法典合同编的参照适用》,《法学家》2020年第1期。
③ 隋彭生:《夫妻忠诚协议分析——以法律关系为重心》,《法学杂志》2011年第2期。
④ 冉克平:《"身份关系协议"准用〈民法典〉合同编的体系化释论》,《法制与社会发展》2021年第4期。
⑤ 梅夏英、叶雄彪:《夫妻忠诚协议问题研究》,《法律适用》2020年第3期。

于在精神损害赔偿酌定制度下难以存续的第一种观点,第二种观点显然更符合时代需求。毕竟民法是具有伦理性基础的法律[①],作为民法一部分的婚姻家庭法表现得尤为明显。民法典婚姻家庭编调整的婚姻家庭关系具有高度的人伦本质与人文关怀,面对夫妻财产法律制度的相关问题,不能"撕下罩在家庭关系上的温情脉脉的面纱"[②],应将伦理性的维护置于首位,而非套用单纯的市场交易理论"物化"社会主义家庭观,破坏我国优秀的传统文化。[③] 与合同法律制定的价值内涵不同,我国民法典婚姻家庭编的核心法理思想集中表现为:人权平等、人格尊严、人身自由、人亲和谐、人际诚信、人性友善、人财共济、人伦正义、人本秩序以及人伦关怀。[④]因此,忠诚协议中的财产责任约定的法律属性存在多种解释方案,但最终必然回归法律技术问题。与其将忠诚协议中的财产责任约定视为损害赔偿额的预先设定,再探讨法定损害赔偿制度的约定效力和公平原则的适用,不如遵循婚姻家庭不可突破的伦理底线,将之作为身份契约的特殊违约责任。司法机关应在兼顾家庭伦理的前提下,保护当事人的意思自治,参照《民法典》第五百八十五条的利益平衡功能,对忠诚协议约定的财产责任加以调整。

---

① 赵万一:《论民法的伦理性价值》,《法商研究》2003 年第 6 期。

②④ 龙翼飞:《编纂民法典婚姻家庭编的法理思考与立法建议》,《法制与社会发展》2020 年第 2 期。

③ 姚邢、龙翼飞:《〈民法典〉关于夫妻间财产协议的法律适用》,《法律适用》2021 年第 2 期。

第五章 婚外同居补偿协议问题分析①

所谓婚外同居,即《民法典》第一千零四十二条第二款中的"有配偶者与他人同居"和第一千零七十九条第三款第一项、第一千零九十一条第二项中的"与他人同居"(原《婚姻法》第三条、第三十二条、第四十六条中的"有配偶者与他人同居")。婚外同居不同于符合结婚实质要件、未进行结婚登记但符合司法解释规定条件的事实婚姻,也不同于无配偶男女两性未进行结婚登记、且不符合事实婚姻条件的非婚同居。婚外同居补偿协议就是婚外同居者就维持或终止同居关系而达成的具有财产补偿内容的协议。

婚外同居补偿协议有各种不同的表现形式和类型。我们可以依形式将其分为婚外同居补偿书面协议与婚外同居补偿口头协议,依行为动机将其分为维持婚外同居关系补偿协议与终止婚外同居关系补偿协议,依所涉补偿财产性质将其分为以夫妻共同财产进行补偿的婚外同居补偿协议与以个人财产进行补偿的婚外同居补偿协议。从司法实践情况来看,因婚外同居补偿协议引发的纠纷,大致可分为一方依据婚外同居补偿协议要求另一方支付补偿,一方依据婚外同居补偿协议支付补偿后反悔主张返还或者其配偶主张返还等情形。

近年来,各地人民法院处理过不少因婚外同居补偿协议引发的民事纠纷,但因为缺乏明确的裁判依据,裁判见解与结果自然难以统一。最高人民

---

① 本章系陈信勇在其发表于《法治研究》2014年第9期的《身份法视角下的婚外同居补偿协议》一文基础上,依据《民法典》《婚姻家庭编解释(一)》等现行法律、司法解释修改而成。

法院曾试图通过司法解释统一该类纠纷的裁判标准①,但终因分歧过大而放弃,最终于 2011 年 8 月 9 日公布的《婚姻法解释(三)》(现已废止)删除了相关条文。2021 年 1 月 1 日起施行的《婚姻家庭编解释(一)》亦未涉及婚外同居补偿协议问题。有关婚外同居补偿协议的法律问题,特别是其效力问题,仍处于学说分歧和裁判各异的状况。针对实务界和学界偏重于从财产法视角对待婚外同居补偿协议,并因此引发相关的司法困境和学术歧见,笔者认为有必要从身份法视角审视婚外同居补偿协议的法律地位,并探求处理婚外同居补偿协议纠纷的合适路径。

第一节　有关婚外同居补偿协议的司法见解与理论学说

我们可以通过相关案例发现法官们在对待婚外同居补偿协议效力及案件处理方式的不同司法见解,也可以通过学术文献发现学者就此问题提出的不同学说。

一、关于婚外同居补偿协议的效力

1.有效说

在"岳红云诉李志国支付解除同居关系补偿费纠纷案"中,李志国与岳红云因网聊相识,而后同居,此后为其妻发觉。李志国提出与岳红云分手,岳红云要求支付补偿费,于是两人达成协议,由李志国支付岳红云"分手补偿"10 万元,当场支付了 5 万元,剩余 5 万元李志国写了欠据。2010 年 4 月岳红云凭欠据向河北省阜平县人民法院起诉,请求支付剩余的 5 万元补偿费。该院认定双方签订的经济补偿协议有效,判决被告于判决生效后 10 日

---

① 《婚姻法解释(三)》(征求意见稿)第二条有如下内容:"有配偶者与他人同居,为解除同居关系约定了财产性补偿,一方要求支付该补偿或支付补偿后反悔主张返还的,人民法院不予支持;但合法婚姻当事人以侵犯夫妻共同财产权为由起诉主张返还的,人民法院应当受理并根据具体情况作出处理。"

内一次性支付原告补偿费 5 万元。① 该案是支持"分手补偿"协议有效说的一则案例。

有效说一般将婚外同居关系与财产赠与或补偿关系区分对待。即便婚外同居关系有悖道德,也不影响婚外同居者之间财产赠与或补偿行为的效力。只要财产赠与或补偿行为出于双方真实的意思表示,婚外同居补偿协议或赠与合同就是有效的。

2.附条件有效说

该说认为基于婚外同居关系的赠与是否违反公序良俗而无效,须视其动机不同而区别对待。如果赠与的目的是维系婚外同居关系的,赠与合同无效;如果赠与的目的是终止婚外同居关系的,则赠与合同有效。"基于婚外同居关系的赠与合同(遗赠),如果其目的在于终止这样关系,对对方以前的支持、照顾表示感谢或者为了保障其今后的生活需要,就不应该说是对公序良俗的违反;……"②这种观点为不少学者所赞同,如蒋月教授也持此种观点③。附条件有效说,也可以称之为区分效力说。

3.部分有效说

巫昌祯教授在评论广西北流市人民法院审理的"甘甲任夫妇诉卢小燕返还房屋纠纷案"时认为:"丈夫没有权利擅自处理夫妻的共同财产,因为财产中有一半属于他的妻子,如果买房子花了 5 万元,那么,这里面有 2.5 万元属于他的妻子。他对于属于自己的那一部分财产的赠与是有效的,而对于属于自己妻子的那部分财产的赠与是无效的。"④这种学说基于如下认识:夫妻双方对共同财产享有按份共有权,各享有一半的份额。婚外同居补偿者用夫妻共同财产赠与第三者,侵害了其配偶的按份共有权。

4.无效说

在"甘甲任夫妇诉卢小燕返还房屋纠纷案"中,一审法院广西北流市人

① 王林:《论解除同居关系补偿协议的效力认定与处理》,西南政法大学硕士学位论文,2011年。

② 金锦萍:《当赠与(遗赠)遭遇婚外同居的时候:公序良俗与制度协调》,《北大法律评论》第6卷第1辑,法律出版社 2005 年版,第 302－303 页。

③ 蒋月:《婚外同居当事人的赠与》,《法学》2010 年第 12 期。

④ 李曙明:《"二奶"的房子让人犯了难》,《检察日报》2002 年 2 月 27 日,第 5 版。

民法院认为,本案讼争的商品房经济来源5万元,虽是甘与罗的夫妻共有财产,但该屋已公示登记为卢的户名,已物权化,原告主张该房是其夫妻共有财产,理由不充分,应予以驳回。甘与卢之间形成的不正当两性关系行为,为社会道德所不容,为法律所禁止。一审法院判决对卢非法所得的商品房予以收缴,上交国库。同时驳回甘、罗的诉讼请求。二审法院广西玉林市中级人民法院依然认定"赠与行为无效",但不追缴收归国库,而是返还受损害个人。①

在"张正青诉张秀方其他民事纠纷案"中,一审法院浙江省杭州市萧山区人民法院认为,张正青与张秀方之间订立的协议违反了法律规定和公序良俗,损害了社会公德,破坏了公共秩序,应属无效行为。张正青要求确认该协议无效的理由成立。民事行为无效,所得的财产应返还,故张正青要求张秀方返还已支付给张秀方的70万元的诉讼请求符合法律规定。据此判决:张秀方在判决生效后三十日内返还张正青人民币70万元。②

婚外同居补偿协议无效的原因,大致上可分为两种:违反法律的强制性规定;违反社会公共利益(或公序良俗)。在杭州市中级人民法院审理的一起财产损害赔偿纠纷案件中,法院认为,夫妻在婚姻关系存续期间所取得的财产,属夫妻共有。丈夫李先生未经妻子孙女士同意将钱款赠与周小姐,属擅自处分夫妻共同财产,侵犯了孙女士的财产权。且李先生的赠与行为本身基于与周小姐的婚外不正当关系,违反了婚姻法的禁止性规定。法官还认为,夫妻之间具有相互忠实的义务,配偶一方擅自赠与共同财产给第三者,违反公序良俗、挑战道德底线是毋庸置疑的。本案李先生赠与"小三"财产的行为因此应当认定无效。③

归纳以上各说,虽然观点各异,但主要从财产法(合同法、物权法)而非身份法视角分析婚外同居补偿协议的效力,则是基本相同的。因为从财产法视角确定婚外同居补偿协议的效力状况,自然依财产法的规则作出相应

---

① 《中国首例夫妻联手告"二奶"案在广西玉林审结》,中国新闻网,http://www.chinanews.com/2002-04-26/26/181490.html。

② 王宓、王志华:《张正青诉张秀方其他民事纠纷案——因"婚外情"引发债务纠纷案件的处理》,浙江法院网,http://www.zjcourt.cn/content/20130418000022/20130604000293.html。

③ 韩圣超:《丈夫出钱养"小三" 分手还送三十万》,《浙江法制报》2013年9月30日,第4版。

的司法处理,司法困境也由此而生。

二、关于婚外同居补偿协议纠纷的处理方式

在司法实践的情况下,婚外同居者依据婚外同居补偿协议要求另一方支付补偿的情形并不多见,其诉讼请求也极难获得法院的支持。婚外同居者一方向另一方支付补偿后反悔而主张返还或者其配偶主张返还的情形较为多见,但各地法院的裁判立场和学者见解并不相同,大致上可以分为驳回起诉、返还财产、不予返还财产、收缴非法所得和自然债处理方式等几种。

驳回起诉的裁判以不属法院受案范围为理由。"张正青诉张秀方其他民事纠纷案"的二审法院浙江省杭州市中级人民法院撤销了依无效合同返还财产的一审判决,改判驳回起诉,其裁判理由是"不属法院受案范围":当事人之间的协议名为借贷协议,实为包养协议;本案虽然涉及财产关系,但是这种财产关系依附于包养关系。"张正青起诉的要求保护的财产权并非正常的民事权益,不受法律保护,也不能纳入通过民事诉讼保护的民事权益的范畴。"[①]

判决受给付方返还补偿财物的理由是因无效合同或侵权取得的财产应当返还。既然婚外同居补偿协议因违法、违反公序良俗而无效或者侵害夫妻共同财产,接受财物者自然应当依《民法典》第一百五十七条(原《民法通则》第六十一条、原《合同法》第五十八条)和《民法典》侵权责任编(原《侵权责任法》)的有关规定返还因无效合同或侵权取得的财产。"张正青诉张秀方其他民事纠纷案"的一审法院和"甘甲任夫妇诉卢小燕返还房屋纠纷案"的二审法院就是遵循这一思路进行裁判的。

判决不予返还的理由是赠与有效。南京市鼓楼区的"钱雅诉丈夫吴海洋擅自处分夫妻共同财产纠纷案"中,妻子钱雅以丈夫吴海洋擅自处分夫妻共同财产无效为由,追加其婚外同居者小云为第三人,并要求其返还受赠的21万元款项。法院认为,虽然吴海洋和小云的婚外恋情有悖道德,但两者间的民事法律行为,与其他民事法律行为一样,均受法律同等保护,而法律也

[①]《中国首例夫妻联手告"二奶"案在广西玉林审结》,中国新闻网,http://www.chinanews.com/2002-04-26/26/181490.html。

没有"当事人不能接受已婚者给付财产"的禁止性规定。因此,小云和其他民事主体一样,有接受他人给付财产的权利。吴海洋私自将部分共同财产给了婚外同居者小云,侵害妻子钱雅对夫妻共同财产的共同所有权。侵害钱雅权益的是吴海洋,与小云的接受行为没有因果关系。此外,小云在接受吴海洋的赠与时,也没有核实对方婚姻状况、款项来源、性质的法律义务。法院认定婚外同居者小云接受赠与有效,未构成对夫妻共同财产的侵害,驳回了钱雅要求其返还同居补偿费的诉讼请求。叶金强在评论本案时认为鼓楼区法院的上述判决结果与"不法原因给付不得请求返还"的民法理论相印证。① 我国法律和司法解释尚未有"不法原因给付"的有关规定,故依"不法原因给付"处理此类案件仍处于学理探讨层面,法院不可能直接依"不法原因给付"之学理进行裁判。

收缴非法所得的依据是原《民法通则》第一百三十四条第三款和原《合同法》第五十九条的规定(民法典已不存在上述规定)。"甘甲任夫妇诉卢小燕返还房屋纠纷案"的一审法院以卢小燕所获房屋为非法所得而予以收缴,但这种做法受到专家质疑②,该项判决也终为二审法院撤销。正如王宓、王志华分析的那样,收缴婚外同居者所得财产"过于严格","有公权力对民事领域干预过多之嫌",且"会使其配偶丧失救济权"。③

覃远春认为,对婚外同居补偿协议不能从有效、无效、不法原因给付、赠与合同等来理解,也不能视为法律毫不介入的纯粹道德行为,该种给付应当作民法自然债定性并作相应司法处理,依据情形分别驳回受给付方要求强制履行的诉请,驳回给付方要求返还的诉请。④

纵观有关司法实践,判决受给付方返还原属夫妻共同财产的补偿财物仍属常见立场,但在学界,"不法原因给付说"有成为主流见解的趋势。

---

① 《富商妻子要求大学生二奶返还财产 法院驳回要求》,搜狐网,http://news.sohu.com/20051214/n240972097.html。

② 蒋月:《婚外同居当事人的赠与》,《法学》2010 年第 12 期。

③ 《中国首例夫妻联手告"二奶"案在广西玉林审结》,中国新闻网,http://www.chinanews.com/2002-04-26/26/181490.html。

④ 覃远春:《婚外同居补偿的民法自然债定性及规范选择——从婚姻法司法解释三对有关条文的取舍出发》,《广西社会科学》2012 年第 2 期。

第二节　婚外同居补偿协议的法理辨析

一、婚外同居补偿协议属于身份法上的无名协议，而不是合同

不论名称、条款如何表述，也不论表现方式如何，婚外同居补偿协议一般都具有两个方面的内容：一方面承认双方之间存在婚外同居关系，另一方面规定一方对另一方进行财物补偿的"义务"。例如在"张正青诉张秀方其他民事纠纷案"中，双方的协议就有"张正青借给张秀方 100 万元，用于购买杭州市某房产，张秀方用其所有的房产作抵押，并承诺终生不嫁他人，一生做张正青的情人"，"在双方以情人关系相聚期间，在没有专属双方生儿育女协议之前，张秀方不得生育"的内容，还约定了各自的"违约责任"。① 婚外同居关系是设立财物补偿义务的基础关系，研究婚外同居补偿协议问题决不能将二者割裂开来。如果将两者分开，我们看到的婚外同居补偿协议往往与合同法上的合同（特别是赠与合同）无异，就难以正确判断其性质，这也是不少法官和学者将婚外同居补偿协议混同于赠与合同，适用合同法规则处理婚外同居补偿协议纠纷，从而陷入司法窘境的重要原因。

依一般法理，民事法律行为以其行为发生的法律效果性质为标准，分为财产行为和身份行为。财产行为是指旨在发生财产权利义务变动的民事法律行为，主要有处分行为和负担行为，合同行为是典型的债权行为；身份行为是指旨在发生身份权利义务变动的民事法律行为。② 婚外同居补偿协议，俗称之为包养协议，这种协议属于何种协议？包养、婚外同居行为属于何种行为？财产行为还是身份行为？实务界和学界似乎对此问题未作深入探究。从有关的司法裁判和研究成果来看，将其归入合同（赠与合同、经济补偿合同等）的为多数，将其归入合同也就是归入了财产行为，婚外同居补偿

---

① 《中国首例夫妻联手告"二奶"案在广西玉林审结》，中国新闻网，http://www.chinanews.com/2002-04-26/26/181490.html。

② 陈信勇等编著：《民法》，浙江大学出版社 2011 年第 2 版，第 112 页。

协议适用合同法等财产法规则也就理所当然了。一旦婚外同居补偿协议驶入财产法的通道，依合同法规则，因无效合同取得的财产应当返还也是天经地义的。法官依此规则又难免会作出让包养者"人财两得"的裁判。尤其在尚无"不法原因给付"立法的情形下，适用财产法规则处理婚外同居补偿协议纠纷很难摆脱这种尴尬局面。这种尴尬局面在我们预设婚外同居补偿协议为财产行为的时候就已经埋下隐患了。

虽然将婚外同居补偿协议归入身份协议会让人感觉突兀（毕竟"二奶""小三"不具有合法的身份），但并非没有依据。重婚、有配偶者与他人同居是婚姻法规定的违法行为，属于身份法上的违法行为，如果从广义上理解，就是违法的身份行为。违法的身份行为在分类上仍属身份行为，不会变成财产行为。婚外同居补偿协议基于婚外同居而成立，以婚外同居为其基础关系，是附随于婚外同居的一种行为。尽管我国原婚姻法以及现行民法典未就婚外同居补偿协议作出规定，但婚外同居补偿协议仍可划入身份法范畴，可以将其视作身份法上的协议，或称之为无名身份协议。

将婚外同居补偿协议导入身份法范畴的目的是适用身份法规则处理因婚外同居补偿协议引起的民事纠纷。身份法（即亲属法）是强行法，对当事人而言，因身份的法律要件所生之法律效力，为定型的、法定的，一般不允许自由改变；对法院而言，不能任意扩张身份领域的司法干预范围。身份法的强行性意味着能得到法律强制力保护或司法保护的身份行为必须是符合身份法规定的行为。婚外同居补偿协议在身份法上并无规定，属于身份法上的无名协议，法院审理婚外同居补偿协议纠纷于法无据。经过此番分析，我们就更有理由认定婚外同居补偿协议纠纷"不属法院受案范围"，法院应当驳回凭依婚外同居补偿协议请求给付补偿费或返还补偿费而提起的诉讼。

二、婚外同居补偿协议违反公序良俗，法院不应提供司法保护

前已述及，分析婚外同居补偿协议问题不能将婚外同居与经济补偿隔离开来。在现实生活中，婚外同居者一方向另一方支付补偿费可能会假以不同名目，在婚外同居补偿协议中也可能出现不同的用词（如"借款""购房款""无偿资助费""赠与款"），但都改变不了其作为婚外同居或者被包养的对价的性质。婚外同居（包养）与补偿费支付是互为条件的，一方为包养情

人而付钱，另一方为钱而同意被包养，并非无偿，婚外同居补偿协议就是这样一种交易协议。这种交易尽管不具有市场化的卖淫嫖娼的违法性质，但其违反公序良俗的性质是一目了然的。如果撇开婚外同居（包养）这一条件，无视其交易性质，只按照其外在形式或外衣（借款、赠与等）来处理，出现强制给付婚外同居补偿费的司法裁判也就不足为奇了。

原《民法通则》第七条规定："民事活动应当尊重社会公德，不得损害社会公共利益，扰乱社会经济秩序。"《民法典》第八条规定："民事主体从事民事活动，不得违反法律，不得违背公序良俗。"婚外同居补偿协议违反公序良俗。法院认定违反公序良俗的行为无效并进行相应司法处理，或者不通过诉讼给予违反公序良俗者以司法支持，都符合立法宗旨。

从表面上看，婚外同居补偿协议无效说依据明确、理由充足，但实际上存在诸多问题。一是将婚外同居与经济补偿隔离开来，将婚外同居补偿行为视为财产法上的赠与行为，未能揭示"赠与""资助"等外衣下的交易性质。二是通过司法程序将婚外同居补偿协议认定为无效协议，如果判决受给付方返还财产，实际效果是让给付方"人财两得"，法院成了给付方利益的保障者；如果判决不返还财产，又于法无据。这样的审判使法官左右为难。三是浪费司法成本。笔者认为，在双方均违反公序良俗的婚外同居补偿纠纷，法院不予受理，比受理后认定行为无效，更能表明法院对任何一方当事人的不法利益不提供司法保护的立场，并可以避免不论何种裁判都难免有保护一方不法利益之嫌的司法窘境。

婚外同居补偿协议有效说、附条件有效说、部分有效说存在更为明显的问题。

有效说完全无视婚外同居与经济补偿互为条件的事实，否认婚外同居补偿行为违反公序良俗的实质，将婚外同居补偿协议等同于一般的赠与合同，依此裁判实际上为婚外同居者提供了司法保护，支持了我国民法典明文禁止的有配偶者与他人同居行为。

附条件有效说区分动机分别对待婚外同居补偿协议，其观点仍值得商榷。第一，为建立、维持婚外同居关系而给付补偿，与为终止婚外同居关系而给付补偿，虽然给付的时间和动机不同，但其实质并无不同。一方需要向另一方给付分手补偿费的原因在于双方先前已经存在的婚外同居关系，双方依然是婚外同居与金钱补偿的交易关系。第二,如果认定终止婚外同居关系补偿协议有效,则在一方(包养者)不按协议给付补偿(分手费)时,另一方(被包养者)可凭此有效补偿协议,堂而皇之地向法院诉请强制履行,法院得支持其诉讼请求。如此一来,法院又成了被包养者不法利益的保障者,毫无疑问将助长被包养者索要分手费的行为。笔者无意将婚外同居关系完全等同于包养关系,也无意将婚外同居者之间的一切金钱往来都视为婚外同居补偿或包养费,只是强调法院不能介入这种违反公序良俗的交易关系,不能充当这种交易任何一方的利益保障者。如果一方为终止婚外同居关系而自愿向另一方支付补偿费(分手费),法院并不主动干预;在一方凭补偿协议向法院起诉索要分手费时,法院不应予以受理,更不能以其动机不违反公序良俗为由而认定补偿协议有效,并支持其诉请。

部分有效说除了忽视婚外同居补偿协议违反公序良俗的实质,还存在明显的错误:夫妻共同财产是夫妻共同共有,而非一人一半的按份共有。

依一般民法法理和立法,民事法律行为无效,据此取得的财产应当返还。但在"不法原因给付"的情形下,法院如裁判给付受领方返还给付,将出现充当一方利益保障者的尴尬局面。为维护公序良俗,制裁不法原因给付者,同时也为降低司法成本,各国建立了不法原因给付制度,我国台湾地区"民法"第一百八十条亦有"因不法之原因而为给付者"不得请求返还的规定。婚外同居补偿协议违反公序良俗,故依婚外同居补偿协议所为给付当属不法原因给付。不法原因给付理论确实为摆脱诸如婚外同居补偿返还之诉面临的司法困境提供了新的路径,因此受到我国不少学者的青睐。但我国迄今未有不法原因给付之立法,在此项规则建立之前,法院应当如何妥善处理婚外同居补偿协议之类的纠纷?

有专家建议按照自然债务的思路处理婚外同居补偿协议纠纷,因为自然债务的处理方式是提供较弱司法保护的一种方式。覃远春发表的论文建议以民法自然债给婚外同居补偿协议定性并作相应司法处理。[①] 尽管以自然债方式处理婚外同居补偿协议纠纷也以法院不予司法保护为特征,但这

---

① 覃远春:《婚外同居补偿的民法自然债定性及规范选择——从婚姻法司法解释三对有关条文的取舍出发》,《广西社会科学》2012 年第 2 期。

一观点仍值得商榷。第一，婚外同居补偿协议违反公序良俗，并不能产生债的效力。王泽鉴先生在阐述赌债是否自然债务问题时认为，"赌博系违反公序良俗（学说）或法令禁止规定（判例）而无效，不生债之关系。'赌债非债'，赢家不享有债权，输家亦不负债务，非属所谓之自然债务"①。同理，婚外同居补偿协议亦不能产生自然债务。第二，婚外同居即"有配偶者与他人同居"是我国婚姻法明文禁止的行为，婚外同居补偿因与婚外同居互为条件，其违反公序良俗的性质明显。婚外同居补偿协议并不具备自然债务所需的道德和社会观念的基础。

概而言之，法院不能为违反公序良俗的婚外同居补偿协议的任何一方当事人提供司法保护。倘若将来我国建立不法原因给付制度，则可依此制度处理婚外同居补偿协议纠纷。在无此制度的背景下，应将婚外同居补偿协议定位为身份法上的无名协议（或无名身份协议），并基于身份法的强行法特性考量，以法院受理此类纠纷案件于法无据为由，不予受理；已经受理的，裁定驳回起诉。

第三节　婚外同居补偿协议纠纷的处理对策建议

一、当前有关纠纷的司法对策

当前涉及婚外同居补偿协议的纠纷案件，人民法院的司法见解和裁判结果分歧明显，从不受理或驳回起诉，到受理此类纠纷并认定协议有效、无效或部分有效的都有，裁判返还、不返还或部分返还补偿财物的也都有。这种司法局面的存在对司法公平提出了挑战。

根据本书的分析，笔者认为在我国尚未确立"不法原因给付"规则的背景下，可以按照以下思路处理婚外同居补偿协议纠纷。

第一，对婚外同居的男女双方基于婚外同居补偿协议（不论书面或口头）提起的请求给付婚外同居补偿费之诉，以及请求返还婚外同居补偿费之

---

① 王泽鉴：《民法学说与判例研究》（第2册），中国政法大学出版社1997年版，第127页。

诉,应当不予受理;已经受理的,裁定驳回起诉。其学理依据在于,婚外同居补偿协议是一种身份法上的无名协议(或无名身份协议),身份法的强行法性质决定了法院不能任意扩大身份法纠纷的受理范围,受理身份法上的无名协议纠纷于法无据。不能撇开婚外同居补偿协议违反公序良俗的实质,按照其赠与等表面形式并依合同法规则进行司法处理。人民法院不能为违反公序良俗行为提供司法保护,其裁判依据是《民法典》第八条"民事主体从事民事活动,不得违反法律,不得违背公序良俗"的规定。

第二,对给付方的配偶以受给付方侵害夫妻共同财产为由提起的返还补偿财物之诉,人民法院应当予以受理,并依法保护其合法权益。给付方的配偶不是婚外同居当事人,也不是婚外同居补偿协议当事人,其为保护夫妻共同财产权而提起的诉讼,也不适用"不法原因给付"规则。给付方的配偶不存在违背公序良俗的行为,其合法主义应受保护。给付方的配偶可以以婚外同居补偿协议"违背公序良俗"(《民法典》第一百五十三条第二款)、"行为人与相对人恶意串通,损害他人合法权益"(《民法典》第一百五十四条)为依据主张其无效,并请求返还。

二、通过司法解释和指导案例统一裁判标准

最高人民法院于 2010 年 10 月 16 日公布《关于适用〈中华人民共和国婚姻法〉若干问题的解释(三)(征求意见稿)》,其第二条有如下内容:"有配偶者与他人同居,为解除同居关系约定了财产性补偿,一方要求支付该补偿或支付补偿后反悔主张返还的,人民法院不予支持;但合法婚姻当事人以侵犯夫妻共同财产权为由起诉主张返还的,人民法院应当受理并根据具体情况作出处理。"该条款存在以下几个问题:一是仅涉及为解除婚外同居关系所作财产性补偿约定,未涉及为建立、维持婚外同居关系所作财产性补偿约定;二是对支付补偿或返还补偿之诉采取不予支持而非不予受理的立场;三是对合法婚姻当事人提起的侵犯夫妻共同财产权之诉未规定明确的裁判标准。

根据本书的分析,笔者建议最高人民法院组织讨论和深入研究婚外同居补偿协议问题,适时制定处理婚外同居补偿协议纠纷的司法解释。该项司法解释可以表述为:

有配偶者与他人同居，为建立、维持或解除同居关系约定了财产性补偿，一方要求支付该补偿或支付补偿后反悔主张返还的，人民法院不予受理；已经受理的，裁定驳回起诉。

给付方的配偶起诉请求认定婚外同居补偿协议无效并请求受给付方返还补偿财产的，人民法院应当予以支持。

最高人民法院公布指导案例，也能够发挥统一裁判标准的功能。建议最高人民法院发布婚外同居补偿协议纠纷的指导案例。

第六章　离婚财产协议的效力问题分析

《民法典》第一千零七十六条规定，夫妻双方自愿离婚的，应当签订书面离婚协议，并亲自到婚姻登记机关申请离婚登记。离婚协议应当载明双方自愿离婚的意思表示和对子女抚养、财产以及债务处理等事项协商一致的意见。《婚姻家庭编解释（一）》第六十九条第二款规定，当事人依照民法典第一千零七十六条签订的离婚协议中关于财产以及债务处理的条款，对男女双方具有法律约束力。对离婚财产协议的效力应当作何理解，当前的实务界与理论界均存在不同看法。具体问题可分为两个方面：一是离婚财产协议的无效、可撤销等效力性能瑕疵能否适用民事法律行为效力的相关规定；二是有效的离婚财产协议中的约定是否直接产生处分效力。而对于离婚财产协议的生效，尽管学界一度有过争论[①]，但自 2011 年 8 月 13 日《婚姻法解释（三）》第十四条（现《婚姻家庭编解释（一）》第六十九条）对离婚协议的生效进行规定后，有关于此的争论便告一段落。故本章对离婚财产协议的生效样态不再赘述，仅围绕离婚财产协议的效力性能与处分效力问题展开研究。

第一节　离婚财产协议纠纷的现实困境

一、离婚财产协议效力纠纷的司法现状

（一）离婚财产协议效力瑕疵纠纷

离婚财产协议作为一种民事法律行为，对其效力性能进行审查必不可

[①]　许莉：《离婚协议效力探析》，《华东政法大学学报》2011 年第 1 期；李洪祥：《离婚财产分割协议的类型、性质及效力》，《当代法学》2010 年第 4 期。

少。然而在《民法典》婚姻家庭编及相关司法解释中，规范离婚财产协议的效力性能的条文并不多，在处理实践中的各种纠纷时，能否以民事法律行为的效力规范为依据，对离婚财产协议的效力性能进行审查，各级法院对此的裁判观点和论证思路大相径庭。

在有关离婚财产协议效力性能的纠纷中，最为常见的即是以意思表示瑕疵撤销离婚财产协议的纠纷。由于《婚姻家庭编解释（一）》第七十条明确规定了欺诈、胁迫作为离婚财产协议的可撤销情形，当事人在基于欺诈或胁迫的事由主张撤销离婚财产协议时，通常以此为法律依据。但在实践中，主张撤销离婚财产协议的当事人大多难以举证证明存在欺诈或胁迫的情形，往往难以得到法院支持。[①] 这一方面是因为，当事人在家庭关系中的法律意识较弱，通常不能及时意识到自身意思表示不自由，从而未保留证据。另一方面是因为，家事案件中的欺诈或胁迫的产生方式往往较为隐蔽，证据本身存在收集和提出上的难度。仅有极少数案件的当事人有充分证据证明欺诈、胁迫的存在，并证明离婚财产协议是基于欺诈、胁迫的情形而签订。如"廖某与蔡某离婚后财产纠纷案"中，法院根据生效判决书中的推定，认定廖某与婚生子之间不存在亲子关系。基于此，认定蔡某与廖某签订离婚协议时对廖某隐瞒该事实，导致廖某在不知情的情况下，对婚姻关系存续期间购买的房产及所负债务作出违背其真实意愿的意思表示，是为欺诈。[②]

鉴于前述婚姻家庭关系中欺诈与胁迫的证明难度，也常有当事人依据民事法律行为可撤销的规定，主张以重大误解或者显失公平撤销离婚财产协议。对于此类主张，司法实践中存在两种截然不同的态度，一种认为婚姻家庭关系存在特殊性，不可适用财产法上的规定；[③]另一种则认为"离婚协议

---

① 北京市第三中级人民法院（2014）三中民终字第 5398 号民事判决书；北京市第二中级人民法院（2016）京 02 民终 1661 号民事判决书；广东省广州市中级人民法院（2019）粤 01 民终 22407 号民事判决书。

② 福建省福鼎市人民法院（2019）闽 0982 民初 464 号民事判决书。持相同观点的判决还有：河南省开封市中级人民法院（2019）豫 02 民终 4597 号民事判决书。

③ 安徽省亳州市中级人民法院（2013）亳民一终字第 00416 号民事判决书；重庆市江北区人民法院（2019）渝 0105 民初 21891 号民事判决书；贵州省贵阳市南明区人民法院（2020）黔 0102 民初 6277 号民事判决书。

中关于给付财产的约定,不具有身份关系的性质,应受合同法调整"①。持前一种观点的裁判理由,大体可分为两点。其一,强调特别法优先于一般法,认为离婚财产协议的法定撤销情形,由《婚姻法解释(二)》规定,仅限于"欺诈、胁迫"情形。商业交易中风险相对更大,控制风险的要求更高,法定撤销的情形较多;夫妻财产分割发生在彼此了解与熟悉的人之间,属静态财产处理,风险相对较小,故法定可撤销协议的情形被限制在"欺诈、胁迫"的情形发生时。② 其二,强调离婚财产协议本身的性质,认为离婚协议由当事人双方通过协商自主拟定,对涉及财产的事项多采取"一揽子"解决方案,并不区分财产分割与经济帮助、经济补偿、损害赔偿等内容。考虑到离婚协议的特殊性,不应当允许当事人事后以"显失公平"或"重大误解"等为由予以变更或撤销。③ 而持后一种观点,即认为离婚财产协议的可撤销事由也包括在重大误解和显失公平的裁判中,针对何为婚姻家庭中的"重大误解""显失公平"也存在不同的看法。若一方在签订离婚协议时,隐瞒了婚内出轨的事实,致使另一方未能形成正确的认识和判断,而签订了离婚财产约定。有判决认为,此种情况下的离婚协议系基于重大误解而签订,应支持受隐瞒方撤销离婚财产协议的请求。④ 也有判决认为,此种情况属于显失公平,亦支持了当事人撤销离婚财产协议的请求。⑤ 但同时也有判决认为,此种情况下的离婚协议不可撤销。⑥ 实践中撤销离婚财产协议的另一情形,则是一方处于病重危困状态之下签订离婚协议。如在"韩某、许某离婚后财产纠纷"案中,则以韩某在住院危困状态下签署离婚协议书为重大误解之表现,法院认为,在韩某最需要支持之时,许某将正在住院期间、偏瘫的韩某带至淄博市周村

---

① 新疆维吾尔自治区乌鲁木齐市中级人民法院(2008)乌中民一终字第686号民事判决书。持相同观点的判决还有:广东省深圳市中级人民法院(2019)粤03民终24165号民事判决书;河南省开封市中级人民法院(2019)豫02民终4597号民事判决书;河南省杞县人民法院(2019)豫0221民初2280号民事判决书。

② 河南省郑州市中级人民法院(2011)郑民二终字第1369号民事判决书。

③ 江苏省句容市人民法院(2019)苏1183民初158号民事判决书。

④ 法院认为,"男方补偿女方"的约定是在吴某隐瞒自己婚内出轨事实,导致曾某对离婚原因及过错存在重大误解的情况下作出,曾某要求撤销理由正当。曾某要求撤销双方《离婚协议书》第三条、第五条理由正当,得予以支持。参见重庆市第五中级人民法院(2020)渝05民终5646号民事判决书。

⑤ 广东省佛山市中级人民法院(2018)粤06民申61号民事裁定书。

⑥ 福建省厦门市中级人民法院(2018)闽02民终2395号民事判决书。

区民政局办理离婚手续,并签订离婚协议,应认定许某有利用韩某处于危困状态、缺乏判断能力的情形。韩某基于重大误解与许某签订了离婚协议,得对涉案离婚协议财产处理中第 1 项予以撤销。[①] 但该种情况究竟得否撤销,以及系基于重大误解还是基于显失公平而得以撤销,需进一步分析。

在离婚财产协议无效的纠纷中,适用民事法律行为的效力规则并不存在太大的分歧。司法实践中,对于无效的离婚财产协议,往往适用民事法律行为无效的法律规定。其一,违反法律、行政法规的强制性规定的,离婚财产协议应当被认定为无效。如在"张某与宣某离婚后财产纠纷"案的裁判说理中,强调"该约定亦不违反法律、行政法规的强制性规定"不应认定为无效,可以看出违反强制性规定是司法实践中认定离婚财产协议无效的依据之一。[②] 其二,违背公序良俗的离婚财产协议无效。违背公序良俗的离婚协议损害了婚姻关系的道德伦理性和严肃性,应确认为无效。如在离婚协议中约定无条件办理复婚,系以财产为条件限制协议双方的婚姻自由,侵犯了公民的合法权利,系违背公序良俗的民事法律行为。[③] 其三,夫妻双方以虚假的意思表示订立的离婚财产协议无效。在"赵某与肖某离婚后财产纠纷"案中,法院认为,行为人与相对人以虚假的意思表示实施的民事法律行为无效,而本案原被告签订《离婚协议书》的目的是制造离婚的假象,以降低卖房税费,双方并不具有真实分割夫妻共有财产的目的,《离婚协议书》中关于财产分割的第三条无效。[④] 需要注意的是,此处无效指离婚协议中关于财产分割的约定无效,而非离婚登记行为的无效。婚姻登记行为涉及身份关系,具有公示效力,夫妻双方不论基于何种动机进行离婚登记,在民政部门办理的

[①] 山东省东营市中级人民法院(2021)鲁 05 民终 2045 号民事判决书。

[②] 最高人民法院(2014)民申字第 1964 号民事裁定书。采相同说理的判决还有:北京市昌平区人民法院(2019)京 0114 民初 941 号民事判决书;海南省三亚市中级人民法院(2020)琼 02 民终 1290 号民事判决书;河北省邯郸市复兴区人民法院(2021)冀 0404 民初 149 号民事判决书;内蒙古自治区呼伦贝尔市中级人民法院(2020)内 07 民申 13 号民事裁定书。

[③] 北京市第二中级人民法院(2019)京 02 民终 10856 号民事判决书。

[④] 北京市昌平区人民法院(2020)京 0114 民初 9627 号民事判决书。持相同观点的判决还有:黑龙江省绥化市中级人民法院(2020)黑 12 民终 957 号民事判决书;北京市第二中级人民法院(2019)京 02 民终 10856 号民事判决书;浙江省宁波市中级人民法院(2019)浙 02 民终 698 号民事判决书;河北省隆化县人民法院(2021)冀 0825 民初 1176 号民事判决书;上海市浦东新区人民法院(2021)沪 0115 民初 10293 号民事判决书。

离婚登记均为有效。"胡某1与李某离婚后财产纠纷"一案的判决书中,法院认定原被告在签订离婚协议之时并非双方的真实意思表示,关于财产分割的内容应认定为无效。对于婚姻关系,因双方在民政部门已办理了离婚登记,基于离婚关系的不可逆性,自原、被告办理离婚登记之日婚姻关系即被解除。[1] 其三,无民事行为能力人签订的离婚协议无效。"许某某与党某甲离婚后财产纠纷"案的判决即认为,许某某诉讼期间处于病期,为无民事行为能力人,《离婚协议》中关于财产分割的约定应属无效。[2] 与此相反,若当事人主张自己患有精神疾病,但却无证据证明签订离婚协议时系无民事行为能力人或限制民事行为能力人,在无其他效力瑕疵的情况下,离婚财产协议应属有效。[3]

从前述可知,对于离婚财产协议的无效,司法实践中不加论证地直接适用民事法律行为的效力规则,而对于离婚财产协议的撤销,实践中却呈现出模棱两可的态度。此种实践经验是否意味着离婚财产协议因属于民事法律行为之一种,故能适用其效力规则呢?撤销离婚财产协议之法理基础为何?在特定情形的撤销中,离婚协议所体现的身份属性是否影响其效力瑕疵的判断?这些问题均需通过经验事实与传统理论的对话加以解决。

(二)离婚财产协议物权效力纠纷

对于离婚财产协议是否具有直接发生物权变动效力的问题,存在认可当事人无须遵循登记或交付要件的"物权说"和认为仍需遵守一般物权变动规则的"债权说"两种观点。[4]

然而,在最高院裁判的相关案件中,极少有认可离婚财产协议具有物权效力的裁判。除就协议性质本身进行解释外,不认可离婚财产协议物权效力的考量因素也包括对第三人利益的保护。例外的情况是,离婚财产协议

---

[1]　江苏省宿迁市宿城区人民法院(2020)苏1302民初9480号民事判决书。

[2]　河南省郑州市中级人民法院(2016)豫01民终3531号民事判决书。持相同观点的判决还有:北京市第一中级人民法院(2020)京01民再56号民事判决书。

[3]　四川省成都市中级人民法院(2020)川01民终2145号民事判决书。

[4]　根据学者相关检索,地方法院对此问题争议较大。在47个涉及离婚财产分割协议的物权变动的案例中,53%的案例,判决认为离婚财产分割协议不能直接产生物权变动的效力;而47%的案例,判决认为离婚财产分割协议可以直接产生物权变动的效力。参见夏江皓:《形式主义模式下离婚财产分割协议的物权变动》,《法学》2022年第3期。

中约定共有房产归属于名义登记人单独所有,法院倾向于认可其具有物权效力。① 而多数判决均认可离婚财产协议仅具有债权效力,只不过对于该债权能否排除强制执行存在不同意见。②

认为足以排除强制执行的理由为,离婚协议中的财产分割约定虽然并不导致所有权发生变动,仅发生债权性质的请求权,但债权人的金钱债权请求权与基于离婚财产协议的所有权变更登记请求权相比较,在性质和内容上亦不具有优先性。如夫妻一方基于离婚协议享有的房屋变更登记请求权,足以排除债权成立在后的债权人对房产的强制执行申请。③ 也有判决对此项排除强制执行的债权做了更加严格的限制,认为在一定条件下离婚财产协议的债权才能排除强制执行。如在"刘某某、赵某某再审审查与审判监督"案中,最高院指出,以离婚协议的约定主张其享有足以排除强制执行的民事权益,应当同时满足离婚协议真实、离婚协议签订于人民法院查封之前以及非因个人原因未能办理过户等要件。④ 有地方法院指出,审查的关键在于离婚财产分割协议的真实性、形成时间、不动产物权未办理登记的原因、当事人的过错等。⑤ 其中,时间要素是用于判断财产约定能否对抗强制执行的一个重要因素,如在"关鸿芳、王道和案外人执行异议之诉案"中,最高人民法院认为,邵天朋在与关鸿芳离婚后、债务发生前已与郑沙沙结婚,该情形可以合理排除关鸿芳与邵天朋具有恶意串通逃避债务的主观故意。⑥ 如果债务发生在先、夫妻财产归属约定发生在后,法院则会以此为理由认定其恶意逃避债务,判定不能排除执行。⑦

认为不足以排除强制执行的司法裁判观点,多明确称基于离婚财产协

---

① 最高人民法院(2018)民申字第 613 号民事判决书。
② 最高人民法院(2013)民申字第 2385 号民事判决书;最高人民法院(2021)最高法民申 7090 号民事裁定书。
③ 最高人民法院(2015)民一终字第 150 号民事判决书;最高人民法院(2017)最高法民终 42 号民事判决书。
④ 最高人民法院(2020)最高法民申 7055 号民事裁定书;最高人民法院(2019)最高法民申 6088 号民事裁定书。
⑤ 江苏省苏州市姑苏区人民法院(2019)苏 0508 民初 10303 号民事判决书。
⑥ 最高人民法院(2019)最高法民申 6088 号民事裁定书。
⑦ 广东省阳春市人民法院(2019)粤 1781 民初 349 号民事判决书。

议对执行标的享有的仅仅是债权,不能排除强制执行。① 也有与前述认为"在一定条件可以排除强制执行的离婚财产协议债权"的观点存在类似的价值判断,即均认可在案件中考量当事人的可归责性。在"刘某某与上海睿银盛嘉资产管理有限公司案外人执行异议之诉"一案的判决理由中,即强调离婚一方"因自身原因"一直未办理过户登记,从而未取得案涉房产所有权,因此不得排除强制执行。② 言下之意,则是若其非因自身原因未办理过户登记,则有排除强制执行的可能。

二、离婚财产协议效力认定的观点争议

(一)离婚财产协议法律适用之争

根据《婚姻家庭编解释(一)》第七十条,离婚财产协议若存在欺诈、胁迫等情形的,可以撤销该离婚财产协议。③ 对于本条中"等情形"的理解,不仅在司法实践中,在理论界也存在较大争议。该条的立论依据为协议离婚时的财产分割协议具有民事合同的性质,基于此种性质的协议发生纠纷,应当适用民法通则及合同法的基本原则和相关规定。④ 但除了欺诈、胁迫,民事法律行为可撤销的事由还包括重大误解和显失公平。而对于离婚财产协议,司法解释却仅明确欺诈与胁迫两种意思表示不自由的情形下,离婚财产协议具有可撤销性。离婚财产协议是否能基于重大误解、显失公平予以撤销,司法解释对此语焉不详。

---

① 最高人民法院(2021)最高法民申 1054 号民事裁定书;最高人民法院(2020)最高法民申 5118 号民事裁定书。

② 最高人民法院(2020)最高法民终 1226 号民事判决书。

③ 原《婚姻法解释(二)》第九条,对此,有学者认为其中的"财产分割协议"在外延上小于 2003 年《婚姻登记条例》第十一条中的就"财产及债务处理等事项"达成的协议,"分割"一词似乎仅指向夫妻共同财产的分割事项。参见陆青:《离婚协议中的"赠与子女财产"条款研究》,《法学研究》2018 年第 1 期。但本章认为,《婚姻家庭编解释(一)》第七十条所指的"财产分割协议"与本章所讨论的"离婚财产协议"为同一概念,即包括夫妻共同财产分割、夫妻债务清偿、离婚经济帮助、经济补偿以及损害赔偿等一系列离婚财产约定在内。持相同观点者,认为"财产分割"不仅包括平均分割夫妻共同财产,还包括夫或妻一方将共同财产的应有份额分割给另一方,这与夫或妻处分个人财产具有相同的法律意义。因此可以对"财产分割"作广义解释,相当于离婚协议中夫妻对共同财产与个人财产的清算条款。参见冉克平:《〈民法典〉视域中离婚协议的夫妻财产给与条款》,《当代法学》2021 第 6 期。

④ 陈苇主编:《婚姻家庭继承法学》,高等教育出版社 2018 年第 2 版,第 172 页;蒋月主编:《婚姻家庭与继承法》,厦门大学出版社 2014 年第 3 版,第 246 页。

有学者认为,在规定中使用了"等"字,说明发现欺诈、胁迫的情形,不是人民法院支持当事人诉讼请求的唯一条件。如果存在原《合同法》第五十四条第一款、第二款中规定的乘人之危、显失公平的情况下,仍然可以根据当事人的请求撤销该离婚协议。① 亦有学者认为,离婚财产分割中的对价是隐形的,有的体现为双方财产互易,有的体现为对对方债务的承担,因此在对价要件上不宜过于苛刻。② 司法实践中不允许当事人事后以"显失公平"或"重大误解"为由予以变更或撤销,是充分考虑离婚协议特殊性的表现。③

前述两种观点均未形成通说,要明确《婚姻家庭编解释(一)》第七十条中对于离婚财产协议可撤销的规定究竟能否涵盖重大误解与显失公平两种情形,需要回归到婚姻家庭法能否适用财产法规则的讨论中去。当前,民事法律行为制度是否仅适用于财产法律行为争议较大。一种观点认为,目前的法律行为规则仍不成熟,其主要规范的是财产法律行为,而无法适用于身份法当中。④ 也有学者认为,身份行为固有其特殊之处,但仍可以统辖于法律行为概念之下。离婚财产分割协议在本质上,固然是调整平等主体之间民事权利义务关系的协议,在订立、变更、撤销等问题上,合同法的基本原理仍然应当是人民法院判决的主要依据⑤,但因其涉及身份关系,婚姻法已经作出规定的情形下,应当适用婚姻法规则。债法等财产法规则只能在一定程度上兜住身份关系协议法律适用的"底",成为身份关系协议领域的开放法源,而法官在今后法律续造中的论证负担远高于法律解释。⑥ 有学者指出,家庭法如果要在民法教义所能提供的有限概念和体系中进行选择,债是

---

① 最高人民法院民事审判第一庭编:《最高人民法院婚姻法司法解释(二)的理解与适用》,人民法院出版社 2015 年版,第 127 页。李洪祥:《离婚财产分割协议的类型、性质及效力》,《当代法学》2010 年第 4 期。原《合同法》第五十四条对"乘人之危"的规定,已经归入《民法总则》第一百五十一条"显失公平"的规定中,《民法典》第一百五十一条保留了《民法总则》的规定。

② 赵晋山、王赫:《"排除执行"之不动产权益——物权变动到债权竞合》,《法律适用》2017 年第 21 期。

③ 许莉:《离婚协议效力探析》,《华东政法大学学报》2011 年第 1 期。

④ 苏永钦:《大陆法系国家民法典编纂若干问题探讨》,《比较法研究》2009 年第 4 期。

⑤ 最高人民法院民事审判第一庭编:《最高人民法院婚姻法司法解释(二)的理解与适用》,人民法院出版社 2015 年版,第 123 页。

⑥ 王雷:《论身份关系协议对民法典合同编的参照适用》,《法学家》2020 年第 1 期。

唯一可能的方案,然而这一方案同样存在局限性。[1]

《民法典》中婚姻家庭编既然单独成编,而非在物权编、合同编直接对婚姻家庭关系作出规定,必然有其特殊性。婚姻家庭编现虽已回归《民法典》,《民法典》第四百六十四条第二款也对有关身份关系的协议可以参照适用合同编规则作出了突破性的规定,但离婚财产协议正确参照适用合同编法律规定并不简单,要充分尊重婚姻家庭关系的本质,以养老育幼、家庭整体利益、身份关系和谐安定等特定价值和秩序为目的导向和解释依归。换言之,重大误解与显失公平两种情形即使能适用于离婚财产协议的撤销,在具体适用上也应对婚姻家庭领域的特殊性给予充分尊重,以婚姻家庭关系存在为前提,衡量显失公平与否以及重大误解存在与否。

(二)离婚财产协议物权效力之争

有关离婚财产协议是否具有物权效力的学理讨论,分歧较之司法实践更甚。持"物权说"观点的学者,目前主要理由有三。一是认为离婚财产协议属于《民法典》第二百零九条但书情形[2],以《婚姻家庭编解释(一)》第六十九条中的"法律约束力"为立论依据,认为此即是离婚协议可产生"物权变动的效力"的例外规定。认为离婚财产协议一旦生效,即产生处分效力,而不仅仅具有债之负担效力,但需要登记的物权变动,非经登记不得对抗善意第三人。[3] 二是认为离婚财产协议属于夫妻财产制约定,是夫妻双方在综合考虑感情付出、子女养育、家庭协作等因素后作出的归属分配意思,该归属分配意思的核心是物权效果意思,且依法对双方有拘束力,因而可产生物权效果,而不仅是债的拘束力。[4] 三是认为离婚财产协议中对夫妻共同财产的约定为共同共有物的分割,无需登记即可改变原有的物权关系。[5] 其中第一种理由实际上需由后两种理由补强,因其本质上,是将婚姻家庭法中的物权变

---

① 刘征峰:《论民法教义体系与家庭法的对立与融合:现代家庭法的谱系生成》,法律出版社2018年版,第1—2页。

② 《民法典》第二百零九条规定:"不动产物权的设立、变更、转让和消灭,经依法登记,发生效力;未经登记,不发生效力,但是法律另有规定的除外。"

③ 陈信勇:《亲属身份行为的立法构造——兼论民法典婚姻家庭编、继承编草案之完善》,《上海政法学院学报》(法治论丛)2019年第6期。

④ 陈永强:《夫妻财产归属约定的法理明晰及规则适用》,《中国法学》2022年第2期。

⑤ 熊玉梅:《离婚财产分割协议效力探究——以不动产执行异议之诉为视角》,《江西财经大学学报》2020年第2期。

动规则与财产法中的物权变动规则相区分,需要证成离婚财产协议的不受形式主义的物权变动模式规范的特殊性。

此外,还有观点认为离婚财产协议引发的是非基于法律行为的物权变动,故无需形式要件,协议一经生效即具备物权效力。① 但此种观点不能成立,离婚当事人之间就财产的给与、共同财产分割以及债务承担、抚养费等事项达成了合意,而离婚财产协议可因当事人受欺诈、胁迫而撤销,显然系基于夫妻意思自治而为的法律行为。离婚财产协议若能引起物权变动,则应为基于法律行为的物权变动。

除了前述"物权说"外,亦有学者采"债权说"②,理由主要为:一是离婚财产协议导致所有权移转的,属于基于法律行为的物权变动,须具备形式要件方发生物权效力。二是夫妻共同生活难为外界所知,具有串通损害第三人利益的便利性,不宜赋予其处分效力。但在"债权说"的理论中,几乎所有学者都在不同程度上支持该债权能够排除强制执行,只不过部分观点认为,在特定条件下该债权能够排除不动产买受人的强制执行,其他观点则认为仅能排除普通金钱债权的强制执行。

具体而言,有学者以前述最高人民法院《执行异议复议规定》第二十八条及其背后的理论学说为依据,将离婚财产协议中约定的不动产归属人与不动产买受人之地位进行类比,得出前者与后者境况相似甚至比后者与房屋关系更加密切的结论。③ 与此同时,同样主张离婚协议中财产约定可类推适用《执行异议复议规定》第二十八条规定的学者,却认为该规则背后的物权期待权理论不尽合理,该规则的制定是对落后的不动产登记现状的妥协,是一种政策性的考量,故不能当然地采取该条的价值判断,不加限制地扩大其适用范围。在离婚协议中,虽可以将约定接受不动产物权一方类比于不动产买受人,但需充分考虑离婚协议中所包含的法定义务与约定义务的复

---

① 裴桦:《也谈约定财产制下夫妻间的物权变动》,《海南大学学报》(人文社会科学版)2016年第5期。

② 马浩、房绍坤:《论意思表示不真实的非诉讼离婚协议之效力》,《烟台大学学报》(哲学社会科学版)2014年第1期;叶名怡:《离婚房产权属约定对强制执行的排除力》,《法学》2020年第4期;赵晋山、王赫:《"排除执行"之不动产权益——物权变动到债权竞合》,《法律适用》2017年第21期;冉克平:《〈民法典〉视域中离婚协议的夫妻财产给与条款》,《当代法学》2021第6期。

③ 叶名怡:《离婚房产权属约定对强制执行的排除力》,《法学》2020年第4期。

杂情形。认为应结合《执行异议复议规定》第二十八条的构成要件,对离婚协议中的房产分割约定进行严格的类推适用,避免造成对债权人的过分不公。① 也有学者以债权竞合为出发点,认为从实质正义的角度出发,离婚财产协议中约定的不动产归属人的债权应得足以排除强制执行。其立论基础是《最高人民法院关于人民法院民事执行中查封、扣押、冻结财产的规定》第十七条所确立的规则。②

综合以上观点,可知"物权说"与"债权说"虽然在权利性质的认定上存在不同,但在最终效果的考量时,却趋于一致,即认为离婚财产协议中约定对不动产物权归属的权利人,至少能够排除普通金钱债权人的强制执行。相较而言,"债权说"的益处在于未因个案的处理而对现行的物权变动规则造成冲击,也无需通过复杂的解释技术对《民法典》第二百零九条的但书规定进行扩大解释来满足理论架构。但债权竞合方案与债权平等的传统理论相冲突,该说仅举强制执行领域存在此种先例,却未能充分地在理论上解决该冲突。最高院制定司法解释以支持无过错不动产买受人排除强制执行,尚需创设我国的"物权期待权"。以案外人之债权优先于申请执行人之债权的竞合方案,虽有一些经验事实支撑,在理论证立上仍显不足。

第二节　离婚财产协议的效力瑕疵

一、离婚财产协议效力瑕疵的法理基础及规范体系

(一)离婚财产协议的法律属性

对离婚财产协议效力瑕疵法律适用认识的分歧,源自对离婚财产协议性质认识的分歧。德国学者弗卢梅将法律行为分为债法上的法律行为、物法上的法律行为、人身法上的法律行为或者亲属法上的法律行为、继承法上

---

① 冉克平:《〈民法典〉视域中离婚协议的夫妻财产给与条款》,《当代法学》2021第6期。
② 赵晋山、王赫:《"排除执行"之不动产权益——物权变动到债权竞合》,《法律适用》2017年第21期。相同观点可参见吴晓芳:《〈民法典〉婚姻家庭编涉及的有关争议问题探析》,《法律适用》2020年第21期。

的法律行为,同时认为财产法上的法律行为与人身法上的法律行为是互相对立的。① 而就离婚财产协议而言,其究竟属于人身法上的协议,还是财产法上的协议,抑或是混合型的民事合同,均未有定论,主要有"附随的身份行为说""清算说""赠与说""附条件法律行为说"和"夫妻财产制契约说"几种观点。

"附随的身份行为说"认为,离婚财产协议涉及夫妻债务清偿、离婚经济帮助、经济补偿以及损害赔偿等内容,且该行为与离婚这一身份行为密切相关,属于附随的身份法律行为。其与一般的财产协议不同,是亲属法中的行为,对其效力的分析必须立足于身份法律行为的特殊性。② "赠与说"又可以分为"一般赠与"和"目的赠与"两种观点,前者认为财产归属的约定在性质上属于民法中的赠与行为,赠与人有任意撤销权;后者认为离婚双方约定将夫妻共同所有或者一方婚前所有的房产处分给另一方的行为,是一种目的赠与行为,在离婚登记后,赠与目的已经实现,不允许赠与人任意撤销。③ 但"一般赠与说"对离婚关系中的财产受让人极不公平,且忽视了离婚协议作为"一揽子协议",其中如子女抚养等其他条款对财产分配的影响。而"目的赠与说"实际上将离婚视为赠与中所附的义务,与婚姻本质并不相符。因此,有学者进一步提出"附条件法律行为说"④和"夫妻财产制契约说"⑤。此外,还有学者主张"清算说",认为夫妻共同体既是一个社会单位,也是一个经济单位,其在解散时所涉及的财产分配、债务清偿等清算之合意内容,即以离婚财产协议的形式体现。⑥ 也有持"清算说"的学者,将离婚财产协议类比继续性合同的解除,借鉴合同解除后果的理念,把离婚协议中的财产处理部分界定为"离婚财产清算协议"的范畴。⑦

前述学说从不同视角分析了离婚财产协议的法律属性,试图揭其本质

---

① [德]维尔纳·弗卢梅:《法律行为论》,迟颖译,法律出版社 2013 年版,第 159 页。

② 许莉:《离婚协议效力探析》,《华东政法大学学报》2011 年第 1 期。

③ 此处所言"撤销",不同于基于法律行为效力性评价的可撤销行为中的"撤销",赠与中的"任意撤销"无意思瑕疵的要求。陈敏、杨惠玲:《离婚协议中房产归属条款相关法律问题探析》,《法律适用》2014 年第 7 期。

④ 冉克平:《〈民法典〉视域中离婚协议的夫妻财产给与条款》,《当代法学》2021 年第 6 期。

⑤ 李洪祥:《离婚财产分割协议的类型、性质及效力》,《当代法学》2010 年第 4 期。

⑥ 叶名怡:《离婚房产权属约定对强制执行的排除力》,《法学》2020 年第 4 期。

⑦ 陆青:《离婚协议中的"赠与子女财产"条款研究》,《法学研究》2018 年第 1 期。

以破解法律适用的困境。但总体而言,可以分为两个层面,第一个层面在身份法与财产法之间选择,前者包括"夫妻财产制契约说""附随的身份行为说"等,认为离婚财产协议具有优先适用身份法的特性;而仅有少数学者主张,应区分离婚协议中婚姻关系的终止和财产关系的处分,认为两者是完整且分离的意思表示,可以各自独立生效,效力亦应分别评价。① 第二个层面则是径行在财产法领域内为离婚财产协议寻找适合的法律构造,②当然其也注重离婚语境下的伦理性、情感因素,如"赠与说""清算说"等。

离婚财产协议,属于同时涵盖人身关系、财产关系的离婚协议中涉及财产关系的一部分。从内容上看,离婚财产协议的条款并不涉及身份关系的变更,似乎是纯粹的财产约定,无所谓特别法优于一般法的问题。但作为与身份关系变动同时约定在同一协议中的"一揽子协议",要看财产约定是否以及在多大程度上,受到离婚协议身份性的影响。正如前述,各种对于离婚财产协议性质界定的学说,均承认离婚财产协议一定程度上受到身份关系的影响。即使是采赠与说的学者,也认可离婚协议中的"赠与"约定与财产法上的赠与合同应作不同的处理。离婚协议中的财产约定实际上很难认为是一种纯粹的经济价值的交换,更多的是情感、伦理等多种复杂动因的考量,故与离婚协议中对于身份关系的安排,不能完全割裂开来看。一旦将离婚财产协议视为离婚协议中的财产行为,则必然陷入将之归入负担行为还是处分行为的困境。因离婚财产协议既包含人身属性的认定,也包括由婚姻双方当事人人身属性的变化所产生的财产属性的变化,"乍看之下,似属物权契约,但于所有权关系之外,尚有管理权关系、处分权关系、使用收益权关系、责任关系、家庭生活费负担关系及财产清算关系,实无法断定究竟属物权契约或债权契约"③。故在"离婚"这一语境之中,离婚财产协议不可因其内容仅关涉财产就被定性为财产行为,而应从整体的角度考量,将其定性

---

① 蔡立东、刘国栋:《司法逻辑下的"假离婚"》,《国家检察官学院学报》2017 年第 5 期。

② 这也是采附随身份行为说的学者反对的一点,其认为特殊赠与说肯定了夫妻财产约定的特殊性,但本身难以成立,不能将当事人的财产法律行为与身份关系变动割裂开来,否则不仅有违身份法律行为的一般规则,也不能体现当事人的真实意思。参见许莉:《夫妻房产约定的法律适用》,《浙江工商大学学报》2015 年第 1 期。

③ 林秀雄:《夫妻财产制之研究》,中国政法大学出版社 2001 年版,第 192 页。

为身份财产行为。在法律适用上，不完全排斥财产法律规则的适用，但存在身份法律规则先于财产法律规则适用的要求，即"一是优先适用亲属法规范；二是在与亲属关系不相抵触时可适用民法一般规范及财产法规范"①。

（二）可撤销的离婚财产协议

《婚姻家庭编解释（一）》第七十条已经明确规定，当事人遭受欺诈和胁迫乃法定的离婚财产协议的撤销事由，强调婚姻家庭领域的当事人对于离婚协议中财产事项的意思表示是出于其自由意志，而未受到他人的不法干预。此规定与民事法律行为的可撤销构成了特别法与一般法的关系，然而这一规定究竟是穷尽式列举，还是非穷尽式列举，尚不明确。故离婚财产协议的可撤销性的法理基础为何，此条的"等"字能否使得民事法律行为的效力规则功能补位地适用于离婚财产协议的撤销，是本部分意欲探究的问题。

1. 基于欺诈、胁迫的撤销

基于欺诈、胁迫而订立的离婚财产协议从属于可撤销的民事法律行为制度体系，是因意思表示不自由而得以撤销。不承认基于欺诈、胁迫订立的离婚财产协议的效力，目的在于维护夫妻双方的意思表示自由。其与表意人自身造成的错误不同，欺诈、胁迫中存在来自他人的不法干预，故其撤销权的除斥期间较长，也无需对相对人负信赖利益损害赔偿责任。② 相较重大误解和显失公平而言，欺诈、胁迫对当事人意思自治的干涉程度较高，以至于仅依赖干涉意思自治的评价就足以否认法律行为的效力。③

但是，纵观最高人民法院立场的发展历史，离婚财产协议因涉及婚姻家庭中的夫妻关系、子女利益，起初并非当然地可以请求法院撤销。对于离婚登记后，对于离婚协议中有关财产处理事项反悔，法院能否受理的问题，最高人民法院的立场存在变化与发展的过程。1985 年最高人民法院《关于男女登记离婚后，一方翻悔向人民法院提起诉讼，人民法院是否应当受理的批复》中规定："男女双方自愿离婚，并对子女和财产问题已有适当处理，在婚姻登记机关办理了离婚登记，领取了离婚证的，其婚姻关系即正式解除。一

① 陈信勇：《亲属与继承法》，法律出版社 2016 年版，第 100 页。
② 王泽鉴：《民法总则》，北京大学出版社 2009 年版，第 367 页。
③ 王磊：《论显失公平规则的内在体系——以〈民法总则〉第 151 条的解释论为中心》，《法律科学》（西北政法大学学报）2018 年第 2 期。

方对这种已发生法律效力的离婚,及对子女和财产问题的处理反悔,在原婚姻登记机关未撤销离婚登记的情况下,向人民法院提起诉讼的,人民法院不应受理。"直至 2003 年最高人民法院公布《婚姻法解释(二)》,其第九条才首次规定离婚财产协议存在欺诈、胁迫等情形时的可撤销性。从民法保护私人自治的角度来看,该条司法解释纠正了不受理撤销离婚财产协议的诉讼的立场,统合了身份法与财产法领域中对于基于欺诈、胁迫行为的效力评价标准,使得离婚当事人的真实意思表示也能得到保护。

2. 基于重大误解、显失公平的撤销

那么,欺诈、胁迫与同为民事法律行为可撤销事由的重大误解、显失公平有何区别,为何仅明确规定前者为离婚财产协议的可撤销事由呢?从文义上来看,《婚姻家庭编解释(一)》第七十条采用了开放式的表述,说明离婚财产协议的可撤销事由并不仅限于欺诈和胁迫。但其仅列举欺诈、胁迫,未明确将重大误解、显失公平写入,在一定程度上表明前者与后者作为离婚财产协议的撤销事由时需有不同考量。

首先,二者在民事法律行为规范体系中即存在功能的界分。其一,欺诈、胁迫与重大误解、显失公平"意思瑕疵"的产生不同,可撤销的逻辑基础不同。欺诈和胁迫在一开始就使表意人丧失了自由决策的可能性,"意思瑕疵"较早产生;重大误解使得表意人在决策时,在重要的情形中依据了不正确的前提,故其在形成决策的过程中是有瑕疵的;[①]而显失公平则是以公平原则为出发点,着重于强调合同正义,且存在是否需要"意思瑕疵"的争议。[②]其二,欺诈、胁迫与重大误解、显失公平早先在规范体系中的定位存在差别。民法理论上,可撤销的民事法律行为包括基于"错误"[③]和基于"恶意欺诈与

---

① 〔德〕卡尔·拉伦茨:《德国民法通论》(下册),王晓晔、邵建东、程建英,等译,法律出版社 2013 年版,第 493 页。

② 持肯定说者,如王利明:《合同法研究》(第 1 卷),中国人民大学出版社 2002 年版,第 691—699 页。持否定说者,如韩世远:《合同法总论》,法律出版社 2011 年第 3 版,第 200 页;梁慧星:《民法总论》,法律出版社 2011 年第 4 版,第 202 页。另有折中说,即以"二重要件"为原则,例外情况下满足客观要件也可构成显失公平,或以"单一要件"为原则,但不妨碍在具体个案中对主观因素进行考察。参见武腾:《显失公平规定的解释论构造——基于相关裁判经验的实证考察》,《法学》2018 年第 1 期;崔建远:《合同法总论》(上卷),中国人民大学出版社 2011 年第 3 版,第 353—359 页。

③ 重大误解强调的是行为人"错误认识"与其意思表示之间的关联,可借助"错误"概念对其展开分析。参见朱庆育:《民法总论》,北京大学出版社 2016 年版,第 267 页。

胁迫"而为的法律行为,虽共同涵盖于意思瑕疵的概念之下,但基于"错误"而为的法律行为属于表意人自身造成的错误,而基于"恶意欺诈与胁迫"的法律行为中却存在来自他人的不法干预,此种不法干预使得当事人的"决定自由受到不正当影响"[①],因此立法者认为有必要对其给予更强的保护。《民法典》中对于民事法律行为可撤销制度的规定,系承袭《民法总则》。《民法总则》关于欺诈、胁迫、重大误解、显失公平之规定,又可溯源至1986年《民法通则》的规定。《民法通则》第五十八条第三款规定,一方以欺诈、胁迫所为之民事行为无效。重大误解与显失公平的规定则紧随其后,规定在《民法通则》第五十九条中,效力是可以变更或撤销,并非当然无效。两者效力评价的不同,是当事人意思表示受干预程度的不同所致。1999年《合同法》颁布施行,对《民法通则》的规定做出改变,规定"以欺诈、胁迫的手段订立合同,损害国家利益的"合同无效,而"一方以欺诈、胁迫的手段或者乘人之危,使对方在违背真实意思的情况下订立的合同,受害方有权请求人民法院或仲裁机构变更或者撤销"。至此,若未"损害国家利益",基于欺诈、胁迫而订立的合同不再是当然无效,而是可撤销或变更的,这一改变更加符合民法保护非自愿表意人的宗旨。而2017年《民法总则》颁布实施,将此规则从合同领域提升到民事法律行为的一般层面,并删除"可变更"的形态,将欺诈、胁迫、重大误解、显失公平的民事法律行为效力统一规定为今日所见的"可撤销"。

其次,婚姻家庭领域最着重强调的并不是经济上的等价有偿,而是家庭纠纷的顺利解决,离婚当事人双方对财产安排的自愿接受,显失公平与重大误解在此所能发挥的作用是有限的。上海市高院认为,"离婚财产分割协议确实有不同于一般民事合同的地方,由于离婚双方毕竟有过夫妻名分,共同生活过一段时间,可能还育有子女,在订立财产分割协议时,除了纯粹的利益考虑外,常常难以避免地包含一些感情因素,所以,人民法院在确认协议可撤销或变更时,不能轻易将协议中一方放弃主要或大部分财产的约定认定为显失公平或重大误解,而予以撤销或变更"[②]。

---

① ［德］维尔纳·弗卢梅:《法律行为论》,迟颖译,法律出版社2013年版,第473、630页。

② 上海市高级人民法院《关于使用最高人民法院婚姻司法解释(二)若干问题的解答(二)》,沪高法民一〔2004〕26号。

尽管二者模式不尽相同,在离婚财产协议的撤销上,重大误解与显失公平制度依然能够起到功能补位的作用。从体例上看,《民法典》第一百四十七条、第一百五十一条分别规定了重大误解和显失公平的民事法律行为可撤销。离婚财产协议虽涉及身份关系,但财产约定是当事人意思自治的产物,作为民事法律行为效力瑕疵规范体系的组成部分,重大误解与显失公平制度亦是保障当事人意思表示的真实性的兜底条款。同时,《总则编解释》第十九条规定:"行为人能够证明自己实施民事法律行为时存在重大误解,并请求撤销该民事法律行为的,人民法院依法予以支持;但是,根据交易习惯等认定行为人无权请求撤销的除外。"《总则编解释》第十九条的但书规定中,使用了"交易习惯"的用语,不同于《总则编解释》第一条规定的"根据其性质不能适用",后者存在考虑身份行为特殊性的解释空间,而离婚财产协议显然不宜定性为"交易",可见该但书并非针对婚姻家庭领域。表明重大误解是民事法律行为一般性的撤销事由,并非仅在财产行为中得以适用。

从立法目的上看,重大误解作为可撤销的原因,是法律为误解人提供救济机会的体现。允许当事人主张重大误解撤销法律行为,造成对相对人信赖利益的损害,是法律在对误解人因认识上的重大缺陷遭受的损失与此进行利益衡量之后,作出的选择。[①] 因此,不宜以离婚当事人援用重大误解撤销离婚财产协议损害了另一方利益的理由,排除重大误解作为离婚财产协议的可撤销事由的可能性。同时也因此,不能不问误解的程度一律允许误解人撤销。而显失公平是双方当事人的权利义务明显不对等,使一方遭受重大的不利益。[②] 尽管离婚协议不同于其他民事合同,不以等价有偿作为衡量是否公平的标准。但不可否认的是,离婚财产协议中同样可能存在双方权利义务极其不对等的情况,造成此种不对等的原因,抑或是双方基于感情因素的自愿,抑或是一方处于危困状态而不得不同意此种不合理安排。对于后一种情况,若不允许当事人以显失公平撤销离婚财产协议,恐在根本上违背显失公平制度的立法初衷,弊多利少。

---

① 崔建远:《合同法》,北京大学出版社 2016 年第 3 版,第 99 页。
② 崔建远:《合同法》,北京大学出版社 2016 年第 3 版,第 100 页;韩世远:《合同法总论》,法律出版社 2011 年第 3 版,第 198 页。

从前述司法实践的认识来看,重大误解与显失公平也并非完全没有适用的空间,只不过在认定时需注意离婚财产协议与家庭情感的特殊联系,采用较为审慎的认定方式。如"覃明周诉钟美娟离婚后财产纠纷"一案的判决书便体现了前述观点,"依照我国婚姻法的规定,夫妻在离婚时,共同财产由双方协议处理。夫妻对共同财产的分割,是因人身关系的解除而产生,财产如何分割,以自愿为原则,财产的分割,往往包含照顾、补偿的性质,不一定基于公平原则。因此,上诉人主张《离婚协议》在财产处理上显失公平,应予撤销的意见,本院不予采纳"①。

综上,对于《婚姻家庭编解释(一)》第七十条规定中没有明确列出的显失公平、重大误解等内容,并非完全排除适用的可能性。这两种情形作为法律规定的民事法律行为可撤销的事由,在离婚财产协议的纠纷中仍有用武之地,可作为补充事由,适用于离婚财产协议的撤销,但在适用上应更加审慎,且与财产法中的认定采用不同标准。

二、民事法律行为效力规则的功能补位

(一)以重大误解为由撤销离婚财产协议

我国现行民法规定的"重大误解",虽不完全等同于大陆法系的"错误"制度,但在理论上也同样存在一元论和二元论的争议。② 对于离婚财产协议的重大误解,若采取二元论,则部分当事人动机错误无法得到救济,这是否

---

① 广西壮族自治区玉林市中级人民法院(2014)玉中民一终字第 297 号民事判决书,类似裁判观点的判决如陕西省西安市中级人民法院(2016)陕 01 民终 1923 号民事判决书。

② 所谓二元论,指的是明确区分动机错误和表示错误,原则上前者不可撤销,后者可撤销,只有当动机通过表示而内容化时始予以斟酌;所谓一元论,指的是不区分动机错误和意思表示错误,从其他方面设定构成要件,划定可撤销的范围。我国通说采二元论。梁慧星:《民法总论》,法律出版社 2011 年版,第 173 页;崔建远:《合同法》,北京大学出版社 2012 年版,第 94 页;朱庆育:《民法总论》,北京大学出版社 2013 年版,第 265 页。也有学者提出我国并不存在二元论的立论基础和传统,应采一元论对重大误解设置统一的构成要件。龙俊:《论意思表示错误的理论构造》,《清华法学》2016 年第 5 期;韩世远:《重大误解解释论纲》,《中外法学》2017 年第 3 期;武腾:《民法典编纂背景下重大误解的规范构造》,《当代法学》2019 年第 1 期;黄芬:《重大误解的解释论解析》,《社会科学战线》2019 年第 12 期。

符合我国现行法规范①以及社会环境,又是否足以保护婚姻当事人的意思自治,值得反思;若采取一元论,如何对构成要件进行取舍,划定可撤销错误的范围又成难题。

司法实践中,一方面对于以重大误解请求撤销离婚财产协议的诉讼请求采取比较慎重的立场;另一方面并未囿于二元论,对于动机错误的离婚财产协议同样予以撤销。这是因为审判实务中所面对的案例几乎都是涉及意思形成阶段错误,很少见欠缺意思型②,事实上,这也是持一元论学者的有利论据。管见以为,若坚持只将表示错误视为"真正的错误"的二元论,确会导致离婚当事人的意思自治受到不当损害。

其一,基于一元论认定误解的重大性,符合利益衡量的结果。二元论人为地区别不同阶段、不同类型的错误,并赋予不同法律效果,导致实务中将错误归类当作首要问题,带来各种概念界定与类型区分上的困扰。③ 离婚财产协议中,当事人作出财产归属约定的动机更加复杂,何为内容错误,何为动机错误,存在识别的难度。

其二,基于一元论允许当事人对协议撤销,也更加符合大多数人朴素的法感情。若离婚财产协议中的财产约定,不能实现其目的的,或是当事人根本不欲的,有何理由强令此协议生效?有学者认为,当事人之所以同意办理离婚登记,很大程度上是对财产事项的安排已经达成一致,如当事人已经选择登记离婚的方式,离婚后又对财产分割部分反悔,则实质上是否定了原来的离婚协议。若将动机的错误作为可撤销的错误对待,则可能与离婚财产协议作为对男女双方具有法律约束力的协议的本质不符。④ 但事实上,任何撤销离婚财产协议的主张都会损害其稳定性。所谓离婚财产协议系多重因素的考虑,因此不能随意以重大误解为由撤销,实际上是未考虑误解的"重

---

① 《最高人民法院关于适用〈中华人民共和国民法典〉总则编若干问题的解释》第十九条:"行为人对行为的性质、对方当事人或者标的物的品种、质量、规格、价格、数量等产生错误认识,按照通常理解如果不发生该错误认识行为人就不会作出相应意思表示的,人民法院可以认定为民法典第一百四十七条规定的重大误解。"

② 陈自强:《契约错误法则之基本理论——契约法之现代化Ⅳ》,新学林出版股份有限公司2015年版,第314-315页。

③ 韩世远:《重大误解解释论纲》,《中外法学》2017年第3期。

④ 许莉:《离婚协议效力探析》,《华东政法大学学报》2011年第1期。

大"本质。意思表示错误只有是"根本性"的才可被撤销,所谓根本性,指表示与意思完全不符,表示的法律后果根本违反表意人的意愿。[①] 对根本性的错误的纠正需要已经超过了对离婚财产协议稳定性保护的需要时,才予以撤销。故基于一元论构建重大误解的要件,是更为科学合理的,也是更加符合保护离婚当事人真实意思的本意的。

借鉴学者已提出的一元论视角下的构成要件[②],离婚财产协议重大误解的构成要件应包括:1.离婚财产协议已成立生效;2.误解具有重大性;3.因重大误解而签订离婚协议;4.消极要件。其中,可理解为"重大"的误解的,通常指物的根本特征或人的主要资质。就离婚财产协议而言,可以是对人身份的误解,也可以是财产预估价值的误解。

1.对重要的人特定身份的误解

重大误解中,并非所有对人的错误均构成具有重大性的误解,只有在法律行为之典型交易目的格外注重人的性质的合同场合,可构成重大误解。[③]此处所谓"人",不仅包括法律行为当事人,亦包括第三人,只不过该第三人必须与法律行为有关。[④] 婚姻家庭领域内,身份关系决定了离婚财产协议必然十分注重当事人的特定身份。一方之所以愿意在离婚财产协议中约定子女对某项财产享有权利,通常是因为其认为该子女为婚生子女。此种以感情为基础,以当事人身份为主要原因的财产约定,在对当事人身份认识错误的情况下,如该子女实际上为非婚生子女但表意人当时并不知情,可以认定为重大误解。如前述"离婚财产协议效力纠纷的司法现状"中,此种对非婚生子女的身份的错误认识,有时也被作为离婚财产协议中的欺诈,而允许当事人撤销。[⑤] 但两种情形下,以欺诈为由撤销离婚财产协议存在解释上的障碍。

第一种情况是,若另一方当事人并未实施欺诈行为,仅仅是对子女的身份保持沉默,其消极的不作为能否构成欺诈。在沉默的情况下,表意人的错

[①]　梅伟:《意思表示错误制度研究》,法律出版社 2011 年版,第 240—241 页。
[②][③]　韩世远:《重大误解解释论纲》,《中外法学》2017 年第 3 期。
[④]　朱庆育:《民法总论》,北京大学出版社 2016 年第 2 版,第 271 页。
[⑤]　福建省福鼎市人民法院(2019)闽 0982 民初 464 号民事判决书;河南省开封市中级人民法院(2019)豫 02 民终 4597 号民事判决书。参见本章第一节。

误并非相对方的行为引起的,即错误是自发的。通常认为,消极的沉默原则上不构成欺诈,只有在负有告知义务而未尽时,一方的沉默才会构成欺诈。① 换言之,一方明知子女非婚生子,而另一方不知情,只有在认为其前者对后者负有告知义务时,沉默才会例外地构成欺诈。② 细考《民法典》婚姻家庭编中的规定,仅仅在《民法典》第一千零四十三条规定"夫妻应当互相忠实",而并没有采与第一千零五十三条类似的语式"一方不忠实的,应当在离婚登记前如实告知另一方",更没有规定"一方明知子女非婚生的,在离婚登记前如实告知另一方",可见从文义解释的角度,无法得出法律上规定有告知义务的结论。③ 从习惯的角度,或者基于诚实信用进行考量,是否能得出告知义务存在的结论呢? 也不尽然。尽管并不值得提倡,但明知子女非婚生的一方通常会选择隐瞒,而非告知另一方,故不能得出习惯上负有告知义务。诚实信用原则系市场交易中的道德准则,其不同于善良风俗可作用于家庭关系中。④ 故也难谓对子女并非婚生的告知义务系基于诚实信用原则,此种情况下,当事人无法以对方沉默欺诈为由撤销离婚协议。

第二种情况是,另一方当事人对于子女并非婚生也不知情,双方在离婚财产协议中意思表示时,均是基于误解作出的。那么,此种误解是表意人自身的错误,而非由他人引发。此种情形下,当事人就只能以重大误解为由撤销离婚财产协议,且双方当事人均有撤销权。

综上,在前述两种情形下,一方离婚当事人误以为子女为婚生子女,其利益状况与受到欺诈时相近。但由于对方未实施欺诈行为,其不能以欺诈为由撤销离婚财产协议,以重大误解撤销具有法理上的正当性,亦符合人之

---

① 学界通说认可沉默行为可以构成欺诈,但对告知义务的来源存在不同观点。余延满认为告知义务来源于法律的规定或习惯的要求;江平、王利明认为告知义务来源于法律或者诚实信用原则。参见余延满:《合同法原论》,武汉大学出版社 1999 年版,第 220 页;江平主编:《民法学》,中国政法大学出版社 2011 年版,第 151 页;王利明主编:《民法学》,复旦大学出版社 2004 年版,第 91—92 页。

② 有学者提出,重大误解还包括"对方知道或者应当知道"该重大误解的情形。参见韩世远:《重大误解解释论纲》,《中外法学》2017 年第 3 期。若采此种认识,则在对方有告知义务时,直接采用重大误解制度,跳过了沉默欺诈的概念。

③ 需要注意的是,应区分《民法典》第一千零九十一条规定的无过错当事人的离婚损害赔偿请求权,一方当事人有与他人发生婚外性行为、使原配偶欺诈性抚养子女等导致婚姻破裂的重大过错行为时,无过错方可以请求离婚损害赔偿,并不等同于当事人签订离婚协议时是受到欺诈的。

④ 梁慧星:《诚实信用原则与漏洞补充》,《法学研究》1994 年第 2 期。

常情。

2.对标的物性质、质量等误解

对标的物性质、质量、价值、数量的误解之概念与具体实例,相关学术讨论已是汗牛充栋,本章并不打算界定何为对标的物性质、质量等误解,仅明确在离婚财产协议中对于物之性质具有行为上重要性的误解,在法律上需要给予救济。具体而言,若夫妻一方在缔结离婚财产协议时,误以为夫妻共同财产属于个人财产或者个人财产属于夫妻共同财产,而作出其知情情况下不会为的意思表示,则可能构成"重大误解",误解方应当有权对误解的内容予以撤销。

(二)以显失公平为由撤销离婚财产协议

尽管重大误解与显失公平都导致合意存在瑕疵,但是重大误解往往是误认者基于对现实情况的错误认知所得出的错误判断,另一方本身并不一定对此存在过错;显失公平则多由于一方滥用了对方的某种特殊状态,譬如缺乏经验与判断力、对自己的特殊依赖关系等。故从与相对人关系的角度来看,相较重大误解而言,显失公平与胁迫更为接近。在最高院编著的《最高人民法院婚姻法司法解释(二)的理解与适用》中,相较重大误解而言,对于以显失公平为由的离婚财产协议的撤销,态度更为缓和。①

就显失公平本身的制度基础而言,其原则上是针对有对价的法律行为,故有反对观点认为离婚财产协议无对价,进而无"失公平"可言。然而,身份法领域的离婚财产协议同样属于有对价的法律行为,只不过该种"对价"并不总是以经济对等的形式出现,有时也包括对家庭成员具有特别意义的物品分配以及情感的因素在内。在家庭等亲密关系中,金钱和情感互为表里。各种物质交换和金钱关系,常常是相互关爱和共同责任的表达方式;成员们通过物质交换,也帮助自己和他人解决实际问题、实现人生目标。因此,口头表达和相互自我坦诚仅仅是维持亲密关系的其中一种,甚至不是主要的方式。相反,及时提供或者获得实际照顾和物质支持才是建立和维系亲密

---

①　笔者认为,人民法院在审理中发现协议内容存在显失公平的情况下,可支持当事人撤销协议的主张,尽管该种认定应当十分审慎;而一般不应当将"重大误解"作为支持当事人撤销财产分割协议的理由。参见最高人民法院民事审判第一庭编:《最高人民法院婚姻法司法解释(二)的理解与适用》,人民法院出版社2015年版,第129页。

关系的重要方式。① 离婚财产协议亦是同理,情感因素在离婚语境中以金钱或者其他经济价值的交换方式表达,所以从经济外观上看显失公平的,也不能当然地认为其掺杂了情感所以是公平的,仍然应当审慎地进行考察。

1．"双重要件说"移植婚姻法的局限性

显失公平条款早在《民法通则》第五十九条第二款即有规定,此后历经不同规范的解释和确认,在我国民事法律行为制度中历史悠久。对于显失公平的构成要件,理论上一直存在争议,传统观点与我国的立法规定及立法史表明,对于显失公平的构成仅要求客观要件,而没有要求主观要件。根据《民法通则》第五十九条第二款的规定,显失公平的民事行为可变更或可撤销。"单一要件说"认为显失公平规则仅要求客观上当事人双方的权利义务不对等致使利益严重失衡即可。后学者关于显失公平的构成要件展开了争论与反思,主要集中于显失公平除客观要件外,是否尚包括"一方具有利用优势或利用对方轻率、无经验等"主观要件。原因是将显失公平置于纯粹客观的层面,只要当事人之间的给付不平等,即可认定为显失公平,不利于维护交易安全。最终,理论上多认为利用他人的困窘、轻率、无经验等主观构成是必不可少的,否则即使存在给付失衡也无法对受害人进行救济。

针对《民法通则》的缺陷,《民通意见》第七十二条规定:"一方当事人利用优势或者利用对方没有经验,致使双方的权利与义务明显违反公平、等价有偿原则的,可以认定为显失公平。"据此,对于显失公平的认定不仅仅需要考量当事人之间的给付平衡状况,还需要结合当事人的主观状态综合考察。之后的《合同法》第五十四条第二款规定进而将《民法通则》的规定具体落实到合同订立中,其内涵继承了《民通意见》的规定。将《合同法》第五十四第二款与《民通意见》第七十二条规定结合起来,才能归纳出我国现行法关于显失公平的完整规定。即一方当事人利用优势或利用对方没有经验,致使双方权利与义务明显违反公平、等价有偿原则的,为显失公平。《民法典》则

---

① Zelizer,V. A. R.,2005,The purchase of intimacy,Princeton,N. J.:Princeton University Press. 转引自钟晓慧、何式凝:《协商式亲密关系:独生子女父母对家庭关系和孝道的期待》,《开放时代》2014 年第 1 期。

是继续沿用《民法总则》第一百五十一条的"双重要件"的规定。①

　　但尽管在立法上和学说上,显失公平采"双重要件"的认定方式似有尘埃落定之势,但在婚姻家庭领域,仍需要视身份关系的特殊性,对显失公平的构成要件进行取舍。"单一要件说"的支持者认为,即使要求一方当事人的主观恶意,也可以从客观上"明显重大的不相称"推导出"肆意利用的主观要件"。② 其优点在于,免除了受害人就显失公平的原因进行举证的负担,可充分保护受害人的利益,保证民法的公平原则在实践中的贯彻和运用。采用双重要件说实际上限制了显失公平的适用范围,使得立法目的近乎落空。③ 特别是在婚姻家庭领域,弱化主观要件的要求,有助于更好地实现实质正义。通常而言,显失公平的主观要件中对于当事人意思自治的干涉程度显然未达到欺诈、胁迫的程度,尚需给付失衡这一客观标准补足,才得以否定法律行为的效力。但婚姻法与合同法存在价值体系的差异,法律行为中显失公平制度在合同法上采用了代表自由与公平的主客观构成体系,如果仅仅借助"法律行为"这一上位概念的过渡,就套用至身份法律行为,则完全是逻辑推演的产物。若其结论不能得到实践经验的支持,则极易陷入19世纪末德国民法发展中出现的"概念法学"的错误。④ 正如前述,当事人对于欺诈、胁迫者的主观故意极难举证,基于重大误解、显失公平撤销离婚财产协议,旨在减轻婚姻家庭领域当事人的举证困难,若坚持主观要件的构成,则难以实现维护实质正义、保护婚姻当事人的目标。

　　同时,离婚财产协议不同于一时性的合同,离婚财产协议对当事人的影响往往是长久的,离婚财产协议中的意思表示亦是以长期持续的家庭关系为基础而作出的。那么,如果仅以最终客观上的"不公平",而允许一方当事人任意撤销离婚财产协议,毋宁于放弃对当事人在登记离婚时应就财产分割事项达成一致的要求。因此,对显失公平的认定应当采取审慎的态度,不

---

　　① 石佳友:《我国〈民法总则〉的颁行与民法典合同编的编订——从民事法律行为制度看我国〈合同法〉相关规则的完善》,《政治与法律》2017年第7期。

　　② [德]迪特尔·施瓦布:《民法导论》,郑冲译,法律出版社2006年版,第481页。

　　③ 韩世远:《合同法总论》,法律出版社2011年第3版,第200—201页。

　　④ 吴从周:《概念法学、利益法学与价值法学:探究一部民法方法论的演变史》,中国法制出版社2011年版,第15页。

严格局限于"双重要件"的考量标准,也不意味着倾向于支持当事人仅以客观上的不公平为由主张撤销。在客观要件的基础之上,亦需加入对离婚财产协议稳定性的考量,由法官基于经验对具备主观要件实施形成心证,即在给付严重不相称的情况下,可由表见证明推定具备主观要件事实。①

2. 对离婚财产协议以动态体系整体考察

在重述了上述问题后,解决思路也呼之欲出:离婚财产协议的显失公平,本质上是对合同自由原则的限制②,问题在于法律对离婚当事人对财产分割自由进行限制的正当性。公平原则与公序良俗原则均被引为显失公平制度背后的依据③,也有将显失公平制度视为公平原则与诚信原则共同体现者④。既然显失公平制度建立在诸多民法基本原则之上,为实现制度本身之价值,似乎也不宜对《民法典》第一百五十一条采用"全有全无"模式来机械判断其主客观构成要件。况且,显失公平规则的正当性源于代表自由与公平价值之主客观要件的协作与补足关系,这就要求在对显失公平的评价机制上采取颇具弹性的"动态体系论"。

动态体系论的重要特征之一,即要素之间呈现出可交换性与可互补性,一个满足程度较低的要素可与其他高度满足的要素共同作用而呈现出各要素均衡状态下相同的整体力量,进而得出相同的法律效果。⑤ 尽管动态体系论的实用价值在理论上存在争议⑥,但实践中各种情形的出现,表明动态体系的认定方式在婚姻家庭领域确有必要。在离婚的财产争议阶段,婚姻家

---

① 武腾:《显失公平规定的解释论构造——基于相关裁判经验的实证考察》,《法学》2018 第 1 期。

② 贺剑:《〈合同法〉第 54 条第 1 款第 2 项(显失公平制度)评注》,《法学家》2017 年第 1 期。

③ 胡康生主编:《中华人民共和国合同法释义》,法律出版社 2009 年第 2 版,第 98 页;梁慧星:《民法总论》,法律出版社 2011 年第 4 版,第 202 页。

④ 王利明:《合同法研究(第一卷)》,中国人民大学出版社 2015 年第 3 版,第 701—710 页。

⑤ 蔡睿:《显失公平制度的动态体系论》,《法治社会》2021 年第 6 期。

⑥ 有学者认为,对于采固定构成要件的规定,原则上并无动态体系方法的适用余地,且内在体系本身的捉摸不定导致了要素体系的不限定性,实定法上也普遍缺失基础评价。先天的不足极大地限制了动态体系论发挥作用的空间。参见解亘、班天可:《被误解和被高估的动态体系论》,《法学研究》2017 年第 2 期。也有学者认为,即使存在固定的构成要件,若要件内容具有高度概括性,仍可引入原则或要素动态协力的思考方法,以使该规定的适用更具妥当性。参见武腾:《显失公平规定的解释论构造——基于相关裁判经验的实证考察》,《法学》2018 第 1 期。维尔伯格在暴利行为的认定方面则明确倡导运用动态体系方法。参见[奥地利]瓦尔特·维尔伯格:《司法领域内动态体系的发展》,李昊译,《苏州大学学报》(法学版)2015 年第 4 期。

庭中温情脉脉的面纱已被揭去,许多情况可能是立法者所不能预料的。如在"韩某、许某离婚后财产纠纷案"中,一审法院认为韩某无法证明许某存在利用韩某处于危困状态、缺乏判断能力的情形,离婚协议是其自愿签订。二审法院则认为,在韩某最需要支持之时,许某将正在住院期间、偏瘫的韩某带至淄博市周村区民政局办理离婚手续,并签订离婚协议。在韩某病情未稳定的住院期间签订内容在客观上看来严重有失公平的离婚财产协议,应认定许某有利用韩某处于危困状态、缺乏判断能力的情形。认定离婚协议中有关共同财产处理显失公平,支持韩某对涉案离婚协议财产处理中第 1 项予以撤销。① 又如"郭某、张某离婚后财产纠纷一案",判决认为离婚协议约定将张某与郭某共有且系唯一的房产全部给予郭某,而且将退休金的一半也给付郭某,将导致身体残疾的张某居无定所、生活困顿,该协议内容显失公平,依法应予撤销。② 在此类纠纷中,法官对于显失公平的审查显然未拘泥于"双重要件",而是在一方要件高度充足时,以其弥补另一方要件之不充足,达到显失公平两方面要件事实之间的分量互补,使显失公平制度在离婚后财产纠纷中更加注重整体考察的视角,更好地发挥应有的救济作用。

综上,对于离婚协议是否存在显失公平或者重大误解情形,可以根据订立离婚协议时的具体境遇综合判断。如双方是否存在不平等地位或有一方对财产安排有误解等情况,都将成为撤销离婚财产协议的考虑因素。如在"李某某、韦某离婚后财产纠纷"一案中,李某某、韦某签订离婚协议书时,李某某就其与婚生子的血缘关系存在重大误解,该误解足以使其在分割夫妻共同财产时作出不同甚至相反的判断,故判决认定离婚协议书中财产分割协议因李某某的重大误解而不能反映双方的真实意思表示。③ 同时,以显失公平撤销离婚财产协议的,也需要在一定程度上弱化对主观要件的坚持,结合个案的具体情形,对显失公平作出认定。

---

① 山东省东营市中级人民法院(2021)鲁 05 民终 2045 号民事判决书。
② 安徽省淮北市中级人民法院(2020)皖 06 民终 1023 号民事判决书。
③ 安徽省阜阳市颍州区人民法院(2020)皖 1202 民初 2757 号民事判决书;安徽省阜阳市中级人民法院(2020)皖 12 民终 4008 号民事判决书。

第三节　离婚财产协议的处分效力

《婚姻家庭编解释（一）》第六十九条中"法律约束力"是否包含"物权变动的效力"，如前述般存在不同观点。事实上，认为离婚财产协议仅具有债权效力的观点，本身存在诸多无法解释的漏洞与矛盾，其接纳物权说最大的阻碍为坚持婚姻家庭领域也应遵守形式主义的物权变动模式。下文将从债权说的缺陷、现有物权说的不足以及完善等方面，论证离婚财产协议具备处分效力在法理上的可行性与正当性。

一、离婚财产协议的债权说法理难圆

首先，债权说实际上是根据物权法关于物权变动的一般规则否定离婚财产协议的物权效力，其与物权变动的形式主义模式是否当然地适用于身份领域的问题密切相关。在面临债法与婚姻家庭法领域的交融时，学者往往注意到与身份相关的财产行为的特殊性，认为债法调整纯粹一般民事主体之间的财产关系，而家庭法调整特殊民事主体之间的身份关系，以及与身份关系相关联的财产关系。基于此，认为合同法应仅适用于财产法律行为，而不适用于身份法律行为，或至少应限制合同法对身份关系协议的适用。[①]然而，对同属于财产法的物法在婚姻家庭领域的适用，却常有先入为主地将物权变动的一般规则植入婚姻家庭关系的现象，难谓无违背婚姻家庭法的本质属性和价值取向。应当注意，婚姻法属于身份法，物权法属于财产法，对于夫妻财产关系的调整，婚姻法作为特别法优先于作为一般法的物权法。[②]

其次，更为重要的是，债权说主张履行具有公示意义的物权变动程序才能更好地保障婚姻关系当事人的权益，因其认为，清晰的权利界分方可保障

[①]　郭明瑞：《民法总则通义》，商务印书馆 2018 年版，第 215—216 页；夏吟兰：《论婚姻家庭法在民法典体系中的相对独立性》，《法学论坛》2014 年第 4 期；叶名怡：《夫妻间房产给予约定的性质与效力》，《法学》2021 年第 3 期。

[②]　范李瑛：《论夫妻财产制契约所致的物权变动》，《山东社会科学》2016 年第 5 期。

当事人权利。① 然而,若需请求对方履行方能发生物权变动效力,伴随着身份关系解除的财产上的效力就会延迟,从而使当事人间的关系继续处于不安定的状态。婚姻关系业已破裂,当事人倾向于在财产关系上进行"干净的切分",以避免将来不必要的纠纷。若基于此种考量,意思主义的物权变动模式显然更加符合离婚当事人"尽快开启新生活"的需求。而且如前所述,夫妻身份关系的特殊性固然不能直接证成离婚协议中的物权变动无须登记或交付,但物权公示本身并不是界分权利的唯一方式,更不当然成为婚姻家庭领域内的物权变动模式。

再次,债权说的主张者担心,意思主义模式所致名不副实的财产公示状态将有可能引发更多争议,这恰好偏离了对离婚财产协议本身效力讨论的中心。婚姻法原则上只需调整夫妻内部,即夫妻间的财产关系,没有必要调整夫妻外部,即夫妻与第三人之间的财产关系。② 也即,不应为了尚不存在的交易利益的假定,认定离婚当事人不享有物权,以至于破坏家庭成员之间最后的信任。事实上,在婚姻关系存续期间,基于我国现行法规定的夫妻法定财产制,已存在大量的未经公示的夫妻共同财产。故不论是婚姻关系存续期间,还是离婚后的夫妻共同财产的公示与权利真实状态脱节期间,均有诸如善意取得制度、债权人撤销权③等第三人的救济渠道,离婚财产协议的生效并不会导致对第三人利益的影响范围扩大。反之,若离婚财产协议仅仅是负担效力,离婚当事人仍需像对普通交易一样要求对方履行登记或交付义务,一旦对财产的安排落空,更多离婚后财产纠纷的产生则几乎必然,所以保护第三人利益并不足以成为否定离婚财产协议具有直接变动物权效力的有力理由。

最后,最为关键的是,债权说的主要作用机制在于平衡离婚财产协议中财产归属方和外部第三人之间的利益,故该说通过否认离婚财产协议直接变动物权的效力以保护第三人利益。但债权说却未在逻辑上坚持一贯的价

---

① 夏江皓:《形式主义下离婚财产分割协议的物权变动》,《法学》2022 年第 3 期。

② 吴晓芳:《当前婚姻家庭案件中的疑难问题探析》,《人民司法》2010 年第 1 期。

③ 对此的研究,参见韩世远:《离婚协议财产处理与诈害债权》,《中国法律评论》2022 年第 4 期。有论者认为,债权人撤销权的条件原本就较难达到。但这正进一步说明离婚当事人即使债务缠身,只要非属恶意逃债,仍然不失对自己财产自由支配的权利。

值考量,在离婚财产归属方和另一方执行债权人的利益衡量中,往往又以债权竞合为前提条件,认为配偶请求履行交付、过户的债权在强制执行程序中优先于普通金钱债权人的债权。即在有保护第三人利益的需要时,强调离婚财产协议身份法上的特殊性并不显著,无须对离婚当事人以基于身份关系的特殊对待,而在强制执行中,又将"保护第三人利益"置之脑后,以身份关系的特殊性论证配偶请求过户登记的请求权优先于执行债权,有前后矛盾之嫌。实际上,债权竞合说本身也很难在理论上证立,学理上的通说认为,债权人不得以其对执行标的享有债权为由提起案外人执行异议之诉。①足以排除强制执行的民事权益,尽管并不仅限于物权,但《执行异议复议规定》第二十八条实际上是保障住房民生的政策下的无奈之举,自出台时便饱受质疑②,对其类推扩张更应审慎。

二、离婚财产协议的物权说应予完善

(一)应区分物权效力与处分效力

离婚财产协议所具并非仅仅物权效力,而是处分效力。强调处分效力,是因为夫妻共同财产中对"财产"的理解应采广义。夫妻共同财产不仅限于物权,而是针对抽象的财产,离婚财产协议中所作安排也并不仅限于物权,还包括股权、债权等其他"财产"。现有物权说采用"物权效力"一词不够严谨,处分行为系物权行为的上位概念,二者虽时常作为同义概念混用,但在内涵上各司其职,处分行为的标的为物权时,方称物权行为。③

此外,能否以物权原理解释夫妻婚后所得共同制或夫妻约定财产制下的夫妻共同财产也存在争议,详见后文论述。故而,采用离婚财产协议具处分效力的说法更为准确。

---

① 肖建国主编:《民事执行法》,中国人民大学出版社 2014 年版,第 205 页;赖来焜:《强制执行法总论》,元照出版公司 2007 年版,第 695 页。

② 有学者认为,物权期待权本身就非我国法律规定的权利类型,其概念的内涵与外延均模糊不清,与德国法中"确保的法律地位"之期待权概念存在差异。赋予买受人超过其他债权的特殊保护,仍然更接近受债法调整的规则。参见司伟:《借名买房排除强制执行的法律规则——基于学说与案例的分析与展开》,《法治研究》2021 年第 4 期。许多学者认为,此条规定打破了物权的公示公信原则,仅能具有过渡性,在将来应退出历史舞台。参见庄加园:《不动产买受人的实体法地位辨析——兼谈〈异议复议规定〉第 28 条》,《法治研究》2018 年第 5 期。

③ 朱庆育:《民法总论》,北京大学出版社 2016 年第 2 版,第 156 页。

（二）现有学说不足之处

1. 离婚财产协议的处分效力并非因其属于夫妻财产制约定

对于离婚财产协议与夫妻财产制约定的边界，当前未有统一意见。有学者认为二者并无区别，并在此基础之上，认可离婚财产协议具有直接变动物权的效力。通常将夫妻财产制约定与夫妻法定财产制进行比较，阐明婚姻法与财产法的不同，进而认为婚姻家庭中的物权变动应采取与物权法不同的调整方式。[①] 而约定财产制优先于法定财产制，故其相应地也具有物权效力。[②] 离婚财产协议即是一种夫妻财产制约定，故无需经过登记等公示手段即可发生物权变动的效力。[③] 与此相对，也有许多学者认为离婚财产协议与夫妻财产制约定有本质区别。[④] 事实上，离婚财产协议的确不可与夫妻财产制约定一概而论。

首先，离婚财产协议虽是在婚姻关系存续期间订立，但离婚财产协议与夫妻财产制约定的作用发挥，在逻辑上存在先后顺序。夫妻财产制决定了夫妻之间的共同财产和个人财产的划分与认定方式，不论采取法定财产制还是约定财产制，都是为夫妻共同财产与个人财产的识别提供前提。而离婚财产协议所涉及的夫妻共同财产的分割，以及一方将个人财产给予配偶或者子女的约定，均是建立在夫妻财产制对共同财产与个人财产的界定基

---

① 在我国，法定夫妻财产制是婚后所得共同制。调整手段上，它采取的是直接手段或者说物权手段，即将夫妻一方的部分财产直接移转给夫妻另一方，让后者成为财产的共同共有人。参见贺剑：《论婚姻法回归民法的基本思路——以法定夫妻财产制为重点》，《中外法学》2014 年第 6 期。对于我国法定财产制的法理基础，有不同的解释路径。一说婚姻法上的实体性规定优于物权法上的程序性规定；二说夫妻另一方法定共同共有权的取得，并不以交付、登记等公示方式为必要，属于物权变动形式主义的例外；三说此为非基于法律行为的物权变动，不适用物权公示原则。参见程啸：《不动产登记簿之推定力》，《法学研究》2010 年第 3 期；许莉：《夫妻财产归属之法律适用》，《法学》2007 年第 12 期；刘耀东：《论基于夫妻财产制契约发生的不动产物权变动——非基于法律行为的物权变动解释路径》，《甘肃政法学院学报》2016 年第 3 期。

② 此观点存在争议，但因本节重在探讨离婚财产协议与约定财产制的关系，作为离婚财产协议的"物权说"的逻辑基础，夫妻约定财产制能否不经登记而产生物权效力的问题并非本章讨论重点。对此问题的研究，参见裴桦：《夫妻财产制与财产法规则的冲突与协调》，《法学研究》2017 年第 4 期。

③ 陈永强：《夫妻财产归属约定的法理明晰及规则适用》，《中国法学》2022 年第 2 期。范李瑛：《论夫妻财产制契约所致的物权变动》，《山东社会科学》2016 年第 5 期。

④ 叶名怡：《离婚房产权属约定对强制执行的排除力》，《法学》2020 年第 4 期；冉克平：《〈民法典〉视域中离婚协议的夫妻财产给与条款》，《当代法学》2021 年第 6 期；夏江皓：《形式主义模式下离婚财产分割协议的物权变动》，《法学》2022 年第 3 期。

础之上。这一点，在规范定位上也可得到验证，即两者被分别规定在"家庭关系"与"离婚"两章之中。

其次，二者法律效果并不相同。其一，夫妻财产制约定的全部动机，在于维护夫妻相互间的特殊身份关系，以及使这一特殊利益共同体尽可能存续与发展。而离婚财产协议是婚姻关系终止时，对夫妻这一利益共同体最后的利益分配。其二，夫妻财产制协议最主要的私法效果，在于排除或部分排除法定财产制的适用。① 而离婚财产协议是当事人在决定终止婚姻关系之时签订的，在此之前的婚姻关系存续期间，夫妻双方可能采取法定财产制，也可能采取约定财产制，离婚财产协议并没有产生排除法定财产制的效果。

总而言之，夫妻财产制约定决定婚姻存续期间的共有财产以及个人财产的分配方式，应采狭义的理解。离婚财产协议指向既有的、特定的财产，本质上不同于夫妻财产制约定，二者分别在不同情形下调整夫妻之间、家庭成员之间财产关系。

2. 离婚财产协议的处分效力并非基于共有物分割

有学者从共有物分割自由的角度出发，基于共有物分割为处分行为的性质，认为离婚财产协议中对夫妻共同财产的约定为共同共有物的分割，无需登记即可改变原有的物权关系。② 此涉及共有物的协议分割能否不经登记即发生物权变动效力，以及夫妻共同财产是否可视为物权法上共同共有物的两个问题。

首先，假定夫妻共同财产在性质上属于共同共有物，共有物的分割也仅在不动产登记、动产交付后才发生物权变动的效力。共有物分割为处分行为，也并不意味着共有物分割协议可直接发生物权变动的效果。原因在于，共有人协议分割共有物的协议属于债权契约，基于分割协议，各共有人得请求履行，办理分割。但作为处分行为的共有物分割，须于不动产经分割登记、动产经交付始生效力。③

---

① 姚邢、龙翼飞：《〈民法典〉关于夫妻间财产协议的法律适用》，《法律适用》2021年第2期。
② 熊玉梅：《离婚财产分割协议效力探究——以不动产执行异议之诉为视角》，《江西财经大学学报》2020年第2期。
③ 王泽鉴：《民法物权》，北京大学出版社2010年第2版，第247—248页。

更为重要的是,夫妻共同财产未必等同于物权法中的共同共有物。关于夫妻共同财产,学理上早有学者提出,基于婚姻关系的财产处分限制,并非因为财产是夫妻"共有"而以一方单独处分为无权处分,而是因为该财产在婚姻中具有实际用途,才对其处分作出特殊限制。[①] 对此,有学者主张夫妻共同财产是婚姻法中的一种独立类型,并不同于物权法意义上的共有物。[②] 与之相对,在传统理论中,夫妻共同财产是共同共有类型之一[③],在法工委的解读中,夫妻共同财产的性质也被认为是"共同共有"[④]。

采取上述何种观点,一方面取决于我国现行法及理论上如何界定共同共有,另一方面还要受制于现行法规定的夫妻共同财产本身的特性。若对共同共有采广义理解,即认为共同共有的客体为"一复杂的财产总体"[⑤],则共同共有似可涵盖夫妻共同财产中除物之所有权以外的其他财产性权利。但依学界通说,共同共有仅仅是针对物的所有权而言,其客体仍适用一物一权原则[⑥],那么其也就自然无法准确描述夫妻共同财产中除物之所有权以外的其他财产性权利。[⑦] 且在我国现有的制度背景下,共同共有和按份共有并列规定在《民法典》物权编"共有"一章中,其所涉及的均是物权的内容。故基于物法领域的共有制度而主张离婚财产协议为共有物分割的观点,难以令人信服。

此外,夫妻的共同关系,本质上远超过物权法上的共同共有及债法上的合伙关系,"拟以普通债法或物权法上的法律关系,规律以身份为基础的夫

---

① 对用于婚姻居住或家庭生活居住的房屋,其利益归属应充分考虑到婚姻的特殊性,非所有权人享有婚姻住所居住权,该权利应是配偶另一方的不动产或者利益的一种负担……如果仅仅依据物权法原理或规则,不考虑婚姻家庭法的特殊性,人民法院对这类不动产的认定与分割,可能偏离具体规则追求的公平正义。参见蒋月:《论夫妻一方婚前借款购置不动产的利益归属——对"〈婚姻法〉司法解释(三)征求意见稿"第十一条的商榷》,《西南政法大学学报》2011年第2期。

② 贺剑:《论婚姻法回归民法的基本思路——以法定夫妻财产制为重点》,《中外法学》2014年第6期;龙俊:《夫妻共同财产的潜在共有》,《法学研究》2017年第4期。

③ 史尚宽:《物权法论》,中国政法大学出版社2000年版,第176页。

④ 黄薇主编:《中华人民共和国民法典婚姻家庭编解读》,中国法制出版社2020年版,第132页。

⑤ 芮沐:《民法法律行为理论之全部》,中国政法大学出版社2003年版,第5页。

⑥ 王泽鉴:《民法物权》,北京大学出版社2010年第2版,第253页;谢在全:《民法物权论》(上),新学林出版社2014年版,第425页。

⑦ 学说上,所有权以外之财产权,可准用共同共有之规定。但法律对各该财产权设有特别规定时,应优先适用。参见王泽鉴:《民法物权》,北京大学出版社2010年第2版,第262-263页。

妻之财产关系,则嫌不足"①。我国法定夫妻财产制为婚后所得共同制,是法律为婚姻共同生活中财产关系提供准据的特别规定。纵观新中国成立后我国夫妻财产法的发展历程,1950 年《婚姻法》采用了"家庭财产"的概念,而未涉及夫妻财产制形态、夫妻个人财产等,主要原因是当时女性经济尚未完全独立,家庭成员个人收入有限,且夫妻并未作为一个生活共同体独立于原生大家庭之外。改革开放后,夫妻财产概念应运而生。1980 年《婚姻法》舍弃"家庭财产"的概念,明确了夫妻财产制的形式与性质,其中第十三条明确婚后所得共同制为法定财产制,夫妻共同财产的范围限定为"夫妻在婚姻关系存续期间所得财产",并规定"夫妻对共同财产,有平等的处理权"。② 夫妻共同财产的立法变迁,呈现出如今承认和尊重夫妻团体的独立性、保障家庭中弱势群体以及维护男女平等的理念。故不可简单将夫妻共同财产归入共同共有范畴,或即便在名义上承认其为"共同共有",也不妨碍夫妻共同财产作为共同共有的子类型在婚姻法中的效果,即认同夫妻共同财产为共同共有的学者所强调,"在夫妻共有财产的法律适用上,按照特别法优先于一般法的原则,《婚姻法》及其司法解释的相关规定应当优先于《物权法》关于共同共有的规定而适用"③。共同共有应比按份共有具有更大包容性,在规范上也要更加尊重人法,认可婚姻家庭编对夫妻财产的特别规定和价值考量。④ 从比较法上看,基于婚姻关系亦可产生独立的财产处分限制,如采取净益共同制的德国,在一方处分其几乎全部财产的情况下,亦须经过配偶的同意或者追认。⑤ 这就说明,此种处分限制的本质是基于婚姻关系的财产处分限制,而非基于物权关系的财产处分限制。⑥ 故看待离婚财产协议更不能仅仅从物权法上共有物分割的角度出发。

---

① 戴东雄:《夫妻财产制之研究》,载《亲属法论文集》,中国政法大学出版社 2001 年版,第 109 页。

② 柳经纬、于飞等:《改革开放 40 年法律制度变迁·民法卷》,厦门大学出版社 2019 年版,第 301 页。

③ 戴孟勇:《论共同共有的类型及其纯化》,王洪亮等主编《中德私法研究》(第 14 卷),北京大学出版社 2016 年版,第 59 页。

④ 唐勇:《共同共有词义考》,王洪亮等主编,《中德私法研究》(第 14 卷),北京大学出版社 2016 年版,第 34 页。

⑤ [德]迪特尔·施瓦布:《德国家庭法》,王葆莳译,法律出版社 2010 年版,第 116 页。

⑥ 龙俊:《夫妻共同财产的潜在共有》,《法学研究》2017 年第 4 期。

综上,离婚财产协议的处分效力,并非基于夫妻财产制约定,也非基于共有物分割。

(三)离婚财产协议处分效力的证成

前述债权说的不当之处已经表明,对离婚协议不同于作为负担行为之合同的特殊性的证成势在必行;而物权说所采理由又未能很好说明离婚财产协议的处分效力。那么,为何夫妻关系的特殊性可使离婚当事人既不可与一般债权人等同视之,又不受制于物权公示原则,将是接下来从离婚财产协议的历史源流、清算协议性质两个方面考察的问题。

1.离婚财产协议的历史源流

任何法律虽都应与一国社会观念相适应,但家庭法尤受价值观及传统中国伦理观念之影响①,故而对家庭法做解释论工作时,不能不求索于我国历史以及考虑传统伦理观念。传统中国的法律制度中并没有诉讼离婚,采取的是自由离婚制度,其中的"和离"类似于今日之协议离婚。② 中国古代的"放妻书"或许可助于理解和离对于婚姻解除、夫妻关系终结的意义。③ 关于离异后之财产分割,《敦煌契约文书辑校》所收录放妻书写道,"见此分离,聚会二亲,夫与妻物色,具名书之""所要活业,任意分将。奴婢驱驰,几个不勤。两共取稳,各自分离,更无期",即离异仪式中离异者双方当诸双方家族之面,应将财产予以分割清楚,以免事后再生纠纷。④ 此表明在传统观念上离婚协议具有的严肃性、终局性,以及其在财产处置上发挥如同司法裁判般直接作用的意味。

清末修律以降,现代家庭法的理念便逐渐奠定。在 1930 年 10 月 26 日

---

① 陈惠馨:《台湾地区百年来婚姻家庭相关法规的变迁及未来的展望——从尊卑走向平等的婚姻家庭关系》,张晋藩主编,《二十世纪中国法制的回顾与前瞻》,中国政法大学出版社 2001 年版,第 259 页。

② 徐朝阳:《中国亲属法溯源》,商务印书馆 1930 年版,第 126 页。

③ 敦煌文书中有一类汉文离婚契约,年代上属唐代中期至北宋初期,统称作"放妻书",其属于和离的程序形式没有争议。尽管订立放妻书的主要目的并非财产分割,但其中亦涉及离婚后及其善后事宜中的财产分割内容,是周秦以降的中国古代离婚实践中较为罕见的,是研究古代协议离婚制度不可或缺的第一手资料,可洞见中国传统文化的深层结构及其意蕴,亦是我国离婚协议研究的活水源头。参见杨际平:《敦煌出土的放妻书琐议》,《厦门大学学报》(哲学社会科学版)1999 年第 4 期。张晋藩总主编:《中国法制通史第四卷・隋唐》,法律出版社 2000 年版,第 568－569 页。王斐弘:《敦煌法论》,法律出版社 2008 年版,第 90 页。

④ 刘文锁:《敦煌"放妻书"研究》,《中山大学学报》(社会科学版)2005 年第 1 期。

国民政府公布民法亲属编及继承编以前,有关婚姻、家庭的相关法规是以大清现行律中民事部分有关亲属、继承之部分为主,继续适用。《大清民律草案》亲属编中的婚姻章,规定了两愿离婚的条件和程序,其第一千三百六十八条规定:"两愿离婚者于离婚后,妻之财产仍归妻。"该条虽并非基于夫妻合意对财产做出的安排,但其体现出离婚后关于财产纠纷应予以避免的立法倾向。①

可见,从协议离婚的历史源流来看,夫妻离婚后就不再有经济利益上的纠葛。当然,现代法律所强调的价值观不同于往日,今日之法亦与古时法不同,不仅已欠缺民族的特性②,且必须考虑物法规则由外向内对夫妻财产制度的影响。现今的家庭法规范内容"既传统又西化"③,一方面,夫妻财产法受到个人主义和形式理性法的浸染;另一方面,现代家庭内部仍然存在着广泛的利他主义。④ 故而,在求索于历史中的婚姻伦理传统后,应适时将眼光转向现代家庭法的构造及价值判断,进一步厘定离婚财产协议的效力。

2. 离婚财产协议具有清算协议性质

现代法制上的离婚协议,是夫妻双方就离婚的法律后果达成合意,经过婚姻登记机关登记解除婚姻关系的方式。离婚财产协议是夫妻双方对离婚后财产的归属和处置所达成的离婚协议的组成内容,未对财产处理达成一致的,登记离婚不能成立。也即,夫妻关系一旦解体,财产归属便应明晰。而作为登记离婚要件的离婚财产协议,其具有清算协议性质的理由主要还有以下两点。

第一,离婚时的财产分割协议,是夫妻在共同生活解体时对共有财产的清算,离婚财产协议的目的之一即是避免反复的财产结算关系。⑤ 根据我国物债两分的权利体系,离婚财产协议的订立若只发生给付请求权与相应的

---

① 邵义:《民律释义》,王志华勘校,北京大学出版社 2008 年版,第 499 页。
② 田中耕太郎:《世界法的理论》(第 1 卷),第 65 页。转引自戴东雄:《夫妻财产制之研究》,载《亲属法论文集》,中国政法大学出版社 2001 年版,第 97 页。
③ 陈惠馨:《台湾地区百年来婚姻家庭相关法规的变迁及未来的展望——从尊卑走向平等的婚姻家庭关系》,张晋藩主编,载《二十世纪中国法制的回顾与前瞻》,中国政法大学出版社 2001 年版,第 259 页。
④ 冉克平:《夫妻团体财产与个人财产的法理构造》,《法制与社会发展》2019 年第 5 期。
⑤ 范李瑛:《论夫妻财产制契约所致的物权变动》,《山东社会科学》2016 年第 5 期。

给付义务，而不引起权利归属变动，那么离婚财产协议中的财产给予方可以随时反悔，并仅对其配偶承担或有的违约责任。而清算协议性质，恰恰不容许配偶基于离婚财产协议，在长期性的关系终结时处于与其他债权人平等的地位。在其他债权人提起强制执行的情况下，配偶就会丧失其对团体财产的安排优先得到满足的机会，不利于离婚制度的贯彻。

　　第二，夫妻关系的终止，意味着夫妻共同财产制的结束，不仅原有夫妻共同财产无法继续存续，亦不能产生新的夫妻共同财产。一方面，离婚财产协议的生效时间与夫妻身份关系解除紧密相连，离婚一旦发生法律效力，夫妻共有财产的存在也丧失了共有基础。[①]　与公司清算相比，公司经宣告解散后，其公司人格于解散后至清算完结前仍然存在，但夫妻团体并未形成独立的法人人格，因此也就不能成为夫妻共同财产的归属主体。另一方面，新的夫妻共同财产的产生也与离婚的事实相矛盾。[②]　夫妻共同财产的主要目的是使得夫妻共同体尽可能存续与发展，离婚协议生效后这一目的就已不复存在。按照债权说的逻辑，在不动产未登记、动产未交付之前，个人财产、夫妻共同财产的权属并未发生变化，夫妻共同财产与个人财产的区分仍然现实存在。那么，夫妻一方个人财产在婚后产生的收益就仍应遵循《婚姻家庭编解释（一）》第二十六条的规定[③]，在离婚后依然会有新的夫妻共同财产的产生。在夫妻共同体已终结的情况下，新的夫妻共同财产的产生根本地违背了离婚财产协议的目的。需要补充说明的是，对于因《民法典》第一千零九十二条规定情形在离婚时未进行分割的夫妻共同财产，仍然是共同共有的财产，但因夫妻关系已经终结，已经不能称之为夫妻共同财产了。[④]

---

　　①　熊玉梅：《离婚财产分割协议效力探究——以不动产执行异议之诉为视角》，《江西财经大学学报》2020年第2期。

　　②　学界有观点认为，共同关系终止后，共同共有之关系归于消灭，故除同时就共同共有物予以分割外，此数人依共同关系对某物共享一所有权之状态，将因此成为分别共有。参见谢在全：《民法物权论（上）》，新学林出版社2014年版，第435页。基于此，有学者主张，在离婚协议生效之后婚姻关系已经解除，双方由共同共有变为按份共有关系。参见江必新主编：《民事执行重大疑难问题研究》，人民法院出版社2010年版，第157页。

　　③　《婚姻家庭编解释（一）》第二十六条："夫妻一方个人财产在婚后产生的收益，除孳息和自然增值外，应认定为夫妻共同财产。"

　　④　夫妻共同财产可认为是共同共有的子类型，但并非共同共有皆为夫妻共同财产。此种情况下的共同共有并非基于夫妻关系存在的集合财产，不可再称之为夫妻共同财产。

综上,离婚财产协议具有处分效力从而直接引起物权变动,有助于明晰协议离婚后夫妻双方的财产归属,亦符合婚姻法的特殊价值以及法理逻辑。

3.离婚财产协议为物权公示的例外

基于前述,对离婚财产协议效力的分析必须立足于身份法律行为的特殊性,不能以不动产经登记、动产经交付才发生效力的物权法的一般规则机械适用于婚姻家庭关系中。此外,认为离婚财产协议采取意思主义模式将造成制度成本升高的观点,也未必正确。

首先,离婚财产协议的处分效力并不至对现有的物权公示造成过大的冲击。我国的法定夫妻财产制本身就构成了夫妻关系下物权公示的例外。依据我国的法定财产制,许多不动产登记状况仅在"逻辑上的一秒"为正确登记,转瞬即成为登记在一方名下、而为夫妻共同财产的错误登记状态。原本就仅登记在夫妻一方名下的夫妻共同财产,自始至终都处于登记错误的状态,因此即使承认分割协议立即产生变动物权的效果,也不会恶化此等利益状态。① 相反,若离婚财产协议中约定该夫妻共同财产归登记名义人所有,反而将原本的错误登记变为正确登记,司法实践中,便存在认可此种情况下离婚财产协议的物权变动效力的判决。②

其次,离婚财产协议中动产的物权变动,没有完成公示的空间。因在基于法律行为的物权变动中,动产以交付为物权变动的生效要件。交付即移转占有。③ 史尚宽认为,交付原来谓物上现实直接的管领力之移转即为直接占有之移转,然有三种例外情形,与现实交付有同等效力,即占有之观念的移转亦宜认为交付之方法。④ 问题在于,对于共有物的分割需要交付吗? 对于夫妻共同财产之动产的分割,又要如何交付? 交付涉及占有的变动,但婚姻关系中,夫妻双方即使没有直接占有该动产,起码对于该动产也处于间接

---

① 刘宇:《论共有物分割请求权的性质及行使方式》,《财经法学》2021 年第 6 期。
② 最高人民法院(2018)民申字第 613 号民事判决书。
③ 魏振瀛主编:《民法》,北京大学出版社、高等教育出版社 2013 年第 5 版,第 228 页。
④ 史尚宽:《物权法论》,中国政法大学出版社 2000 年版,第 38 页。

占有状态,因为双方实际上是共同占有人,都是自主占有。① 换言之,不论如何分割,财产归属方配偶自始至终都保持着占有的状态。据此,基于婚姻关系本身的特性,离婚财产协议中的动产无需交付,离婚财产协议一经订立即发生物权变动。

三、离婚财产协议处分效力与第三人利益之衡量

离婚财产协议效力背后的利益衡量,是在财产归属方配偶与第三人之间展开的。有物权变动,就必然存在第三人利益保护的需要,因此离婚协议所致不动产物权变动未经登记不得对抗第三人。登记对抗制度中的权利外观理论就是视虚为实,通过法律拟制从虚像处取得的权利与从实际的物权状态中取得具有相同的效果。② 但需要明确的是,在婚姻家庭领域的价值衡量方面,原则上应以维护家庭稳定、保护配偶利益为先,故不得对抗之"第三人"的范围,应限定于善意取得人。③

1.配偶利益优先原则

有学者认为,认可离婚财产协议的物权效力,实质上是以牺牲离婚协议中责任财产减少方的债权人利益为代价优待另一方配偶,缺乏足够的正当性。④ 但首先,任何债权人均需面对债务人责任财产减少的风险,在债权人与配偶的利益衡量中,没有理由一律强调对债权人的保护。因为离婚协议中对财产的安排,很大程度上决定了双方是否愿意达成离婚协议,其中蕴含的情感因素有时远超经济理性,对配偶的此种"优待"是有正当理由的。

其次,离婚财产协议中的当事人本身亦未得到充分的债法救济,例如其不能基于合同债务的利息、担保、期限利益丧失等督促债务履行的手段得到

---

① 庄加园:《自主占有与简易交付》,《法学》2020年第1期。与男女平权原则相应,对婚姻住房与动产通常成立夫妻双方简单的共同占有。而在夫妻约定共同财产制中,配偶一方受委托管理共同财产时,其为整个财产的直接单独占有人,而配偶双方则是间接的共同共有性的共同占有人。参见[德]鲍尔·施蒂尔纳:《德国物权法》(上册),张双根译,法律出版社2004年版,第142页。

② 郭志京:《也论中国物权法上的登记对抗主义》,《比较法研究》2014年第3期。

③ 在不动产未登记的情况下,倘若第三人满足不动产善意取得的要件,其就能取得所有权,失去所有权者自然不能对抗已经获得所有权的第三人。因离婚当事人怠于办理变更登记,第三人善意取得所有权,在理论上并无太大障碍,故不加以赘述。下文将主要围绕"第三人"范围之限定,即为何离婚财产协议的处分效力未经登记仍得以对抗执行债权人展开。

④ 冉克平:《〈民法典〉视域中离婚协议的夫妻财产给与条款》,《当代法学》2021年第6期。

有效的保护;在一方违约时,另一方往往难以得到损害赔偿①等。基于权利义务一致的原则,也不应苛责配偶,既然未享受债权人的各种权利,就不应受制于债权平等原则,处于与债权人平等的地位,而不能直接取得物权。

再次,对于债权人的保护,在夫妻共同债务制度设计中已经考虑。《民法典》第一千零八十九条以夫妻离婚为适用前提,规定夫妻共同债务由夫妻共同偿还。而对于"共同偿还"的理解,长期以来,我国立法与实务对夫妻共同债务采连带债务的立场,认为夫妻双方应当对共同债务承担连带清偿责任,责任财产不仅包括夫妻共同财产,还包括夫妻各自的个人财产。②《婚姻家庭编解释(一)》第三十五条第一款规定,当事人的离婚协议已对夫妻财产分割问题作出处理的,债权人仍有权就夫妻共同债务向男女双方主张权利。可见,《民法典》第一千零八十九条中所言"双方协议清偿"是一种不得对抗债权人的债务约定,即使离婚当事人在离婚财产协议中约定夫妻共同财产为一方所有,夫妻共同债务由另一方清偿,债权人仍可主张夫妻共同财产为其债权的责任财产。

而对于一方的个人债权人,夫妻共同债务的认定规则曾一度将债权人保护的考虑置于首位,而该方案事实上未能很好实施。原《婚姻法解释》(二)第二十四条规定的夫妻共同债务的认定规则,就旨在避免夫妻通过假意离婚恶意逃债,故而对夫妻共同债务的认定呈扩张之势,将夫妻一方不能证明为个人债务或为《婚姻法》第十九条第三款规定情形的债务按照夫妻共同债务处理。③而此种夫妻共同债务的扩张,虽在一定程度上起到债权人保护的作用,但亦遭到不少质疑。有不少学者尝试重构夫妻共同债务的清偿

---

① 尽管有约定违约金的离婚财产协议,但司法实践中以"身份关系协议不适用合同法规则,不支持违约金请求"为由驳回当事人诉讼请求的判决占绝大多数。参见广东省广州市中级人民法院(2020)粤 01 民终 6214 号民事判决书;四川省高级人民法院(2020)川 01 民终 7977 号民事判决书;广东省广州市中级人民法院(2019)粤 01 民终 22407 号民事判决书;河北省邯郸市中级人民法院(2020)冀 04 民终 687 号民事判决书;贵州省黔东南苗族侗族自治州中级人民法院(2016)黔 26 民终 1442 号民事判决书。

② 最高人民法院民事审判第一庭编著:《最高人民法院婚姻法司法解释(二)的理解与适用》,人民法院出版社 2015 年第 2 版,第 268 页。

③ 原《婚姻法解释(二)》第二十四条:"债权人就婚姻关系存续期间夫妻一方以个人名义所负债务主张权利的,应当按夫妻共同债务处理。但夫妻一方能够证明债权人与债务人明确约定为个人债务,或者能够证明属于婚姻法第十九条第三款规定情形的除外。"这是基于实践中"假离婚、真逃债"等侵害婚姻关系外第三人利益之现象,强调对夫妻关系之外的债权人利益的保护所作规定。

规则,限缩夫妻共同债务的责任财产,意图使配偶与债权人之间的利益再次达到平衡。① 那么,若于离婚财产协议中过于强调对债权人的保护,不仅如同前述有本末倒置之嫌,也有可能重蹈夫妻共同债务规则的覆辙,在利益衡量的天平已经失去平衡后,不断通过后来的复杂解释弥补先前的错误。

2.未经登记不得对抗的第三人不包括执行债权人

长期以来,实务中面对的问题是离婚财产协议的约定是否令当事人享有足以排除另一方个人债权人强制执行的民事权益。本书认为,离婚财产协议约定所有权人的权益足以对抗强制执行,且不限于普通金钱债权人,也包括物权交易中的执行债权人在内。登记对抗主义下"第三人"的范围仅限于"在一项未经登记的物权变动完成后与登记物权人进行了关于同一项不动产物权变动并由此取得了该不动产物权的第三人"。

在物权变动采意思主义的国家,所有权移转适用合意原则,若出让人的债权人启动强制执行程序,则交付之前的动产受让人有权向执行法院提起第三人异议之诉。因为未经所有权人同意,他人若处分出让物则构成违法行为,强制执行亦然。然而,同样未经公示的不动产物权变动,则仅在当事人之间发生效力,不能对抗出卖人的执行债权人。② 原因在于,意思主义模式下,为维护不动产交易秩序,未登记的不动产所有权人取得的仅仅是"雾里看花,水中望月"③的所有权,其仅在当事人之间发生效力,对当事人之外的第三人几无任何对抗效力,故未经登记的不动产所有权人不得对抗出卖

---

① 《婚姻法解释》(二)第二十四条的规定与婚姻法精神相悖,过分保护债权人利益,损害未举债配偶一方利益。最高院此后通过的《关于审理夫妻债务纠纷案件适用法律有关问题的解释》,以"个债推定"取代了"共债推定",再次将利益衡量偏向非举债配偶一方,《民法典》也采纳了该方案。此表明婚姻关系事实上已经实现了由历史上夫妻一体的团体主义到夫妻各自平等独立但彼此协作的个人主义的发展,体现了对个人的基本尊重。参见冉克平:《夫妻团体债务的认定及清偿》,《中国法学》2017年第5期;李洪祥:《我国夫妻共同债务构成依据的反思》,《江汉论坛》2017年第7期;夏江皓:《夫妻共同债务认定规则之探究——以女性主义法学为视角反思〈婚姻法解释(二)第二十四条〉》,《甘肃政法学院学报》2017年第6期;陈川、田桔光:《夫妻共同债务在审判实践中应如何认》,《法律适用》2012年第9期。

② Stadler,Gestaltungsfreiheit und Verkehrsschutzdurch Abstraktionsprinzip, Tübingen1996, S. 548.转引自:庄加园《登记对抗主义的反思与改造:〈物权法第24条〉》,《中国法学》2018年第1期。

③ 于海涌:《法国不动产登记对抗主义中的利益平衡——兼论我国物权立法中不动产物权变动模式之选择》,《法学》2006年第2期。

人的强制执行债权人。

然而，离婚财产协议引发的意思主义模式的物权变动与此不同。在整个市场交易领域仍遵循物权变动形式主义的情况下，仅允许离婚财产协议采意思主义，并不会产生所有物权变动均采意思主义模式的弊端。[①] 因为约定所有权人若要转让不动产，对于夫妻关系之外的第三人而言，其仍需遵循物权变动的形式主义，故约定所有权人只有通过敦促其配偶过户或申请更正登记之后，方可完成合法有效的不动产物权转让行为。故无需在不动产的物权变动中限缩基于当事人意思发生变动的物权的优先效力，对于登记物权人的债权人的强制执行，无论离婚财产协议中的该项物权变动是否办理登记，约定所有权人的物权均能排除。

需要注意的是，既然离婚财产协议具有处分效力，在特定财产已被查封、扣押的情况下，离婚当事人的处分资格已有限制，其在离婚财产协议中约定的财产归属另一方所有自然不能实现，此时，不应认可对于已被查封、扣押的财产在离婚财产协议中约定的权属变动。此种情况下，离婚财产协议的约定所有权人不能对抗强制执行，并非因其未对权利进行公示，而是离婚财产协议中对该项财产的处分不生效力。

综上，离婚财产协议作为物权变动形式主义的例外情形，可在协议生效之时直接具处分效力，动产无需交付、不动产无需登记即发生物权变动。为与保护第三人利益相平衡，未经登记的离婚财产协议的不动产物权变动不能对抗第三人，而该第三人不包括强制执行债权人在内。市场交易中的债权人，一可就夫妻共同债务向男女双方主张权利，二可及时办理过户登记规避交易风险，三可通过行使债权人撤销权撤销恶意诈害的离婚财产协议中的约定，维护自身合法利益。可见，承认离婚财产协议处分效力，也并不会导致第三人利益保护的缺失。

---

① 如使交易当事人之间的法律关系趋于复杂，物权变动缺少"自我表现"的客观外在表现形式等。参见海涌：《法国不动产登记对抗主义中的利益平衡——兼论我国物权立法中不动产物权变动模式之选择》，《法学》2006 年第 2 期。

第四节　研究结论

离婚财产协议作为身份财产行为,在法律适用上,并不完全排斥民事法律行为规则,但在具体适用时,应根据身份性质有所变通地参照适用。具体而言,基于保护离婚当事人真实意思的价值考量,应以一元论视角,构建离婚财产协议重大误解的构成要件,在客观要件高度充足的情况下,可推定具备主观要件,从而认定离婚财产协议显失公平。

在婚姻法与物权法交融的领域,乍看之下,离婚财产协议的物权效力与能否排除强制执行有着直观的线性关联,但从各家学说来看,不论是持物权说还是债权说的学者,均有支持排除强制执行的理由。如认为离婚财产协议具有物权效力,排除强制执行即顺理成章。反之,取离婚财产协议之债权效力,需要回答的则是,在无法律明确规定的情况下,债权何以对抗强制执行。承认离婚财产协议的处分效力,有助于实现离婚协议和平解除婚姻共同体之本来目的,保障离婚当事人清算夫妻财产,不再产生多余纠纷。在外部效力上,以不动产物权登记为物权的对抗要件,应不会触动现有物权之体系大厦,亦有助于改善婚姻法仰强势物权法之鼻息的局面,以婚姻家庭的伦理性为中心,构建婚姻法自身的规则。

第七章　继承协议问题分析

第一节　问题的提出

自然人可以通过不同的方式处理自己的遗产。第一种方式是遗嘱继承和遗赠。根据《民法典》第一千一百三十三条的规定,自然人可以立遗嘱将个人财产指定由法定继承人中的一人或者数人继承,也可以立遗嘱将个人财产赠与国家、集体或者法定继承人以外的组织、个人。第二种是以与他人签订协议的方式处分自己的遗产。对此,《民法典》明文规定的协议类型是《民法典》第一千一百五十八条规定的遗赠扶养协议。该条表述为:"自然人可以与继承人以外的组织或者个人签订遗赠扶养协议。按照协议,该组织或者个人承担该自然人生养死葬的义务,享有受遗赠的权利。"第三种方式是法定继承,被继承人无需作任何意思表示而根据法律规定处理遗产。此外,对于遗嘱继承和遗赠、遗赠扶养协议、法定继承之间的效力关系,《民法典》第一千一百二十三条亦作出了规定,表述为:"继承开始后,按照法定继承办理;有遗嘱的,按照遗嘱继承或者遗赠办理;有遗赠扶养协议的,按照协议办理。"

值得注意的是,"与他人签订协议的方式处分自己的遗产"的情形,继承编予以明确的仅遗赠扶养协议一种,是被继承人与继承人以外的组织或者个人签订的。遗赠扶养协议是在我国农村"五保户"制度的基础上形成和发展起来的具有中国特色的法律制度,可以使一些需要扶养的人尤其是无法定扶养义务人的自然人的生养死葬得到保障。① 但事实上,除了遗赠扶养协议外,司法实践中还存在大量的由被继承人与继承人订立的关于被继承人死后财产安排的协议,即继承协议。② 对于继承协议,现行立法缺乏规范指引。详细来说,遗嘱属于单方法律行为而非双方法律行为;而遗赠扶养协议虽属于双方法律行为,但根据《民法典》第一千一百五十八条的规定,自然人应与继承人以外的组织或者个人签订遗赠扶养协议,而非与继承人签订协议。因此,继承协议并不属于继承编规定的遗产移转的方式。但法院显然不能因缺乏明确的规范指引而拒绝裁判,只能根据现有规范进行裁判。司法实践主要有四种裁判思路:第一种裁判思路认为,此类协议具有遗嘱继承的性质,并表明被继承人在继承开始前仍具有变更撤销的权利。③ 第二种裁判思路认为,此类协议不符合法律规定的任何一种遗嘱形式,不能按照遗嘱的相关规定处理,即使涉案当事人均在协议中签字。在此基础上,法院认为,继承开始后没有遗嘱或者遗赠扶养协议的,按照法定继承办理。④ 第三种裁判思路认为,财产所有权人具有财产处分权,有权通过订立协议或者遗嘱的方式进行处分。当继承协议不能实际履行时,被继承人可以通过订立遗嘱的方式重新进行处分。⑤ 第四种裁判思路认为,此类协议属于一种特殊的赠与合同,即死因赠与合同,适用关于赠与合同的相关法律规定。⑥

　　事实上,正是现行立法未对继承协议作出相关规定,才导致前述的裁判分歧。有鉴于此,本书将对司法实践中存在的对继承协议的不同的性质认定进行逐一分析,以寻找妥洽的协议定性以统一裁判。此外,本书还将对继承协议是否有效及如何适用法律做粗浅的研究,以期完善继承编相关制度的解释工作。

---

　　① 陈苇主编:《婚姻家庭继承法学》,高等教育出版社 2014 年版,第 242 页。
　　② 比较法上所称继承协议,较之遗赠扶养协议而言,其主体范围更广,是指被继承人与其他法定继承人或者其他民事主体之间以指定继承人和遗赠,或设定遗嘱负担为内容的协议。本书鉴于《民法典》已就遗赠扶养协议作出规定,故所称继承协议仅指被继承人与继承人之间订立的协议。
　　③ 四川省绵阳市中级人民法院(2018)川 07 民终 72 号民事判决书;四川省高级人民法院(2018)川民申 6155 号再审审查与审判监督民事裁定书。
　　④ 北京市第二中级人民法院(2018)京 02 民终 3179 号民事判决书。
　　⑤ 北京市第三中级人民法院(2016)京 03 民终 13778 号民事判决书。
　　⑥ 上海市第二中级人民法院(2015)沪二中民一(民)终字第 2799 号民事判决书。

第二节　继承协议的性质认定

前述四种不同的裁判思路涉及三种不同的协议定性,包括遗嘱、继承赡养协议、赠与合同。其中,遗嘱属于典型的死因行为,而赠与合同属于典型的生前行为。为了准确把握继承协议的性质,应当对生前行为和死因行为的区分予以关注。

一、生前行为和死因行为之区别

死因行为即死因处分,继承法上的"处分"不同于与"负担行为"相对应的、直接发生权利变动的"处分行为"。死因处分并不直接改变权利状况,仅意味着此类行为须至被继承人死亡时才开始生效。[1] 不同于被继承人的生前处分(包括生前针对死亡情形的法律行为在内),死因行为针对的是被继承人死后的财产归属,以未来情形(死亡)为导向,不对现存权利产生直接影响。[2] 对于受益人来说,其在被继承人生前不具有确切的财产期待权,仅有取得财产的可能。[3] 在比较法上,例如德国法上的死因行为包括遗嘱、继承合同和放弃继承合同。此外的法律行为都属于生前行为,而非死因行为。[4] 对此,我国法律亦将法律行为区分为生前行为和死因行为,遗嘱就是典型的死因行为。遗赠扶养协议属于生前行为还是死因行为,存在争议。有学者认为遗赠扶养协议是诺成性法律行为,双方意思表示一致,合同就成立并生效。但其也特别指出,遗赠扶养协议具有特殊性,双方享受权利和承担义务的时间有差异,合同成立后,扶养人即承担对遗赠人生养死葬的义务,而扶养人只有在遗赠人死后才能取得遗赠人的遗产。[5] 对此,朱庆育教授早期亦认为遗赠扶养协议不同于继承协议,属于生前行为、双务契约。[6] 但其在后

---

[1]　江平主编:《民法学》,中国政法大学出版社 2011 年版,第 751 页。

[2][3]　王强:《继承法处分行为初探》,《中国政法大学学报》2017 年第 2 期。

[4]　[德]维尔纳·弗卢梅:《法律行为论》,迟颖译,《法律出版社》2013 年版,第 171 页。

[5]　陈苇主编:《婚姻家庭继承法学》,高等教育出版社 2014 年版,第 242 页。

[6]　江平主编:《民法学》,中国政法大学出版社 2011 年版,第 756 页。

期的著作中修改了此前的观点,认为遗赠扶养协议可称之为混合行为:扶养义务生前履行,遗赠效力死后发生。① 针对前述争议,笔者认为遗赠扶养协议并非死因行为与生前行为结合的混合行为,而是生前行为。主要有两点理由。第一,笔者认为遗赠扶养协议并非作为生前行为的扶养协议与作为死因行为的遗赠两个法律行为的简单相加。对于遗赠扶养协议中的"遗赠"而言,其与继承编之"遗赠"显为不同。首先,虽然遗赠扶养协议与遗赠均是至被扶养人死亡后才发生遗赠的效力,但遗赠扶养协议所称之"遗赠"仅是"遗赠扶养协议"所约定的被扶养人之财产移转自继承开始时"履行",而非遗赠扶养协议本身在被扶养人死亡时生效。② 其次,根据《民法典》第一千一百二十四条的规定,受遗赠人应当在受遗赠后 60 日内明确作出接受遗赠的表示,到期没有表示的,视为放弃受遗赠。而遗赠扶养协议中的受赠人,按照协议享有受遗赠的权利,而协议在被扶养人生前即已成立并生效,只是权利的履行时间与协议生效的时间不同,扶养人无需在被扶养人死亡时再次表示接受遗赠。再者,遗赠是无偿、单务的法律行为,受遗赠人享受受遗赠的权利并不以履行一定义务为对价。而遗赠扶养协议是一种有偿的、双务法律行为,虽然双方义务发生的时间不同,但扶养人享有受遗赠的权利是以履行一定的义务为对价的。③ 因此,遗赠扶养协议中的所谓遗赠,并非继承编中的遗赠。第二,我国法上的遗赠扶养协议是基于扶养人与被扶养人之间的实质对价关系肯定二者构成一个法律行为。④ 而一个法律行为,不可能存在两个生效的时间。因此,遗赠扶养协议属于生前行为与死因行为的结合的观点并不合适。而基于死因行为是以当事人的死亡为生效前提的法律行为,否则即为生前行为的观点,⑤笔者认为遗赠扶养协议属于生前行为。

至于继承协议,我国法上并无明文规定。但其与遗嘱、遗赠扶养协议、死因赠与存在不同之处。

二、遗嘱与继承协议之异同

根据《遗嘱公证细则》(中华人民共和国司法部令第 57 号)第二条规定,

---

① ⑤　朱庆育:《民法总论》,北京大学出版社 2016 年版,第 143 页。
② ③　郭明瑞、房绍坤:《继承法》,法律出版社 2004 年版,第 220 页。
④　李昊:《民法典继承编草案的反思与重构》,《当代法学》2019 年第 4 期。

遗嘱是遗嘱人生前在法律允许的范围内,按照法律规定的方式处分其个人财产或者处理其他事务,并在其死亡时发生效力的单方法律行为。对此,单方法律行为仅需单方作出意思表示即可成立并生效。按照有无相对人,可进一步将单方法律行为区分为有相对人的单方法律行为和无相对人的单方法律行为。作为有相对人的单方法律行为,行为人须向相对人为意思表示,虽然不需要相对人的同意,但意思表示需到达相对人始能生效;而无相对人的单方法律行为,只要行为人独立作出意思表示,不存在送达问题。① 按照这一分类,遗嘱应属于无相对人的单方法律行为。② 此外,尚需注意的是遗嘱的特殊性。一方面,遗嘱必须由被继承人亲自设立,既不需征得他人的同意,也不能由他人代为设立,不允许通过法定或者意定代理。③ 另一方面,遗嘱是一种要式行为,非依法律规定的形式作成遗嘱,不能发生法律效力。④《民法典》中规定的遗嘱形式有自书遗嘱(《民法典》第一千一百三十四条)、代书遗嘱(《民法典》第一千一百三十五条)、打印遗嘱(《民法典》第一千一百三十六条)、录音录像遗嘱(《民法典》第一千一百三十七条)、口头遗嘱(《民法典》第一千一百三十八条)、公证遗嘱(《民法典》第一千一百三十九条)。虽然遗嘱属于要式行为,但从司法实践来看,不乏案例将继承协议认定为遗嘱继承。但继承协议是以协议的方式作出的死因处分,其具有双重属性:既是真正的死因处分,同时又是真正的合同。⑤ 其中,"合同"属性可将继承协议与遗嘱进行区分。前文已述,遗嘱是一种单方的无相对人的法律行为。也正是基于遗嘱的前述特性,将遗嘱与继承协议相区分。

三、遗赠扶养协议与继承协议之异同

遗赠扶养协议的相对人为继承人以外的组织或者个人。因此,当协议的相对人是法定继承人时,基于主体的不适格而无法将"继承协议"认定为

① 朱庆育:《民法总论》,北京大学出版社 2016 年版,第 136 页。
② 张玉敏主编:《继承制度研究》,成都科技大学出版社 1994 年版,第 237 页;江平主编:《民法学》,中国政法大学出版社 2011 年版,第 749 页。
③④ 郭明瑞、房绍坤:《继承法》,法律出版社 2004 年第 2 版,第 137、138 页。
⑤ [德]雷纳·弗兰克、托比亚斯·海尔姆斯:《德国继承法》,王葆莳、林佳业译,中国政法大学出版社 2015 年版,第 124 页。

遗赠扶养协议。对此有观点认为，作为扶养人的自然人不能是法定继承人范围内的人，因为法定继承人与被继承人之间本来就有法定的扶养权利义务。[①] 遗赠扶养协议制度排除法定继承人作为协议当事人，可以起到激励需要扶养的人的近亲属尽扶养义务的作用。[②]但也有学者对此持反对观点，认为扶养义务人是否属于法定继承人不能构成继承合同与遗赠扶养协议的本质差别，虽然法定继承人本身负有扶养的法定义务，但其根据协议承担了法定扶养义务份额之外的扶养义务，与继承人之外的第三人根据协议承担扶养义务，并无本质区别，并且，基于意思自治的原则，应当使得被继承人有权选择扶养义务人，不论其是法定的，还是约定的。[③] 也有学者认为应将法定继承人以是否具有法定义务作出区分，将不负有法定扶养义务的法定继承人纳入扶养人范围。理由在于，其认为本身负有法定扶养义务的人成为扶养协议的主体，将导致子女以获取父母的物质利益为目的履行赡养义务，将冲击中华民族数千年来形成的尊敬老人、赡养父母的社会基本道德规范。但纳入不负有法定扶养义务的人成为扶养协议的主体，并无理由禁止，且与被扶养人之间的血缘关系更有利于被扶养人。[④] 尽管学界对此争议不断，但《民法典》相较于《继承法》而言，对遗赠扶养协议的扶养人范围的规定作出了一定的改变，从"公民可以与扶养人或者公民可以与集体所有制组织"签订遗赠扶养协议修改为"自然人可以与继承人以外的组织或者个人"签订，将集体经济组织扩大到各种组织，但并未纳入法定继承人。因此，依照现行法，并不能将继承协议认定为遗赠扶养协议，二者存在明显差别。

　　值得说明的是，被继承人与法定继承人订立的继承协议亦可能约定继承人对被继承人负有生养死葬的义务，即可能为有偿继承协议。对此，有必要作一解释。有偿继承协议是指，法定继承人向被继承人承担生养死葬的义务（称作"供养协议"），并在被继承人死后继承遗产。在德国法上，有偿的继承合同中，继承合同属于死因行为，而供养协议属于生前行为，二者是相

---

①②　郭明瑞、房绍坤：《继承法》，法律出版社 2004 年版，第 220 页。

③　陈苇主编：《外国继承法比较与中国民法典继承编制定研究》，北京大学出版社 2011 年版，第 434 页。

④　李昊：《民法典继承编草案的反思与重构》，《当代法学》2019 年第 4 期。

互独立但又相互关联的两个法律行为。① 供养协议在性质上属于负担合同，与继承协议不存在债法意义上的对待给付关系。② 但当事人可以约定，这两项法律行为构成一体性行为，由此产生的法律效果是：一体性行为一部分无效，其他部分也无效（《德国民法典》第一百三十九条）。两者经约定还可互相以对方为生效条件（《德国民法典》第一百五十八条）。③ 与德国法不同的是，我国法上并无继承协议的相关规定，因此不论是继承协议，抑或是有偿的继承协议均属于无名协议。此外，前文已述我国法上的遗赠扶养协议虽与有偿的继承协议类似，但属于一个法律行为，是生前法律行为，并非两个独立的法律行为的结合。鉴于此，有偿的继承协议除非明确表明属于两个独立的法律行为，否则应将其作为一个生前法律行为对待，若协议成立并有效的，其特殊性在于权利义务的异时性：扶养关系生前履行，继承关系死后发生。

四、死因赠与与继承协议之异同

另一种具有启发性的裁判思路是将案例中的继承协议认定为死因赠与。死因赠与是赠与人生前订立的赠与他人财产利益的双方法律行为，在赠与人死亡时发生法律效力，是一种特殊的赠与合同。④ 有疑问的是，死因赠与究竟是附始期的赠与还是附停止条件的赠与？对于附始期的赠与，受赠人确定能取得赠与目的物；但对于附停止条件的赠与来说，受赠人可否取得赠与目的物，于契约成立时尚不能确定。⑤ 有观点认为死因赠与是以赠与人死亡为法定条件而生效力的契约。⑥ 该观点值得商榷。原因在于，对于"以赠与人死亡之时"作为赠与合同发生效力的双方法律行为而言，由于人总会死亡，因此不能将其认定为附条件，而应认定为附不确定的期限。此

① 李昊：《民法典继承编草案的反思与重构》，《当代法学》2019 年第 4 期。
② ［德］雷纳·弗兰克、托比亚斯·海尔姆斯：《德国继承法》，王葆莳、林佳业译，中国政法大学出版社 2015 年版，第 135 页。
③ ［德］雷纳·弗兰克、托比亚斯·海尔姆斯：《德国继承法》，王葆莳、林佳业译，中国政法大学出版社 2015 年版，第 128 页。
④ 刘春茂主编：《中国民法学·财产继承》，中国人民公安大学出版社 1990 年版，第 471 页。
⑤ 蒋荣吉：《死因赠与》，《东海大学法学研究》1991 年第 6 期。
⑥ 史尚宽：《债法各论》，中国政法大学出版社 2000 年版，第 142—143 页。

外,死因赠与中的"赠与自赠与人死亡时发生效力"并非源自法律规定,而是当事人意思合致的结果。因此,死因赠与被认定为"以赠与人死亡"为法定条件而生效的契约并不合适。

在厘清死因赠与概念的基础上,值得追问的是死因赠与的法律适用问题。对此,我国民法典继承编并无死因赠与的特殊规定。一种值得思考的路径是,既然认为死因赠与属于特殊的赠与合同,在没有对死因赠与作出特殊规定时,应适用赠与合同的有关规定。现有的司法实践亦有判例持相同的观点。① 但值得注意的是,比较法上存在不将死因赠与作为生前行为予以规制的立法例。例如,《日本民法典》第五百五十四条规定:"因赠与人死亡而发生效力的赠与,以不违反其性质为限,准用遗赠相关的规定。"②《德国民法典》第二千三百零一条第一款也专门对死因赠与作了规定,表述为"关于死因处分的规定,适用于受赠人在赠与人之后死亡为条件而作出的赠与约定。以赠与方式按这一条件作出的第七百八十条、第七百八十一条所称种类的债务约定或债务承认,亦同"③。前述国家将死因处分的相关规定适用于死因赠与,而非适用赠与合同的规定。前述立法例与死因赠与的性质有关。

有观点认为,死因赠与虽是在生前所为,但赠与的效力在赠与人死亡时才发生,因此死因赠与性质上应当属于死因行为。④ 但也有观点认为,死因赠与虽然称之为"死因",实则是生前行为,其更为准确的称谓是"以死亡为前提的生前行为"。⑤ 正是因为在死因赠与中,赠与人也同样可以通过行使自己的权利针对其死亡之后的财产制定规则,才出现死因赠与的界别难

---

① 在"陈琼与蔡珍郎赠与合同纠纷案"中,蔡珍郎与其孙女签订《财产赠与书》,约定赠与人依法将其名下的拆迁安置面积 80 平方米赠与孙女陈琼所有,征用集体土地结算表中 195572 元归孙女陈琼所有。该《财产赠与书》还明确将来选房、资金不足时出资等均由陈琼负责,蔡珍郎对房屋享有居住权,待蔡珍郎千古后,该房屋由陈琼继承。法院认为该案适用赠与合同的相关规定。参见上海市第二中级人民法院(2015)沪二中民一(民)终字第 2799 号民事判决书。

② 《日本民法典》,刘士国、牟宪魁、杨瑞贺译,中国法制出版社 2018 年版,第 138 页。

③ 《德国民法典》,陈卫佐译注,法律出版社 2015 年版,第 637 页。

④ 林秀雄:《继承法讲义》,元照出版有限公司 2005 年版,第 288 页;李昆霖:《无效遗赠得否转换为死因赠与》,《月旦裁判时报》2017 年第 61 期。

⑤ 江平主编:《民法学》,中国政法大学出版社 2011 年版,第 751 页。

题。① 但如果认为死因赠与特殊性在于"以赠与人死亡之时发生效力"的话，正如学者所言，应将其作为"以死亡为前提的生前行为"而非"死因行为"。原因在于，在死因行为中，某人基于自己的权利就自己死后的财产作出安排，法律关系基于死亡之时才形成，并不改变现有的法律关系；而在生前行为中，当以某人的死亡为条件作出法律行为时，是基于当事人的现有权限，对正在形成的法律关系所设定的一个日期。鉴于此，即使死因赠与以死亡为条件，法律关系也已经于生前法律行为实施之时成立，而不论基于该法律行为所产生的权利是以死亡为期限还是为条件。② 此外，还应当关注的是，作为生前行为的合同是由合同当事人共同参与并达成意思的合致。而与此相对应的，继承协议是由被继承人对自己的财产作出死后的安排，合同相对人无权参与规则的制定。③ 值得进一步说明的是，继承协议有两种形式：在单方继承协议的情况下，有被继承人的表示，另一方只是接受这一表示；在双方继承协议的情况下，任何一方根据《德国民法典》第二千二百七十八条第一款都作为被继承人而行动。④ 但是，死因行为的合同的另一方当事人只是表示接受被继承人关于死后财产的安排，无权参与规则的制定。而死因赠与不同，死因赠与是双方合致的结果。从这个意义上说，死因赠与也应当被认为生前行为而非死因行为。

此外，继承协议还存在与死因赠与的不同之处。一方面，继承协议虽与死因赠与的目的类似，是被继承人/赠与人意图将财产在死后转移给继承人/受赠人的双方法律行为。但是在死因赠与法律关系中，在赠与人死亡后，受赠人基于赠与关系取得对被继承人财产的债权请求权。根据《民法典》第一千一百二十二条第一款的规定，遗产是自然人死亡时遗留的个人合法财产。根据《民法典》第一千一百五十九条的规定，继承人分割遗产时，应当清偿被继承人依法应当缴纳的税款和债务，且根据《民法典》第一千一百六十一条的规定，继承人以所得遗产实际价值为限清偿被继承人依法应当

① ［德］维尔纳·弗卢梅：《法律行为论》，迟颖译，法律出版社 2013 年版，第 176 页。
② ［德］维尔纳·弗卢梅：《法律行为论》，迟颖译，法律出版社 2013 年版，第 175 页。
③ ［德］维尔纳·弗卢梅：《法律行为论》，迟颖译，法律出版社 2013 年版，第 172 页。
④ ［德］马蒂亚斯·施默克尔：《德国继承法》，吴逸越译，中国人民大学出版社 2020 年版，第 5 页、第 121 页。

缴纳的税款和债务,超过遗产实际价值部分,继承人自愿偿还的不在此限。因此,当继承人作为死因赠与关系中的受赠人时,其作为赠与之债的债权人,有权向继承人主张债权。而继承协议虽同为被继承人对自己死后财产安排的协议,但其影响的是继承法律关系,而非合同之债。若继承协议有效,则继承人取得的是继承权而非债权请求权。在遗产分配的顺位上,债权请求人将优先于继承人而保有被继承人的遗产。另一方面,若被继承人作出死因处分,原则上并不影响其生前行为。而在死因赠与中,赠与人将受到合同的拘束力,被继承人对赠与法律关系中的标的处分受限。原因在于,死因赠与中的受赠人在附期限的法律行为未到期限时,享有期待权。① 该期待权将限制赠与人的处分行为。期待权是权利发生要件事实中的一个或者数个事实尚未发生时,法律对于将来权利人所给予的保护。② 但并非所有期待均称其为权利,在权利成形阶段,当事人虽然不能实际享有完整的权利,但权利取得人的地位如果已经产生财产价值,法律若不对之加以保护,将来完整权利的享有者可能遭受不当侵害。因此,权利成形阶段即应具有某种"先期效力",以拘束当事人。③ 在德国法上,根据《德国民法典》第一百六十条第一款和第一百六十三条的规定,附期限的法律行为在期限未届至期间,对方因过错阻碍或者妨害权利实现,期限届至时,须负损害赔偿责任。④ 因此,一般认为,附期限的法律行为属于典型的期待权。⑤ 而对于附期限的法律行为的当事人而言,享有的期待权不仅对于相对人有拘束力,还可以按照权利的一般规定为处分、继承、保存或者为其设定担保。⑥ 鉴于此,在死因赠与中,因其属于附始期的法律行为,受赠人享有期待权,对赠与人具有拘束力。赠

---

① ［德］维尔纳·弗卢梅:《法律行为论》,迟颖译,法律出版社 2013 年版,第 832 页。

② 史尚宽:《民法总论》,中国政法大学 2000 年版,第 26 页。

③ 朱庆育:《民法总论》,北京大学出版社 2016 年版,第 520 页。

④ 《德国民法典》第一百六十三条规定的附期限的法律行为,准用第一百五十八条、第一百六十条和第一百六十一条的规定。《德国民法典》第一百六十条规定:"(1)在条件成否未定期间,另一方因其过错而破坏或侵害取决于条件的权利的,在条件成就的情形下,附停止条件的权利人可以向另一方请求赔偿损害。(2)在附解除条件而事实的法律行为的情形下,因原先的法律状态恢复而受利益的人依同样要件享有同一请求权。"《德国民法典》,陈卫佐译注,法律出版社 2015 年版,第 56 页。

⑤ 史尚宽:《民法总论》,中国政法大学 2000 年版,第 26 页;朱庆育:《民法总论》,北京大学出版社 2016 年版,第 520 页。

⑥ 史尚宽:《民法总论》,中国政法大学出版社 2000 年版,第 26 页。

与人在死因赠与法律关系存续期间对于赠与标的的处分受限。虽然,根据《民法典》第六百五十八条的规定,赠与人在赠与财产的权利转移之前可以撤销赠与,除非是经过公证的赠与或者依法不得撤销的赠与合同。但在赠与人未撤销赠与之前,按照《民法典》第四百六十五条的规定,依法成立的合同受法律保护。

综上,继承协议既不同于单方法律行为的遗嘱,也不同于双方法律行为的遗赠扶养协议及死因赠与。在我国法律并无明文规定下,应将其作为无名合同予以看待。而根据《民法典》第四百六十七条第一款的规定,本法或者其他法律没有明文规定的合同,适用本编通则的规定,并可以参照适用本编或者其他法律最相类似合同的规定。我国法律中与继承协议最相类似的合同,当属遗赠扶养协议。不乏学者建议,将遗赠扶养协议更名为继承协议,主张扩大遗赠扶养协议的扶养人范围,将遗赠扶养协议作为继承协议之一种加以规定。① 亦有学者建议将遗赠扶养协议加以修改,将法定继承人列入扶养人范围。② 但在民法典的修改过程中并未采纳前述意见。值得关注的是,《民法典》新增第四百六十七条第一款后,继承协议应如何参照适用与其最相类似的合同成为问题。但其前置性的问题还在于,该类协议是否成立并生效?

第三节 继承协议的效力论

就继承协议的效力问题展开讨论前应当先行明确继承协议成立的内容。司法实践中存在两类继承协议:一类是由被继承人与继承人订立的关于被继承人死后财产安排的协议,继承人仅单纯表示接受,可称之为无偿的继承协议。一类是需由继承人向被继承人承担生养死葬的义务(称作“供养协议”),并在被继承人死后继承遗产的协议,即有偿的继承协议。在有偿的

---

① 陈苇:《外国继承法比较与中国民法典继承》,北京大学出版社 2011 年版,第 490 页。

② 王利明主编:《中国民法典学者建议稿及立法理由・人格权编、婚姻家庭编、继承编》,法律出版社 2005 年版,第 605 页。

继承契约中,供养义务的履行与遗产的继承密切相关,往往在协议中获得更多遗产利益的人需要承担更多的供养义务。

而针对前述继承协议的效力问题,可能存在继承协议有效论与继承协议无效论两种主要观点。

一、继承协议有效论的主要观点

支持继承协议有效的观点主要是出于《民法典》的体系性考虑,认为在继承编并无特殊规定的情形下,继承协议的规制势必要适用总则编的有关规定。而根据《民法典》第四百六十五条第一款的规定,"依法成立的合同,受法律保护"。即根据民法意思自治的一般原理,被继承人与继承人订立的协议应认定有效。

二、继承协议无效论的主要观点

司法实践存在的否定观点认为,如果涉案协议不符合继承法规定的任何一种遗嘱形式,则不能按照遗嘱的相关规定处理,即使涉案当事人在协议中签字。而继承开始后,没有遗嘱或者遗赠扶养协议的,按照法定继承办理。[①] 此项司法实践蕴含的裁判逻辑是,继承人只能按照继承编的相关规定进行死后财产的安排,没有遗嘱或者遗赠扶养协议的,按照法定继承办理。此外,也有观点认为虽然私法强调意思自治,但若以合同固有的危险为理由禁止合同,被认为是正当的。[②] 依持继承协议无效的观点看来,继承协议存在的风险如下。

第一,对于协议的相对人即可能的继承人而言[③],因为被继承人在死亡之前对财产仍然享有完全的财产权,因此,财产总量可能增加、也可能减少。可能的继承人无法知晓届期可得继承的财产利益的多少而易产生意思表示

---

① 北京市第二中级人民法院(2018)京 02 民终 3179 号民事判决书。

② 叶名怡:《论事前弃权的效力》,《中外法学》2018 年第 2 期。

③ 必须说明的是,在继承人死亡之前,谁会成为继承人显然是并不确定的。因为即使是属于法定继承人的范畴,被继承人也可能在死亡之前立下遗嘱,指定该法定继承人之外的其他人为继承人。而即使被继承人生前就立下遗嘱,指定某人为继承人,但在被继承人死亡前,其依然可以变更遗嘱而改立其他继承人。所以,笔者只能用"可能的继承人"加以表述。

的瑕疵。

第二，对于被继承人而言，如果认为此类协议有效，则被继承人亦受到协议的拘束，从而将会影响被继承人的遗嘱自由。详细来说，根据《民法典》第一千一百四十二条的规定，法律允许并保障遗嘱人撤回、变更自己所立的遗嘱，这被认为是遗嘱自由原则的必然要求，也是意思自治原则在继承领域的具体体现。[1] 但以协议的方式订立的继承协议，若其有效，则其具有合同约束力。根据民法的一般原理，非经合同相对人的同意，合同当事人不得变更合同（《民法典》第一百三十六条第二款）。从继承协议的"合同"属性观察，承认继承协议的效力将限制被继承人的遗嘱自由。[2] 这一观点，亦可在遗赠扶养协议中得到佐证。遗赠扶养协议的合同拘束力主要体现在两个方面。一方面是对被继承人（遗赠扶养协议中的被扶养人）死因处分的限制。《继承编解释（一）》第三条规定："被继承人生前与他人订有遗赠扶养协议，同时又立有遗嘱的，继承开始后，如果遗赠扶养协议与遗嘱没有抵触，遗产分别按照协议和遗嘱处理；如果有抵触，按协议处理，与协议抵触的遗嘱全部或者部分无效。"因此，被继承人的遗嘱自由将受限，订立的遗嘱若与遗赠扶养协议相抵触的，其法律后果是抵触的遗嘱全部或者部分无效。另一方面，既然遗赠扶养协议是被继承人与继承人以外的组织或者个人在继承开始前订立的协议。根据《民法典》第四百六十七条第一款的规定，"本法或者其他法律没有明文规定的合同，适用本编通则的规定，并可以参照本编或者其他法律最相类似合同的规定"。因此，遗赠扶养协议的变更、解除在继承编未作出明文规定时，应适用《民法典》第一百三十六条第二款的规定，即"任何一方当事人不得擅自变更或者解除协议"。而作为有名合同的遗赠扶养协议，其限制遗嘱自由是以法律规定的形式所确立的，但对于无名合同的继承协议来说，承认继承协议的效力就意味着违反遗嘱自由的基本原则。

第三，遗嘱自由被认为是一种个人自由权，被继承人确立最后遗嘱的自

---

[1]　黄薇主编：《中华人民共和国民法典继承编解读》，中国法制出版社 2020 年版，第 103 页。

[2]　所谓遗嘱自由，是指遗嘱人得以遗嘱这种方式处分自己身后财产的自由，其内容包括指定继承人的自由，遗赠的自由，设定遗嘱负担、捐赠的自由和撤回、变更遗嘱的自由，等等。参见张玉敏：《继承法律制度研究》，法律出版社 1999 年版，第 242 页。

由是不可让渡的。①

第四,对于被继承人而言,继承协议还可能引发道德风险。原因在于,若继承协议有效,则继承开始后遗产将归属于该继承人。但事实上,该协议仍然有可能因意思表示有瑕疵而撤销。更有甚者,为了"加速"继承协议的生效,而侵害被继承人的人身利益。因此,以某人的"死亡"作为生效因素,合法性将受到质疑。

第五,也有观点针对有偿的继承协议作出反驳,认为如果允许一部分继承人与另一部分继承人及被继承人签订协议,由一部分继承人放弃继承而不承担赡养义务,另一部分继承人赡养被继承人而继承遗产,有悖于法律规定的赡养义务,也不符合传统美德。②

三、对继承协议无效论观点的反思

对前述继承协议无效论的观点,笔者认为值得进一步反思。

首先,对于因无法知晓届期可得继承的财产利益的多少而易产生意思表示的瑕疵而言,《民法典》总则编的相关规定可对于继承人的意思表示瑕疵进行救济,不宜作为否定继承协议效力的理由。

其次,对于继承协议是以某人的"死亡"作为生效因素而引起的质疑,值得说明的是,对于遗嘱而言,其以"死亡"作为生效时点,对于遗赠扶养协议而言,被继承人财产的转移在其死后发生。遗嘱和遗赠扶养协议同样存在侵害被继承人的风险,但现行法律仍然承认其合法性。可以发现,死亡作为正常的生命周期的一环,以其作为生效因素,本身并不违反法律、行政法规的强制性规定,亦不违背公序良俗,不宜将其作为否定继承协议效力的理由。

再次,对于继承协议是否构成对遗嘱自由的限制,也值得进一步商榷。此处应当借助前述继承协议的不同类型进行分析。前文已述,继承协议可以区分为无偿的继承协议和有偿的继承协议。而按照《民法典》第四百六十七条第一款的规定,"本法或者其他法律没有明文规定的合同,适用本编通

---

① 叶名怡:《论事前弃权的效力》,《中外法学》2018 年第 2 期。

② 黄薇主编:《中华人民共和国民法典继承编解读》,中国法制出版社 2020 年版,第 152 页。

则的规定,并可以参照适用本编或者其他法律最相类似合同的规定"。而无偿的继承协议最相类似的合同当属赠与合同,而有偿的继承协议最相类似的合同当属遗赠扶养协议。对于赠与合同而言,一方面其具有合同的拘束力。另一方面,鉴于赠与合同的无偿性,《民法典》第六百五十八条第一款规定"赠与人在赠与财产的权利转移之前可以撤销赠与"。鉴于此,若无偿的继承协议能够参照适用赠与合同的相关规定而使得被继承人在继承协议中取得任意撤销权的话,继承人的遗嘱自由也将受到保护。

而遗赠扶养协议具有特殊性,其属于生前法律行为,协议自意思表示一致时成立并生效,但权利义务的产生具有异时性:扶养义务生前履行,遗赠效果死后发生。而有必要指出的是,有偿继承协议应作相同理解,其与遗赠扶养协议仅主体不同,应同样认为属于生前行为,自当事人意思表示一致时成立并生效,但具有特殊性——供养义务生前履行,被继承人财产的移转则至被继承人死亡时发生效力。对于遗赠扶养协议,值得注意的是《继承法意见》第五十六条的规定。① 有学者认为该条赋予遗赠扶养协议双方任意解除权。详细来说,遗赠扶养协议被认为是以当事人之间特别信任关系为基础的合同,如果当事人之间特别信任关系已经丧失,应当允许任何一方解除合同。《继承法意见》第五十六条赋予双方任意解除权,旨在调整被扶养人安逸生活之目的和此类协议易引发道德风险之间的平衡。② 《继承编解释(一)》第四十条维持了《继承法意见》第五十六条的规定,同样存在是否赋予双方任意解除权的问题。③ 对此,笔者认为,从《继承编解释(一)》第四十条的表述来看,其并没有规定遗赠扶养协议的任意解除权。一方面,从《继承编解释(一)》第四十条的表述来看,其规定的是扶养人或者集体组织无正当理由不履行的法律效果以及遗赠人无正当理由不履行的法律效果。若该条

---

① 《继承法意见》第五十六条规定:"扶养人或集体组织与公民订有遗赠扶养协议,扶养人或集体组织无正当理由不履行,致协议解除的,不能享有受遗赠的权利,其支付的供养费用一般不予补偿;遗赠人无正当理由不履行,致协议解除的,则应偿还扶养人或集体组织已支付的供养费用。"

② 陈志伟、闫莉:《遗赠扶养协议的当事人具有任意解除权》,《人民司法·案例》2014年第22期。

③ 《继承编解释(一)》第四十条规定:"继承人以外的组织或者个人与自然人签订遗赠扶养协议后,无正当理由不履行,导致协议解除的,不能享有受遗赠的权利,其支付的供养费用一般不予补偿;遗赠人无正当理由不履行,导致协议解除的,则应当偿还继承人以外的组织或者个人已支付的供养费用。"

规定的是遗赠的扶养协议的任意解除权的话，无需正当理由即可解除，不必规定"无正当理由"的法律效果。另一方面，该条表述不仅要求"无正当理由不履行"，且须"导致协议解除的"，才满足此条的构成要件，进而发生相应的法律效果。因此，如果扶养人无正当理由不履行或者遗赠人无正当理由不履行，没有导致协议解除的，不适用该条的规定。因此，《继承编解释（一）》第四十条并非关于任意解除权的规定。这也进一步表明遗赠扶养协议限制被继承人的遗嘱自由，且是以法律规定的形式确立的。而对于有偿的继承协议而言，其与遗赠扶养协议相比，仅主体不同。而扶养义务人是否属于法定继承人不能构成继承合同与遗赠扶养协议的本质差别。① 因此，若认为有偿的继承协议应参照适用遗赠扶养协议的规定而作相同处理，以承认继承协议的效力、限制被继承人的遗嘱自由，似无不妥。

最后，针对允许被继承人与继承人订立协议，协议中一部分继承人放弃继承以不承担赡养义务，这有悖于法律规定，也不符合传统美德。亦有学者提出反对意见认为，以继承制度代替遗赠扶养制度，一方面可以解决遗赠扶养协议所要解决的问题，另一方面可以解决继承人之间关于继承和扶养的安排问题。例如，被继承人可以与在外地工作的子女以继承契约约定，将来遗产由在身边的子女继承，并与自己身边的子女约定将来遗产由其继承，扶养义务由其承担。承认家庭内的这种安排，既有利于被继承人的扶养，又有利于家庭的团结和睦，而且不会损害社会公共利益，法律没有理由禁止。② 对此，笔者认为，可能的解决路径依赖对继承协议的分析。有偿的继承协议中，除了存在被继承人与继承人的供养义务外，对于继承人间而言，实际上存在继承人之间的赡养分担的内容。对于这部分内容，应当认为其对被继承人来说，是没有拘束力的。原因在于，即使被继承人参与订立协议，例如在赡养义务分担中签字同意，也仅表明其同意赡养义务履行的具体方案，并非放弃被赡养的权利，其还是可以向负有赡养义务的人主张权利而不受协议的限制。

---

① 陈苇主编：《外国继承法比较与中国民法典继承编制定研究》，北京大学出版社 2011 年版，第 434 页。

② 张玉敏主编：《继承制度研究》，成都科技大学出版社 1994 年版，第 258 页。

综上，笔者认为，不应对继承协议的效力予以否定，而应将其作为无名合同，参照适用最相类似合同的相关规定。

第四节　继承协议的法律适用

即使认为继承协议有效，其仍然面临适用法律的困难。举例来说：甲作为被继承人，存在法定继承人乙、丙。在被继承人生前，被继承人甲与继承人乙、丙订立《继承协议》一份，协议载明："甲之房屋于甲百年后归于继承人乙。"之后，甲又以自书遗嘱的方式订立了一份遗嘱，遗嘱载明"甲之房屋百年后归于丙"。

对前述案例，有疑问的是，被继承人死后，房屋应当归属于乙还是丙？若对《继承协议》稍加修改，改为《供养及继承协议》，即增加供养条款，将《继承协议》修改为"由乙负担生养死葬之义务，故而甲之房屋于甲百年后归于乙，而非丙"。此后，甲又以自书遗嘱的方式订立了一份遗嘱，载明"甲之房屋百年后归于丙"。此时，被继承人死后，房屋又应当归属于乙还是丙？

基于以上的分析，可以发现《继承协议》属于无偿的继承协议，而《供养及继承协议》属于有偿的继承协议，基于意思自治的原理，均应认定其有效。但有疑问的是，在被继承人死后，房屋应当归属于乙还是丙？该问题涉及在继承协议有效情形下，继承协议是否构成对死因行为的限制。

若甲又因故向丁借款 200 万元，但债务到期后，甲无力偿还，而与丁签订了一份《房屋买卖合同》，将甲之房屋出卖给丁并办理了房屋产权变更。对此，在甲订立《协议》《遗嘱》的情形下，丁还能否依据《房屋买卖合同》保有房屋？该问题涉及在继承协议有效情形下，继承协议是否会构成对被继承人生前行为的限制。此外，还值得追问的是，被继承人与继承人订立的继承协议可否变更或者解除？如果可以，则应如何变更及解除？下文将围绕前述问题展开论述。

一、继承协议对被继承人处分之限制

（一）死因行为之限制

按照《民法典》第四百六十七条第一款的规定,本法或者其他法律没有明文规定的合同,适用本编通则的规定,并可以参照适用本编或者其他法律最相类似合同的规定。对此,"参照适用"作为法律规则的准用,是将关于某种事项所设之规定,适用于相类似之事项。① 《民法典》中的"参照适用"按照参照的范围和条件可以分为限定参照和概括参照,前者已经对参照的范围作出了明确限定,或是条件限定,或是范围限定;后者是对参照的范围作出了概括性的指引,并没有明确指出可以直接参照的规范对象。② 按照前述标准,《民法典》第四百六十七条第一款应属于概括参照。进一步值得注意的是,"准用非全部照样适用,如其事件有差异时,于性质许可之限度,应基于其差异,加以取舍变更,以变通适用,此点与适用应完全适用者不同"③。因此,针对具体个案中的"参照适用",应区分限定参照和概括参照,确定不同的相似性标准,然后通过价值评价确保准用结果的妥洽。④ 而我国法上与无偿的继承协议最相类似的合同是赠与合同,与有偿的继承合同最相类似的合同是遗赠扶养协议。因此,有必要先对赠与合同与遗赠扶养协议的特征加以把握后,再行讨论能否参照适用。

前文已经提及,《民法典》第六百五十八条第一款规定"赠与人在赠与财产的权利转移之前可以撤销赠与"。对此,法律之所以规定赠与的任意撤销,被认为是源于赠与是无偿行为。⑤ 赠与是一种施惠行为,基于赠与合同的单务性,受赠人是纯获利益者,因此,赠与人撤销赠与一般不会损害受赠人的权益。⑥ 而无偿的继承协议亦同样具有无偿性,合同的相对人只是接受被继承人的表示。⑦ 据此,基于无偿继承协议与赠与合同的相似性,应当认为无偿继承协议能够参照适用赠与合同的相关规定而使得被继承人享有任

---

① 王泽鉴:《民法学说与判例研究》(第6册),北京大学出版社2009年版,第133页。

②④ 张弓长:《〈民法典〉中的"参照适用"》,《清华法学》2020年第4期。

③ 史尚宽:《民法总论》,中国政法大学出版社2000年版,第51—52页。

⑤ 黄薇主编:《中华人民共和国民法典合同编解读》,中国法制出版社2020年版,第670页。

⑥ 最高人民法院民法典贯彻实施工作领导小组主编:《民法典合同编理解与适用》,人民法院出版社2020年版,第1179页。

⑦ [德]马蒂亚斯·施默克尔:《德国继承法》,吴逸越译,中国人民大学出版社2020年版,第5页、第121页。

意撤销权(《民法典》第四百六十七条第一款规定)。鉴于此,在被继承人订立无偿继承协议后,又订立遗嘱将死后财产另行指定由其他继承人继承的情形,应当认为被继承人是以另行订立遗嘱的方式表明其撤销了原继承协议。在无偿继承协议的适用中,通过参照适用《民法典》第六百五十八条的规定,实质上并不会对被继承人的死因处分造成限制。

而对于有偿的继承协议是否限制被继承人的死因行为,其关键在于对遗赠扶养协议是否限制死因行为的把握。有偿的继承协议与遗赠扶养协议的相似性,使其能够参照适用遗赠扶养协议的相关规则。详细来说,遗赠扶养协议的特征是:第一,遗嘱扶养协议是一种协议,是由被扶养人与扶养人意思表示一致达成的协议。第二,遗赠扶养协议是一种有偿法律行为。而有偿的继承协议也属于有偿的双方法律行为,是由被继承人与继承人意思表示一致达成的协议。

对于遗赠扶养协议中的被扶养人而言,以协议方式进行的死因处分具有比作为单方行为的遗嘱更强的拘束力。详细来说,按照遗嘱的一般规定,遗嘱可以随时撤回(《民法典》第一千一百四十二条)。原《继承法》第二十条第一款规定:"遗嘱人可以撤销、变更自己所立的遗嘱。"《民法典》第一千一百四十二条改采"撤回"这一术语。根据意思表示的一般理论,民法上的"撤回"与"撤销"是不同的概念。"撤回"是对还未生效的意思表示予以撤回,使其不发生法律效力,而"撤销"是对已经生效的意思表示予以撤销,使其具有溯及力的消灭。而遗嘱是无相对人的单方行为,自遗嘱人死亡时生效。因此,在遗嘱人死亡之前,遗嘱尚未生效,使用撤回比撤销更为妥洽。① 进一步地,也是基于遗嘱是无相对人的单方行为,且属于死因行为,因此,遗嘱人的撤回不会对他人的利益造成影响,因此,遗嘱的撤回以自由撤回为原则。而对于遗赠扶养协议来说,《民法典》第一千一百二十三条和《继承编解释(一)》第三条的规定试图解决的是"遗赠扶养协议"与"与其相抵触的遗嘱"之间的效力问题。被继承人生前与他人订有遗赠扶养协议,同时又立有遗嘱的,可以根据协议与遗嘱的先后顺序区分为两类情形:一类是先有遗嘱后有遗赠扶养协议的情形;另一类是先有遗赠扶养协议后有遗嘱的情形。同

---

① 黄薇主编:《中华人民共和国民法典继承编解读》,中国法制出版社 2020 年版,第 102 页。

时，还可以进一步根据遗嘱与遗赠扶养协议有无抵触区分为两类：一类是遗嘱与遗赠扶养协议有抵触；另一类是遗嘱与遗赠扶养协议没有抵触。

针对遗嘱在先而遗赠扶养协议在后的情形，《民法典》第一千一百四十二条第二款规定，"立遗嘱后，遗嘱人实施与遗嘱内容相反的民事法律行为的，视为对遗嘱相关内容的撤回"。从该款表述的"与遗嘱内容相反的民事法律行为"来看，民事法律行为并不限于遗嘱，也应包括遗赠扶养协议。由此，遗嘱在先而遗赠扶养协议在后情形，若遗赠扶养协议与在先遗嘱内容相反的，则视为对遗嘱的撤回。此外，事实上，此种情形也属于《继承编解释（一）》第三条规定的，"遗嘱与遗赠扶养协议有抵触的"情形，但其法律效果被规定为"遗嘱全部或者部分无效"。对此，笔者认为，《继承编解释（一）》第三条并未区分遗嘱与遗赠扶养协议的先后问题。遗嘱在先而遗赠扶养协议在后情形，两者存在抵触的，应认为遗嘱人实施了与遗嘱内容相反的民事法律行为，视为对遗嘱相关内容的撤回而非遗嘱全部或者部分无效。《民法典》第一千一百四十二条第三款规定，"立有数份遗嘱，内容相抵触的，以最后的遗嘱为准"。也就是说，结合《民法典》第一千一百四十二条第二款、第三款，立遗嘱人可以不受在先遗嘱的约束而订立遗嘱，以最后的遗嘱为准。但是，遗赠扶养协议在先而遗嘱在后情形，此时，根据《继承编解释（一）》第三条的规定，遗嘱与遗赠扶养协议有抵触的，遗嘱也全部或者部分无效。可以发现，遗赠扶养协议限制了遗赠人的死因处分权限，使其在与除法定继承人以外的自然人和组织订立遗赠扶养协议后，不得再订立与该遗赠扶养协议相抵触的遗嘱。

在后的遗嘱不得与在先的遗赠扶养协议相抵触的原因在于，按照一般原理，非依法律规定或者未经对方同意，不得擅自变更或者解除民事法律行为（《民法典》第一百三十六条第二款）。据此，如果认为在后的遗嘱与遗赠扶养协议相抵触而仍然有效的话，鉴于遗嘱属于无相对人的单方法律行为，则意味着立遗嘱人以单方的意思就可以变更在先的遗赠扶养协议。这违背了合同变更的一般原理。此外，从扶养人的利益出发，若与遗赠扶养协议相抵触的遗嘱有效，则扶养人的遗赠请求权可能因遗嘱无法实现。在限定继承的背景下①，扶养人的履约成本可能无法从剩余遗产得到补偿，从而，扶养人的法律地位可能弱于遗赠扶养协议订立前的法律地位。② 因此，为了保护扶养人的利益，遗赠扶养协议的效力优先于遗嘱。

有偿的继承协议与遗赠扶养协议相同的是，存在继承人的法律地位可能弱于继承协议订立前的法律地位的情形。但继承人作为法定继承人之一，显然具有法定的赡养义务。因此，即使继承人可能无法从剩余遗产中得到扶养成本的补偿，也无需特别保护。但如果基于法定继承人具有法定的赡养义务，就认为在后之遗嘱可以改变在先的继承协议（也有人据此认为继承协议无效），事实上不利于被继承人之利益。因为一旦确立此种裁判规范，有偿的继承协议将可能被遗嘱更改，而不发生效力，甚至被认为无效，继承协议将对法定继承人不再具有吸引力。从而，被继承人意图通过订立有偿的继承协议来实现晚年幸福生活的美好愿望将落空。此外，非依法律规定或者未经对方同意不得擅自变更或者解除民事法律行为的规则（《民法典》第一百三十六条第二款），不光对遗赠扶养协议适用，对继承协议也同样适用。按照民法的一般原理，基于继承协议的拘束力而应认为继承协议的效力优先于在后遗嘱。③ 对此，比较法上亦存在相似的立法例。按照《德国民法典》第二千二百九十条第一款："以继承合同以及个别合于合同的处分，可以由已订立继承合同的人以合同废止。该项废止在这些人中的一人死亡后，不得再进行。"④即，德国法对于继承协议的变更仍然遵从合同变更的原理，以一个新的合意代替原合意。我国法律亦如此。

（二）生前行为之限制

1.无偿的继承协议

基于无偿的继承协议属于死因行为的观点，不应限制被继承人的生前处分权限。因为死因处分不能直接废除、转让、负担或者在内容上变更一项

---

① 《民法典》第一千一百五十九条规定："分割遗产，应当清偿被继承人依法应当缴纳的税款和债务；但是，应当为缺乏劳动能力又没有生活来源的继承人保留必要的遗产。"《民法典》第一千一百六十一条进一步规定："继承人以所得遗产实际价值为限清偿被继承人依法应当缴纳的税款和债务。超过遗产实际价值部分，继承人自愿偿还的不在此限。"

② 缪宇：《遗赠扶养协议中的利益失衡及其矫治》，《环球法律评论》2020年第5期。

③ 缪宇：《遗赠扶养协议中的利益失衡及其矫治》，《环球法律评论》2020年第5期。

④ 《德国民法典》，陈卫佐译注，法律出版社2015年版，第635页。

现有的权利,其法律效果在被继承人死亡后才发生。① 对于受益人来说,其在被继承人生前不具有确切的财产期待权,仅有取得财产的可能。② 因此,被继承人对其所有的财产仍然具有处分权。但值得注意的是,对于以侵害继承协议中的继承人为目的的赠与而言,则有必要保护继承人的利益。可供思考的法条依据有《民法典》第一百五十四条规定,行为人与相对人恶意串通,损害他人合法权益的民事法律行为无效。但该条仅限"行为人与相对人恶意串通"。对前述观点,德国法上亦有相似的立法例。《德国民法典》第二千二百八十六条规定:"被继承人以生前法律行为处分其财产的权利,不因继承合同而受限制。"③ 即,在德国法上,继承协议并不影响被继承人生前通过法律行为处分其财产。继承协议中指定的继承人和受遗赠人,对于被继承人的财产不存在受法律保护的期待权,而仅有将来取得一定财产的预期。④ 但是,此处也必须划清生前行为的界限,以防止滥用和规避法律的情形出现。对此,如果以损害为目的进行赠与,继承人可以根据《德国民法典》第二千二百八十七条第一款不当得利的法律规定要求交还。⑤

2.有偿的继承协议

有偿的继承协议能否限制被继承人生前行为这一问题,其解决思路仍为,基于有偿的继承协议与遗赠扶养协议的相似性,讨论有偿继承协议是否参照适用遗赠扶养协议的相关规定。因此,解决问题的关键在于厘清遗赠扶养协议是否对被继承人生前行为构成限制。

《遗赠扶养协议公证细则》(司发〔1991〕047号)第十四条规定:"订立遗赠扶养协议公证后,未征得扶养人同意,遗赠人不得另行处分遗赠的财产,扶养人也不得干涉遗赠人处分未遗赠的财产。"该条规定表明,办理了公证的遗赠扶养协议将限制遗赠人的生前处分。即,未经扶养人同意,遗赠人不得另行处分遗赠的财产。显然,所谓"另行处分"包括生前处分。但该条规

---

① 〔德〕安雅·阿门特—特劳拉:《德国继承法》,李大雪、龙柯宇、龚倩倩译,法律出版社2015年版,第67页。

② 王强:《继承法处分行为初探》,《中国政法大学学报》2017年第2期。

③⑤ 《德国民法典》,陈卫佐译注,法律出版社2015年版,第634页。

④ 〔德〕雷纳·弗兰克、托比亚斯·海尔姆斯:《德国继承法》,王葆莳、林佳业译,中国政法大学出版社2015年版,第127页。

定仅针对办理了公证的遗赠扶养协议。而值得进一步追问的是，未办理遗赠扶养协议公证的遗赠人，其生前处分是否受到了限制？对此，有观点认为，双方应当在协议中写明被扶养人拟将哪些遗产赠与扶养人，同时还应约定被扶养人在世期间不得擅自处分协议所涉及的财产。① 但此种观点仅能作为避免纠纷的一种建议。有学者认为现行法并没有限制遗赠人的生前处分权限，对这一问题的解决应当由最高人民法院通过司法解释予以明确。如果最高人民法院无意限制遗赠人的生前处分权限，那么在立法论上确立受赠人的返还义务实有必要。在遗赠人已将遗赠标的物赠与第三人时，继承人未能履行遗赠义务的，以遗产实际价值为限对扶养人负责；在遗产实际价值不足以填补扶养人所受损害的范围内，第三人对扶养人参照不当得利规则负返还义务。②

对此，笔者认为鉴于遗赠扶养协议的特殊性，即扶养义务生前履行而遗赠死后发生，宜认为遗赠扶养协议的签订限制被继承人的生前处分权限。虽然，例如遗嘱等死因行为的订立，对被继承人的生前行为并无影响。但必须说明的是，遗嘱的订立对于被继承人而言，可以随时撤回、变更。无偿的继承协议为协议，对被继承人与继承人虽有拘束力，但因其无偿性而可参照赠与合同获得任意撤销权。在此基础上，被继承人的生前行为可以推定是对无偿继承协议的撤销，因此在实质上并没有造成限制。但遗赠扶养协议不同，遗赠扶养协议属于有偿契约，扶养人生前扶养义务履行在前，被扶养人遗赠发生在后。鉴于此，扶养人存在较弱的法律地位，若不对被扶养人的生前行为构成限制，扶养人的扶养成本可能难以在被继承人的遗产中获得补偿。有偿的继承协议与遗赠扶养协议相同的是，存在继承人的法律地位可能弱于继承协议订立前的法律地位的情形。即与有偿的继承协议限制在后的死因行为类似，有偿的继承协议也限制在后的生前行为，不因法定继承人负有法定赡养义务而有不同。

二、继承协议的变更与解除

一般而言，当事人应当按照约定履行自己的义务，不得擅自变更或者解

---

① 黄薇主编：《中华人民共和国民法典继承编解读》，中国法制出版社 2020 年版，第 153 页。
② 缪宇：《遗赠扶养协议中的利益失衡及其矫治》，《环球法律评论》2020 年第 5 期。

除合同(《民法典》第一百三十六条)。但是法律还是承认了若干例外,规定了法定变更解除、裁决变更解除、法律行为变更解除等。其中最为典型的变更方式当属《民法典》第五百三十四条规定的协议变更,由合同双方当事人达成新的协议变更合同,以新的合意来变更原合意。此种变更协议,属于另外一个新合同,应符合合同成立及生效的规定,否则不能发生变更合同的效果。[①] 而要约、承诺是最为典型的合同订立的方式(《民法典》第四百七十一条)。[②] 此外,协议解除也是最为典型的解除方式。在《民法典》未对遗赠扶养协议的变更、解除作出特别规定时,势必要回归合同变更、解除的一般规则的调整。[③] 相应,无论继承协议有偿还是无偿,其变更、解除也应受合同编相关规则的调整。

第五节　研究结论

　　司法实践中存在大量的由被继承人与继承人订立的关于被继承人死后财产安排的协议。对这类协议的定性存在困难。司法实践或将其作为遗嘱、或将其作为遗赠扶养协议、或将其作为死因赠与。应当关注的是,继承协议继承人是单纯表示接受,还是负有供养义务作出区分,分为无偿的继承协议和有偿的继承协议。在此基础上,继承协议的"合同"属性将继承协议与遗嘱相区分;"死因处分"属性将无偿的继承协议与死因赠与相区分;主体范围将有偿的继承协议与遗赠扶养协议相区分。从而,应当认为无论继承协议是否有偿,均属于无名合同。对于此类协议,继承编并无特殊规定。进而,如果基于《民法典》的体系性考虑,继承编无特殊规定的协议势必要适用总则编及合同编的有关规定。基于此,一方面,根据《民法典》第四百六十五条第一款的规定,"依法成立的合同,受法律保护",即根据民法意思自治的一般原理,被继承人与继承人订立的协议应认定有效。另一方面,《民法典》

① 韩世远:《合同法总论》,法律出版社 2018 年版,第 591 页。
② 黄薇主编:《中华人民共和国民法典物权编解读》,中国法制出版社 2020 年版,第 45 页。
③ 陈苇主编:《婚姻家庭继承法学》,高等教育出版社 2014 年版,第 242 页。

第四百六十七条第一款还规定:"本法或者其他法律没有明文规定的合同,适用本编通则的规定,并可以先参照适用本编或者其他法律最相类似合同的规定。"我国法律中与无偿的继承协议最相类似的合同是赠与合同,与有偿的继承协议最相类似的合同是遗赠扶养协议。通过对赠与合同与遗赠扶养协议拘束力的分析,并结合继承协议的特点,笔者认为,无偿的继承协议参照适用赠与合同的任意撤销权,将不再在实质上限制被继承人的死因处分行为及生前行为。而有偿的继承协议基于其"有偿性",为了不让法定继承人的地位弱于协议订立前的法律地位,既限制被继承人的死因处分,也限制被继承人的生前处分。此外,鉴于继承编并无特殊规定以规制继承协议,势必要适用总则编及合同编的有关规定,适用合同变更、解除的规定。

第八章 遗赠婚外同居者遗嘱的效力问题分析

第一节 问题的提出

遗赠婚外同居者遗嘱的效力问题,一直是继承纠纷中争议不下的问题。对此争议,主要围绕遗嘱自由与公序良俗的冲突展开。遗嘱自由是意思自治原则的体现,建立在公民对个人财产的自由处分之上。根据我国继承法规则的相关规定,自然人可以立遗嘱将个人财产赠与国家、集体或者法定继承人以外的组织、个人。[①] 公民享有依照自己意愿订立遗嘱的权利,受遗赠人的身份和主体资格均未受到限制性规定。同时,公序良俗是我国民法的基本原则,与之违背的民事法律行为无效。[②]

当事人将个人财产遗赠给婚外同居者,究竟是其依据遗嘱自由的权利的行使,还是在公序良俗的限制下应当受到否定评价的行为呢?其实,早在2001年的四川"泸州遗赠案"判决作出时,学界便产生诸多纷争。[③] 有学者

---

① 《民法典》第一千一百三十三条。

② 《民法典》第八条、第一百五十三条第二款。有学者将前者称为"公序良俗的基本原则";后者称为"公序良俗的概括条款"。且认为法官基于原则裁判时有确立规则的义务,要在判决书中清楚地描绘出从基本原则到具体规则的推导过程;而适用概括条款时却无此义务,只存在一个在具体构成要件上综合一切具体情事的裁量问题。参见于飞:《基本原则与概括条款的区分:我国诚实信用与公序良俗的解释论构造》,《中国法学》2021年第4期。但事实上,不论是作为基本原则还是作为一般条款的公序良俗,均有模糊性的特点,难以作为法律推理的大前提,故本书采通说的一体论,以二者均为公序良俗原则的体现,不作特别区分。

③ 泸州遗赠案的一审法院根据《民法通则》《婚姻法》的有关规定,认定遗赠人黄永彬的遗赠遗嘱违背公序良俗。本案判决获得了当地民众的热烈支持,受赠人张学英不服一审驳回诉讼请求的判决,向四川省泸州市中级人民法院提起了上诉。最终二审法院驳回了张学英的上诉,维持原判。参见四川省泸州市中级人民法院(2001)泸民终字第621号民事判决书。

认为遗赠行为的内容和目的违背公序良俗,应属无效民事行为;也有学者则认为订立遗嘱行为本身并不违背公序良俗,不能轻易否定遗嘱的效力。① 时至今日,有关于此问题的裁判文书仍然引起社会各界的热切关注。在深圳市中级人民法院审理的"杨某与陈某遗赠纠纷案"(以下简称"深圳遗赠案")中,二审判决推翻了一审判决对于遗嘱有效的认定,以婚外同居违背了夫妻相互忠诚的义务,认定遗嘱违背公序良俗原则从而无效。② 时隔20余年,司法实践中仍存在同案不同判的现象,近年来各地法院在遗赠婚外同居者的继承纠纷的判决书中,对遗嘱自由的限制及对公序良俗原则的论证仍存在不一致之处,尚未整合出融贯的体系。《民法典》中,公序良俗作为民事法律行为效力认定的要件列于总则编,而继承编中遗嘱的无效事由并未改动。对于遗赠婚外同居者的遗嘱效力问题,则需要从以下几个方面进行分析:首先,总则编规定民事法律行为违背公序良俗归于无效的规定,其范围能否涵盖继承编订立遗嘱的民事法律行为? 换言之,既然继承编已经规定了遗嘱无效的情形,还是否得以适用总则编的民事法律行为无效的一般情形? 其次,即使订立遗嘱的行为应受公序良俗原则的评判,遗嘱视角下公序良俗的内涵应如何理解? 此外,判断遗赠婚外同居者违背公序良俗的标准又应如何确定? 下文将对我国遗赠婚外同居者的司法现状展开梳理,并进行相关法律规范的体系整合,从公序良俗原则出发,对遗赠婚外同居者的遗嘱效力进行更为全面深入的检视。

第二节　遗赠同居者案件的裁判现状

从泸州遗赠案到深圳遗赠案,从 2001 年到 2019 年,判决书中仍有"受遗赠人的身份和主体资格没有限制性规定,赋予了公民遗嘱自由的权利"的表述,可见泸州遗赠案的影响虽大,但却并未对其之后的类案产生决定性的指

---

① 沈幼伦、孙霞:《论遗嘱自由与尊重社会公德——兼谈某"第三者"遗赠纠纷案》,《法学论坛》2002 年第 3 期。

② 广东省深圳市中级人民法院(2019)粤 03 民终 21725 号民事判决书。

导作用。① 近年来,对此类案件的处理也一直存在法律规范适用不一、对公序良俗原则解读不一的问题。具体而言,一般是受遗赠人向法院提起诉讼,请求按照遗嘱内容对遗产进行分配。遗赠人的法定继承人,以遗嘱目的和内容违背公序良俗原则,因此遗嘱无效为由抗辩。判决结果分为两类:一类是认定遗嘱有效,支持受遗赠人诉讼请求,尊重当事人的意思自治,按照遗嘱对遗产进行分配;另一类是驳回受遗赠人诉讼请求,认为遗赠婚外同居者的行为的确违反了公序良俗原则,判决遗嘱无效。当前,此类案件的处理仍未有统一的判断标准和解释依归,两类判决均不是特例。

一、裁判逻辑梳理

(一)认为遗赠婚外同居者违背公序良俗无效的判决

此类判决书的逻辑体系大致为:第一,夫妻一方与他人婚外同居属于违法关系,破坏了婚姻家庭和谐,是不道德的行为;第二,基于此种不道德行为,而对婚外同居者进行遗赠,违背了公序良俗原则;第三,违背公序良俗原则的民事法律行为无效,因此遗嘱无效。判决的核心观点是,遗赠的动机存在于评判遗嘱效力的价值体系之内,并且遗赠行为与同居行为具有因果关系,出于不道德原因,遗赠人剥夺了法定继承人的继承权。

判决逻辑体系的第一部分为道德评价,争议不大,故不作过多讨论。逻辑体系的第二部分,也就是对于为什么遗赠同居者违背公序良俗,大部分判决都语焉不详。这其中存在着"道德"向"公序良俗"的跃迁,同时,还涉及"同居行为"和"遗赠行为"的牵连关系的论证。个别判决对于婚外遗赠对公序良俗原则的违背进行了较长篇幅的说理,但遗憾的是,其理由也不足以令人完全信服。在"孙某与梁某、易某某遗赠纠纷"一案中,判决写道:"立遗嘱时易某和被告梁某感情确已破裂,但其多年来并非没有解除夫妻关系的机会,却坦然接受来自配偶之外的女性的照顾,并排斥合法妻子除金钱之外的照顾。易某的情感天平倾斜于原告,并决定将遗产全部赠与原告,但本院不能将此前的超过男女普通朋友正常友谊界限的行为和遗赠行为割裂开来进

---

① 广东省深圳市中级人民法院(2019)粤 03 民终 21725 号民事判决书。

行评价,这二者互为因果关系。"①因遗赠人本有机会解除与配偶的婚姻关系却没有解除,坦然接受合法配偶的金钱,在订立遗嘱时,又想将遗产全部留给与之婚外同居的女性,排除配偶的法定继承权。从通常角度看,这似乎的确与"善良风俗"相悖。但进一步考虑,这样的一种论证方式,是否意味着解除了婚姻关系,遗赠婚外同居者就可能被认为有效? 如果没有机会与配偶解除婚姻关系,比如一直生病无暇顾及,或者配偶不同意离婚,双方还处于离婚诉讼中,是不是也同样意味着遗赠不违背公序良俗? 此种说理尚且未完成"遗嘱违背公序良俗而无效"的论证,反而有鼓励有婚外情者解除婚姻关系的倾向,于维护婚姻家庭的稳定秩序而言,有待商榷。

不仅如此,该案判决书中进一步提到,"本院认可原告确实在易某病重期间付出了很大的精力进行照顾,但这些行为也不仅是基于普通朋友关系和爱心人士的举动范围,而是之前的超过男女普通朋友正常友谊界限关系在易某生病期间的一种延伸。法律本身就具有指引和预测作用,如何处理和有配偶一方的关系、如何保持普通男女朋友的界限以及所可能面临的法律风险,都是值得与配偶方交往的朋友慎重考虑的问题"②。判决的本意,应是想阐明受遗赠人虽有付出,但其付出是基于不道德的情感,因此不应按照遗嘱,给予她相应的"回报"。但遗赠是订立遗嘱者的单方法律行为,即使考量民事法律行为的动机,也应当从遗赠人的角度出发,而不能为了补正判决论证理据的不足,对受遗赠人的行为进行道德情感上的评价,通过否定受遗赠人的动机,来否定遗赠人订立的遗嘱效力。

(二)认为遗赠婚外同居者并不违背公序良俗的判决

在认为遗嘱有效的判决中,也存在不同的说理路径与论证层次。主要可以从三个层面来概括:婚外同居是否违背公序良俗,遗赠行为与同居行为有无因果关系,遗赠无效是否可以适用公序良俗原则。

一是认为虽然婚外同居违反道德,但并不违背公序良俗。"尽管遗赠人与受遗赠人的同居行为为社会所不齿及道德所不容,但遗赠人在配偶去世后,立遗嘱对自己的财产予以处分是法律赋予的权利。遗嘱符合形式要件,

---

① ② 四川省绵阳市涪城区人民法院(2019)川 0703 民初 10384 号民事判决书。

且系当事人的真实意思表示,便可认定有效。"①

二是认为婚外同居违背公序良俗,但与遗嘱订立没有因果关系,婚外同居并不必然导致遗嘱的无效。在前述深圳遗赠案中,一审判决认为:"杨某和刘桂发两人的同居行为违背公序良俗,为法律所禁止,但该行为并不必然导致刘桂发的遗赠行为无效。遗赠是权利人对自己财产的单方意思表示,亦受法律保护。"②

三是认为尽管遗嘱中遗赠婚外同居者的内容与遗赠目的违反了公序良俗,但继承法中规定的遗嘱的无效事由不包括违背公序良俗,因此遗嘱有效。"公序良俗是我国《民法通则》总则中的规定,而《继承法》是民法的特别法,按照法律适用的方法,只有在对争议的问题特别法中没有规定的,才可以适用普通法的规定。"③此类判决认为案件性质为继承纠纷,继承法赋予自然人订立遗嘱将个人财产赠与法定继承人以外任何人的权利,有法可依,不需适用普通法。

二、司法适用存在的问题

(一)对公序良俗内涵界定不明

在讨论遗嘱违背公序良俗能否有效之前,应当考量的是,是否真实存在公序良俗原则与遗嘱自由原则的冲突。公序良俗原则的内涵、适用范围、价值位阶,均需要得到阐明。但如前所述,在提到公序良俗时,不论是肯定遗嘱效力,还是否定遗嘱效力,多数判决均未在说理中对提及的"公序良俗"作恰当的界定。

纵观支持遗嘱有效的判决,其中均存在一个事实,即遗赠人在死亡时为单身状态。也就是说,仅仅对配偶以外的法定继承人造成不利,是有可能被认为不违背公序良俗的。在"田某与李某、张某等遗赠纠纷"一案中,被继承人李某将所有遗产遗赠给受遗赠人田某,田某与李某某并未领取结婚证,是"非婚同居"的情况。尽管法定继承人主张遗嘱存在违背公序良俗的情形应

---

① 山东省济南市中级人民法院(2018)鲁 01 民终 3041 号民事判决书。
② 广东省深圳市南山区人民法院(2018)粤 0305 民初 2160 号民事判决书。
③ 辽宁省沈阳市中级人民法院(2004)沈民(1)合终字第 237 号民事判决书。

属无效,但判决并未支持,认为不存在违背公序良俗的情形,遗赠是有效的。① 同为遗赠纠纷,本案中起诉的法定继承人为被继承人的父母与儿子。那么为何将遗产全部遗赠同居者,不留给父母子女不违背公序良俗;而将部分或全部遗产留给婚外同居者,不留给配偶就是违背公序良俗呢? 无独有偶,在"张经滨、张经江与芦春岭遗赠纠纷"一案中,判决也认为,芦春岭与张奎明的同居行为系发生在张奎明与王巧云夫妻关系存续期间,故为社会所不齿及道德所不容。但张奎明在王巧云去世后,立遗嘱对自己的财产予以处分是法律赋予的权利。妻子已经去世的,遗赠给同居者不算违背公序良俗。②

而在认定遗嘱无效的判决中,如前述"孙某与梁某、易某遗赠纠纷"一案,判决认为当事人本可以离婚却没有离婚,还将遗产赠与婚外第三人,才是违背公序良俗的理由。③ 由此,似乎也可以得出,司法实践中对于遗嘱违背公序良俗的界定,似乎并非从保护法定继承人利益的角度去考虑,而仅仅是从维护婚姻制度的角度来考量。然而,若采用该遗嘱公序良俗内涵的理解,来考量深圳遗赠案,却并不能得出令人满意的结论。深圳遗赠案中,遗赠人已经两次提起离婚诉讼,最终在离婚诉讼过程中死亡。④ 在这种情况下,当事人在死亡前已经提起离婚诉讼,并且在一审判决中得到了准许离婚的裁判。那么其将遗产遗赠给悉心照顾自己的同居者,似乎并未违背公序良俗,因为其并非"本可以离婚却没有离婚"。

究竟何为公序良俗? 在深圳遗赠案中,遗赠人与配偶十几年分居,期间是受遗赠人实际上在履行对遗赠人生活起居的照顾与帮扶义务。遗赠人的确违背了婚姻法规定的"夫妻应当互相忠实""禁止有配偶者与他人同居"的法律规定,但主张法定继承的配偶也未尽到"夫妻应当互相尊重,互相关爱"

---

① 新疆维吾尔自治区乌鲁木齐市中级人民法院(2021)新 01 民终 1445 号民事判决书。
② 山东省济南市中级人民法院(2018)鲁 01 民终 3041 号民事判决书。
③ 四川省绵阳市涪城区人民法院(2019)川 0703 民初 10384 号民事判决书。
④ 刘某某曾于 2015 年 7 月 3 日向一审法院提起离婚诉讼,一审法院经审理后作出不准许刘某某与陈某 1 离婚的民事判决,该民事判决于 2016 年 2 月 5 日生效。2016 年 8 月 9 日刘某某再次提起离婚诉讼,主张双方已经分居十几年,刘某某本人到庭参加了庭审,一审法院于 2017 年 4 月 26 日作出(2016)粤 0305 民初 9436 号民事判决,准许刘某某与陈某 1 离婚。陈某 1 不服一审判决提起上诉,刘某某在二审审理期间于 2017 年 8 月 27 日因病死亡,广东省深圳市中级人民法院于 2017 年 10 月 26 日作出(2017)粤 03 民终 13159 号民事裁定,裁定终结诉讼。

的法定义务。遗赠人一直主张离婚而未得到配偶的同意,其配偶以空挂的夫妻之名,否定被继承人立遗嘱给第三人的财产处置权,无视被继承人意愿而强行继承其个人财产,婚姻道德观念的角度上来看,是否亦可看作违背"公序良俗"? 当前,司法实践对公序良俗的界定仍有较大的完善空间,需要进一步结合学理明晰公序良俗之内涵。

（二）适用公序良俗说理不清、逻辑脱节

由于法律并未直接规定何种情况下民事法律行为会违背公序良俗,而理论上对于公序良俗的内涵也尚未得出一致的认识,故而司法实践中更需要法官在个案的裁判中进行详细说理,论证遗赠婚外同居者究竟为何违背公序良俗,否则公序良俗作为一个抽象的概念就有被滥用的可能。然而,司法实践中的大部分判决,对于此类案件的说理均有逻辑跳跃与倒置因果的问题。其具体表现为——

第一,将不道德等同于"违背公序良俗"。泸州遗赠案作为"公序良俗第一案",确立了遗赠婚外同居者违背公序良俗原则的认识。此后认定遗嘱无效的类案判决中,均直接照搬这一认识,未对公序良俗有更进一步的界定。学界对此不乏反对之声,认为公序良俗的违背与否应以动机区分,区别对待。[①] 将善良风俗诠释为"社会一般道德观念"忽略了"善良"二字的评价功能。[②] 我国不宜承认法官享有以社会通行道德观念、以更为抽象的判断来颠覆个人自治的状态。[③] 公序良俗原则不应该成为裁判者顺手拿来、不加论证的裁判依据。对遗嘱是否违背公序良俗的认定,应采用确定的标准,且这个标准不应是社会的一般道德,而应结合法律原则之价值位阶而定。

第二,将对婚外同居行为的评价与遗赠行为的评价混淆,以婚外同居违背公共秩序、社会公德,推出遗嘱无效。在"孙某、安某遗赠纠纷"案中,判决写道:"遗赠人王德明是基于与孙萍的非法同居关系而立下有悖于公共秩序、社会公德和违反法律的遗嘱。其遗赠行为违反了公序良俗和法律规定,

---

① 金锦萍:《当赠与（遗赠）遭遇婚外同居的时候:公序良俗与制度协调》,《北大法律评论》2004年第1期。

② 黄立:《民法总则》,中国政法大学出版社2002年版,第335页。

③ 谢潇:《公序良俗与私法自治:原则冲突与位阶的妥当性安置》,《法制与社会发展》2015年第6期。

损害了社会公德,破坏了公共秩序,属无效行为。"①所谓基于非法关系的遗赠违背公序良俗,究竟是订立遗嘱的行为本身违背公序良俗,还是该同居关系违反了公序良俗呢?

第三,有支持对婚外同居关系进行评价者认为,遗赠的动机产生于不道德的婚外同居关系,因此基于该动机的遗赠是无效的。但即使需要考虑法律行为背后的动机,从婚外同居到遗嘱的效力之间,至少存在两道障碍。一是此种法律效果是否真实地构成一种"作为原因的动机"呢?在传统的法国民法的原因理论中,并不将动机纳入不法原因的考察;即使是将动机纳入原因范畴的现代理论,其对于动机的考察也并非彻底的,其仅考察当事人的"决定性"动机,同时该动机还须为双方当事人的"共同动机"。② 遗嘱作为单方法律行为,固然无需考量"共同动机"的构成,但其决定性动机是否必然源于婚外同居关系呢? 这是值得商榷的,当事人为法律行为的原因,是各种动机的综合体。如果遗赠人作出遗赠是考虑受遗赠人在自己病重时的照料,抑或是对其经济投入的补偿等,同居关系便只是一个作用极小的次要动机,而次要动机是无法对法律行为起"推动作用"的,故而更不应出现在法律行为效力的考察当中。二是不应该把法律行为的效果和行为的原因相混淆,效果并不能当然地代替原因而存在。③ 可以确定的是,遗嘱按照当事人意思进行分配,将财产遗赠给婚外同居者,是该遗嘱的法律效果。但肯定该遗赠的效力,产生婚外同居者取得遗产的效果,也并不代表着对婚外同居行为的肯定。司法实践中多数认定遗嘱无效的判决均体现了前述顾虑,然而该效果的出现并不是直接否定遗嘱效力的理由,因为婚外同居并不当然地作为遗赠的原因。如果对此有足够清晰的认识,就不会仅以"基于违法关系进行遗赠,违背了公序良俗"④一句简单的话语,轻率地对遗赠婚外同居者的遗嘱下违背公序良俗的定论。

---

① 山东省龙口市人民法院(2019)鲁 0681 民初 898 号民事判决书。
② 尹田:《法国现代合同法》,法律出版社 1995 年版,第 179—189 页。
③ [美]贾雷德·戴蒙德:《枪炮、病菌与钢铁:人类社会的命运》,谢延光译,上海译文出版社 2006 年版,第 10 页。
④ 山东省烟台市中级人民法院(2021)鲁 06 民终 2050 号民事判决书。

第三节 以公序良俗原则否定遗嘱效力的分析

一、《民法典》第一千一百四十三条的体系解读

(一)《民法典》第一千一百四十三条的立法意旨

在我国民法中,遗赠从属于订立遗嘱的行为,《民法典》第一千一百四十三条规定了遗嘱无效的事由,对遗嘱效力的否定提供了明确依据。全国人大常委会法工委指出,本条是关于遗嘱无效的规定。[①] 亦有学者将本条规定称之为"遗嘱无效的实质要件"的规定。[②] 尽管具体表述不同,但前述观点均认可本条意旨在于,若遗嘱不符合此条规定的实质要件,则不能具备法律效力,遗嘱人订立遗嘱的意思不能实现,所预期的法律效果不能发生。

从历史的角度考察,我国继承法制定之初,即在"遗嘱继承和遗赠"一章中对遗嘱无效的几种情形作出了规定。《民法典》第一千一百四十三条规定与 1985 年《继承法》第二十二条的规定一脉相承,仅仅是将"无行为能力人或者限制行为能力人"修正为"无民事行为能力人或者限制民事行为能力人"、将"受胁迫、欺骗所立的遗嘱无效"修改为"受欺诈、胁迫所立的遗嘱无效",对其他无效情形则未作变动。然《继承法》制定之初,仅对遗嘱自由作十分有限的限制,与当时的政治、经济、社会和文化背景息息相关。由于长时期受法律虚无主义的影响,《继承法》制定以前婚姻法中关于继承制度的规定还会受到抵制。[③] 1982 年《宪法》第十三条规定"保护公民的私有财产的继承权"以及 1985 年《继承法》的颁布,正是对此的拨乱反正。在 20 世纪 80 年代初期,人们对于"公民享有自由处分自己财产的权利"的渴求是前所未有的,遗嘱制度成为维护公民处分个人财产之权利的重要手段。而今天,在经历了个人主义思潮冲击、老龄化程度增高的社会背景下,通过强调遗嘱自由

---

① 黄薇主编:《中华人民共和国民法典继承编释义》,法律出版社 2020 年版,第 104 页。
② 陈甦、谢鸿飞:《民法典评注·继承编》,中国法制出版社 2020 年版,第 187 页。
③ 廖光中:《论遗嘱继承的法律地位及其有效条件》,《政治与法律丛刊》1982 年第 2 期。

的方式来维护公民财产权的功能必然要受到一定的削弱。现阶段,随着遗嘱继承为越来越多人所接受,遗嘱继承制度正在转向维系婚姻家庭的稳定完整、实现家庭养老育幼职能、减轻社会负担等重要功能。① 但遗嘱自由的理念依然具有不可忽视的重要性,只不过需要结合新的社会情况,赋予其新的生命。

从规定的内容来看,对遗嘱实质要件进行规定的立法意旨至少包括以下两个方面:一是遗嘱人需具备相应的民事行为能力。无民事行为能力人或者限制民事行为能力人不具备遗嘱能力,不能完成一种由理智形成的意愿的表达。二是保障遗嘱的真实性,确保遗嘱是经由当事人意思自治而订立的。因受欺诈或胁迫所订立的遗嘱,当事人的意思表示不自由,遗嘱无效。而伪造、被篡改的遗嘱并非本人所立,当然不属于当事人意思自治的范畴。但本条规定并非穷尽,通说认为,除本条明确列举的情形之外,遗嘱的无效还应当包括其他情形。有学者认为,遗嘱作为一种民事行为,应当具备民事行为的一般有效要件。② 继承编对遗嘱无效规定的情形不足,还存在其他尚没有规定的遗嘱无效的情形。③《民法典》第一百五十三条明确规定了民事法律行为在何种情况下无效,遗嘱作为一种民事法律行为,在继承法无特别规定的情形下,应当适用该规定予以解释。若遗嘱内容违背公序良俗,亦导致遗嘱无效。④

从法理基础与立法体系上看,遗嘱的确存在《民法典》第一千一百四十三条以外的无效情形,该条并非对遗嘱无效的穷尽性规定。接下来需要探究的是,《民法典》总则编中对于民事法律行为效力的规定与继承编中对于

① 梁分、吴桃、余红:《遗嘱法研究》,法律出版社 2020 年版,第 64 页。

② 房绍坤、范李瑛、张洪波编著:《婚姻家庭与继承法》,中国人民大学出版社 2012 年第 3 版,第 219 页。

③ 如在遗嘱中处分不属于遗嘱人自己财产的部分内容;在遗嘱中处分必留份的;代理遗嘱的。参见杨立新:《中国民法典释评·继承编》,中国人民大学出版社 2020 年版,第 256—257 页。

④ 一是遗嘱的内容违反法律、行政法规的强制性规定,或者违背公序良俗;二是形式要件欠缺,如果遗嘱欠缺法律规定的形式要件,会导致遗嘱无效,所涉遗产就应当按照法定继承办理;三是遗嘱继承人先于被继承人死亡(视为无效);四是遗嘱处分了遗嘱人无权处分的财产;五是有效的遗赠扶养协议导致遗嘱中对遗赠扶养协议中已处分财产的部分不发生效力(视为无效);六是多份遗嘱冲突,效力较低的遗嘱无效;七是遗嘱人生前对自己财产的处分导致的失效(视为无效)。参见陈甦、谢鸿飞:《民法典评注·继承编》,中国法制出版社 2020 年版,第 191 页。

遗嘱效力实质要件的规定应如何接轨,尤其能否依据"违背公序良俗的民事法律行为无效"当然地解释出"违背公序良俗的遗嘱无效"。

（二）《民法典》第一千一百四十三条与第一百四十三条的协调

《民法典》第一百四十三条规定了民事法律行为的有效要件,其中包括有效的民事法律行为不得违背公序良俗。而《民法典》第一千一百四十三条所规定的遗嘱无效的事由,并未将违背公序良俗纳入。原则上继承法作为民事特别法,应优先于一般法适用,但继承关系实为身份关系与财产关系的重合部分,继承法兼具身份法和财产法的双重属性。[①] 故其在具备特殊性的同时,与财产法也存共通之处,《民法典》第一百四十三条是对第一千一百四十三条中的遗嘱无效事由的补充。

首先,从条文表述上看,遗嘱无效规定与民事法律行为效力规定存在承接与呼应之处。《民法典》第一百四十三条规定:"具备下列条件的民事法律行为有效:(一)行为人具有相应的民事行为能力;(二)意思表示真实;(三)不违反法律、行政法规的强制性规定,不违背公序良俗。"一项有效的民事法律行为必须同时满足以上三个条件的要求。如前所述,遗嘱有效的实质要件一般包括三个方面:一是遗嘱人要具有遗嘱能力;二是遗嘱人的意思表示要真实;三是遗嘱的内容要合法。遗嘱有效的实质要件,与《民法典》第一百四十三条民事法律行为有效的规定几乎一一对应。

其次,从《民法典》总分结构的定位看,《民法典》第一百四十三条关于民事法律行为效力的规定属于总则内容,《民法典》第一千一百四十三条的规定属于分则内容;从《民法典》的规范位阶上看,《民法典》总则编的规定属于上位规范,《民法典》继承编的规定属于下位规范。遗嘱无效规定既属于民事法律行为效力制度体系的组成部分,也属于该制度体系的特殊规定和例外规定。[②] 作为例外规定,遗嘱无效规定与民事法律行为效力规定相比,有其特殊之处。《民法典》第一千一百四十三条对于受欺诈、胁迫所立遗嘱,作出遗嘱无效的规定,而总则编对于受欺诈、胁迫的民事法律行为的效力,则

[①]　陈信勇:《身份关系视角下的民法总则》,《法治研究》2016年第5期。

[②]　李建华:《受欺诈、胁迫民事法律行为效力形态的制度体系化》,《法律科学》(西北政法大学学报)2021年第1期。

作出可撤销的规定,二者不尽相同。那么,对于《民法典》第一千一百四十三条并未明确规定的"违背公序良俗的遗嘱"的效力,是将其纳入遗嘱效力制度体系的组成部分,还是认为其乃继承编的特殊留白呢? 全国人大常委会法工委在对《民法典》第一千一百四十三条的释义中指出,遗嘱是要式民事法律行为,其有效除了需要符合法律规定的形式方面的要求以外,还需要具备民事法律行为有效的条件,这既包括总则编规定的一般条件,也包括继承编规定的特别要件。① 公序良俗原则作为《民法典》总则编中关于民事法律行为效力的规定,可以适用于遗嘱。继承编的遗嘱效力制度体系中的特殊之处,主要在于因欺诈或胁迫所立的遗嘱无效,而非一般民事法律行为的可撤销。这是由于遗嘱生效时,遗嘱人已经死亡,其不可能对受欺诈订立的遗嘱提出撤销,本条才对欺诈、胁迫作出无效的例外规定。总体上而言,《民法典》采用了总分结构的立法技术,作为单方民事法律行为的订立遗嘱行为,其效力制度体系在无特殊规定的情况下,应与总则编的一般规定保持一致性。

再者,从比较法的角度来看,大陆法系中遗嘱的有效要件通常包括符合公序良俗。德国法中,遗嘱的效力受到善良风俗的评价。② 瑞士民法典明确规定违反善良风俗的遗嘱无效,且相较其他遗嘱无效事由而言,违反善良风俗的遗嘱无效之诉的诉讼时效更长。③ 我国台湾地区"民法典"第一千一百八十六条及以下规定了遗嘱的效力制度,通说认为,应该考虑遗嘱内容是否符合公序良俗的要求,"民法"对遗嘱的内容未设规定,凡不违反公序良俗者,皆得依遗嘱为之。④

另外,从法律的发展来看,法律行为制度主要是从契约制度和遗嘱制度中抽象而来的,后世民法中有关意思表示的原理、有关法律行为的原则等均

---

① 黄薇主编:《中华人民共和国民法典继承编释义》,法律出版社 2020 年版,第 103 页。

② [德]弗兰克·海尔姆斯:《德国继承法》(第六版),王葆莳、林伟业译,中国政法大学出版社 2015 年版,第 36 页;陈苇主编:《外国继承法比较与中国民法典继承编制定研究》,北京大学出版社 2011 年版,第 279 页。

③ 遗嘱无效之诉的诉讼时效期间为 1 年,自有起诉权的人知道遗嘱无效的事由之日起算,其最长诉讼时效期间不得超过 10 年,但遗嘱违反善良风俗的,最长的诉讼时效期间为 30 年,《瑞士民法典》第五百一十九、五百二十一条。参见《瑞士民法典》,于海涌、赵希璇译,法律出版社 2016 年版,第 186－187 页。

④ 王泽鉴:《民法总则》,北京大学出版社 2014 年版,第 604 页。

受到罗马遗嘱法的深刻影响。① 而法律行为内容需符合法律规定与善良风俗的规则,本源上抽象自遗嘱行为规则,遗嘱效力受公序良俗限制符合法律行为制度发展的思维路线。尽管身份行为与财产行为存在重大差异,但一概地否定总则规定在亲属法内的适用也不妥当。一方面,身份行为与财产行为均是基于意思表示发生法律效力,另一方面,亲属法内适用总则规则也是个法技术问题,我国《民法典》中继承编部分规定简略,若一律排除总则的补充并非明智。②

综上,以公序良俗对遗嘱自由进行限制符合继承领域的伦理性,是作为意思自治原则之体现的遗嘱自由的题中应有之义。意思自治原则在广泛弘扬个人主义与自由主义的同时,也必然要受到具体法律规则和诸如公序良俗等法律原则的限制。限制是对自由的制约,又是对自由的保障。个人在订立遗嘱,享受遗嘱自由的同时,该自由也受公序良俗的限制而为相对自由。

二、遗嘱视角下的公序良俗

(一)遗嘱公序良俗的内涵

正如前述,遗嘱自由的行使也需顾及社会公共利益与公共道德,因此会受到公序良俗等原则的限制。但因这种限制涉及公民自由处分个人财产的权利,该限制本身也应受到限制。有学者认为,公序良俗对遗嘱自由的约束仅体现在《民法典》第一千一百二十五条,故意杀害被继承人或其他继承人,危及社会公共利益的情况;以及第一千一百四十一条和第一千一百五十五条所规定的必留份制度。③ 但其所提到的,仅仅是公序良俗具象化的一方面,而善良风俗和公共秩序的意义也在不断发生变化,故也应适用抽象化的公序良俗原则对遗嘱自由进行限制。由于事实上不可能对所有法律概念进行定义,尤其是公序良俗这类不确定概念,因此对于遗嘱公序良俗的内涵无

---

① 董安生:《民事法律行为》,中国人民大学出版社 2002 年版,第 1、10 页。
② 于飞:《公序良俗原则研究——以基本原则的具体化为中心》,北京大学出版社 2006 年版,第 202 页。
③ 陈荣文:《〈民法典〉"私法自治"的理念衍义与制度构建》,《福建论坛》(人文社会科学版)2020 年第 9 期。

法简单地通过定义的方式来确定。① 故下文试图从两个维度，分别解释、确定遗赠婚外同居者遗嘱中可能违背的公共秩序与善良风俗的内容。

1. 遗嘱视角下的公共秩序

公共秩序一词最早在成文法中使用，是《法国民法典》第六条的规定："任何人不得以特别约定违反有关公共秩序和善良风俗之法律。"②各国对公共秩序的立法用语各不相同，《德国民法典》第一百三十八条仅规定了善良风俗概念，原因在于《德国民法典》的起草者认为德国法中的"公共秩序"主要涉及的是通过它所实现的风俗价值，违反公共秩序的法律行为大多可以被视为违反法律或善良风俗的行为，故其涵盖于"善良风俗"这一立法用语之下。③ 而日本民法虽继受于德国，却采用了公共秩序和善良风俗并举的立法模式，《日本民法典》第九十条规定，以违反公共秩序或善良风俗的事项为标的的法律行为，无效。④ 我国通说区分了公共秩序与善良风俗。⑤ 在我国民法上，对于公共秩序的解读，有学者认为公共秩序"为国家社会之存在及发展所必要的一般秩序"，从而"私有财产、继承制度皆属于公共秩序"。⑥ 亦有学者将公共秩序"理解为社会一般利益，包括社会经济秩序和社会公共利益"⑦。与此相近，以公序为核心的法国公序良俗理论将公共秩序分为政治公共秩序和经济公共秩序，前者的主要保护对象是国家与家庭。对家庭进行的保护，首先表现为对家庭关系的保护，其次表现为对家庭财产的保护。⑧ 基于前述，亦可将遗嘱中的公共秩序分为对于婚姻制度的维护及对于家庭财产的保护。

那么，对婚外同居者的遗赠是否存在对婚姻制度的破坏，或者说是对家庭关系保护的违背呢？从遗赠产生的法律效果来看，答案是否定的。首先，

---

① 梁慧星：《民法解释学》，法律出版社 2015 年版，第 92 页。

② 于飞：《公序良俗原则研究——以基本原则的具体化为中心》，北京大学出版社 2006 年版，第 12 页。

③ ［德］维尔纳·弗卢梅：《法律行为论》，迟颖译，法律出版社 2013 年版，第 430—434 页。

④ 《最新日本民法》，渠涛编译，法律出版社 2006 年版，第 24 页。

⑤ 梁慧星：《民法总论》，法律出版社 2011 年第 4 版，第 50—51 页；魏振瀛主编：《民法》，北京大学出版社、高等教育出版社 2013 年版，第 28 页。

⑥ 史尚宽：《民法总论》，中国政法大学出版社 2000 年版，第 334 页。

⑦ 戴孟勇：《论公序良俗的判断标准》，《法制与社会发展》2006 年第 3 期。

⑧ 尹田：《法国现代合同法》，法律出版社 1995 年版，第 205—206 页。

对家庭关系的保护的基本准则，是不得以法定条件之外的其他条件建立家庭关系，也不得使家庭关系产生法定效果之外的其他效果。其典型表现为，订婚行为不影响完全的结婚自由、分居协议不具有法律效力等。而遗赠婚外同居者，一没有建立起家庭关系，二没有使家庭关系发生其他效果，故在家庭关系保护的层面上，遗赠婚外同居者并未导致秩序的崩坏。其次，遗赠于婚姻制度而言，有观点或认为婚外情属于对夫妻忠实义务的违反，认可遗赠婚外同居者遗嘱效力意味着鼓励婚外情，会导致对婚姻制度的破坏。但事实上，真正对婚姻制度造成破坏的行为恰恰是"婚外同居"这一行为，即使有配偶与他人同居者并未订立遗嘱，依然可以认为其同居的行为构成了对婚姻制度严肃性的破坏。或有论者主张，认可此类遗赠的效力，之后便有更多不劳而获之人想成为他人婚姻的插足者。但因为大多数案件中的遗赠人为男性，前述论调实际上是将不道德事件的发生习惯性地归责于女性第三者。其认为第三者从这样的行为中获益，便会有更多人效仿，引发婚外情行为的增加，动摇婚姻制度的基础。然而，这种纯粹的逻辑推演，忽视了婚外同居行为产生的现实原因，即处在婚姻关系中的当事人对自身道德要求过低，对婚姻忠诚的神圣性的认识不足。何况，早在半个世纪以前，罗素便坦言"相较于过去女子有更多的谋生手段，更多女性现在出于意愿而不是经济目的与男人保持婚外恋关系"①，我国目前情况正是如此。因此，破坏婚姻制度的是个人本位主义思潮的冲击、个人道德下滑引起的婚外同居行为，认可遗赠行为有效本身并不会导致或者增加婚外同居的发生，也就无涉对婚姻制度的破坏。

另一方面，对于家庭财产的保护主要是为了家庭的根本基础不被动摇，而遗赠婚外同居者对此产生了直接的负面影响。保护家庭财产的典型表现之一为法律在继承制度中规定特留份，该制度使家庭分享遗产达到最低限度，限制被继承人剥夺家庭成员继承权的权利。故当事人将自己的全部或大部分遗产遗赠给婚外同居者而未留足够特留份份额，此种情况应当属于违背家庭财产保护的公共秩序。我国继承法虽尚未规定"特留份制度"，但在我国以"家产制"为核心的传统文化的背景下，此种思维方式古已有之。

---

① ［英］伯特兰·罗素：《论婚姻与道德》，汪文娟译，上海人民出版社2021年版，第85页。

家庭除作为血缘集体外,更是一个经济单位。① 防止家产外流、维持家庭制度的价值判断在我国可谓更甚。即使在承认遗嘱效力的唐宋时期,也很难得出可将家产遗赠给家外之人有效的结论,这种遗赠行为不但不符合作为整体性的家的利益,也不符合"家产"这一概念中所蕴含的规则意义。② 固然这种理解具有"家产非家父个人所有"的时代局限性,但此种以家庭财产传承维系亲属身份关系的伦理价值却产生了深远的影响。自《民法典》编纂伊始,有许多学者提出在我国《民法典》继承编中引入特留份制度的立法构想,其中对于特留份的权利主体、具体份额及扣减制度等问题均有十分深入的检视,但未被《民法典》采纳。保护家庭财产的价值暂时只能投射在公序良俗原则中的政治公共秩序上,在立法真正采纳特留份制度之前,可以政治公共秩序维护的视角对个案中遗赠的效力进行审查。当遗赠婚外同居者全部或大部分财产,以至于留给法定继承人的遗产远远小于通常观念上应当留给法定继承人的份额时,认定遗嘱因违背公序良俗原则无效。但这并不意味着,给法定继承人留存了相当于特留份份额的遗产,其所作出的遗赠就均为有效,尚需从善良风俗的视角考察。

2.遗嘱视角下的善良风俗

与作为法国法固有概念的公序良俗不同,善良风俗一词源于罗马法,各国对善良风俗的立法用语可参考上文。拉伦茨认为,善良风俗包括法制本身内在的伦理道德和原则,也包括社会占"统治地位的道德"的行为准则。③我国学者对于善良风俗概念的理解,通常与其对公共秩序的概念相对应,如"善良风俗是指社会的存在及其发展所必要的一般道德",即与前述其公共秩序概念的理解相对应。④ 通说认为,善良风俗与公共秩序的范围大致相同,但后者从社会秩序方面立论,而前者从道德方面着眼。⑤ 但如果说前述公共秩序的内涵尚有边界,善良风俗的内涵则更加不确定。正因如此,德国

---

① 瞿同祖:《中国法律与中国社会》,商务印书馆 2010 年版,第 1 页。
② 俞江:《论分家习惯与家的整体性——对滋贺秀三〈中国家族法原理〉的批评》,《政法论坛》2006 年第 1 期。
③ 〔德〕卡尔·拉伦茨:《德国民法通论》(下),王晓晔、邵建东、程建英,等译,法律出版社 2003 年版,第 596—597 页。
④ 史尚宽:《民法总论》,中国政法大学出版社 2000 年版,第 334 页。
⑤ 魏振瀛主编:《民法》,北京大学出版社、高等教育出版社 2013 年版,第 28 页。

学者批判过于抽象的判断标准,并"放弃对善良风俗作统一定义的尝试",而采用判例研究基础上的类型化方法来把握善良风俗的含义。① 我国学者亦对公序良俗进行了类型化的整理,并提出法庭或者仲裁庭于案件审理中,如果发现待决案件事实在善良风俗的判断中,与其中某一个类型相符,即可依据本条第二款认定其行为无效。② 要确定遗嘱视角下的善良风俗的概念,是否也能从类型化的方法着手呢?

从学者的既有归纳来看,遗赠婚外同居者涉及的行为类型可能是"违反道德的赠与或遗赠"③"违反善良风俗与性交"④或"未对法定继承人提供生活费用"。最后一种类型因与维护家庭关系所反映的政治公共秩序为一体两面,故以前述政治公共秩序之维持为衡量标准即可,在此不作赘述。第一种类型的重点是规制对通奸行为的奖励行为,可能表现为婚外同居者的遗赠。对此,拉伦茨认为,要区分赠与的动机和目的,若是为了保持关系或者酬谢,则无效;若是为了维持情人以后的生活,则有效。⑤ 第二种类型是对第一种类型的反思,即认为动机本身晦涩难明,主要针对以性行为为标的的交易行为进行规制。对于性行为市场化的排斥,中西方文化体现出一定的共

---

① [德]梅迪库斯:《德国民法总论》,邵建东译,法律出版社 2000 年版,第 512—514 页。

② 梁慧星将公序良俗违反行为分为十种类型:一是危害国家公序行为类型;二是危害家庭关系行为类型;三是违反性道德行为类型;四是射幸行为类型;五是违反人权和人格尊重的行为类型;六是限制经济自由的行为类型;七是违反公正竞争行为类型;八是违反消费者保护的行为类型;九是违反劳动者保护的行为类型;十是暴利行为类型。参见梁慧星:《市场经济与公序良俗原则》,《中国社会科学院研究生院学报》1993 年第 6 期。

③ 拉伦茨将善良风俗违背划分为八种类型,一是束缚性合同;二是针对合同一方采取的违反善良风俗的行为;三是暴利行为;四是违反善良风俗造成第三人损失;五是均具有违反善良风俗目的的双方法律行为;六是高度人身性行为的商业化;七是违反道德的赠与或遗赠;八是违反家庭秩序或职业道德的行为。参见[德]卡尔·拉伦茨:《德国民法通论》(下),王晓烨、邵建东、程建英,等译,法律出版社 2003 年版,第 604—616 页。

④ [德]梅迪库斯:《德国民法总论》,邵建东译,法律出版社 2000 年版,第 521—536 页。我国学者称为"违反性道德行为",参见梁慧星:《市场经济与公序良俗原则》,《中国社会科学院研究生院学报》1993 年第 6 期。

⑤ [德]卡尔·拉伦茨:《德国民法通论》(下),王晓烨、邵建东、程建英,等译,法律出版社 2003 年版,第 604—616 页。日本的司法实践也有此种观点,大判昭和 9 年 10 月 23 日判决全集 14 卷 3 页、大判昭和 18 年 3 月 19 日民集 22 卷 185 页等判定:为了维持私通关系而为之借贷、赠与、遗赠等无效。而最判昭和 61 年 11 月 20 日民集 40 卷 7 号 1167 页却认定:即使是对情人的遗赠,只要纯粹是为了保全情人的生活,其内容没有威胁到继承人的生活,就有效。参见[日]山本敬三:《民法讲义I·总则》,解亘译,北京大学出版社 2012 年版,第 211—220 页。

通性。费孝通在《生育制度》中指出:"社会对于性的歧视是有原因的,这原因就在性威胁着社会结构的完整性。性可以扰乱社会结构,破坏社会身份,解散社会团体。"为解决性与社会的对立,婚姻将性限制在夫妇关系里。①

在我国的语境下,遗赠婚外同居者却无法简单归入前述违反善良风俗的行为类型。更重要的是,类型仅仅是对依据某种理由进行公序良俗违反判断的结果的证立,而非判断公序良俗违反的理由。② 若以区分遗赠动机的"违反道德的赠与或遗赠"类型为判断之基准,面临的问题是,有婚外同居关系的人,并非全体都出于一个统一的动机进行遗赠,动机可能是多种多样的。另外,对婚外性行为的控制是作为善良风俗考察中的例外情形而存在的。限制婚姻之外的两性关系主要目的是维持和保证对儿女的长期的抚育作用,并防止发生破坏婚姻关系稳定性的因素。③ 婚外同居尽管是一种不道德行为,但其只有因婚外同居作为决定性动机体现在法律行为中,才有可能受到一定程度的控制。故遗赠婚外同居者就无法作为一个整体被纳入此种类型。而以"违反善良风俗与性交"类型为判断基准,遗赠婚外同居者并不等同于将"性"市场化,法律仅对后者加以控制,而前者固受道德律令之批判,却不能由法律加以否定。梅迪库斯认为,应将市场化的性行为与私人化的性行为区分开来,法律对两者的控制强度不应相同。④ 遗赠婚外同居者涉及的显然是私人领域中的性关系,德国的司法认定也呈现出宽松的态势,即认定遗赠不违反善良风俗。⑤ 故遗赠婚外同居者无法归入现有的类型之一,也不能被类型化为违背善良风俗的一种。

综上,在遗赠婚外同居者遗嘱的效力认定中,对于是否违反善良风俗的考察,与公共秩序相同,也需根据个案中的具体情形加以判断,而无法通过

---

① 费孝通:《生育制度》,北京联合出版公司 2021 年版,第 90 页。

② [日]山本敬三:《公序良俗论の再构成》,有斐阁 2000 年版,第 36-37 页,转引自于飞:《公序良俗原则研究——以基本原则的具体化为中心》,北京大学出版社 2006 年版,第 82 页。

③ 费孝通:《生育制度》,北京联合出版公司 2021 年版,第 74 页。

④ [德]梅迪库斯:《德国民法总论》,邵建东译,法律出版社 2000 年版,第 526-528 页。

⑤ 德国司法机关的立场在联邦最高法院对"情妇遗嘱案"的判决作出之后,从认为"婚外性关系是一种不道德的行为,因此情妇遗嘱违反了现行婚姻秩序和家庭秩序,违反了善良风俗而无效",转变为"将遗嘱自由原则放在高于道德原则的首要位置,即使被继承人的动机并不高尚或并不值得特别受到尊重,其遗嘱自由仍然应当受到尊重"。参见郑永流:《道德立场与法律技术——中德情妇遗嘱案的比较和评析》,《中国法学》2008 年第 4 期。

类型化的方法实现。从内容上看,遗赠并不违反善良风俗,在例外情况下,可将遗赠婚外同居者的动机纳入善良风俗的考察中。

（二）判断公序良俗违背的基本思路

公序良俗原则在何种情况下可以影响遗嘱的效力,且多大程度上对遗嘱效力造成影响,是当前司法审判尚不明晰的。我们应当承认公序良俗原则在我国传统"以礼入法"的文化土壤中可以得到很好的滋养,但对其适用不当,也将形成对法律制度的破坏力。故需取实践经验中符合继承法理念的推理逻辑,归纳出判断遗嘱违背公序良俗的可靠的基本思路。

对于遗嘱而言,公序良俗的原初意义与功能,不在于维持社会通行的道德观念,而在于维护底线性的道德观念。如果遗赠婚外同居者的遗嘱总是轻易地被认定无效,那么公序良俗原则发挥的就不是谦抑性、消极性的作用,反而像是在积极地强制某种道德行为的实施。因为完全否定遗赠的结果,就是将遗赠人本意留给受遗赠人的个人财产,强行分配给配偶。因此,尽管可以适用公序良俗原则对遗嘱效力进行否定,但此种否定应尽量保持谦抑,以免过分动摇遗嘱自由这一遗嘱继承制度的"基石"。总体而言,在认定遗嘱效力时,应注意以遗嘱有效为原则。其一,根据《民法典》继承编的规定,个人有权对个人财产进行馈赠。并且依据私法自治的精神,即使个人处于婚姻关系中,在家庭共有财产以外,个人也对其个人财产享有绝对支配权与处分权。[①]因此,将个人遗产遗赠给婚外同居者,在作为基本理念的私法自治的层面上,本应得到法律的肯定评价。其二,遗嘱为单方民事法律行为、死因法律行为,在被继承人死亡后方生效,一旦其效力被否定,被继承人不仅不得而知,更无法自行对被认定无效的遗嘱寻求救济手段。因此,对于遗嘱中真实的个人意志之尊重,应更甚于合同当中的意思自治。

虽然人们无法通过一般性的限定使违反公序良俗的事实构成具体化,但至少应以客观的判断标准,作为公序良俗衡量遗嘱效力的基本思路。原则上应以遗嘱内容为效力性能判断的基础,在有必要解释遗嘱动机时,若没有发现用语言明确表达的违反善良风俗的动机,则不应以此来论证遗嘱违

---

① 金锦萍:《当赠与(遗赠)遭遇婚外同居的时候:公序良俗与制度协调》,《北大法律评论》2004年第1期。

背善良风俗。此外,婚姻伦理方面的公序良俗具有时代性、地域性和民族性等特性。一方面,其在不同国家的价值界定上有所不同。各国法律体系不同,导致起补充作用的公序良俗原则的适用余地不同;各国社会观念与风俗习惯不同,以致对善良风俗的理解必须参酌各国的社会风俗习惯。另一方面,作为人类基本道德的一部分,在人类社会的发展变迁中,婚姻伦理一直处于流动状态。例如,男尊女卑的婚姻伦理产生后,便在封建社会相袭数千年,成为规范婚姻关系的伦理原则,充斥婚姻生活的各个方面。[①] 而此种伦理显然不再适应当今社会的现实需要。因此,应回归我国政治、经济、文化、法律的现实情况中,界定存在于当下的真正符合我国环境的关涉婚姻伦理的善良风俗。

第四节　公序良俗对遗嘱法律规制的思考

一、遗嘱对公序良俗原则的具体适用

(一)遗嘱效力判断中的客观因素

遗嘱效力判断中的客观因素,包括遗赠婚外同居者遗嘱的内容与订立遗嘱时的事实情况。后者与对遗赠人动机的解释密切相关,通常在每个案件中都存在不同的具体情形;前者则与一般遗嘱内容并无显著的差别,其内容均是将立遗嘱者的个人财产交由继承人或受遗赠人所有。受遗赠人与遗赠人的婚外同居关系,并不会直接在遗嘱中体现。

首先,既然遗嘱内容本身并未体现"不道德"的同居关系,那么何种遗嘱会直接因其内容违反公序良俗而无效呢? 如前所述,在完全剥夺法定继承人的继承权时,遗嘱因违背政治公共秩序而无效,此种无效并不应该仅仅发生在对婚外同居者的遗赠上。但我国司法实践中,若不存在婚外同居关系,

---

① 王歌雅:《中国婚姻伦理嬗变研究》,中国社会科学出版社 2008 年版,第 5 页。

将个人财产全部遗赠的，通常被认定为有效。① 被继承人将遗产全部遗赠给国家、慈善机构或其他法定继承人以外的人的，并不会被认定为无效，认定完全剥夺法定继承人继承权的遗嘱无效的，往往是遗赠婚外同居者的遗嘱。理论上，该遗赠的无效，并非因遗赠人与受遗赠人间存在婚外同居关系，而是因其内容违反了保护家庭财产的公共秩序而无效。即使是婚外性关系在总体上越来越倾向不对遗赠效力产生影响的德国，"在过分优待情人或亏待家庭的情况下，仍要考虑违反善良风俗"②。这不仅是因为德国民法典本身就规定了特留份制度，更是基于制度背后的保护家庭财产的价值衡量。

其次，对于将部分个人财产遗赠婚外同居者，而保留其余部分给配偶等法定继承人的遗嘱，其效力又应如何认定？由于我国继承法并未确立特留份制度，因此司法裁判中无从以固定的份额为标准来判断遗嘱效力。只要订立遗嘱时体现了保护家庭财产的考虑，且这种考虑不是象征性的、形式性的，即已经体现了被继承人对家庭成员的考虑，则不可轻易根据受遗赠人的身份认定遗嘱无效。

最后，对于订立遗嘱时的其他客观因素，包括受遗赠人与法定继承人的付出，也常被纳入遗嘱效力的客观考量因素中。要考虑受赠人的付出，如照料遗赠人的生活起居、照顾病危遗赠人的行为。因遗赠而不能按照法定顺序进行继承的亲属，如未对生前的遗赠人尽到应尽的亲属身份的义务，则遗赠更倾向于不违背公序良俗。

（二）遗嘱效力判断中的主观因素

在无法通过遗赠内容判断其效力时，可以考察其决定性动机，作为是否违背公序良俗的基准。前已述及，不少域外的司法实践与学者研究中，均对基于婚外同居关系的赠与或遗赠进行动机的区分。在法国，如果姘居者之间赠与合同的目的在于建立、维持和重新维持双方的性关系，则合同无效；与此相反，如果赠与的目的在于结束双方的性关系，或者是基于赔偿损失的

---

① 北京市第一中级人民法院（2020）京 01 民终 5399 号民事判决书；河南省上蔡县人民法院（2020）豫 1722 民初 4686 号民事判决书；山东省龙口市人民法院（2019）鲁 0681 民初 6508 号民事判决书。

② ［德］马蒂亚斯·施默克尔：《德国继承法》，吴逸越译，中国人民大学出版社 2020 年版，第108 页。

意愿或为了保证女方日后的前途,或为了感谢女方的照顾,则合同有效。①
而德国联邦最高法院在一项判决中提出,如果被继承人立其情妇为继承人
"旨在酬谢其满足自己的性欲或旨在决定或加强这种两性关系的继续",那
么这种行为通常被认为是违反善良风俗的。相反,如果被继承人具有其他
动机,即如旨在给其情妇提供生活保障,则这种行为通常就是有效的。

当前我国的司法实践中,也有不少判决根据遗赠人的"动机"违反公序
良俗来认定遗赠行为无效。但不同于前述的域外司法实践,我国的判决并
不区分遗赠人是否为维系双方性关系,还是酬谢婚外同居者,或为其提供生
活保障,一律将遗赠婚外同居者的动机认定为"不良的""悖俗的"。一部分
批评者认为,动机并非法律行为的标的,亦非法律行为的影响因素;仅动机
违反公序良俗的,不当然影响法律行为的效力。② 另一部分学者则主张借鉴
域外司法实践,区分维系婚外性关系的遗赠与具有其他正当动机的遗赠。③

事实上,正是无法从客观因素上得出遗嘱有效与否的结论,才需要进一
步考察订立遗嘱的主观因素。如果不对动机进行考察,那么遗赠的内容、条
件基本相同——都是将个人财产之部分于死后赠给法定继承人以外的人,
实际上与放弃公序良俗对遗赠的适用无异。然而在结合动机判断遗赠效力
的同时,不能仅仅因为存在一个婚外同居的事实,就认为遗赠行为的动机违
背公序良俗。婚外同居的关系固然影响着遗赠的动机,但其单独并不足以
使遗赠的原因违反公序良俗。

对于遗赠动机的具体考察,应当首先判断与婚外同居相关的遗赠动机
是否构成遗赠的决定性动机,从而得以成为该法律行为的"原因",再判断该
原因是否违背公序良俗而导致遗嘱无效。可供判断的因素包括遗赠的时
点、受遗赠人的付出与经济状况等。

其一,遗赠订立的时间早于遗赠人死亡时间越久、婚外同居时间越短,
遗赠的决定性动机,越有可能是以金钱维持不正当关系。遗赠人在长达几
十年的同居之后,意识到将不久于世时才作出遗赠,其动机不大可能是维系

---

① 尹田:《法国现代合同法》,法律出版社 1995 年版,第 196 页。
② 田士永:《法律行为违背善良风俗中意思要素的分析——从泸州遗赠案开始》,《法哲学与法
社会学论丛》2007 年第 1 期。
③ 林来梵、张卓明:《论法律原则的司法适用》,《中国法学》2006 年第 2 期。

之后的婚外同居关系,其更可能是对个人财产做出安排,或者是出于对犯下过错的弥补、为非婚生子女承担责任等考虑。相反,遗赠人刚刚产生婚外同居关系,即订立遗嘱将财产遗赠给婚外同居者,其订立遗嘱的决定性动机则更加倾向于维系不道德的性关系。照料遗赠人的生活起居、照顾病危遗赠人的行为,即使不是婚外同居者,也存在遗赠人出于感激对其遗赠的可能。受遗赠人的这种付出越多,越可能单独地作为遗赠的原因。那么,遗赠的决定性动机便不是"不道德的"婚外同居关系,而是出于被照料的感激。前述动机无论如何不应被归入违背公序良俗之列,因此婚外情关系并未决定性地使得遗赠人具有不良的、不为公序良俗所容忍的动机。

其二,前述两种订立遗嘱时的客观因素,也可纳入遗赠的动机判断中。从动机的层面上来看,如有长时间悉心照料生活起居的人,即使不是婚外同居者,也存在出于感激对其遗赠的可能。这种付出越多,越可能单独地作为遗赠的原因。受遗赠人本人的经济状况,也被学者用于判断遗赠的动机。[①]

需要注意的是,订立遗嘱的时点,与同居时间的长短并没有必然的联系。遗赠人在婚外同居关系伊始就订立遗嘱,那么即使其仅有较短的同居时间,其动机也有可能倾向于被归入违背公序良俗之列;而遗赠人生前的确有或长或短的婚外同居关系,但其于该关系结束后,或该关系维持长达数十年之后方作出遗赠,其动机相较前者而言更加复杂,就不能简单地认为是"以金钱维持不正当关系"的违背公序良俗的动机,而需要审慎地考虑以上列举的种种因素,综合其影响加以判断。

二、以特留份制度合理限制遗嘱自由

(一)以特留份制度限制遗嘱自由的合理性

尽管理论上多认为我国继承法应当增设特留份制度,但《民法典》立法时依旧未采特留份制度,而是保留了《继承法》的必留份。一方面,是因为我

[①] 对于一个以做小生意为生的两个孩子的母亲,又在黄的治疗过程中花掉了相当费用,经济状况恐怕不容乐观。黄在去世之前,考虑到张的实际情况,将个人财产遗赠给张,供其能够继续生活,并有能力扶养两个孩子,依一般情感来看,也是有可能的……就动机而言,笔者认为认定为扶养与抚养更具合理性。参见于飞:《公序良俗原则研究——以基本原则的具体化为中心》,北京大学出版社 2006 年版,第 213 页。

国《继承法》关于必要的继承份额的规定足以对遗嘱自由给予一定限制,保护缺乏劳动能力又没有生活来源的继承人的权益,以实现法律的公正和社会财富分配的公平,防止遗嘱人通过立遗嘱的方式将应当由家庭承担的义务推向社会。有观点认为,该项规定就是我国继承法中的"特留份"。① 另一方面,是因为遗嘱制度在于尊重死者临终时的意思,使遗嘱发生遗嘱人所预期的效果是遗嘱制度的题中之义。在构建遗嘱效力制度体系时,最大限度地尊重个人的自由意愿,尊重个人对自己财产的处分,是较为重要的考量因素。作为意思自治重要内容的遗嘱自由,不仅是遗嘱继承制度的基石,对于个人的意义更加不言而喻。但《继承法》制定之初所注重保护的"遗嘱自由"目标的背景,现时已经发生改变,个人本位的思想取代了家庭本位,个体财富累积增多,遗产处理纠纷大大增加。因特留份制度的缺失,在兼顾被继承人以遗嘱处分其财产的自由及继承人的利益问题上造成了疏漏,在遗赠婚外同居者纠纷的处理中,反而不当限制了遗嘱自由。

不可否认,遗嘱下的公共秩序与特留份制度有十分紧密的联系,而当我们认可保护家庭财产是政治公共秩序的目标之一时,就应考虑遗嘱自由可以在多大程度上行使,使这种自由与保护遗嘱人家庭的目标一致起来。构建特留份制度,可以明晰遗嘱有效和无效的界分标准,避免司法实践中对公序良俗理解不一、论证不力所带来的种种弊端。自《民法典》编纂伊始,有许多学者提出在我国《民法典》继承编中引入特留份制度的立法构想,其中对于特留份的权利主体、具体份额及扣减制度等问题均有十分深入的检视。以比较法观之,绝大多数大陆法系国家的继承立法规定了特留份制度,对遗嘱自由进行了合理程度的限制。如德国民法对于遗嘱自由的限制仅仅发生在例外情形下,即特留份领域中。通常情况下,婚姻和亲属关系相对于被继承人的遗嘱自由而言,应当属于次要位置。这就解决了遗赠给婚外同居者侵害配偶法定继承权的问题,就不至于使得公序良俗在司法裁判场域内的运用将随时有可能面临着泛道德化的风险和诟病。② 且遗嘱自由并非毫无

---

① 苏成慧:《我国民法典继承编特留份制度之重构》,《西南政法大学学报》2017年第4期。

② 孙梦娇、李拥军:《善良风俗在我国司法裁判中的应用现状研究》,《河北法学》2018年第1期。

限制的自由，财物的所有权人对自己的财产进行支配，既受到基于意思自治的遗嘱自由之保障，也受到法律对遗嘱实质要件规定的限制。《民法典》第一千一百四十三条的规定在此层面上体现了对遗嘱自由的限制，特留份制度则更进一步补充该条意旨，调和了遗嘱自由的个人本位立法与社会化的倾向。

此外，规定特留份制度，在某种程度上也能够体现保护遗嘱自由的价值。在此类案件中，正是没有特留份的缓冲，才出现了需要在公序良俗和遗嘱自由之间作出抉择的司法困境。通过"特留份制度"的构建，统一对遗嘱自由的限制标准，建立系统细致的遗嘱继承制度，未保留足够特留份份额的遗赠部分无效，而符合特留份份额要求的，遗赠人也可以依照意思自治遗赠个人财产。与适用抽象的公序良俗原则相比，特留份制度较能稳定地维持继承制度和亲属关系，同时兼顾个人本位与家庭本位的整体主义。随之，遗嘱效力的不确定性以及同案不同判、裁判权威性降低的问题也能够得到妥善解决。

（二）构建特留份制度后相关纠纷的处理

有学者认为，构建特留份制度功能有限，对于解决以公序良俗限制遗嘱自由之现实问题并无裨益。其主张理由主要为，遗赠并非不道德财产转让的主要领域，真正导致家产外流的是生前的赠与；且遗赠并非均针对极端案例中的"保姆""小三"，特留份制度的引进意味着"宁可错杀不能放过"。① 然而，特留份制度本身在于阻止家庭财产的全部外流，是为化解多方冲突，起到基础保障作用而设。对遗嘱自由进行适度限制的原意，并非针对婚外同居等不道德行为，因此即使遗赠婚外同居者是遗赠中的特例，也不会因特留份制度的存在而对其他遗赠造成过大限制。而生前赠与的确是不道德财产转让的主要领域，但对其是否有规制之必要，要看赠与是否涉及夫妻共同财产，侵犯另一方配偶的合法权利。否则，个人对财产的自由处分，即便是出于不道德目的，进行规制的理由与必要也仍需商榷。因此，在遗嘱继承中引入特留份制度，以保障法定继承人赡养老人及养育幼儿之需要，为确定具体

① 李贝：《民法典继承编引入"特留份"制度的合理性追问——兼论现有"必留份"制度之完善》，《法学家》2019 年第 3 期。

份额之标准。未侵害特留份的遗赠行为,应尊重遗嘱人的财产处分权,按其真实意思处分该部分遗产。

第五节　研究结论

追根溯源,遗嘱效力受公序良俗原则影响程度之大小,实际上是遗嘱自由与公序良俗的价值孰先孰后的问题。在遗赠婚外同居者遗嘱的效力问题中,维护家庭财产之政治公共秩序为其核心,故长期而言,构建特留份制度以将此公序固定至立法者实现判断的遗嘱效力体系较为重要。而善良风俗于此,仅作为法律行为动机考察的例外而存在于遗嘱效力的判断中。同时,不可以主观、随意的判断轻易得出应然的结论。自有公法、私法划分以来,私法自治原则的法制结构便有了雏形。民法作为私法,区别于其他法律部门的根本特征便是民事主体可以由自身意思、自主决定形成法律关系。出于对社会平衡的考虑,私法自治应受到必要的限制,但这并不是对其价值的否认。相反,正是因为私法自治无所不及地体现在民事法律关系当中,公序良俗原则以社会公益不为私益侵扰,才内在地包括了对私法自治本身的限制。既然称之为"限制",公序良俗在逻辑上,是作为私法自治的补充而辅助性地存在的。

当然,要证明公序良俗在遗嘱效力的判定中优于遗嘱自由,确实较为困难,且难免陷入主观和无端之中。故与其抽象地比较两原则位阶孰优孰劣,不如采用得以证实的方法,即解释、确定对婚外同居者的遗赠中违背公共秩序和善良风俗的内容,以便客观地考察个案中的遗嘱效力。尽管未来随社会变迁,公序良俗的具体表现可能会有所不同,但只需将其作为一种经验事实,即实际存在的现象加以研究,而非将其意识形态化,便可把握判断之核心。以遗嘱内容为主,遗赠人的动机为辅,以深入检视公序良俗的眼光看待个案,妥善解决遗赠婚外同居者案件处理中出现的偏颇问题。

第九章　放弃继承协议问题分析

第一节　问题的提出

我国是采直接继承制度的国家,从被继承人死亡时开始,继承人直接从被继承人处继承遗产。[①] 根据继承的标的,继承可分为财产继承、身份继承和祭祀继承。[②] 我国法律上的继承仅指财产继承(《民法典》第一千一百二十二条)。而就纯粹为个人财产的继承而言,现代法制以不强制继承人承受继承为原则。[③] 我国自《继承法》开始就承认继承人享有放弃继承的自由。《继承法》第二十五条第一款规定了放弃继承规则。[④]《民法典》第一千一百二十四条第一款相较于《继承法》第二十五条第一款,除新增了书面形式的要件外,并无改动,表述为"继承开始后,继承人放弃继承的,应当在遗产处理前,

---

① 张玉敏主编:《继承制度研究》,成都科技大学出版社1994年版,第14页。
② 马忆南:《婚姻家庭继承法学》,北京大学出版社2014年版,第218页。
③ 史尚宽:《继承法论》,中国政法大学出版社2000年版,第326页。
④ 《继承法》第二十五条第一款规定:"继承开始后,继承人放弃继承的,应当在遗产处理前,作出放弃继承的表示。没有表示的,视为接受继承。"

以书面形式作出放弃继承的表示；没有表示的，视为接受继承"①。就最高人民法院民法典贯彻实施工作领导小组的观点来看，新增的"书面形式"的要求被认为"原则上应为书面形式，非书面形式的，可以为其他形式，但需能确定其表示的明确性"。②

放弃继承是继承法中的基础性问题，各种继承法教材均将其列为重要内容，另也有与此相关的众多著作和论文。在这些论著中，对"放弃继承"具体含义的理解，存在"放弃继承权"与"放弃遗产"的混淆。此外，司法实践中还存在大量的以"放弃继承"为内容的协议。对于此类协议，也有协议定性及适用法律的诸多困惑。探究"放弃继承"这一法律概念的确切含义，一方面有助于填充目前尚显空白的放弃继承规则，另一方面也有助于对现实需求的回应。

笔者拟从继承法论著有关放弃继承的论述出发，探究"放弃继承"作为法律术语的确切含义。在此基础上，对司法实践中存在的继承开始前后的"放弃继承"协议的法律性质与效力问题做一粗浅研究，以求教于大家。

---

① 在《民法典》的编纂过程中，全国人民代表大会常务委员会法制工作委员会的《民法典继承编草案（室内稿）》第六条第一款规定了，"继承开始后，继承人放弃继承的，应当在遗产处理前，向遗产管理人作出放弃继承的表示"，明确了放弃表示所针对的对象。全国人大常委会法工委的《民法典各分编（草案）》（征求意见稿）维持了此项改动。但是，《民法典继承编（草案一审稿）》《民法典继承编（草案二审稿）》均删除了"向遗产管理人作出放弃继承的表示"的规定，转为维持前述《继承法》的相关表述。此后，《中华人民共和国民法典（草案）》（以下简称《民法典（草案）》）再次作出调整，对应于《继承法》第二十五条第一款，在第一千一百二十四条第一款中改为"继承开始后，继承人放弃继承的，应当在遗产处理前，以书面形式作出放弃继承的表示，没有表示的，视为接受继承"，增加了书面形式的要求。《民法典》第一千一百二十四条延续了《民法典（草案）》的规定，未作调整。与《继承法意见》的规定有所不同。《继承法意见》第四十七条规定："继承人放弃继承应当以书面形式向其他继承人表示。用口头方式表示放弃继承，本人承认，或有其他充分证据证明的，也应当认定其有效。"依据该条，最高院似乎认为，放弃继承原则上应当以书面的形式作出，以口头方式作出的，只要能够证明继承人有"放弃继承"的意思表示的，就认定有效。《继承法意见》第四十八条进一步规定："在诉讼中，继承人向人民法院以口头方式表示放弃继承的，要制作笔录，由放弃继承的人签名。"

② 最高人民法院民法典贯彻实施工作领导小组主编：《中华人民共和国民法典婚姻家庭编继承编理解与适用》，人民法院出版社2020年版，第511页。

第二节 放弃继承行为的理论困惑与实践争议

《民法典》第一千一百二十四条并未将"放弃继承"的含义进行明确化。从《继承编解释（一）》第三十五条的条文表述来看，最高院似乎认为，"继承人放弃继承"应等同于"继承人放弃继承权"，并且应当区分于遗产分割后的所有权。对此，鉴于遗产处理后，被继承人的遗产已经转为继承人或者继承参与人个人所有的财产，不再具有遗产的性质。因此，"放弃继承"不同于"放弃遗产分割后的所有权"应无疑问。因为遗产只存在于继承开始后到遗产处理前。[①] 有疑问的是，既然我国是采直接继承，那么从被继承人死亡时开始，继承人就概括承受被继承人的财产法律地位。若为单个继承人，此继承人就对遗产享有所有权；若为多个继承人，则继承人对遗产处于共同所有状态。[②] 从而，继承开始后到遗产处理前，继承人对遗产就享有所有权（包括共同共有）。在继承开始后遗产处理前，继承人是否既享有继承权又享有遗产所有权？此时，放弃继承的含义究竟是"放弃继承权"还是"放弃遗产所有权"？又是否有必要将二者进行区分？[③]

对这一疑问，现有的关于继承法的书籍都几无争议地将"放弃继承"界定为"放弃继承权"。[④] 但值得注意的是，不乏有学者在具体阐释"放弃继承"的含义时，存在混用"放弃继承权"与"放弃遗产所有权"的情形。

有学者认为，继承权的放弃和受遗赠的放弃构成了遗产的放弃，其并不

① 巫昌祯主编：《婚姻与继承法学》，中国政法大学出版社 2017 年版，第 291 页。

② 针对共同继承人的共有状态到底为共同共有还是按份共有，存在两种观点。主流观点认为是共同共有。参见刘春茂主编：《中国民法学·财产继承》，中国人民大学出版社 1990 年版，第 526 页；郭明瑞、房绍坤：《继承法》，法律出版社 2004 年版，第 192 页。另一种观点认为是按份共有。参见李国强：《论共同继承遗产的分割规则——以〈物权法〉的解释和〈继承法〉的修改为视角》，《法学论坛》2013 年第 2 期。

③ 如无特别说明，下文所称"遗产所有权"均指继承开始后、遗产分割前的遗产所有权（包括共同共有）。

④ 刘春茂主编：《中国民法学·财产继承》，中国人民大学出版社 1990 年版，第 170 页以下；郭明瑞、房绍坤：《继承法》，法律出版社 2004 年版，第 193 页；陈苇主编：《婚姻家庭继承法学》，高等教育出版社 2014 年版，第 246 页；马忆南：《婚姻家庭继承法学》，北京大学出版社 2014 年版，第 328 页。

区分遗产的放弃与继承权的放弃。① 也有学者认为,放弃继承从本质上说是继承人对继承权的处分,但是由于这种继承权与个人所有权紧密相连,因而继承人一旦作出放弃继承的意思表示,就丧失了其对应继承份额的遗产所有权。② 但也有学者鲜明地表达了不同的观点,认为"放弃继承权"与"放弃遗产"是不同的,其认为放弃继承的客体是继承权,并不以接受继承作为前提,并且效力溯及继承开始;而放弃遗产的客体是遗产,以接受遗产作为前提,其效力只在作出放弃的意思表示时发生,没有溯及力。③

学理上,除了存在放弃继承权与放弃遗产所有权的纠葛外,也有关于继承权存废的争议。谢怀栻先生提出了一个有力的质疑:"在当然继承的国家,继承开始后,继承人立即取得遗产上的各种权利,并无另外的继承权;在继承开始前,继承人可以依父母子女关系或者配偶关系享有相互继承权,但应该划入亲属权的范畴,而没有位于亲属权之外与亲属权并列的继承权存在。"④ 即,在继承人立即取得"遗产所有权"的情形下,是否还存在所谓的"继承权"?

除了学理上存在关于"继承权存废"及"继承权与遗产所有权应否区分"的争议外,司法实践亦存在对"放弃继承协议"的定性困惑,呈现出两种不同的裁判思路。

一种裁判思路认为放弃继承协议应适用《继承法》第二十五条放弃继承规则。此种审判思路出现在《民法典》出台前,但由于《民法典》第一千一百二十四条相较于《继承法》第二十五条并无大的修改,因此,在《民法典》视域下适用《继承法》第二十五条予以规制的案例,亦值得参考。在"杨某 1 与杨某 2、涂某某等确认合同有效纠纷案"中,法定继承人间订立协议,约定被继承人遗留的房屋由杨某 1 一人继承,其他法定继承人放弃继承。审判法院认为,涉案继承人是以《遗产继承协议》的方式明确表示放弃继承,且无证据证明该协议存在无效或可撤销情形,……因此,根据《继承法》第二十五条的规

---

① 陈苇主编:《婚姻家庭继承法学》,高等教育出版社 2014 年版,第 245 页。
② 姜贵盛:《认定放弃继承的几个问题》,《山东法学》1988 年第 2 期。
③ 郭明瑞、房绍坤:《继承法》,法律出版社 2004 年版,第 194 页;马忆南:《婚姻家庭继承法学》,北京大学出版社 2014 年版,第 328 页。
④ 谢怀栻:《论民事权利体系》,《法学研究》1996 年第 2 期。

定认定协议有效。[①] 值得注意的是，司法实践中也有法院根据《继承法意见》第四十七条，认为此类案件中，继承人订立的协议是以书面作出了放弃继承的意思表示，典型案例如"顾某 1 与顾某 2 法定继承纠纷案"。[②] 对此，《继承法意见》第四十七条表述为："继承人放弃继承应当以书面形式向其他继承人表示。用口头方式表示放弃继承，本人承认，或有其他充分证据证明的，也应当认定其有效。"目前，《继承法意见》已经失效。《继承编解释（一）》第三十三条在《继承法意见》第四十七条前半句的基础上进行了修改，表述为"继承人放弃继承应当以书面形式向遗产管理人或者其他继承人表示"。《继承编解释（一）》第三十四条则在《继承法意见》第四十七条后半句的基础上，表述为"在诉讼中，继承人向人民法院以口头方式表示放弃继承的，要制作笔录，由放弃继承的人签名"。鉴于此，《继承编解释（一）》删除了《继承法意见》第四十七条关于"或有其他充分证据证明的，也应当认定其有效"的规定。对此修改，似乎与《民法典》第一千一百二十四条新增的"书面形式"相对应，放弃继承行为在法条规定上似乎被要求为要式行为。值得注意的是，以最高人民法院民法典贯彻实施工作领导小组的观点来看，新增的"书面形式"的要求被认为是"原则上应为书面形式，非书面形式的，可以为其他形式，但需能确定其表示的明确性"。[③] 无论如何，即使《继承编解释（一）》删除了《继承法意见》第四十七条"或有其他充分证据证明的，也应当认定其有效"，根据《民法典》第一千一百二十四条的规定，放弃继承协议仍然可能被认为是"放弃继承"的书面形式而适用放弃继承规则。

　　另一种裁判思路认为，放弃继承协议不应适用《继承法》第二十五条的放弃继承规则，而将协议认定为遗产分割、遗产处分或者应继份的赠与。例如"周某 1 等诉周某 7 法定继承纠纷案"中，被继承人死亡后，儿子 5 人作为

[①]　重庆市南川区人民法院(2018)渝 0119 民初 6655 号民事判决书。相似的案例还有黑龙江省肇源县人民法院(2015)源民初字第 39 号民事判决书。

[②]　《继承法意见》第四十七条规定："继承人放弃继承应当以书面形式向其他继承人表示。用口头方式表示放弃继承，本人承认，或有其他充分证据证明的，也应当认定其有效。"案件参见天津市宝坻区人民法院(2019)津 0115 民初 8521 号民事判决书。相似的案例还有四川省泸州市龙马潭区人民法院(2018)川 0504 民初 3488 号民事判决书。

[③]　最高人民法院民法典贯彻实施工作领导小组主编：《中华人民共和国民法典婚姻家庭编继承编理解与适用》，人民法院出版社 2020 年版，第 511 页。

法定继承人订立协议,约定将作为遗产的房屋让给未成家的周某 7 继承,一审法院认为协议是具有道德义务的赠与合同。二审法院认为协议属于遗产分割,继承人对其依法享有的份额有权进行处分,协议是将遗产份额赠与周某 7 所有。[①] 也有将放弃继承协议认定是遗产处分协议的,典型如"冯某 1、冯某 2 法定继承纠纷案"中,法定继承人间订立协议,约定由法定继承人冯某 3 继承被继承人股份的继承权,其他法定继承人均放弃继承。值得说明的是,本案除了股权外还存有其他遗产。一审法院认为,此协议属于赠与协议,适用《合同法》第一百八十五条关于赠与合同的规定,二审法院认为协议属于遗产处分协议,适用《合同法》第四十四条、第五十二条的规定。[②]

从前述案例来看,继承人间订立的放弃继承协议,往往将被继承人所遗留的遗产作为放弃的对象进行约定,从表述本身而言,似乎是在放弃遗产的所有权。但事实上,当事人希望发生的法律效果却可能是放弃继承权,造成放弃继承协议中用语的混乱。用语的混乱进一步导致了裁判的困难。

必须指出的是,不论是前述学理争议还是裁判困难所反映的裁判分歧,与立法的预判是不同的。下文将依以下思路展开具体分析。首先,需要解释《民法典》中存在的"放弃继承"的规范含义。对此,需要解决继承权的存废问题以及放弃继承权与放弃遗产所有权是否应予以区分的问题。其次,笔者还试图就司法实践中常用的"放弃继承"的表述进行分析,检验其是否《民法典》第一千一百二十四条的放弃继承,如果不是,笔者还将进一步对其作出的法律行为进行定性。最后,笔者还将对继承前后的放弃继承协议的效力作一粗浅的研究。

第三节　作为法律术语的"放弃继承"

一、继承权与遗产所有权

放弃继承权与放弃遗产所有权的区分核心在于继承权与遗产所有权的

---

① 浙江省衢州市中级人民法院(2017)浙 08 民终 1358 号民事判决书。
② 广东省中山市中级人民法院(2019)粤 20 民终 2258 号民事判决书。

区分。谢怀栻先生认为"在当然继承的国家,继承开始后,继承人立即取得遗产上的各种权利,并无另外的继承权……"①当然继承即直接继承。前文已述,我国是采直接继承制度的国家,这意味着从被继承人死亡时开始,继承人就概括承受被继承人的财产法律地位。② 若为单个继承人,此继承人就对遗产享有所有权;若为多个继承人,则继承人对遗产处于共同所有状态。但值得说明的是,如果认为继承人对遗产享有"所有权",实际上并不准确。"遗产所有权"是将"遗产"作为一个"物"而享有一个所有权。但是,遗产并非一个"物",大多时候是物权、债权、无体财产权等的集合,是一个概括的财产概念。而根据物权客体特定原则,一个所有权不能存在于两个物上。如此,似乎应如谢怀栻先生所言,继承人立即取得"遗产上的各种权利",而非"遗产所有权"。

与此相对的是,继承权被普遍认为是一种无偿取得死亡近亲属遗产的权利。③ 学理上普遍将继承权区分为继承开始前和继承开始后两个阶段。但"继承权"在继承前后是否均为权利,存在争议。有观点认为,继承开始前为"继承期待权",继承开始后为"继承既得权",均以"权利"的面目出现。④但也有观点认为,并不存在所谓的"继承期待权",而只是一种"继承的希望"而已。⑤ 基于前述理解,恰如谢怀栻先生所言,继承开始后,继承人就直接享有遗产上的各种权利,由此,似乎继承权的存在变得十分多余。但值得注意的是,现行法上多处规定了"继承权"的概念。⑥ 在现行法的规范框架"继承权"的存在具有何种意义?其与"遗产所有权"的区分又有何种意义?对此,

---

① 谢怀栻:《论民事权利体系》,《法学研究》1996 年第 2 期。

② 张玉敏主编:《继承制度研究》,成都科技大学出版社 1994 年版,第 14 页。

③ 江平主编:《民法学》,中国政法大学出版社 2011 年版,第 730 页。

④ 刘春茂主编:《中国民法学·财产继承》,中国人民大学出版社 1990 年版,第 123 页以下;郭明瑞、房绍坤:《继承法》,法律出版社 2004 年版,第 55 页以下;陈苇主编:《婚姻家庭继承法学》,高等教育出版社 2014 年版,第 198 页(雷明光撰写);马忆南:《婚姻家庭继承法学》,北京大学出版社 2014 年版,第 247 页。

⑤ 朱庆育:《法律适用中的概念使用与法律论证——以泸州遗赠案为分析对象》,《法哲学与法社会学论丛》2007 年第 1 期。

⑥ 例如《宪法》第十三条第二款规定:"国家依照法律规定保护公民的私有财产权和继承权。"《民法典》第一百二十四条规定:"自然人依法享有继承权。自然人合法的私有财产,可以依法继承。"《民法典》第一千一百二十条规定:"国家保护自然人的继承权。"《民法典》第一千一百二十六条规定:"继承权男女平等。"

笔者将区分继承开始前后进行探讨。

继承开始前的"继承期待权"的权利属性是值得进一步推敲的。事实上,继承开始前谁会成为继承人显然是不确定的。即使是《民法典》第一千一百二十七条规定的法定继承人,被继承人也可能在死亡之前立下遗嘱,指定该法定继承人之外的其他人为继承人;而即使是被继承人生前就立下遗嘱,指定某人为继承人,其依然可以变更遗嘱改立其他继承人;此外,极端情况下继承人还可能因为《民法典》第一千一百二十五条的规定丧失继承权。所以,事实上,继承开始前的继承人,并不能确定地在继承开始后成为继承人,也就不能确定地取得遗产。但《民法典》第一千零六十一条、第一千零七十条规定了"夫妻有相互继承遗产的权利""父母和子女有相互继承遗产的权利"。"相互继承遗产的权利"显然是"继承权"的另一种表述,而此种权利显然存在于生存着的"被继承人"和"继承开始前的继承人"之间。从这个意义上说,《民法典》第一千零六十一条和第一千零七十条的存在,似乎成为支撑"继承期待权"说的有利论据。但应当关注的是,虽然法条明文规定了"相互继承遗产的权利",但类似于《民法典》第一千一百二十七条的关于法定继承人范围的规定,《民法典》第一千零六十一条和第一千零七十条的存在,是为了确定具有夫妻关系、父母子女关系的人属于法定继承人范围。《民法典》第一千零六十一条和第一千零七十条的存在,正如《民法典》第一千一百二十七条的存在一样,一方面,确定拥有夫妻关系或者父母子女关系的人享有"相互继承遗产的权利",另一方面,拥有夫妻关系或者父母子女关系的人还是会因为没有被继承人列为遗嘱继承人而不能成为继承人,或者因《民法典》第一千一百二十五条的规定丧失继承权而不能取得遗产。此种所谓的"继承权"显然不能使继承开始前的继承人确定地取得被继承人的遗产。并且,被继承人订立遗嘱将可能的继承人排除出遗嘱继承人范畴,是遗嘱自由的应然之义,显然不能认为是对可能的继承人权利的侵害。如此不能确定且不能被侵害的"继承权"不能被定型化为权利。[①]　所以,即使立法表述为"相互继承遗产的权利",也难认为立法肯定继承人在继承前享有某种"权

---

① 朱庆育:《法律适用中的概念使用与法律论证——以泸州遗赠案为分析对象》,《法哲学与法社会学论丛》2007 年第 1 期。

利"。

"继承既得权"被认为是继承开始后,继承人包括的承继继承财产的法律地位。[①] 笔者认为,即使是采直接继承的国家,仍然需要"继承权"概念的存在。原因在于,"继承权"概念的存在是为继承人能够取得被继承人的遗产提供正当化的理由。[②] 有继承权者就有一种法律地位,可以概括地继受各种法律关系。而继承人取得的遗产上的各种权利,是基于继承权取得财产的结果,而非继承权本身。[③] 继承权类似于"能权",是取得遗产的一种资格。所以,被继承人死亡前,继承人并不享有"继承期待权",只是一种事实层面的期待,不是权利;被继承人死亡后,继承人享有继承权,可以概括地继受各种法律关系,从而取得遗产上的各种权利。

而"放弃继承"一词在继承中有其特定的含义,需要根据使用的场合和语境加以分辨。一般而言,可分为作为退出继承关系的放弃继承和作为放弃继承优先顺位的放弃继承。

二、作为退出继承关系的放弃继承

继承是被继承人死亡后,具有一定亲属关系的人可以概括地承继被继承人的遗产,是一种法的处分。[④] 因此,从被继承人死亡时开始,继承人就成为遗产的所有人,这是直接继承的应然之义。[⑤] 但是,我国以不强制继承为原则,因此《民法典》第一千一百二十四条对继承人的放弃继承作出了规定。继承开始后,既可能按照法定继承办理,也可能按照遗嘱继承办理。相应,放弃继承既可能是法定继承人放弃继承,也可能是遗嘱继承人放弃遗嘱继承。对此,《继承法》第一千一百二十四条作出了统一规定。《继承编解释(一)》第三十七条也进一步规定:"放弃继承的效力,追溯到继承开始的时

---

① 史尚宽:《继承法论》,中国政法大学出版社 2000 年版,第 93 页。

② 实际上,针对遗产移转的正当化论证而言,有学者认为"继承权"并不是唯一且必要的,其进一步指出"遗嘱自由"也被认为可以为遗产移转构建统一的解释模式。详细而言,在遗嘱移转中,遗产依遗嘱人明确的自由意志而移转;在法定继承中,所谓"法定"的继承人,实际上是法律推测死者意思的产物。参见江平主编:《民法学》,中国政法大学出版社 2011 年版,第 733 页以下。

③ 史尚宽:《继承法论》,中国政法大学出版社 2000 年版,第 93 页。

④ 胡长清:《中国民法继承论》,商务印书馆 1936 年版,第 11 页。

⑤ 张玉敏主编:《继承制度研究》,成都科技大学出版社 1994 年版,第 14 页。

间。"从而,继承人放弃继承的,被认为是继承人自继承开始就退出继承法律关系,与遗产中的权利义务无关。① 基于此,《民法典》第一千一百二十四条的规定构建了作为"退出继承关系"的放弃继承。

在前文我们厘清了"继承权"概念的基础上,作为"退出继承关系"而规定的"放弃继承"解释为放弃继承权应无问题。且放弃继承权应当与放弃遗产所有权相区分,可详细分为以下几点。第一,放弃继承的客体是继承权,放弃遗产的客体是遗产。第二,放弃继承并不以接受继承作为前提。《民法典》第一千一百二十四条第一款后半句"没有表示的,视为接受"的规定来看,继承人继承遗产并不以接受继承的明确的意思表示为要件,即使继承人"没有表示",法律也将此种"没有表示"拟制为"接受继承"。放弃遗产的前提是接受遗产,而接受遗产虽然不以明确的意思表示为要件,但却要求继承人不能放弃继承。因为继承人放弃遗产就意味着退出继承关系,其结果是继承人与被继承人的遗产自始毫无关系,也就谈不上遗产的放弃。第三,放弃继承的效力溯及继承开始(《继承编解释(一)》第三十七条)。而放弃遗产只在作出放弃的意思表示时发生效力,没有溯及力。②

但也必须指出,因为"继承权"与"遗产所有权"存在紧密关系,所以继承人一旦作出放弃继承的意思表示,就意味着相应地放弃了法定移转下享有的权益,并且溯及继承开始的时候。至于"享有的权益"是什么,需要结合继承人对遗产所有的状态确定。在此,需要解决两个问题:第一,遗产移转于继承人后,继承人与遗产之间的归属关系是共同共有状态还是按份共有状态? 第二,遗产是否包含消极债务? 针对第一个问题,《民通意见》第一百七十七条曾经为共同继承人对遗产的共同共有提供依据。③ 但是,因为与《物权法》冲突,该条已经被废止。由此,共同共有的观点失去了法律的依据。那么,就法理而言,继承人对遗产是否处于共同共有状态,关键在于共同关

---

① 房绍坤、范李瑛、张洪波:《婚姻家庭与继承法》,中国人民大学出版社 2012 年版,第 193 页。
② 郭明瑞、房绍坤:《继承法》,法律出版社 2004 年版,第 194 页;马忆南:《婚姻家庭继承法学》,北京大学出版社 2014 年版,第 328 页。
③ 因为该条规定:"继承的诉讼时效按继承法的规定执行。但继承开始后,继承人未明确表示放弃继承的,视为接受继承,遗产未分割的,即为共同共有。诉讼时效的中止、中断、延长,均适用民法通则的有关规定。"

系有无的认定。① 对此,学者戴永盛作出了翔实而有力的论述,其指出"数人共同继承遗产时,客观上存在着共同关系"。原因在于,"继承开始后,各共同继承人因继承之事实而结合,在遗产的清算与管理、被继承人债务(遗产债务)的清偿、遗嘱的执行和遗产的分割以及继承费用的承担等方面,都存在着共同利益。客观上将数个继承人联结成一个权利义务的共同体"。② 对此,笔者深表赞同。在此基础上,因为遗产分割的目的在于消灭遗产共同共有关系,而不是消灭个别财产上的共同共有关系,③所以遗产属于共同共有而非按份共有的认定,使遗产分割应针对遗产的全部进行,而不是以组成遗产的个别财产作为分割的对象,也更符合遗产共有的目的。从而,当继承人是复数继承人时,继承人对遗产存在共同共有状态。针对第二个问题,我国通说认为,遗产包括积极财产和消极财产。④ 对此,刘心稳先生的见解极具说服力,其认为"《继承法》第三十三条与《继承法意见》第六十一条均表明我国法律承认继承人对消极遗产的继承",又从法理角度予以论证,"如果遗产不包括消极遗产,那么继承人继承积极遗产后,这些财产已由继承人享有所有权,所有权人也就无义务用自己的财产清偿他人的个人债务,那么被继承人生前的债权人的权利就会落空。反之,如果遗产包括消极遗产,就可避免上述弊病"。⑤ 但事实上,从《继承法》第三十三条(《民法典》第一千一百六十一条)第一款前半句规定的"继承人以所得遗产实际价值为限清偿被继承人依法应当缴纳的税款和债务"来看,所谓的"遗产"恰恰应该仅指积极财产,才需要以该"积极财产"去清偿"税款和债务"。至于"遗产不包括消极遗产,继承人作为所有权人无义务用自己的财产清偿他人的个人债务"的观点,实际上也存在商榷的余地。因为数人共同共有一项财产的,法律上有对债务负责原则的适用。即为了保护债权人,根据生前行为或者死因行为取得一项财产的人,对以该项财产为基础的既有债务在特定情况下要负责,至少以

① 王泽鉴:《民法物权》,北京大学出版社 2010 年版,第 254 页。
② 戴永盛:《共有释论》,《法学》2013 年第 12 期。
③ 王泽鉴:《民法物权》,北京大学出版社 2010 年版,第 261 页。
④ 郭明瑞、房绍坤:《继承法》,法律出版社 2004 年版,第 85 页;巫昌祯主编《婚姻与继承法学》,中国政法大学出版社 2017 年版,第 296 页;房绍坤、范李瑛、张洪波:《婚姻家庭与继承法》,中国人民大学出版社 2012 年版,第 176 页。
⑤ 张俊浩主编:《民法学原理》(下),中国政法大学出版社 2000 年版,第 955 页。

移转给他的积极资产的价值为限度。① 从而,针对遗产可能具有两种解释:一种解释认为遗产包括消极财产,但以积极财产价值为限承受消极财产;另一种解释认为遗产仅包括积极财产,并通过"共同财产"对债务负责原则适用,也不存在权利落空的问题。

而从法条来看,《继承法》第三条规定了"遗产是公民死亡时遗留的个人合法财产",并列举了遗产的范围。《继承法意见》第三条也进一步规定"公民可继承的其他合法财产包括有价证券和履行标的为财物的债权等"。从《继承法》和《继承法意见》所列举的类型来看,遗产只包括积极财产,没有包括"消极的财产"。《民法典》第一千一百二十二条规定:"遗产是自然人死亡时遗留的个人合法财产。依照法律规定或者根据其性质不得继承的遗产,不得继承。"删除了遗产范围的列举。针对该条,最高人民法院民法典贯彻实施工作领导小组认为,遗产仅指积极财产,而不包括消极财产,应当予以严格区分。② 从而,笔者认为采取遗产仅包含积极财产的解释,更符合法条本身对"遗产"的表述。

在确定遗产仅包括积极财产并且复数继承人对遗产享有共同共有状态的基础上,各继承人对遗产的全部享有隐藏的、潜在的份额,即应继份。③ 而所谓的"放弃继承"指的是放弃继承权,其结果是继承人对于法定移转下自己享有的应继份的放弃,并且溯及地不发生移转的效力。并且,放弃继承者对被继承人依法应当缴纳的税款和税务可以不负清偿责任(依据《民法典》第一千一百六十一条第二款规定)。

三、作为放弃优先顺位的放弃继承

"放弃继承"不只在《民法典》第一千一百二十四条有所规定,在《民法典》第一千一百五十四条也有规定。《民法典》第一千一百五十四条第一项规定了"遗嘱继承人放弃继承或者受遗赠人放弃受遗赠"的情形所涉及的遗产的有关部分,需按照法定继承办理。该项同样涉及"放弃继承"。但对于

---

① 张谷:《试析"财产"一词在中国私法上的几种用法》,《中德私法研究》2013年第9卷。
② 最高人民法院民法典贯彻实施工作领导小组主编:《中华人民共和国民法典婚姻家庭编继承编理解与适用》,人民法院出版社2020年版,第495页。
③ 史尚宽:《继承法论》,中国政法大学出版社2000年版,第183页。

该项所规定的"放弃继承"的具体含义，学理上少有关注，司法实务也存在分歧。

学理上仅有个别学者以寥寥数语论及，认为遗嘱继承人放弃遗嘱继承的，遗嘱所指定的该继承人可得的遗产份额，由法定继承人继承，但是该放弃遗嘱继承人仍可依其法定继承人的身份，参与法定继承。① 但司法实践存在不同的裁判思路。在"朱某甲等与朱某丙遗嘱继承纠纷上诉案"中，被继承人订立遗嘱将房屋指定由遗嘱继承人一人继承。但遗嘱继承人和法定继承人订立协议约定将房屋出卖后平分房款。法院认为协议不属于放弃遗嘱继承的协议，而是遗嘱继承人按照遗嘱继承取得了房屋的所有权后作出的赠与合同。② 而在"潘某 1、潘某 2 等与潘某 5 等继承纠纷案"中，被继承人郑某先后生育 5 个子女，即原告潘某 1、潘某 2、潘某 3、潘某 4 和潘某 6。潘某 6 与妻子邹某共同生育 2 个子女，即被告潘某 5 和潘玉婷。2002 年 7 月 10 日，被继承人立下订立（2002）穗天证民字第 1089 号公证遗嘱，遗嘱主要内容为被继承人将案涉房产留给儿子潘某 6 继承。2003 年 4 月 18 日，被继承人郑某去世。2009 年 1 月 29 日，潘某 6 去世。按照代位继承的相关规定③，涉案房产将由潘某 6 的直系晚辈血亲，即潘某 5 和潘玉婷代位继承。而后所有继承人就案涉房产的继承问题达成《遗产放弃继承协议》，主要内容为："1. 双方约定不按（2002）穗天证民字第 1089 号公证遗嘱执行；2. 潘某 5 向其他继承人每人补偿人民币 20 万元后，其他继承人同意放弃郑某名下案涉房产份额的遗产继承……"法院认为，潘某 6 的配偶邹某及女儿潘玉婷均表示自愿放弃继承权，潘某 6 的继承权应当转由潘某 5 承受。潘某 5 与其他四名法定继承人自愿达成《遗产放弃继承协议》，双方约定不按遗嘱执行；潘某 5 向四名法定继承人每人补偿人民币 20 万元后，四原告同意放弃被继承人郑某遗产的继承权。根据《继承法》第二十七条和第十三条的规定，遗嘱继承人

---

① 许莉主编：《婚姻家庭继承法学》，北京大学出版社 2019 年版，第 232 页；张玉敏主编：《继承制度研究》，成都科技大学出版社 1994 年版，第 122 页。

② 浙江省杭州市中级人民法院（2014）浙杭民终字第 3374 号民事判决书。

③ 《民法典》第一千一百二十八条规定："被继承人的子女先于被继承人死亡的，由被继承人的子女的直系晚辈血亲代位继承。被继承人的兄弟姐妹先于被继承人死亡的，由被继承人的兄弟姐妹的子女代位继承。代位继承人一般只能继承被代位继承人有权继承的遗产份额。"

放弃继承的,按照法定继承办理。继承人经协商同意,继承遗产的份额可以不均等。故潘某5与四名法定继承人达成的《遗产放弃继承协议》是双方当事人的真实意思表示,符合法律规定及当事人意思自治原则,合法有效,双方当事人均应依约履行。即,遗嘱继承人虽然放弃按照遗嘱继承的权利,但并没有放弃法定继承的权利。[①]《民法典》第一千一百五十四条第一项与本案适用的《继承法》第二十七条第一项的规定相比,并无较大改动。

两个案件彰显出实践的争议聚焦在遗嘱继承人放弃遗嘱继承的,还能否作为法定继承人参与法定继承。如果遗嘱继承人还能作为法定继承人与其他共同继承人共同继承遗产,"朱某甲等与朱某丙遗嘱继承纠纷上诉案"中协议约定的"将涉案房屋出卖,由3人平分房款",就存在解释为继承人放弃遗嘱继承而不放弃法定继承的可能性,而不仅可认定其属于赠与合同。原因在于,遗嘱继承人放弃遗嘱继承后,还能作为法定继承人与其他共同继承人共同继承遗产。遗嘱继承人作为法定继承人,尚有进一步放弃法定继承份额的空间。而认定"赠与合同"还是"放弃遗嘱继承"的定性将带来完全不同的法律效果,其差异性在于,根据《民法典》第六百五十八条第一款的规定,若认定协议属于赠与合同,则赠与人在赠与财产的权利转移之前可以撤销赠与。认定协议性质不属于赠与合同的,赠与人也就不具有任意撤销权。

对此,应当注意到遗嘱继承优先于法定继承(根据《民法典》第一千一百二十三条)。在被继承人订立遗嘱指定某人继承时,遗嘱继承人将继承遗产,而没有被指定的法定继承人则确定地不成为继承人而不能继承遗产。举例而言:假设存在继承人A、B、C、D。被继承人立下遗嘱指定遗产由A和B继承。那么,A、B将因遗嘱的指定成为继承人而继承遗产,C和D就不能继承遗产。而若A、B放弃遗嘱继承,则会产生何种法律效果?

其一是《民法典》第一千一百二十四条的规定放弃继承。此时,按照前文关于《民法典》第一千一百二十四条的讨论,遗嘱继承人在放弃继承权的意义上放弃继承的,遗嘱继承人将确定地退出继承关系。从而,若A、B放弃继承的,A、B将退出继承关系,遗产将由C、D继承。

其二是《民法典》第一千一百五十四条第一项意义上的放弃继承。《民

---

① 广东省广州市天河区人民法院(2019)粤0106民初37915号民事判决书。

法典》第一千一百五十四条第一项规定了,"遗嘱继承人放弃继承或者受遗赠人放弃受遗赠"的情形所涉及的遗产的有关部分,需按照法定继承办理。那么,若 A、B 放弃遗嘱继承,则 A、B 原本可以按照遗嘱继承的遗产将按照法定继承办理。又因为遗嘱继承人只能是法定继承人范围之内的一人或者数人(依据《民法典》第一千一百三十三条第二款),则遗嘱继承人 A、B 必然属于法定继承人。从而 A、B 若按照《民法典》第一千一百五十四条第一项的放弃遗嘱继承的,原本应由 A、B 按照遗嘱继承的遗产,将由继承人 A、B、C、D 按照法定继承办理。显然,《民法典》第一千一百五十四条第一项所涉及的"放弃继承"不同于《民法典》第一千一百二十四条作为"退出继承关系"意义上的放弃继承,是遗嘱继承人放弃遗嘱继承相较于法定继承的优先顺位。

但是如果《民法典》第一千一百五十四条第一项的"放弃继承"指的"优先顺位的放弃",则"按照法定继承办理"的意思是遗嘱继承人还能够以法定继承人的身份参与到继承中去,那么《民法典》第一千一百五十四条第一项又该如何与《民法典》第一千一百二十四条"退出继承关系"的"放弃继承"衔接呢?

对此,笔者认为,在将《民法典》第一千一百五十四条第一项规定的"遗嘱继承人放弃继承的,有关部分按照法定继承办理"的法律效果确定是"遗嘱继承人放弃遗嘱继承后,还可以参与法定继承"后,遗嘱继承人 A、B 放弃的应继份由继承人 A、B、C、D 继承。又基于 A、B 的意思表示是《民法典》第一千一百二十四条作为退出继承关系的放弃继承,据此可认定 A、B 也退出了法定继承关系。鉴于此,在继承法上存在两种意义的"放弃继承",其效果显为不同,要根据当事人的意思善加分辨。

第四节 司法实践中的"放弃继承"含义辨析

《民法典》第一千一百二十四条表述为"放弃继承需在继承开始后、遗产处理前作出",《继承编解释(一)》第三十五条表述为"继承人放弃继承的意思表示,应当在继承开始后、遗产分割前作出"。从前述规定中可以看出,"放弃继承"与"遗产处理""遗产分割"被认为是可以区分的不同阶段。但理论和司法实践表明存在鉴别的难度,需要审慎把握。故而有必要厘清"放弃继承""遗产分割""遗产处理"等的规范含义,从而更好地指导司法实践以探求当事人的真意。

一、遗产分割

遗产分割是遗产处理中的重要类型,也是司法实践中法院对"放弃继承"协议作出的主要的定性类型。厘清放弃继承与遗产分割的关系,有助于实践作出正确的性质认定。

遗产分割是指在共同继承人之间,按照各继承人的应继份额分配遗产的行为。[1] 因此,遗产分割的前提是继承人接受继承以参与到遗产分配中去,而非放弃继承以致于退出继承关系。[2] 此外,继承人具体实施遗产分割行为时还存在与放弃继承行为的诸多不同。举例而言,在遗产分割时,继承人往往需将遗产与其他财产进行区分以确定遗产。根据《民法典》第一千一百五十三条的规定,夫妻共同所有的财产,除有约定的外,遗产分割时,应当先将共同所有的财产的一半分出为配偶所有,其余的为被继承人的遗产。遗产在家庭共有财产之中的,遗产分割时,应当先分出他人的财产。此外,在遗产确定后,遗产的分割应在一定的原则下进行,包括遗产分割自由原则[3]、保留胎儿继承份额原则(《民法典》第一千一百五十五条)、协商分割原则(《民法典》第一千一百三十二条)、物尽其用原则(《民法典》第一千一百五十六条、《继承编解释(一)》第四十二条)等等。显然,继承人放弃继承的,并无前述要求。

尚值得说明的是,遗产分割的特殊性在于继承人对遗产的共同共有是一种暂时的共同共有关系,相较于普通共同共有是以维持共同的生产和生活为目的,遗产的共同共有是以遗产的分割为终局目的。[4] 鉴于遗产的分割

---

[1]　郭明瑞、房绍坤:《继承法》,法律出版社 2004 年版,第 207 页。

[2]　如无特别说明,放弃继承一般在退出继承关系意义上使用,而非放弃继承的在先顺位。

[3]　遗产分割自由原则是指继承人得随时行使遗产分割请求权,任何继承人不得拒绝分割。否则,请求分割遗产的继承人可通过诉讼程序分割遗产。参见郭明瑞、房绍坤:《继承法》,法律出版社 2004 年版,第 207 页。

[4]　郭明瑞、房绍坤:《继承法》,法律出版社 2004 年版,第 207 页。

是为了消灭遗产的共同共有关系,而不是消灭个别财产上的共同共有关系,[①]遗产分割就应针对遗产的全部而不是以组成遗产的个别财产作为分割的对象。又,全体继承人对遗产享有共同共有。因此,遗产分割需由共同继承人全体参与,进而协议也对全体继承人具有拘束力。没有经过全体继承人同意的分割无效。[②] 值得注意的是,《继承编解释(一)》第三十条对知道有继承人而无法通知的情形作出了特别规定,规定为"人民法院在审理继承案件时,如果知道有继承人而无法通知的,分割遗产时,要保留其应继承的遗产,并确定该遗产的保管人或者保管单位"。基于前述讨论可以发现,遗产分割需要全体继承人针对全体遗产进行,否则遗产分割无效。放弃继承是继承人自身意图退出继承关系,其结果是放弃自己享有的应继份。继承人放弃继承的意思表示一经作出就生效,并不需要其他继承人的同意。所以遗产分割和放弃继承是两种完全不同的法律行为,具有不同的构成要件。

应当关注到,虽然遗产分割和放弃继承在概念上得以区分,但司法实践中仍然存在鉴别困难。举例来说:被继承人 A 死亡后,未留有遗嘱。被继承人留有的全部遗产仅有房屋一套,有法定继承人 B、C、D、E 四人。后,法定继承人 B、C、D、E 四人订立协议,约定被继承人遗留的遗产由 B 一人继承,其他法定继承人均放弃继承。对此,此种协议究竟是全体继承人订立的遗产分割协议还是放弃继承?

可能存在两种思考路径。第一种路径认为,此类协议属于特殊的放弃继承,而非遗产分割。其特殊性在于,法定继承人 C、D、E 均作出了放弃继承的表示,从而退出继承关系。故,有且仅有法定继承人 B 可以继承房屋。第二种路径认为,根据《民法典》第一千一百三十二条的规定[③],遗产分割的时间、办法和份额,均可由继承人协商确定,从而即使在协议中表述为"放弃继承",也可以认为是经全体继承人协商一致达成的遗产分割协议,只是在遗

---

① 王泽鉴:《民法物权》,北京大学出版社 2010 年版,第 261 页。

② 刘春茂主编:《中国民法学·财产继承》,中国人民大学出版社 1990 年版,第 575 页;史尚宽:《继承法论》,中国政法大学出版社 2000 年版,第 225 页。

③ 《民法典》第一千一百三十二条规定:"继承人应当本着互谅互让、和睦团结的精神,协商处理继承问题。遗产分割的时间、办法和份额,由继承人协商确定;协商不成的,可以由人民调解委员会调解或者向人民法院提起诉讼。"

产分割的份额上,所谓的"放弃继承人"分得的份额为零而已。确定此类协议性质的关键在于,对当事人真实意思的探求。继承人放弃继承而导致应继份移转,是一种法定的移转,并非按照继承人自身的意思进行财产的流转。遗产分割不同,遗产分割后财产的移转是所有继承人意思的合致。即使在遗产分割后,继承人事实上也没有取得遗产,但是只要遗产分割结果的产生是经"放弃继承"人参与而形成的分割的合意,协议就应当定性为遗产分割而非放弃继承。

二、遗产处分

对于何谓"遗产处分",值得关注"冯某 1、冯某 2 法定继承纠纷案"[①]。该案中,协议仅就涉案股权作出了约定,并未就被继承人的全部遗产作出约定。鉴于此,该案法院将涉案协议认定为共同继承人对遗产的处分作出了约定,而非就遗产分割作出约定,彰显出遗产处分和遗产分割的不同。遗产分割旨在消灭共同共有关系,故需要针对全部遗产进行分割;而遗产处分是继承人对遗产的处置,多涉及具体遗产的处分,而非针对全部遗产。此外,通过处分是针对"全部遗产"还是"具体遗产"作出,也能较为方便地对"放弃继承"和"遗产处分"进行区分。因为"放弃继承"一般指退出继承关系,其结果是,继承人将放弃自己享有的全部遗产价值上的份额;而继承人对于具体遗产并不存在所有权量上的份额,所以不能针对具体遗产的应继份进行放弃。[②] 继承人只能经共同继承人全体同意后,对具体遗产作出处分。[③]

放弃继承与遗产处分更深层次的不同在于,继承人显然只有先接受遗产,才能放弃遗产。而作为退出继承关系意义上的放弃继承而言,前述放弃继承具有溯及力,继承人自继承开始从未取得遗产,也就谈不上对遗产的处分。所以,放弃继承与遗产处分截然不同,遗产处分并非放弃继承,而是接受继承。需要特别指出的是,司法实践中常出现的"相对的放弃继承"并非放弃继承,而属于遗产处分。相对的放弃指的是继承人以将自己的应继份

---

① 广东省中山市中级人民法院(2019)粤 20 民终 2258 号民事判决书。

② 戴永盛:《共有释论》,《法学》2013 年第 12 期。

③ 房绍坤、范李瑛、张洪波:《婚姻家庭与继承法》,中国人民大学出版社 2012 年版,第 290 页;郭明瑞、房绍坤:《继承法》,法律出版社 2004 年版,第 198 页。

归属于特定的继承人或继承人以外的人为条件拒绝继承,它意味着继承人已经接受了继承。因为拒绝继承的效力溯及继承开始,拒绝继承的人视为自始即非继承人,无应继份可言,更无从将自己的应继份转让给他人。[①]

三、赠与合同

依照《合同法》第一百八十五条的规定,赠与合同是赠与人将自己的财产无偿给予受赠人,受赠人表示接受赠与的合同。其中,针对"财产",不光包括有体财产,如各种有体物,也包括无体财产,如各种债权、股权等。[②] "给予财产"指"减少自己的财产因而增加受赠人的财产"。[③] 继承人放弃继承的,会使原本能够取得的应继份转由其他继承人继承。那么,此种"联动的效果"似乎也属于减少自己的"财产"(继承人原本按照继承可以取得的遗产)因而增加"受赠人"的"财产"。但是,前文已经表明遗产虽然包括积极财产,但仍需对债务负责。从而,与赠与合同中的"财产"不同,继承人放弃继承而由某一继承人继承财产的,并不必然增加"受赠人"的积极财产。从《民法典》第一千一百六十一条规定的"继承人以所得遗产实际价值为限清偿被继承人依法应当缴纳的税款和债务"来看,"受赠人"的积极财产总不至于减少。由此,似乎也可以认为此属于某种加利行为。但是,赠与合同被认为是转移财产所有权的合同,需要赠与人按照约定完成标的物的交付。[④] 而放弃继承不同。放弃继承人被认为是自继承开始就退出继承法律关系,继承人从未取得遗产上的"所有权",也就谈不上转移"所有权"。再者,"受赠人"继承财产的增加是基于继承的法定移转,与赠与合同意定的财产移转显为不同,应当严格区分。

---

① 张玉敏主编:《继承制度研究》,成都科技大学出版社 1994 年版,第 112 页。
② 王利明:《合同法》,中国人民大学出版社 2015 年版,第 311 页。
③ 史尚宽:《债法各论》,中国政法大学出版社 2000 年版,第 120 页。
④ 李永军、易军:《合同法》,中国法制出版社 2009 年版,第 467 页。

第五节　以协议放弃继承的性质定位及其解释

　　学理上认为，放弃继承是单方行为，以行为人单方的意思表示即发生法律效力，无需征求任何人的同意或认可。[①] 法理上，单方行为只影响行为人自己的权利关系。[②] 从条文表述来看，事实上，法条并未明确放弃继承是否属于单方行为，只是认为放弃继承是一种"表示"。但无论是《民法典》还是《继承编解释（一）》的规定，都未要求此种放弃需要征得其他人的同意，也从立法上肯定了放弃继承是一种单方行为。尤其是，《民法典》在不少涉及令相对人"加利"的情形时，均充分考虑了相对人的意思。例如，《民法典》第五百二十二条第二款规定的"真正利益第三人合同"、第五百五十二条规定的"并存的债务加入"以及第五百七十五条规定的"债权人免除债务人部分或者全部债务"的情形中，均导入了"相对人未拒绝"的相关要件。在这一背景之下，《民法典》并未规定放弃继承时需要考虑相对人的意思，从体系解释角度而言，更是表明了放弃继承的单方行为性质。

　　如果认为放弃继承属于单方法律行为，则规范放弃继承的规则能否作为裁判依据适用于放弃继承协议，就存在疑义。对此，"重庆市南川区人民法院（2018）渝 0119 民初 6655 号"民事判决直接根据《继承法》第二十五条的规定认定所涉协议有效。[③] 该判决似乎认为，规制单方行为的放弃继承规则可以直接适用于以协议方式作出的放弃继承。此外，"天津市宝坻区人民法院（2019）津 0115 民初 8521 号"民事判决根据《继承法意见》第四十七条的规定认定协议有效。根据其裁判理由，法院似乎认为只要存在明确的放弃继承意思表示就有效，无所谓其是以单方行为作出抑或是以协议方式作出。对此，前述问题可以总结为：被规定应以单方行为作出的法律行为，以合意

---

　　① 张玉敏主编：《继承制度研究》，成都科技大学出版社 1994 年版，第 110 页；刘春茂主编：《中国民法学·财产继承》，人民法院出版社 2008 年版，第 170 页；陈苇主编：《外国继承法比较与中国民法典继承编制定研究》，北京大学出版社 2011 年版，第 85 页。

　　② 史尚宽：《民法总论》，中国政法大学出版社 2000 年版，第 310 页。

　　③ 相似的案例还有"黑龙江省肇源县人民法院（2015）源民初字第 39 号民事判决书"。

的方式作出的，其效力如何？对此，芮沐先生认为："凡为单独行为之效果，单独行为固可成立之，但当事人亦可以契约为之成立。反之，法律若未予准许，则契约之效果，当事人即无从以单独行为促成之。"①笔者对此亦持相同观点。原因在于，从法理上说，放弃继承既然被规定为单方行为，继承人可以自由放弃，那么，不以单方行为作出而以合意作出，其正当性更甚，法律不应否定其效力。②

　　较难处理的问题是，一份放弃继承协议中，既有继承人表示同意的，又有继承人表示不同意的，表示同意者固然可以认为是以合意的方式放弃继承，但表示不同意者，该如何处理？前述"天津市宝坻区人民法院（2019）津0115 民初 8521 号"以《继承法意见》第四十七条进行裁判的思路，可资借鉴。即只要存在真实的放弃继承的意思表示，并不需要考虑协议相对人的意思。但值得说明的是，笔者认为，虽然协议当事人的"不同意"既不影响单方法律行为的性质，也不影响放弃继承的效力，但协议相对人的"不同意"是相对人对放弃继承的意思表示已经到达的认可，而非毫无意义。

　　详细而言，根据有无相对人，可以进一步地把法律行为区分为有相对人与无相对人两类。有学者认为，因为不论是向何人作出，都具有放弃的效力，所以放弃继承是无相对人的单方行为。③ 有学者认为，放弃继承是需要受领的意思表示，必须向其他继承人或者法院作出。④ 笔者认为，放弃继承属于有相对人的单方行为。原因有二。第一，涉及他人的权利范围的单方行为，通常其意思表示须向他人发出。⑤ 虽然，继承人放弃继承的效力被认为只影响了行为人自己的权利关系⑥，但放弃继承人的应继份将被其他继承人继承。从这个意义上说，继承人是否放弃继承将影响继承人的确定，从而涉及其他继承人的利益。第二，在《民法典》的编纂过程中，《继承编草案（室

---

　　① 芮沐：《民法法律行为理论之全部》，中国政法大学出版社 2003 年版，第 78 页。

　　② 与该问题不同的是，被继承人的遗嘱行为属于单方行为，但是不乏国家禁止被继承人以继承协议的方式安排其死后的财产分配问题。原因在于，继承协议会限制被继承人的遗嘱自由。但放弃继承与此不同。

　　③ 房绍坤、范李瑛、张洪波：《婚姻家庭与继承法》，中国人民大学出版社 2012 年版，第 193 页。

　　④ 江平主编：《民法学》，中国政法大学出版社 2011 年版，第 736 页。

　　⑤ 芮沐：《民法法律行为理论之全部》，中国政法大学出版社 2003 年版，第 78 页。

　　⑥ 史尚宽：《民法总论》，中国政法大学出版社 2000 版，第 310 页。

内稿)》，民法典各分编草案(征求意见稿)均新增"向遗产管理人"作出表示的规定。虽然此后的《民法典继承编(草案一审稿)》《民法典继承编(草案二审稿)》《中华人民共和国民法典(草案)》直至最后的《民法典》均删除了"向遗产管理人"作出意思表示的规定，转为维持前述《继承法》的相关表述，但笔者认为，从条文的编纂过程来看，立法机关承认放弃继承是有相对人的单方行为的立场从未改变，只是在向谁作出的问题上，曾出现摇摆，试图从原来《继承法意见》规定的"向继承人作出""向法院作出"至"向遗产管理人作出"进行转变，可能是由于遗产管理人制度作为民法典继承编新增的制度尚未成熟，而未予以规定。值得注意的是，之后出台的《继承编解释(一)》第三十三条明确规定了"继承人放弃继承应当以书面形式向遗产管理人或者其他继承人表示"。在此意义上，协议当事人表示"不同意"固然不能认为是以合意作出放弃继承，但也不妨碍继承人放弃继承行为的效力，因为所谓的"不同意"不过是相对人对放弃继承的意思表示已经到达的认可而已。

第六节　继承开始前放弃继承的特别分析

现行法虽然对继承开始后的放弃继承问题有所规定，但实践中还存在另一种情况，即当事人在继承开始之前签订关于"放弃继承"的协议，此处的"放弃继承"显然不同于前述《民法典》第一千一百二十四条的规范表述(后者仅针对继承开始后的放弃继承行为)，其性质及效力涉及继承开始前是否存在继承权及能否放弃的问题。

学理对此存在不同观点。有学者认为，继承人放弃继承权必须在继承开始后进行。在继承开始前，继承人所作出的放弃继承权的意思表示，不发生法律效力。[①] 其持否定观点的主要理由在于，在继承开始前，并不存在所谓的继承期待权，所谓的继承人也只不过是法律上的一种推定，其在继承开

---

① 史尚宽：《继承法论》，中国政法大学出版社 2000 年版，第 326 页；刘春茂主编：《中国民法学·财产继承》，人民法院出版社 2008 年版，第 174 页；张玉敏主编：《继承制度研究》，成都科技大学出版社 1994 年版，第 110 页。

始后,能否取得实在的继承权还不一定,其在继承开始前的继承地位和应继份额也不能确定。① 也有一部分学者认为,否定继承开始前放弃继承的效力是为了保护继承人的利益。因为继承开始之前继承人可能对遗产的实际情况并不清楚,其作出的接受或放弃继承的表示可能并未反映自己的真实意思,因而有可能损害继承人的合法利益。② 但也有观点认为,我国立法未明确规定是否可依契约在继承开始前接受与放弃继承,是一种立法的缺失,限制了继承人和被继承人通过继承契约约定接受与放弃继承的意志自由。③ 同时,从条文表述来看,事实上,现行法律并无明文禁止继承开始前放弃继承。家庭成员之间通过继承契约安排将来遗产的继承问题并没有违背继承人和被继承人的意志,也不会影响家庭的和睦团结,更不会损害社会公共利益,所以,该学者认为只要契约内容合法,应予承认。④

　　除了学理上存在争议外,事实上,能否在继承开始前放弃继承也是司法实践中亟待解决的问题。有审判法院将《继承法》第二十五条作为效力性强制性规定,认为继承开始前订立的协议不符合放弃继承的形式要件而无效,典型的如"山东省济宁市中级人民法院(2013)济民终字第 1621 号民事判决书"。⑤ 也有审判法院认为《继承法》第二十五条并未对继承开始前的放弃继承作出无效的规定,所以并不依放弃继承规则进行放弃继承协议的效力判定,而是"另谋出路",存在三种肯定协议效力的观点。第一种观点认为,继承开始前继承人因放弃的是继承权中的财产部分而有效,典型的如"四川省

　　① 刘春茂主编:《中国民法学·财产继承》,人民法院出版社 2008 年版,第 174 页。

　　② 张玉敏主编:《继承制度研究》,成都科技大学出版社 1994 年版,第 110 页。

　　③ 陈苇主编:《外国继承法比较与中国民法典继承编制定研究》,北京大学出版社 2011 年版,第 134 页。

　　④ 张玉敏主编:《继承制度研究》,成都科技大学出版社 1994 年版,第 111 页。

　　⑤ 被继承人商桂英与法定继承人订立协议约定,由丁某甲继承房产并担为被继承人处理后事的费用,其余法定继承人放弃继承房产。一、二审法院均认为,根据《继承法》第二十五条的规定,继承人明确放弃继承权的表示应在继承开始后,协议不符合《继承法》规定的放弃继承的形式要件而无效。

成都市成华区人民法院(2014)成华民初字第 2308 号民事判决书";①第二种观点认为,继承人处分被继承人的财产虽然属于无权处分,但因继承的开始取得所有权转为有权处分而为有效,典型的如"河北省邯郸市中级人民法院(2020)冀 04 民终 923 号民事判决书";②第三种观点认为,继承人对可能实现的继承期待利益享有处分权,协议是对未来权利归属的约定,虽然没有征得被继承人的同意,但不会对被继承人的权利造成现实侵害,不属于无权处分,典型的如"河南省平顶山市中级人民法院(2017)豫 04 民终 2544 号民事判决书"。③

从前述学理和案件审判中可以看出,对于继承开始前的放弃继承协议,"继承期待权"的存废还是影响甚巨的问题。基于前述继承开始前并无所谓的继承期待权,而只是单纯的继承希望的讨论,持"继承开始前继承人因放弃的是继承权中的财产部分而有效"的观点并不妥当,因为继承开始前继承人没有权利,更无所谓的"继承权中的财产部分",也就无所谓放弃。至于"协议是继承人事先对不享有所有权的遗产作出处分,事后又因继承人取得遗产而转为有权处分"的观点也值得商榷。因为一旦认为继承开始前的放

---

①　继承人订立协议约定张某丁在不负担父母的医疗费、生活费及死后的丧葬费等所有费用的同时放弃遗产继承权,由其他继承人继承。法院认为,继承权是一种混合型的权利,包括身份权和财产权。在继承开始前,继承人可以放弃继承权中的财产部分,但身份权部分不能随意处置。此外,虽然在继承开始前,可继承的遗产范围、数量、内容及继承人都处于未知状态,但继承人放弃的是一种概括性的权利,并不需要标的明确。在现行法律并未规定继承人在继承开始前放弃继承的行为无效时,从法理角度来看,应依意思自治允许当事人放弃权利。参见吴晓芳主编:《婚姻家庭、继承案件裁判要点与观点》,法律出版社 2016 年版,第 359 页。

②　继承人间订立协议,就被继承人在世时的赡养问题和遗产分配做了约定。一审法院针对赡养部分,认为不违反法律规定的有效。对于被继承人的房产处分,认为属于无权处分,并且直至尚某去世时,继承人没有取得处分权也没有得到被继承人的追认,所以认为协议无效。二审法院认为,协议是继承人对自己将来可以取得的财产预先分割的合同,虽然订立协议时属于无权处分,但裁判时当事人因继承已经取得了财产的处分权而应转为有权处分,适用《民法通则》第五十五条、《合同法》第四十四条和第五十一条而有效。

③　涉案房屋属于刘德富和殷秀枝共同共有。在刘德富去世后,子女间订立协议约定了母亲殷秀枝的赡养和房屋的分配。一审法院认为,第一顺序继承人在该房屋全部转化为遗产之前,已经通过协议的方式共同事先约定由刘某 4 继承,并不违反法律、行政法规的强制性规定,在被继承人全部去世后对协议的各方均具有法律约束力。二审法院认为作为继承人对于可能实现的继承期待利益享有处分权,这种处分行为是对未来权利归属的约定,虽然未征得殷秀枝同意,但不会对殷秀枝的权利造成现实侵害,不是无权处分行为。允许继承人在继承开始之前放弃继承期待利益,是尊重当事人意思自治的体现,不违反法律禁止性规定,不侵犯社会公共利益,具有法律约束力。

弃继承有效，继承人就退出继承关系，相应，继承人也就从未取得遗产，那么，也就谈不上继承人对遗产到底是有权处分还是无权处分。第三种将协议看作"对未来权利归属的约定"，是学说中容易忽略的视角，笔者拟展开讨论。依循此种思路，可将协议解释为"对继承开始后应继份的预先放弃"。这种事先弃权的视角对继承开始前的放弃继承协议一概无效的观点存在强有力的冲击，但存在几处窒碍——

第一，因为继承尚未开始，继承人并不享有对遗产的应继份。尚未现实化、特定化和确定化的应继份，无法成为处分行为的客体。[①]

第二，一旦认可继承开始前的放弃继承协议有效，那么被继承人、继承人或者第三人想要从协议中解脱出来，就会影响其他继承人或者第三人的利益，从而可能诱发违反公序良俗的行为出现。

第三，《民法典》第一千一百二十三条规定："继承开始后，按照法定继承办理；有遗嘱的，按照遗嘱继承或者遗赠办理；有遗赠扶养协议的，按照协议办理。"如果继承开始前的放弃继承协议有效，将在《民法典》第一千一百二十三条外，创设一种新的继承方式。原本按照《民法典》第一千一百四十二条的规定，被继承人可以任意撤回或者变更自己的遗嘱。而以协议方式限制被继承人遗嘱自由的，仅遗赠扶养协议一种，由最高人民法院以司法解释的方式在《继承编解释（一）》第三条中予以规定，表述为"被继承人生前与他人订有遗赠扶养协议，同时又立有遗嘱的，继承开始后，如果遗赠扶养协议与遗嘱没有抵触，遗产分别按协议和遗嘱处理；如果有抵触，按协议处理，与协议抵触的遗嘱全部或者部分无效"。如果认为继承开始前的放弃继承协议有效，就可能在遗赠扶养协议之外创设一种新的继承顺序以限制被继承人的遗嘱自由，将违反保障被继承人遗嘱自由的立法宗旨。

使继承开始前的放弃继承协议径直发生效力，显然并不合适。但若一概认定继承开始前的放弃继承协议无效，又不免对私法自治干预过甚。可能的解决路径依赖对协议构成的分析。前述案例涉及的继承开始前的放弃继承协议，包含了继承人之间的赡养义务分担以及基于赡养义务分担而作出的放弃继承的意思表示。笔者认为，赡养义务分担的内容属于生前行为，

[①]　刘家安：《物权法论》，中国政法大学出版社 2009 年版，第 28 页。

自协议订立时成立并生效；"放弃继承"的意思表示，则延后至继承开始后发生效力。如此处理，优点在于克服了继承人的应继份未现实化而难以处分的问题，也更符合当事人的真意。如果认为"放弃继承"因不符合"在继承开始后"作出的形式要件而一概无效，将诱发大量的违背诚信的案件出现，同时也不利于老年人的权益保护。而延后至继承开始后发生效力，既不存在诱发道德风险的问题，也使得当事人能最大程度地进行自我决定。值得注意的是，不论是赡养分担义务还是放弃继承的约定，都对被继承人没有拘束力，不存在对被继承人遗嘱自由进行限制的问题。因为被继承人即使参与订立协议，例如在赡养义务分担中签字同意，也仅表明其同意赡养义务履行的具体方案，并非放弃被赡养的权利，其还是可以向负有赡养义务的人主张权利而不受协议的限制，而继承人在继承开始前作出的放弃继承的表示，被继承人亦不受限制。被继承人还是可以以遗嘱方式指定该放弃继承人为遗嘱继承人。只是对于放弃继承人而言，虽然放弃继承的效力延后至继承开始发生效力，但在订立协议后到继承开始前，应当受到协议的拘束。至于放弃继承能否发生效力，还需要在继承开始后，按照法律规定进行判断。例如，《继承编解释（一）》第三十二条规定："继承人因放弃继承权，致其不能履行法定义务的，放弃继承权的行为无效。"此时，如果放弃继承行为被认为无效的，继承人需承担"继承开始前的放弃继承协议"的违约责任。此外，《继承编解释（一）》第三十六条规定，"遗产处理前或在诉讼进行中，继承人对放弃继承反悔的，由人民法院根据其提出的具体理由，决定是否承认。遗产处理后，继承人对放弃继承反悔的，不予承认"。该条亦有适用的余地。

第七节　研究结论

继承人是否放弃继承，是继承关系中的重要事实，既可能影响其他继承人的利益，也可能影响继承人债权的实现。放弃继承规则的设立，使继承人能在遗产的法定移转中享有自我决定的空间。而继承人接受继承后，对其享有的遗产进行放弃也是所有权的应有之义。所以，在继承人以协议的方式对遗产表示"放弃继承"的场合，究竟是继承人退出继承关系，还是接受继承后的"遗产分割""遗产处分"或者"应继份赠与",存在鉴别的困难。需要结合当事人意思表示的解释对"放弃继承"协议的性质及其效力进行审慎判断。继承人越是参与遗产分配的意思形成中去,越会进入接受继承而非放弃继承的范围。

　　针对实践中存在而立法没有作出回应的继承开始前的放弃继承协议问题,笔者提供了一种可供参考的裁判思路。但必须承认的是,对继承法定位的不同可能影响对放弃继承协议分析的进路和结论。例如比较法上存在否认继承人事先弃权效力的立法例①,认为涉及的是虚拟的继承关系,只会影响被继承人与可能的继承人之间的关系,同时也是对继承人的保护,避免事先作出过分的承诺②。但必须注意的是,西方法律文化自近代以来只有基于个人的权利,没有"家",更没有由家推衍的伦理规则。③ 这显然与我国的文化传统与习惯不符,实践中以协议的方式安排父母健在一方的赡养并事先约定遗产分割的情况不在少数。究其缘由在于中国历来只有"分家"的传统而无"继承"的观念,现行法秩序与民众观念和习惯尚存在"脱节"的现象。承认继承开始前涉及父母赡养义务分担的放弃继承协议有效,或许可以在一定程度上缓解"脱节"的现象。

---

　　① 《法国民法典》第七百二十二条规定了涉及尚未开始的继承的全部或一部分或者就属于遗产部分的某项财产创设权利或放弃权利的协议,仅在得到法律准许的情况下才发生效力,原则上应为无效。即使法国允许债的标的是未来之物,但法国民法典第一千一百三十条进一步明确规定,任何人均不得抛弃尚未开始的继承,也不得就此种继承订立任何条款,即使得到被继承人同意。参见罗结珍编:《法国民法典》,北京大学出版社 2010 年版,第 204、302 页。

　　② M. Grimaldi, Les dificulte's de la recodification : les sucesions et les libe'ralite's, Litec 2004, p. 283. 转引自叶名怡:《论事前弃权的效力》,《中外法学》2018 年第 2 期。

　　③ 李平:《论法定继承顺位的立法策略与实践中的家文化坚守》,《法制与社会发展》2020 年第 1 期。

第十章　遗赠扶养协议的解除问题分析[①]

第一节　问题的提出

第七次人口普查数据显示，我国 60 岁及以上人口为 2.6 亿，占比 18.70%；其中 65 岁及以上人口为 1.9 亿，占比 13.50%。可以看出，我国的老年人口规模庞大，老龄化进程明显加快。[②] 人口老龄化是社会发展的明显趋势，也是我国今后较长一段时期的基本国情，家庭养老负担和基本养老保障供给的压力也会随之增加。尤其是在独生子女政策的影响下，依靠血缘关系维系的家庭式养老作为主要养老模式的不足愈发凸显，非血缘关系的养老模式亟待完善。

社会问题也反映在成文法的制定中，民法典时代逐渐拓宽了传统家庭式养老的路径，《民法典》第一千一百五十八条中，扶养人的范围从集体经济组织扩大到所有组织，体现了立法者对实践中养老难题的回应。在各种政策与规划的指引下，我国养老服务模式的改革正如火如荼，而构建多元的养老模式仍然需要较长时间的探索，家庭式养老仍将在较长时间内作为主流的养老模式而存在。考虑到养老的现实需求及我国现有的法律框架，遗赠扶养协议制度在非血缘的养老体系构建中具有一定的适用空间。

近年来，遗赠扶养协议的法律纠纷呈增长态势。在北大法宝上以"遗赠

---

① 本章根据齐文熠的硕士学位论文《论遗赠扶养协议的解除》修改而成。

② 中华人民共和国中央人民政府：《我国人口素质不断提升——解读第七次全国人口普查数据》，http://www.gov.cn/xinwen/2021-05/12/content_5605910.htm，最后访问时间为 2022 年 5 月 30 日。

扶养协议"为关键词检索案例共计 3974 个。① 由于遗赠扶养协议涉及生活照料与遗赠财产,利益冲突直接导致矛盾易发,在以"解除"作为关键词进一步限缩检索后,关涉遗赠扶养协议解除问题的案例数量高达 1217 个,更证明了解除问题在司法实务中的普遍性,具有一定的研究价值。

在司法实践中,协议解除的事实认定存在个案差异,裁判依据、判决结果等存在普遍矛盾,同案不同判现象十分严重。遗赠扶养协议的解除类案件二审改判率高达 38.26%②,法官的认知水平与裁判标准参差不齐。

由于非血缘养老模式的兴起,遗赠扶养协议的广泛应用与简单规则之间存在矛盾,尤其是遗赠扶养协议涉及被扶养人的人身利益、扶养人的财产利益,在利益平衡之间很容易出现导致协议解除的问题。笔者认为遗赠扶养协议的解除在审判实务与理论研究中仍有问题尚待解决。

一方面,法院对遗赠扶养协议解除的裁判依据与标准不明。首先,解除的依据存在差异,法定解除情况下适用条款不明。在"覃某、冯某遗赠扶养协议纠纷二审案"中,法院以《民法典》合同编的一般法定解除条款作为法律依据;而在"寇海军等诉贾某 2 遗赠扶养协议纠纷案"和"赵美三与康建明遗赠扶养协议纠纷二审案"中,法院以《继承法意见》第五十六条③作为法律依据。即使是同一条法律规范,不同法院的说理与释明也存在冲突,如上述两个案例中对于《继承法意见》第五十六条能否推导出"任意解除权"就存在观点分歧。其次,扶养义务的标准不明确,对于遗赠扶养协议中扶养人义务的履行程度,法院实践往往直接定论是否解除,而缺乏对裁判理由的充分释明。最后,遗赠扶养协议解除后的救济标准参差,救济赔偿的法律依据不明,损害赔偿的范围也因案而异。

另一方面,学界对遗赠扶养协议存在观点争议与研究盲区。理论研究中对遗赠扶养协议的研究聚焦于是否具有合同性质、具有何种合同的性质、能否"溢出"《民法典》继承编并参照适用其他分编的规则。虽作为规定于继

---

① 最后检索时间为 2022 年 5 月 30 日。

② 遗赠扶养协议解除纠纷的终审裁判数据:二审维持 55.27%,二审改判 38.26%;再审维持 3.88%,再审改判 2.59%。数据来源:北大法宝。

③ 《继承法意见》已失效,该条文现为《继承编解释(一)》第四十条。

承编的协议,但"继承法为身份法抑或为财产法,甚有争论"①,学者对于遗赠扶养协议的性质认定有"法律行为""财产合同""委托合同""身份行为"等多种不同观点。因遗赠扶养协议中扶养义务与遗赠财产的给付之间存在时间差异,遗赠扶养协议的生效样态、履行阶段划分等问题也存在分歧。同时,学界对遗赠扶养协议解除问题的系统性研究不足,不仅欠缺意定解除的讨论,在法律依据的适用上也存在"任意解除说""法定解除说"等多种观点,尚未形成体系化的统一共识,不能为法院的裁判说理提供规范保障。

不仅如此,《民法典》颁布后,现有的学术讨论不足以应对实践中的新问题、新观点。遗赠扶养协议虽特别规定在继承编而具有特殊性,同时因作为《民法典》的一部分而具有整体性,《民法典》第四百六十四条作为参照适用的衔接条款,对遗赠扶养协议能否适用总则编规则以及合同编规则,都应该重新从体系化角度予以考虑。《民法典》的部分规定可以作为遗赠扶养协议解除问题的法律依据,尤其是《民法典》第四百六十四条、第五百六十三条等最新规定也具有适用空间,对此尚缺乏及时的法律适用研究。

考虑到中国老龄化问题日趋严重之现状,独生子女一代的"倒三角"家庭结构放大了传统养老模式的缺陷,非血缘养老必将蓬勃发展。在现有理论框架中,遗赠扶养协议脱胎于"五保"制度,在老龄化社会中也能够发挥关键作用。扶养的养老模式比血缘养老的伦理性弱,但财产性特征更为明显,因此对扶养人与被扶养人的利益影响更加复杂。在充分运用遗赠扶养协议制度时,应完善双方的退出机制,通过对遗赠扶养协议解除问题的分类论证,最终实现体系化制度构建,以期为审判实务提供可行的裁判路径,更好地保护扶养双方的权益。

---

① 史尚宽:《继承法论》,中国政法大学出版社 2000 年版,第 14 页。

第二节　遗赠扶养协议解除纠纷的司法分歧

一、遗赠扶养协议的解除类型

(一)意定解除的裁判观点

遗赠扶养协议的协议解除是意定解除的类型之一,一般于协议履行阶段发生,以双方均具有解除之意思作为前提。在"李某与郝某、梁某遗赠扶养协议纠纷案"①中,原告李某提出与被告郝某解除遗赠扶养协议及补充协议,被告郝某表示同意,双方合意解除权利义务关系,且不违反法律规定,法院予以确认解除。

此类私力解除的过程中,除可否按照约定解除存在争议外,权利义务的分配及后续的责任承担约定均可能导致新的诉讼产生。例如,在"张甲等与徐甲等不当得利纠纷上诉案"②中,双方虽就解除协议达成一致并前往公证机关进行解除,但是关于解除前扶养人受领的财产属于扶养人侵占还是被扶养人主动赠与产生纠纷;在"章某诉陆某等遗赠扶养协议纠纷案"③中,双方合意解除遗赠扶养协议后,对扶养费用返还情况的说法不一,法院结合当地生活标准,支持被扶养人应返还扶养人已经支付的扶养费2万元。上述案件在解除阶段不存在矛盾,双方具有解除合意,但意定解除中的协议约定与财产返还也可能存在冲突,要求法院在解除意思表示不自由或不一致时进行居中裁判。

遗赠扶养协议的约定解除权中,遗赠扶养协议不仅与扶养人可获得的遗赠财产利益直接关联,更与被扶养人生养死葬的人身利益切身相关,双方往往更倾向于在缔约时明确解除情形,这种私力救济类型为"约定解除权"。法院一般对当事人符合预设情形的解除持肯定态度,对当事人之间和平、理

---

① 陕西省华县人民法院(2009)华民初字第339号民事判决书。
② 上海市第二中级人民法院(2009)沪二中民一(民)终字第2450号民事判决书。
③ 上海市闵行区人民法院(2011)闵民一(民)初字第17454号民事判决书。

性的合意解除情形予以认可,将其归入意思自治的范畴。例如,在"陶某与侯某遗赠扶养协议纠纷案"①中,双方在协议中约定"扶养人侯某只有在法定情形出现时提出解除协议,被扶养人陶某则享有任意解除权,协议解除后违反协议一方赔偿对方 10 万元",在被扶养人提出解除协议后,扶养人主张 10 万元的赔偿。法院尊重双方签订的《遗赠扶养协议》,支持被扶养人依约享有任意解除权,即被扶养人可按照自己的单方意愿解除协议。同时,被扶养人向法院起诉要求解除协议符合单方解除权的约定,不存在违约情况,因此不能要求被扶养人支付违约金。在此判决中,法院充分尊重了当事人的意思自治,无论是对解除情况的约定,还是解除后的赔偿规则都参照了协议内容,表达了法院尊重意定解除及救济约定的观点。

（二）法定解除的裁判观点

有些法院在审理遗赠扶养协议的解除案件时,因现行法缺乏对遗赠扶养协议解除的特别规定,所以直接依据《民法典》合同编解除标准进行判断。

在"覃某、冯某遗赠扶养协议纠纷二审案"②中,法院依据根本违约的法定解除条款对合同予以解除。法院认定被扶养人冯某违反《遗赠扶养协议》的约定,其将涉案房产出售的违约行为致扶养人覃某不能实现合同目的,扶养人有权解除合同。在遗赠扶养协议的履行过程中,被扶养人随意处分所约定的遗赠财产亦会导致解除发生,解除权不是被扶养人的单方权利,应给予双方平等保护。

法院对法定解除权的说理主要局限在法律规则的适用过程,判决书内容主要为扶养义务履行与否、履行程度的判断,对合同编规则是"当然适用"的态度,却没有明确前置性的适用基础。法院忽略了遗赠扶养协议规定于继承编的特殊性,若缺乏对遗赠扶养协议性质的认定,则适用合同编规则的合理性存疑。

（三）"任意解除"的裁判观点

"任意解除"是指在法院处理遗赠扶养协议解除的纠纷时,支持扶养双方当事人无正当理由解除的状况。其中,此类纠纷的裁判援引最多的就是

---

① 贵州省贵定县人民法院(2019)黔 2723 民初 1216 号民事判决书。
② 广东省广州市中级人民法院(2020)粤 01 民终 8575 号民事判决书。

《继承法意见》的第五十六条,该条是涉及遗赠扶养协议的法条中直接规范"解除"问题的条文,但审判实践中对本条款的理解与适用却存在差异。对于"任意解除权"是否存在,该条文有两种截然相反的解读。

　　法院将本条款中"无正当理由不履行"作为解除后的责任承担规范,与能否解除的前置判断无关。在"赵美三与康建明遗赠扶养协议纠纷二审案"①中,法院认为《继承法意见》第五十六条所规范的内容系遗赠扶养协议解除后的法律效果规范,而并未赋予被扶养人任意解除权;考虑到继续履行对被扶养人而言更有利,故法院认定双方应该继续履行遗赠扶养协议,不予解除。在"刘某1与胡某、刘某2遗赠扶养协议纠纷二审案"②中,该法院认为,我国《继承法》并没有明确规定遗赠扶养协议解除事由的条款,《继承法意见》第五十六条虽提及"解除",但并未明确解除标准,所以当事人主张解除协议时,需要根据案件的具体情况来分析认定。在上述两个判决当中,如果协议双方不属于意定解除或法定解除情形时,法院并不认可该协议"无正当理由"随意解除,其作为救济条款,在一方存在"无正当理由不履行"的情形时,相对方被赋予解除权及赔偿请求权。

　　法院将本条款中"无正当理由不履行"作为任意解除中过错方的补偿条款,印证存在"任意解除权"的观点。代表观点收录在《人民司法·案例》2014年第22期当中的"寇海军等诉贾某2遗赠扶养协议纠纷案"。③ 法院在判决中,对任意解除权是否存在进行了详细的分析,该法院认为《继承法意见》第五十六条的目的是规制可能出现的道德风险,因此遗赠扶养协议双方的任意解除权是法律解释的必然结果。除此之外,在"蒋某1、蒋某2遗赠扶养协议纠纷二审案"④中,法院认为"遗赠扶养协议具有强烈的人身属性,考虑其立法目的并非强调协议的契约性、公平性,而是保障被扶养人能够安度晚年。因此,扶养人和被扶养人对遗赠扶养协议均享有任意解除权,但应依据《继承法意见》第五十六条进行赔偿"。在"陈某、高某遗赠扶养协议纠纷

---

① 山东省济南市中级人民法院(2018)鲁01民终6710号民事判决书。
② 江苏省徐州市中级人民法院(2017)苏03民终5364号民事判决书。
③ 陈志伟、闫莉:《遗赠扶养协议的当事人具有任意解除权》,《人民司法》2014年第22期。
④ 贵州省黔西南布依族苗族自治州中级人民法院(2018)黔23民终1860号民事判决书。

二审案"①中,该法院认为案涉《赡养协议书》属于遗赠扶养协议,其基于被扶养人与扶养人特殊的信任关系而订立,协议履行过程中双方会形成较强的人身依附关系,具有极强的人身属性。为保障双方当事人人格和身份利益的完满,依法应当赋予双方任意解除权,这也是《继承法意见》第五十六条规定的应有之义。此外,在"李某1、陈某遗赠扶养协议纠纷案"②"张某与王某遗赠扶养协议纠纷案"③中,法院也持有如此观点。

(四)"禁止解除"的裁判观点

在遗赠扶养协议解除案件的审理过程中,有法院会根据双方的具体情况判决"禁止解除"遗赠扶养协议,考量被扶养人对扶养关系的依赖程度、扶养关系存续的时间长度、申请解除扶养关系的理由等多方面情况。此类判决否认了"任意解除权"的观点,双方不能随意地摆脱协议的拘束。

在"吴某1、吴某2遗赠扶养协议纠纷二审案"④中,法院将扶养关系稳定及不存在解除事由作为禁止解除的考虑因素。本案的遗赠扶养协议最早于2011年达成,后又在当地社区居委会的主持下签订了书面的《养老协议》,协议实际履行期超过8年;结合扶养人吴某2对扶养义务的履行情况,包括出资重修房屋、支付生活费和医药费,双方形成了较为稳定的扶养关系。在协议履行过程中,被扶养人吴某1因单方要求提高生活费而拒收吴某2支付的生活费,并非吴某2拒付生活费。法院认定扶养人吴某2不存在违反养老协议的行为,亦不存在其他足以导致合同目的不能实现的根本违约情形,在吴某2履行适当且具有继续履行之意愿的情况下,双方签订的遗赠扶养协议不应解除。

在"陈某1诉陈某遗赠扶养协议纠纷案"⑤中,该法院从全面履行义务角度驳回解除诉讼请求。该法院认定遗赠扶养协议是自愿签订的、合法有效的合同,双方当事人应当按照合同的约定全面履行自己的义务,任何一方都不能随意变更或解除。最后,因被扶养人陈某1作为原告不能举证证明扶养

---

① 浙江省杭州市中级人民法院(2019)浙01民终9866号民事判决书。
② 安徽省安庆市中级人民法院(2019)皖08民终2060号民事判决书。
③ 山东省沂源县人民法院(2019)鲁0323民初1524号民事判决书。
④ 广东省肇庆市中级人民法院(2019)粤12民终862号民事判决书。
⑤ 广东省高州市人民法院(2016)粤0981民初2038号民事判决书。

人陈某未尽扶养义务,根据诉讼法规定承担不能解除合同的不利后果。

在"何某乙、路某等与何某甲遗赠扶养协议纠纷案"①中,2013 年、2014 年被扶养人何某乙、路某曾两次诉至该法院要求解除与扶养人何某甲签订的《遗赠扶养协议》,而法院为了缓和双方的关系,促进遗赠扶养协议继续履行,均判决不予解除,现何某乙、路某再次起诉,请求解除与何某甲签订的遗赠扶养协议。两次判决不予解除,不仅没有修复双方关系,反而致使原被告之间的矛盾进一步激化,法院经多次调解无效后才最终判决予以解除。法院虽出于缓和关系之目的,但客观上造成原被告双方的诉讼成本增加,也造成被扶养人因此被迫忍受更久的情感暴力与生活不便,反而导致双方均处于不利状态。

二、遗赠扶养协议解除后的救济类型

协议双方通过诉讼解除时,法院往往附带解除后双方责任承担的裁判意见;但在意定解除的情况下,当事人虽对协议解除这一基础问题无争议,但后续的责任承担约定可能会导致新的诉讼产生。无论是协议订立阶段的赔偿金约定,还是协商解除阶段的合意赔偿方案,各地法院的基本观点均为尊重当事人的意思自治。如前述"陶某与侯某遗赠扶养协议纠纷案"中,该法院对协议约定的 10 万元赔偿金予以支持;在"张甲等与徐甲等不当得利纠纷上诉案"中,法院维持了双方在公证解除时的财产处分合意。上述案例都是在意定解除阶段无争议,反而对解除后的赔偿条款有争议,法院则在民事领域优先适用当事人的约定条款,以尊重双方损害赔偿约定为原则。

对遗赠扶养协议的解除救济问题,各地法院的裁判观点不一,大多数法院往往更关注遗赠扶养协议能否解除这一基本问题。但解除后的赔偿作为解除后对利益受损方(无论是扶养人还是被扶养人)的救济手段,具有利益平衡、损害填补的重要作用。在审判实践中,解除后的救济标准有如下几种裁判观点。

第一,根据数额标准,以当事人所在地人均可支配收入作为参照进行计

---

① 河北省石家庄市中级人民法院(2015)石民二终字第 01705 号民事判决书。

算。在"武某与韩某遗赠扶养协议纠纷一审案"①中,法院判定双方协议始于2014年9月、止于2017年9月,在认可双方解除的基础上,因被扶养人在扶养期间具有一定经济基础且扶养人无法举证证明供养费用,判决双方酌情按当事人所在地农村居民人均可支配收入的50%计付供养费。

第二,根据义务履行程度与范围,以协议履行情况作为标准进行赔偿数额确认。在"段某等与李某解除遗赠扶养协议纠纷上诉案"②中,存在两位被扶养人时,根据义务承担情况进行分别处理,对已去世的被扶养人份额进行遗赠,对主张解除的在世被扶养人则根据扶养情况进行适度补偿。

第三,根据约定内容,以当事人在签订协议时的解除赔偿约定为准。在"覃某、冯某遗赠扶养协议纠纷二审案"中,法院对遗赠扶养协议约定的赔偿内容予以确认,通过鉴定确认真实性后,判决双方按照预设内容进行赔偿。在协商解除的情况下,如"毛某与张某甲遗赠扶养协议纠纷二审案"③中,根据遗赠扶养协议的履行情况,裁判支持双方在解除时的合意赔偿数额,尊重当事人的意思自治。

三、小　结

在司法实践中,遗赠扶养协议解除纠纷的处理路径分歧较大,主要的裁判依据集中在《继承编解释(一)》第四十条与《民法典》合同编的解除规则。在分类梳理解除相关的案例时,笔者发现存在下列问题,值得探讨与研究。

第一,遗赠扶养协议解除的法律依据多元。通过类案检索发现,法院对遗赠扶养协议解除的裁判诉求一般予以支持。在意定解除情形中,考虑到遗赠扶养协议特殊的人身属性与财产属性,法院的裁判多尊重当事人之间的合意,主要依据《民法典》第五百六十二条的第一款与第二款,依据较为明确。在裁判解除中,裁判依据多元,法院的裁判路径有二:一是将《继承法意见》第五十六条作为法律依据,支持"任意解除权"之存在;二是根据《民法典》合同编中违反"合同目的"的根本违约情形进行解释。各地法院判决书

---

① 辽宁省大连市旅顺口区人民法院(2018)辽0212民初2294号民事判决书。
② 陕西省渭南市中级人民法院(2014)渭中民一终字第00037号民事判决书。
③ 山东省烟台市中级人民法院(2015)烟民四终字第2010号民事判决书。

中法律依据不一致损害了法律秩序的稳定性,应进一步明确《民法典》中遗赠扶养协议的解除规范。

第二,遗赠扶养协议"禁止解除"的合法性存疑。遗赠扶养协议解除纠纷的第一性问题为协议能否解除。少量法院裁判"禁止解除"的情形值得注意,即法院驳回主张解除方的诉讼请求,维持遗赠扶养协议"继续履行"。这种"禁止解除"裁判的理由主要是《民法典》第五百六十三条或《继承编解释(一)》第四十条之违反。此类判决主要存在两方面的问题。一是法院的逆向裁判违反基本逻辑,裁判将法律后果作为逻辑推理起点,存在结果预设的情况。法院审理过程中,考虑到当事人解除后可能导致的养老困境,所以对当事人解除协议的诉讼请求不予支持,却没有充分尊重双方当事人终止遗赠扶养关系的诉求。裁判正当性应来源于裁判理由的充分论证,但部分个案中表现为对当事人不同程度的合意否认与意志限制,是法律家长主义的体现,其合法性有待商榷。二是裁判理由的规范性不足,法院面临法律适用、裁判说理困难的状态。案件事实与裁判依据之间缺乏逻辑关联,判决理由不足以支持判决结果,导致遗赠扶养协议"禁止解除"类判决无法定分止争,案件上诉率偏高。

第三,遗赠扶养协议解除事由缺乏规范。一是扶养义务的履行程度难以判断。被扶养人不履约的情形,必然涉及扶养义务履行程度之判断,而法院对该因素的探讨往往是结论性表述。在扶养过程中,被扶养人生前并无履行义务,因死后的遗赠以生前的财产保有为基础,因而处分行为导致的"履行不能"比较容易识别;而判断扶养人履行状态、履行程度则存在困难,其生养死葬的照料并非固定化的义务形式,同时还关涉被扶养人的情感体验与接受程度,这也是遗赠扶养协议人身性质的直接体现。扶养履行程度的判断困难客观存在,法院在审判实践中也很难建立起系统的判断标准,导致个案差距较大。这导致个案事实与裁判结论之间的因果性、关联性不足,对履行的判断,法院往往直接作出第一层次的"全肯或全否"判断,欠缺第二层次的履行程度判断。二是被扶养人义务的内容边界不明确。由于扶养与遗赠的发生存在先后顺序,被扶养人在享受扶养的同时,仍对所约定的遗赠财产具有处分权利。对遗赠财产的处分行为客观上会导致其财产总量减少,可能损害被扶养人的遗赠利益。由于被扶养人对约定的遗赠财产具有完全的处分权,处分程度的界定对守约方解除请求的正当化具有重要意义。对扶养人"受遗赠权利"的定性也关系到能否延伸出被扶养人具有一定程度的诚信义务。这些问题都需要在下文中予以分析,以达到规范解除事由与明确义务范围的目的。

第四,遗赠扶养协议解除后的救济标准不统一。《继承编解释(一)》第四十条关于遗赠扶养协议解除后的责任承担规定仍属于概括性规范。通过前述的案例整理,可知解除后的救济标准存在差距,且救济范围也存在争议,缺乏比较明确、趋向公平的裁判共识,亟需形成完备且一致的解除后责任承担标准。

第三节　遗赠扶养协议法律性质与适用的理论分析

一、遗赠扶养协议的法律性质

(一)域内外类似制度的辨析

1.遗赠扶养协议与附义务遗赠的辨析

附义务遗赠制度,规定于《民法典》第一千一百四十四条,遗嘱继承或者遗赠附有义务的,继承人或受遗赠人应当履行义务,否则将丧失获得该部分遗产的权利。

附义务遗赠与遗赠扶养协议具有相似之处,一方面遗赠财产均于继承开始后转移,另一方面均对受赠人设置了负担。但两者仍存在显著的差别。其一,附义务遗赠虽附带义务,但仍属于单方法律行为,遗赠人在遗嘱中附加义务时,无需与受遗赠人达成合意。在遗嘱生效后,受遗赠人可以通过接受或者放弃受遗赠的方式选择是否履行遗嘱所附加的义务,附随的义务与受遗赠权是附属关系;而遗赠扶养协议于被扶养人生前生效,权利义务因扶养人与被扶养人的合意而产生,仍属于双方法律行为。其二,附义务遗赠具有无偿性,①遗赠人无权因遗赠而要求受赠人负担债务,附随的义务并不具有等价有偿的性质,受遗赠人履行义务之范围以其所受利益为限;遗赠扶养协议则具备有偿性,扶养义务是获得遗赠财产的前提,且扶养义务的承担并没有受利益范围的限制。② 其三,附义务遗赠中义务之不履行不影响遗赠作为单方行为的效力,但是遗赠扶养协议中扶养义务之不履行则可能会导致解除的后果,进而导致遗赠扶养权利义务之消灭、双方法律行为之终止。

因此,遗赠扶养协议中对于受赠人义务的要求程度较高,该制度虽名为"遗赠",但这部分"遗赠"与"扶养"相牵连,区分于纯粹遗赠的死因性质,遗赠约定在扶养人生前即因双方法律行为而产生。扶养义务作为"受遗赠权利"的实质对价,在实践应用中区分于附义务的遗赠。

2.遗赠扶养协议与继承协议的辨析

遗赠扶养协议作为我国的本土制度,与域外立法例中的继承协议较为相似。以德国法作为参照,继承协议规定在《德国民法典》第一千九百四十一条,继承人通过个人意思与相对继承人就财产归属等继承相关事宜达成合意并产生约束。继承协议与遗赠扶养协议虽都含有死因处分的部分,但德国法将有偿的继承协议制度划分为继承契约与供养合同,其中继承契约属于死因行为,而供养合同属于生前行为,二者是独立存在但相互关联的两个法律行为。③ 一体性行为④的性质决定继承协议订立即生效,在被继承人的生前就构成效力上的牵连,供养协议解除时,继承协议也归于消灭。

---

① 史尚宽先生认为:"民事法律行为理论中所谓之附负担,如附负担之遗赠或赠与,乃是指附加于无偿财产给付行为的义务条款,负担之存在并未导致财产给付之效力不确定。"参见史尚宽:《民法总论》,中国政法大学出版社2000年版,第471页。

② 因为扶养的过程类似于赡养,对被扶养人照料的难度虽可能随扶养人日渐衰老而增加,扶养支出可能超出所受利益,但生养死葬义务履行程度与难度属于订立协议初期可以预见到的协议风险,协议外的伦理因素也要求扶养人不能随意弃养,扶养不受利益范围限制具有正当性。

③ 王葆莳:《继承协议中处分行为的约束力及其限制——兼评我国民法典继承编的立法构建》,《上海政法学院学报》(法治论丛)2019年第6期。

④ 一体性行为规定于《德国民法典》第一百三十九条。有偿的继承协议中,双方协议内容形成相对独立的供养合同,继承协议仅包括死因处分,供养合同虽然与继承协议有一定联系,但其在性质上属于负担合同,所以,与继承协议之间不存在债法意义上的对待给付关系,供养合同本质上是独立契约,但通过一体性行为(einheitliches Geschäft)实现效力的关联。参见王葆莳:《继承协议中处分行为的约束力及其限制——兼评我国民法典继承编的立法构建》,《上海政法学院学报》(法治论丛)2019年第6期。

我国的继承法体系中并没有继承协议制度,将德国法的规定作为模板进行比较,遗赠扶养协议的适用范围更小,在处分主体、处分事项上均更受限。不过,也有学者认为继承协议与遗赠扶养协议属于同类协议,如《绿色民法典草案》第五百零五条,徐国栋老师认为遗赠扶养协议是继承协议的一种,扶养人据此承担扶养义务,享有受遗赠的权利。被继承人可以与其他民事主体协商身后事宜并于继承开始前发生法律效力,扶养双方的权利义务相互牵连。

我国并没有一体性行为作为制度基础,管见以为两种协议之间的制度设计存在较大差别。但两种制度的内核都是实现遗产与义务的关联:一方面遗产的转移于被继承人死后发生效力,另一方面又可以通过生前协议内容的生效保证双方对于协议的履行。

在《德国民法典》中,除协议解除与保留解除权外,继承协议还具有两种特殊的法定解除的情形。[①] 其一,约定继承人严重缺失性行为。[②] 该规则直接参照德国特留份制度的剥夺规定,包括针对被继承人的谋害、故意犯罪、扶养义务之违反等情形。其二,对待义务的废弃。[③] 对待义务的产生基于供养协议,扶养义务被废弃时,被继承人具备法定解除权。废弃的情形即继承人持续的拒绝给付供养协议之约定,如扶养义务的持续性不履行、事实上不能履行等,被继承人都可行使解除权。

我国遗赠扶养协议对于解除的事由并无详细的法律规范或衔接条款,德国法对于继承契约的解除设计具有一定的借鉴意义,在甄别适用范围的基础上,可以为遗赠扶养协议的解除制度提供参考。

(二)遗赠扶养协议的特征

第一,人身、财产双重属性。遗赠扶养协议的混合特性缘起于受遗赠权利与扶养义务的双重性质。

一方面,遗赠扶养协议具有财产属性。首先,扶养人的扶养义务基于协议产生,扶养具有获取遗赠财产的前置合同目的,区别于赡养、抚养作为自

---

① 杜景林、卢谌:《德国民法典全条文注释》(下),中国政法大学出版社 2015 年版,第 1269—1270 页。

② 《德国民法典》第二千二百九十四条。

③ 《德国民法典》第二千二百九十五条。

然义务因血缘伦理而产生;其次,遗赠扶养协议是对身后财产的处分,遗赠产生的是财产性法律效果,集中体现了遗赠扶养协议的财产性。

另一方面,遗赠扶养协议具有人身属性。首先,扶养人与被扶养人均具有专属性,扶养义务只能由扶养人履行、扶养权利只能由被扶养人享有,权利义务均不可移转给协议外的第三人。其次,扶养双方虽不具有法定的继承关系,但扶养人与被扶养人通常具有一定血缘关系、宗族关系,至少也具有朋友等情谊基础,强调人身信赖性。当然,扶养行为之履行涉及被扶养人的生活需求乃至生命权利,所以更强调了与人身利益的紧密联系。

第二,实质对价性。首先,扶养人与被扶养人签订遗赠扶养协议后,被扶养人承担扶养义务的前提为获得部分遗赠财产作为对待给付,虽然其中包含一定的伦理因素,但双方互为给付构成有偿的法律行为。对价不要求双方的给付在客观上具有相同的价值,而是双方的给付之间具有相互依存的关系,在主观上具有价值的一致性即可。[1]

遗赠扶养协议中扶养与遗赠互为前提,除其他的情感因素外,扶养人的扶养一般以获得遗赠为合同目的,而被扶养人的遗赠也以获得扶养为合同目的,扶养义务与遗赠约定存在成立上的牵连。虽不同于一时性的财产合同,但任意一方的义务履行瑕疵都可能导致解除的发生,扶养义务与遗产移转义务之间具有存续上的牵连。扶养关系成立是协议签订后发生的法律效果,并未因此影响对待给付的性质。综上,被扶养人与扶养人将生老病死之扶养义务与遗产转移之遗赠约定作为概括的等价交换,扶养双方当事人互享权利,互负义务,符合实质对价的认定。

第三,阶段性。遗赠扶养协议履行的阶段性包括异时性与持续性两方面。

一方面,遗赠扶养协议的异时性体现为遗赠请求权[2]与扶养义务请求权

---

[1]　韩世远:《合同法总论》,法律出版社 2018 年第 4 版,第 75 页。

[2]　遗赠究竟发生债权效力,还是物权效力,学界存有争议。多数学者认为遗赠具有债权效力,如杨立新、冉克平;房绍坤认为,遗赠扶养协议具有特殊性,因基于约定而产生,其物权变动应按基于法律行为的物权变动规则处理。综上,结合学者观点,并考虑《民法典》第二百三十条去除遗赠情况,笔者也支持债权效力的观点。参见杨立新、朱呈义:《继承法专论》,高等教育出版社 2006 年版,第 200 页;房绍坤:《论民法典继承编与物权编的立法协调》,《法学家》2019 年第 5 期。

的时间差异。① 生养死葬之扶养义务开始于协议生效,此时遗赠约定是一种"沉睡"的权利;扶养义务终止于被扶养人死亡,与此同时,遗产转让约定以遗赠财产所有权变更的形式发生效力,被扶养人自此具备遗赠财产的请求权。② 从双方的履行顺序来看,两者存在异时性的特点。

另一方面,遗赠扶养协议的持续性体现为义务履行时间决定义务履行程度,扶养义务的履行覆盖生养死葬的各个环节,义务履行期限自协议订立开始,至被扶养人死亡终止。同时,被扶养人保有遗赠财产、扶养人履行扶养义务均不得中断,作为扶养关系存续的必然要求。

综上,扶养双方的权利义务处于长期、持续的动态变化中。从宏观视角切入,遗赠扶养协议的遗赠约定与扶养义务处于对等状态。《民法典》第一千一百五十八条规定了"承担该自然人生养死葬的义务,享有受遗赠的权利",从整体看待双方的权利义务变化,遗赠扶养协议的双务性由两阶段的法律效果共同构造。从微观视角切入,遗赠财产请求权与扶养义务请求权并不是同时产生,协议存在不同的具体阶段,可以划分为扶养阶段和遗赠阶段,权利义务在不同阶段有不同侧重。

(三)遗赠扶养协议的法律关系界定

通过前述比较,遗赠扶养协议制度区分于继承协议与附义务遗赠。在德国法中,继承制度作为完整的体系,保持了生前行为与死因行为的严格区分,但维持区别的前提是复杂、完整的配套法律体系。我国缺乏一体性行为等制度框架,遗赠扶养协议虽不能照搬,但仍具有可借鉴之处。当然,附义务遗赠在生效时间与义务性质等方面的差异,更突出了遗赠扶养协议制度的独特性。

遗赠扶养协议的名称中虽包含"遗赠",但不同于被扶养人做出单方法律行为而产生的传统遗赠,其并非纯粹的死因处分。遗赠作为一种遗产转移方式于继承开始时发生,但遗赠扶养协议整体成立即生效,遗赠扶养协议具有实质的对价关系,③只是在履行时存在阶段性的特点,如此处理扶养关

---

① 杨立新、朱呈义:《继承法专论》,高等教育出版社 2006 年版,第 200 页。
② 缪宇:《遗赠扶养协议中的利益失衡及其矫治》,《环球法律评论》2020 年第 5 期。
③ 李昊:《民法典继承编草案的反思与重构》,《当代法学》2019 年第 4 期。

系更符合我国《民法典》的立法现状。

因此,遗赠扶养协议的法律关系可概括为"扶养"与"遗赠"两部分,履行过程也包含扶养与遗赠两个阶段,权利与义务始终处于动态变化之中。

于扶养人而言,其负有承担被继承人生养死葬的义务,应当符合被扶养人对养老生活保障的基本要求。该义务的主要来源有:其一,订立协议时的具体约定;其二,履行过程中的双方协商;其三,法定的"生养死葬"义务。

于被扶养人而言,在生前义务履行阶段,遗赠约定就已经生效,因遗赠作为死因行为之特殊性,在受遗赠时才能转化为对继承人或遗产管理人的债权,依照遗赠扶养协议获得部分或全部遗产。被扶养人虽负担遗赠约定,但生前仍具有完全处分权,其似乎处于"无约束"的状态。考虑到扶养人基于合同内容的期待与信赖,扶养人的利益保护在诚信原则的要求下具有正当性。不同于直接的给付义务,被扶养人应当诚信地促使协议完全履行,一方面负有财产保有之不作为义务[1],另一方面负有积极受领扶养行为之不真正义务[2]。

综上,遗赠扶养协议既不像遗赠属于单方法律行为,也不像继承协议属于多法律行为之集合。遗赠扶养协议的实质对价属性决定其具有参照合同规则作为基本模板的可能性;而扶养关系的人身属性也要求根据特殊性予以调整适用。人身财产双重性、实质对价性、阶段性的特征影响着遗赠扶养协议的法律关系,其具体的法律适用将在下一章节进行检验。

二、遗赠扶养协议的法律适用

(一)遗赠扶养协议法律适用的观点分歧

关于遗赠扶养协议法律适用的问题,现有研究主要聚焦在人身属性、身份属性、财产属性、协议属性的利益衡量与价值判断中,并在上述性质的界

---

[1]　"履行期到来前侵害的不是效力齐备的完全债权,而是请求力不足的不完全债权,是期待权色彩浓厚的债权,也可以说是债权期待。它所直接违反的义务,并非给付义务本身,而是不危害给付实现的不作为义务。"参见韩世远、崔建远:《先期违约与中国合同法》,《法学研究》1993年第3期。

[2]　受领一般属于债权人之权利与自由,但基于诚信原则和特别结合关系,债权人亦有受领义务,此种义务属于"不真正义务"。参见韩世远:《合同法总论》,法律出版社2018年第4版,第571—572页。此时,在被扶养人恶意增加扶养难度、拒绝扶养行为时,属于被扶养人"不真正义务"之违反,不可归责于扶养人。

定中识别与确定遗赠扶养协议的基础规范,讨论其能否"溢出"继承编,参照适用《民法典》其他分编的规则。学界对遗赠扶养协议的法律适用有以下几种观点。

第一种观点认为遗赠扶养协议属于法律行为。有学者认为遗赠扶养协议作为一种双方法律行为,不同于普通的债权合同,对于遗赠扶养协议的成立、生效、变更、解除等问题,《继承法》作为特别法没有规定时,应适用总则中法律行为的规定,而不适用合同相关的规定。① 但也有学者认定遗赠扶养协议属于一种双方法律行为,进而得出遗赠扶养协议可受《合同法》补充调整的结论。②

第二种观点认为遗赠扶养协议属于财产合同。对遗赠扶养协议的内容进行辨析,扶养人所承担的扶养义务覆盖被扶养人生老病死的全过程,主要体现为扶养费、医疗费等约定费用以及必要的扶养行为;被扶养人则对自己的指定财产设置负担,承诺在死亡后将部分或全部财产以遗赠的方式给付扶养人。这种双务的权利义务设置,以扶养费用与遗赠财产处置为主要内容,更体现了其财产属性。具体体现为:其一,互负对价的性质。有学者认为遗赠扶养协议就是遗赠人和扶养人互负对价的财产合同,属于有偿、双务合同。③ 其二,一般合同的性质。有学者认为,遗赠扶养协议虽具有强烈人身专属性,但不以双方当事人的身份关系为基础,是规定在继承法律规范中的一类特殊合同。④ 因此,遗赠扶养协议无须根据《民法典》第四百六十四条第二款参照适用,而是可以直接适用。

第三种观点认为遗赠扶养协议具有委托合同的属性。遗赠扶养协议规定在继承法中,因扶养义务之信任要求而具有委托合同的色彩。有学者认为遗赠扶养协议的订立和履行高度依赖双方当事人的特别信任关系。⑤ 在法律适用上,生养死葬之扶养关系接近于委托关系,在扶养双方的信任关系

① 陈本寒:《我国遗赠扶养协议制度之完善》,《政治与法律》2014 年第 6 期。
② 杨立新、杨震:《〈中华人民共和国继承法〉修正草案建议稿》,《河南财经政法大学学报》2012 年第 5 期。
③ 何丽新:《论遗赠扶养协议的扩张适用》,《政法论丛》2012 年第 3 期。
④ 张平华、于惠:《〈民法典·继承编〉如何实现民商合一》,《求是学刊》2021 年第 5 期。
⑤ 王雷:《论身份关系协议对民法典合同编的参照适用》,《法学家》2020 年第 1 期。

遭到破坏时,可参照适用《民法典》第九百三十三条关于委托合同的规定,该观点认为遗赠扶养协议可以适用任意解除权。

第四种观点认为遗赠扶养协议属于身份行为。该观点认为,遗赠扶养协议虽具有契约性质,但主要内容为协议双方建立的扶养关系、遗赠关系,仍属于继承法范畴的法律行为。身份属性可体现为:其一,身份、财产混合属性。有学者认为夫妻财产之约定、遗赠扶养协议等不属于纯粹的身份行为,属于"身份财产关系"①,抑或是"身份的财产行为"②。其二,道德属性。有学者认为遗赠扶养协议是财产行为和道德行为的结合,不同于将财产利益作为调整对象的协议类型,其不仅关涉行为人的财产利益,还关系行为人的精神需求。③

(二)遗赠扶养协议法律适用的论证

1.遗赠扶养协议原则上适用继承编规则

遗赠扶养协议制度的规定散见于我国《民法典》继承编及其司法解释中,《民法典》第一千一百二十三条与《继承编解释(一)》第三条确立了遗赠扶养协议在继承体系中的优先顺位;《民法典》第一千一百五十八条为遗赠扶养协议的具体内容,是涉及解除问题的唯一条款。

遗赠扶养协议作为法定继承的一种形式,其具有适用继承编的基础,遗赠扶养协议也具备继承法律关系的特殊性,应当优先适用该编的相关规定。只有在穷尽继承编规则而存在未尽事项时,才可以考虑适用《民法典》的其他规则。在前述的司法观点展示中,也有法院将《继承编解释(一)》第四十条中"有无正当理由"作为判断解除之理由,但笔者认为本款的重点为扶养双方解除的可归责性及责任承担范围之明确,而并非对于解除情况的规定。因此,该条应属于协议解除后的法律责任承担规定,继承编框架内缺乏前置的解除认定条款,若要体系化遗赠扶养协议的解除问题需要"溢出"继承编予以考虑。

2.遗赠扶养协议可以适用合同编规则

---

① 陈棋炎:《亲属、继承法基本问题》,自版1980年版,第6页。
② 施启扬:《民法总则》,中国法制出版社2110年版,第202页。
③ 徐洁、吴晓倩:《论遗赠扶养协议的法律构造》,《西南民族大学学报》(人文社科版)2018年第8期。

　　我国合同编的规则设计以财产关系为基础,遗赠扶养协议规定于继承编,应优先适用特殊法,因缺乏相应规范而根据性质适用合同编之规定。遗赠扶养协议适用合同编规则存在路径争议。关于遗赠扶养协议适用合同规则的路径,学界分歧较大,主要有两种观点。其一,遗赠扶养协议属于民事合同、财产合同,应直接适用合同编,并根据其性质调整适用;①其二,遗赠扶养协议属于"有关身份关系的协议",依据《民法典》第四百六十四条规定,根据特殊性质参照适用。两种路径最终的结果均为适用合同编的规则,仅因性质认定的差异导致分析路径存在差别。笔者的观点为第二种路径,具体的论证步骤如下。

　　第一,遗赠扶养协议"身份属性"的证成。对遗赠扶养协议的性质进行分析,学界认定为身份性或财产性法律行为的理由各有侧重,不同价值倾向背后是利益保护的取舍,但笔者认为两种性质并不矛盾,应兼顾遗赠扶养协议的两种属性。遗赠扶养协议在具备财产属性之余,也不可忽略其身份属性。

　　其一,遗赠扶养协议属于继承法上的协议,以发生继承法上的效果为目的,符合广义"身份行为"的定义。② 继承法上的法律行为通常以被继承人与继承人之间、各继承人之间的身份关系为前提,具有鲜明的伦理属性,而遗赠扶养协议在效力上优先于遗嘱继承和法定继承,被赋予优先的继承顺位,也属于一种继承法上的身份。③ 其二,扶养义务与法定身份义务具有"等值

---

　　① 持此种观点的代表有张平华等。张平华在多篇文章中均强调此观点,参见《〈民法典〉的制度传承、宏观模式与重要创新》《〈民法典·继承〉的创新与继承法之整理》《〈民法典·继承编〉如何实现民商合一?》。

　　② 施启扬认为"身份行为是发生身份法上的效果为目的之行为,在学理上常将亲属法及继承法合称为身份法,即广义的身份行为包括发生继承法上效果的行为"。参见施启扬:《民法总则》,中国法制出版社2010年版,第201—202页。"遗赠扶养协议主要是为了设立扶养人与被扶养人之间的身份关系,亦属于一种有关身份关系的协议。"参见朱广新:《合同法总则研究》(上册),中国人民大学出版社2018年版,第14页。

　　③ 有学者认为遗赠扶养协议排除具有身份关系的继承人作为协议主体,恰恰否认其特殊身份性,笔者不赞同该观点。在继承编起草过程中规定为"继承人之外的组织和个人",是因为继承人成为主体后,可能会导致赡养成为约定事项,这不仅有悖于赡养的法定义务属性,也不符合中国的传统美德。因此,排除继承人与否认扶养人的身份属性无关,反而因为扶养属于类似赡养的义务,而将扶养人与继承人置于同样的继承地位。参见黄薇主编:《中华人民共和国民法典继承编释义》,法律出版社2020年版,第152页。

功能"。扶养义务是遗赠与遗赠扶养协议的差别所在,而遗赠扶养协议中关于扶养义务的规定,涉及被扶养人生养死葬的切身养老利益,因义务履行而具有受遗赠人身份。此外,扶养在家事法律规范中较为常见,[①]扶养双方一般具有较强的信任关系,其内涵与抚养、赡养交叉重叠,与法定身份义务具有"等值功能"。如在社会救助法律制度中[②],将赡养、抚养、扶养义务人作为并列主体予以讨论,双方基于协议形成的扶养关系也可以具有特殊的身份属性。[③] 因此,遗赠扶养协议虽不属于纯粹的身份法律行为,但所创设的扶养义务因特殊性质而区分于纯粹遗赠,遗赠扶养协议成为实证法上最具身份色彩的继承法上行为。

甄别性质是为了契合类型化法律规定的要求,而非强制将所有法律行为划分为非此即彼的阵营。学界往往对遗赠扶养协议的财产属性并无争议,上一章节中也有所论述。管见以为,遗赠扶养协议属于身份、财产的混合行为,因此在适用其法律行为规范时,应充分考虑两种性质的特殊性。纯粹财产协议更看重法律视域中的公平原则,而遗赠扶养协议因兼具身份属性的伦理色彩,反而更看重公序良俗原则与当事人主观意志。"法律行为制度之构建,系以财产行为为原型,身份行为之适用多有限制"[④],即遗赠扶养协议将财产法作为规范基础时,应基于身份性质的特殊性进行调整,以更好实现遗赠扶养协议的法律效果。

第二,"有关身份关系的协议"的辨析。《民法典》第四百六十四条第二款中,"婚姻、收养、监护等有关身份关系的协议,适用有关该身份关系的法律规定;没有规定的,可以根据其性质参照适用本编规定"。在《民法典》颁布后,参照适用的主体为"有关身份关系的协议",因此,探明"有关身份关系的协议"的范围尤为重要。

---

① 《民法典》第一千零五十九条中"夫妻有相互扶养的义务",第一千零七十五条中规定在父母抚养缺位时,"有负担能力的兄、姐对未成年弟、妹的扶养义务",第一千一百二十七条中"具有扶养关系的继父母子女、继兄妹关系",《中华人民共和国老年人权益保障法》第二章"家庭赡养与扶养",均涉及"扶养"关系的表述。

② 《中华人民共和国社会救助法(草案征求意见稿)》中第十六、二十四条。

③ 冉克平:《"身份关系协议"准用〈民法典〉合同编的体系化释论》,《法制与社会发展》2021年第4期。

④ 朱庆育:《民法总论》,北京大学出版社2018年第2版,第138—139页。

法条中虽列明了"婚姻、收养、监护"等明确类型,但其后的"等"字说明身份种类并不是闭合区间,"有关身份关系的协议"存在法律解释的空间。不可否认,婚姻、收养等直接列举的情形属于纯粹的身份法律行为,以民事主体设立、变更、终止身份法律关系为内容。但随着社会契约意识的不断增强,身份关系与财产约定交织在一起,新的身份财产契约层出不穷,也促成了民法典时代婚姻家庭法之回归。

从本条的变迁来看,原《合同法》第二条中并没有参照适用的条款,新设此款的立法目的为弥补其他分编中身份协议之规范空白,进而实现《民法典》体系整合的效能,采用"有关身份关系的协议"来回应身份利益相关的新种类协议,最大限度实现对此类合同的规范作用。

目前,学界对此以广义的理解为主,①笔者也认同此观点。"有关身份关系的协议"应采扩张解释,不局限于身份关系设立、变更、消灭之协议,在协议内容发挥身份关系的"等值功能"时,也应该具有适用空间。只有尽可能多地覆盖各类有关身份利益的协议,才能更好发挥参照适用条款的索引功能,最大化该条款的法律规范价值。《民法典》第四百六十四条作为衔接条款,对某一具体的身份关系协议可否适用、如何参照适用合同编规定,法律无法直接统一规制,只能根据该身份关系协议的性质具体分析,而这就给予灵活的法律解释空间。参照适用条款作为"通行证",为后续适用提供了基本路径。

综上,遗赠扶养协议可以参照适用合同编规则。因遗赠扶养协议的解除问题在《民法典》继承编与司法解释中都无明确规定,存在法律衔接的基础,可以通过《民法典》第四百六十四条对合同编进行概括性的适用。遗赠扶养协议的认定,基于双方当事人的合意而形成扶养关系与遗赠约定,财产性之余,存在继承法上的身份关系,可以归入"有关身份关系的协议"之类型,可以参照适用合同编规则。

《民法典》第四百六十四条可依据"缺乏具体规范—引入类似合同—检

---

① 冉克平认为:《民法典》之中的身份关系协议有三类:一是纯粹身份关系协议;二是身份财产混合协议,包含基于身份关系而发生或解除的财产协议;三是身份财产关联协议,包含财产性内容与身份关系具有关联性,包括遗赠扶养协议、继承协议等。参见冉克平:《"身份关系协议"准用〈民法典〉合同编的体系化释论》,《法制与社会发展》2021 年第 4 期。

验具体条款"的思维路径,实现概括性衔接到具体化应用。遗赠扶养协议根据其性质参照"本编",典型合同编也可以成为参照适用的对象,①从合同编的具体规范中寻找类似性质的合同规范类推适用,并根据身份关系协议的特殊性适用该法条,参照适用时应考虑特殊"性质"——从正向的相似性检验,初步确定参照的交易合同模型;再从反向的差异性检验,以家庭伦理的特殊价值取向作为准用合同编的基础界限。

因遗赠扶养协议的高度信任基础、持续性履行等特点,与委托合同、不定期合同较为相似,具有进一步讨论的空间,将在后文中对合同编解除之具体条款进行相应的目的解释与价值判断。

3.遗赠扶养协议可以兜底适用总则编规则

《民法典》的颁布让民法规范更加体系化,为充分发挥参照适用条款的功能提供了基础和便利。② 根据《总则编解释》第一条,其他分编没有规定的情况下,适用总则编的规定,但是根据其性质不能适用的除外。遗赠扶养协议是扶养双方当事人通过意思表示设立扶养法律关系的行为,当事人因法律拘束之合意产生相应的法律效果,属于民事法律行为的范畴。

由于遗赠扶养协议规定于继承编,又可参照适用合同编,两者作为特别法均优先于总则编,总则编则作为兜底规范具有讨论价值。在评价遗赠扶养协议的解除问题时,其可以适用《民法典》中民事法律行为章节的规定,以意思表示为基本工具对解除的要素进行评价。

此外,总则编中的法律原则对于遗赠扶养协议的履行具有特殊意义,在《民法典》总则编的第四条至第九条规定了民法六原则,尤其是诚信原则在平衡遗赠扶养协议中的人身、财产利益具有重要意义,被扶养人在生前对遗赠财产的完整处分权利要求其应该保守承诺、诚信不欺,而扶养人所负担的扶养义务也要求其善意履行。况且遗赠扶养协议作为信任程度要求较高、履行期限较长的协议,其解除缺乏具体规范,更需要从原则角度进行利益平衡的考量。

不过,因为协议中遗赠部分较为特殊,其法律行为的类型比较模糊,遗

---

① 周江洪:《民法典合同编的制度变迁》,《地方立法研究》2020 年第 5 期。
② 王利明:《民法典中参照适用条款的适用》,《政法论坛》2022 年第 1 期。

赠扶养协议性质的争议会影响具体法律适用路径的选择。

其一,依法律行为主体的单复数作为分类依据,遗赠扶养协议基于扶养双方的合意产生,属于双方法律行为。遗赠扶养协议中的遗赠是双方约定的法律后果,而不是被扶养人的单方意思表示,区分于作为典型死因行为的遗赠。"受遗赠权利"的阶段性转变不影响其与"扶养义务"互为对价。因此,遗赠扶养协议仍应定性为抽象的双方法律行为,适用法律行为、契约相关的规定具有法理基础。

其二,依法律效果所处的法域作为分类依据,有学者根据遗赠扶养协议的财产属性认定其属于财产行为,扶养人所追求的法律效果是遗赠,实现遗产处分的财产性法律后果。此外,也有学者认为遗赠扶养协议属于非纯粹的身份行为,"继承法上的法律行为常被归入身份行为之列"[1],扶养双方以法律行为的方式创设了扶养人与被扶养人的身份关系。[2] 此问题在前述章节有所论述,身份行为与财产行为并非互斥关系,应当兼顾上述两种性质。

综上,遗赠扶养协议兜底适用总则编规定。借助对民事法律行为分类之理解,以基本原则作为基础要件,灵活适用民事法律行为的相应规则,为遗赠扶养协议制度的解除问题奠定了较为完善的法律适用基础。

第四节　遗赠扶养协议解除及其救济的规范路径

基于上文分析,遗赠扶养协议的解除问题应回归到《民法典》的解除权体系之中。一般性合同的解除类型主要包括意定解除与法定解除,[3]而有名合同中也具有其他解除规定,属于特殊的法定解除情形。在上一节,遗赠扶养协议作为"有关身份关系的协议",具有适用合同编的概括基础,本节将聚焦具体条款的适用分析。在体系架构方面,根据性质怎样实现对不同解除条款的取舍?在适用顺序方面,遗赠扶养协议应当采用法定解除的严格框

---

[1]　韩世远:《合同法总论》,法律出版社 2018 年第 4 版,第 202 页。
[2]　朱广新:《合同法总则研究》(上册),中国人民大学出版社 2018 年版,第 14 页。
[3]　李永军:《合同法》,中国人民大学出版社 2021 年第 6 版,第 262 页。

架以规范双方的权利义务之履行，还是应该因其伦理道德属性而优先适用当事人之意定解除？在裁判依据方面，"诉讼解除"规范路径之统一与法律规制之限度如何把握？上述问题将在解除规则的分类讨论中予以解答，为遗赠扶养协议解除制度之构建形成规范路径与理论基础。

一、遗赠扶养协议"禁止解除"判决的反思

(一)遗赠扶养协议原则上应当允许解除

遗赠扶养协议的人身性质将有关解除问题的观点两极化。一方认为，因协议内容关系到"生老病死"全过程，与人格权益密切相关，要求双方具有高度的信任作为扶养关系的基础，在存在影响双方信任关系的事由时，应赋予较宽松的解除自主权。另一方则认为，因遗赠扶养关系往往是家庭养老不可行时兜底的养老保障，任意解除协议可能导致被扶养人陷入无人照料的境地，反而更难保证被扶养人的生存权利；同时履行的任意终止可能会导致被扶养人陷入无人养老的困境，并终局性地导致受遗赠权利灭失。

管见以为，遗赠扶养协议应当允许解除，原因如下——

从立法的基本理念出发，我国不得解除的身份关系主要是基于自然伦理与血脉关系的亲子身份，由此产生的赡养关系、抚养关系不得解除。而基于身份行为产生的婚姻关系、养父母子女关系区别于自然血亲，在《民法典》中具有"终止"情形，分别规定于《民法典》婚姻家庭编中"离婚"章节与"收养关系的解除"章节。上述非自然血亲之身份关系尚可"终止"，况且遗赠扶养协议之扶养关系尚未到达纯粹身份关系之地位。遗赠扶养协议中扶养关系介于一般民事交易的委托关系与纯粹身份行为的身份关系之间，虽具有自然伦理属性，但弱于纯粹身份关系，举重以明轻，遗赠扶养协议当然可以解除。

从遗赠扶养协议的性质考虑，协议的签订主体较为特殊，双方的扶养关系基于协议产生，与基于自然伦理产生的抚养、赡养义务相比，不具有绝对性。双方通过实质对价的利益交换确立扶养关系，具有基本的合同属性，具备适用合同编"解除"规定的基础。如果扶养双方处于无矛盾的和谐状态，遗赠扶养协议能够继续履行以实现其合同目的，当事人也基本不会轻易解除合同；反之，在双方缺乏信任的矛盾状态下，提供协议的退出机制也是必

然要求。因此,遗赠扶养协议可以解除,其解除有两个合法依据:其一,基于双方合意;其二,基于法定要件之满足。

从遗赠扶养协议的阶段性考虑,由于遗赠开始于继承阶段,扶养人在扶养阶段中仅具有一个期待权益,遗赠作为遗产转移的特殊方式,在被扶养人死后才可转化为遗产请求权,被继承人生前虽应根据协议而持续保有约定的遗赠财产,但并没有强制性法律后果,协议的存在并不直接导致处分行为无效,解除作为事后的救济则更加必要。

综上,遗赠扶养协议原则上应允许解除,为扶养双方摆脱权利义务之约束留有余地。

(二)遗赠扶养协议解除裁判应坚持审慎态度

"禁止解除"裁判即法院驳回解除请求的判决,形成的法律效果为扶养双方应当继续履行合同。法律行为的解除权具有法律边界,部分"禁止解除"判决的存在具有正当性。

首先,从契约必守的私法精神出发,我国《民法典》第一百三十六条第二款表明了双方法律行为"法锁"的作用,表达了契约不得擅自解除的基本原则;《民法典》第四百六十五条也强调了协议的法律拘束力,双方当事人应当按照遗赠扶养协议履行各自的义务,不得擅自变更或者解除该协议。

其次,从扶养双方当事人缔结协议的目的考虑,协议的存续关涉扶养人的生活保障,也与被扶养人的"受遗赠权利"相关,且伦理、道德因素也穿插于该法律关系之中,这些因素共同促使该扶养关系的稳定性。在合同一方主张解除时,说明至少一方当事人不希望继续维系该法律关系,不过,并非任何情况下的终止意愿都符合解除的法定条件。

最后,扶养关系的建立往往是作为家庭救济的补充,被扶养人往往对扶养关系具有较强的依赖性,扶养关系之建立能够保障被扶养人的意定养老权益,虽往往处于家庭救济的兜底位置,但也能够符合被扶养人的养老愿景。

遗赠扶养协议的持续履行具有价值,也符合扶养双方的合同利益,法院在解除裁决时也应当注意上述价值,对待遗赠扶养协议的解除问题应当审慎。只有把握"禁止解除"裁判的适用尺度,在适用时予以充分释明,才能避免司法实践中因"禁止解除"裁判的不充分说理导致的扶养关系僵局。"禁止解除"判决应该于法有据、于情有理,法院在驳回解除协议的诉讼请求时,应当正确适用法律依据、充分阐释裁判理由,从而增强判决结果的可接受性。

（三）遗赠扶养协议解除裁判应摒弃错误逻辑

"禁止解除"的判决发生于法院介入审理后,即法院驳回扶养一方或双方解除协议的诉讼请求,判决维持遗赠扶养协议的继续履行。若法院依据法律规定进行了充分说理后得出该裁判结论,则并无不妥之处。不过,在遗赠扶养协议的司法裁判中,部分法官背离了演绎推理的思维模型,"后果导向裁判"思维的滥用导致"禁止解除"判决的合理性存疑。

首先,"后果导向裁判"思维主要适用于疑难案件。[①] 部分法院之所以作出"禁止解除"的判决,是考虑到遗赠扶养协议的订立背景,协议解除将会导致被扶养人再次面临养老困境。如"广某与王某等遗赠扶养协议纠纷上诉案"[②]中,法院鉴于被扶养人广某已是七十余岁的老年人,如解除双方签订的遗赠扶养协议,在多名子女病故,而外嫁女又不便对其照顾的情况下,可能会影响被扶养人广某今后的生活起居,因此从解除结果考虑,未支持被扶养人的解除请求。该法院优先倾向于维持现状,避免可能出现的养老困境,但忽略其他影响人身利益的解除事由是否正当。"后果导向裁判"属于在思维层面"逆推"的方法,并非演绎推理中对后果要素的简单关注。[③] 在司法裁判中,演绎推理仍作为基本方法,法院裁判应当坚持从法律依据、案件事实等出发进行逻辑论证,而不能由解除后果直接决定裁判内容。

其次,行为之债不具有强制性。[④] 由于扶养义务属于行为义务,其不具有强制履行的可能,即使维持"继续履行",双方存在矛盾时也并不能发挥养老保障之作用。遗赠扶养协议是关涉养老利益的持续性合同,关系稳定具

---

① 结论导向型的逆向裁判思维适用于存在实质正义困境的疑难案件,这为法官提供了一种创新思路路径。参见孔洁琼:《验证司法正义——疑难案件中法官逆向裁判思维的运用》,《山东审判》2014年第5期。对于结果导向裁判理论的适用空间,苏力将其限定为"难办案件"、桑本谦用的是"轰动案例"的提法。参见徐芳芳:《社科法学结果导向裁判理论的反思与重构》,《研究生法学》2017年第1期。

② 贵州省黔南布依族苗族自治州中级人民法院(2014)黔南民终字第472号民事判决书。

③ 宋保振:《后果导向裁判的认定、运行及其限度——基于公报案例和司法调研数据的考察》,《法学》2017年第1期。

④ 冀放:《实际履行制度规范模式研究》,《法学论坛》2020年第6期。

有重要的合同价值与社会价值,但在出现解除权纠纷时,继续履行的稳定性可以作为考量因素,但不应作为裁判的决定性因素,如"何某乙、路某等与何某甲遗赠扶养协议纠纷案"中,法院判决两次维持履行却导致矛盾激化。若仅仅为了维持履行的裁判结果而倒推限制解除的逻辑论证,则并没有实际解决当事人之间的矛盾,且法院又无法通过强制履行以实现判决结果,反而造成双方的不利益。

在遗赠扶养协议解除纠纷的审判实践中,法院所依据的解除条款虽不唯一,但部分法院能够正确处理遗赠扶养协议的法律逻辑,通过"三段论"的推理得出"禁止解除"的裁判结果。如"吴某 1、吴某 2 遗赠扶养协议纠纷二审案",法院能从事实依据出发适用法律规范,进而在个案不符合法定解除要件的情况下驳回解除协议的诉讼请求,作出"维持履行"的裁判结果。"禁止解除"判决应当依据演绎推理逻辑,在裁判解除阶段,摒弃因倾向"维持履行"的裁判结果而背离"禁止解除"法律论证的错误思维。

综上,遗赠扶养协议在允许解除的基础上,也要把握契约精神与特殊社会价值,在审慎解除的原则下,运用"三段论"演绎推理中法律发现和法律论证的基本方法,结合个案情况对遗赠扶养协议解除纠纷进行居中裁判,在遗赠扶养协议解除问题中实现司法正义。

二、遗赠扶养协议解除规则的适用

涉及遗赠扶养协议解除问题的特殊规定仅《继承编解释(一)》第四十条,而遗赠扶养协议对一般法定解除规则需要"参照适用"。在前述章节中,已论证遗赠扶养协议可以适用合同解除规则,本章将根据《民法典》合同编中的具体规定对遗赠扶养协议之性质进行具体化的适用检验。具体的适用标准包含两个层次:"立法与规范目的"的基础价值判断、"相似性与差异性"的相关程度判断。① 在框定可参照适用的合同编解除规定后,具体规范的适用范围、限制也需要根据性质予以解释或变通适用,实现遗赠扶养协议解除规范的体系构建。

---

① 张弓长:《民法典中的"参照适用"》,《清华法学》2020 年第 4 期。

（一）特殊法定解除规则的否定

在特殊的解除合同类型中，持续性不定期合同的"随时解除"规则作为新增的解除规则，与遗赠扶养协议较为类似，根据性质具有辨析空间；同时，部分学者认为遗赠扶养协议可以适用委托合同的"任意解除"规则作为解除依据。在下文中，笔者将对遗赠扶养协议能否适用上述两个解除规则进行验证。

1. 遗赠扶养协议不能适用"随时解除"规则

"随时解除"规则规定于《民法典》第五百六十三条第二款，即不定期合同的"随时终止"制度。

在价值层面的判断中，不定期合同的随时终止制度是为协议双方提供从协议"束缚"中解脱的必要途径，否则不定期合同将面临无法结束的问题；而遗赠扶养协议则无此困境，扶养双方在协议中预设了扶养关系的结束节点——被扶养人死亡，扶养阶段的结束时间点不确定并不影响协议预设终止的法律效果。因此，解除权是扶养关系终了的形式之一，而不定期合同的终止以随时解除权为必要条件，遗赠扶养协议本身就具有终了可能而无需使用随时解除权。

在相关程度的判断中，遗赠扶养协议长期履行的特性，以及被扶养人死亡的不确定性，都决定了遗赠扶养协议虽属于继续性合同，但已经具有履行终止的时间点，因而属于定期的继续性合同。从法律推理逻辑的角度考虑，遗赠扶养协议不符合不定期合同的认定条件，偏离了该法律规范的关键要素，不具有法律适用的"相似性"基础。

2. 遗赠扶养协议不能适用"任意解除"规则

"任意解除"规则规定于《民法典》第九百三十三条，其作为委托合同的解除方式具有一定特殊性。

在价值判断层面，扶养关系与委托关系均基于持续性合同的特性及信任关系原理，其中，遗赠扶养协议与有偿委托合同尤为类似。有偿委托合同中报酬和委托事项的关系，与遗赠扶养协议中获得遗赠权利和扶养义务具有同样的对价性质，双方互负财产与行为债务。因此，扶养关系与委托关系具有概括的相似性。不过，进一步分析则会发现两者仍存在较大区别。在有偿民事委托的情形中，主要考虑事项为委托服务的完成与报酬的取得，信任程度局限于委托事项的经济财产性质,因而双方以协议的不受拘束状态为优先价值判断;而扶养关系的信任要求来源于对扶养关系背后"赡养"形式的道德约束,反而会因特殊的信任而要求扶养关系以稳定状态为原则,双方不宜处于能随时摆脱合同绝对拘束的状态。① 基于此,扶养关系的"任意解除权"也应当更加谨慎,扶养关系中被扶养人的人身权益区别于民事委托关系中委托事项的经济价值,差异化的利益状态导致不同的利益衡量。

在相关程度层面,遗赠扶养协议中扶养义务的履行要求与有偿委托合同中"积极完成委托事项"的委托要求,具有构造上的相似性,呈现出事务性委托与报酬取得的对价关系。但两者的差异性主要体现为核心法律行为的差异,财产性权利的取得形式也存在差别。其一,从报酬的确定性来看,遗赠扶养协议的扶养义务不仅仅体现为一种以生活照料为内容的委托事项,扶养关系自协议订立时开始,至被扶养人死亡时终了,被扶养人的衰老状态及可能日渐加重的照料负担具有不确定性;有偿委托的委托事项具有相对固定的法律约束范围,报酬与委托事项间对应关系明确,因而其解除所造成的影响较小。其二,从可替代性上考虑,委托事项的可替代性较高,双方的解除行为对委托事项的影响可通过损害赔偿的方式加以衡平,而扶养人之选定具有特殊性,往往作为家庭养老的兜底形式,其替代难度决定其稳定性价值。其三,从履行内容来看,两者的财产性内容存在差异。一方面,因被扶养人具有完全处分权,获得遗赠财产的不确定性因素较多,区分于委托报酬作为金钱债务的固定性;另一方面,在扶养关系中,照料费用作为扶养义务的一部分由扶养人负担,而根据《民法典》第九百二十一条,委托方负担委托事项的费用。上述性质差异导致遗赠扶养协议不具备参照适用的基础。

如上分析,遗赠扶养协议的受拘束性产生于生养死葬等扶养行为的高度信任以及获得遗赠财产利益的阶段差异,无差别的任意解除权会损害扶养关系与遗赠关系的稳定性,因而遗赠扶养协议不应参照适用委托合同的任意解除权制度。

因此对于遗赠扶养协议的解除问题,还是应回归到一般法定解除规则,并根据遗赠扶养协议的特殊性质予以适用。

---

① 朱虎:《分合之间:民法典中的合同任意解除权》,《中外法学》2020 年第 4 期。

(二)一般法定解除规则的适用

根据《民法典》合同编第五百六十三条第一款的规定,除第五项作为特别法定解除事项的衔接条款,一般法定解除的类型主要有两种。基于不可抗力形成的法定解除权,规定于该款第一项;基于一方违约形成的法定解除权,分别规定于该款第二项、第三项、第四项,包括拒绝履行、迟延履行经催告后仍不履行和其他根本违约情形。其中,"不能实现合同目的"作为解除标准的模糊概念,为更多违约形态导致的法定解除留出解释空间。一般法定解除的条款以实现权利义务消灭为目的,在合同关系之终了的基础价值判断、相关程度判断具有普适性,遗赠扶养协议的解除问题具有适用合同编总则规定的基础。因而,下文主要讨论如何根据遗赠扶养协议的性质参照适用《民法典》第五百六十三条第一款。

1.一般法定解除规则的主体限制

在不可抗力的情形中,扶养双方当事人都具有请求解除的可能。[①] 在一方出现因不可抗力导致的履行不能情况时,相对方有权请求解除。

在迟延履行经催告后仍不履行的情形中,仅被扶养人具有主张法定解除权的可能性。在扶养阶段,被扶养人请求遗赠的权利尚未发生,被扶养人未进入履行债务的阶段,尚不需要转移约定的遗赠财产,因此对扶养人不能作出履行行为之评价;在遗赠阶段,此时被扶养人已死亡,因而不具有主体性,对扶养人也不能作出履行行为之评价。综上,迟延履行经催告后仍不履行仅可能发生于扶养阶段,此时履行主体为扶养人,若扶养人中止扶养且催告后仍不履行扶养义务,则成为被扶养人主张法定解除权的依据。

在拒绝履行的情形中,包括合同成立至履行届满前"明示"与"默示"的不履行,涵盖了履行期未开始以及履行期虽已开始但尚未届满两个阶段,[②]分别属于扶养人与被扶养人请求的情形,扶养双方均具有请求解除之可能。

---

① 薄燕娜、李钟:《论合同解除权的行使——〈民法典〉合同编第 565 条评释》,《法律适用》2021年第 6 期。

② 学界对于拒绝履行是否包括履行尚未开始的阶段存在争议,如王利明认为拒绝履行属于履行期到来之后的不履行,但也有大部分学者支持包含履行期前的阶段,如李永军、韩世远等,本书亦持此观点。从立法脉络来看,我国借鉴了英美法上预期违约制度,从文义解释角度看,法律规定为"届满期限",时间规定属于半开区间,应解读为包括履行期尚未开始的阶段。

在根本违约的情形中,当任何一方的其他违约行为导致合同目的不能实现时,扶养双方均可以主张解除。此时,需要从"合同目的"出发,进一步厘清扶养双方当事人的其他解除情况。

2.一般法定解除条件的类型化分析

下文中,笔者将根据解除条款的基本条件作为分类依据,结合遗赠扶养协议解除的具体情形予以类型化讨论。

第一,遗赠扶养协议的不可抗力情况属于"不能预见、不能避免且不能克服的客观情况"。具体而言,不能预见体现为主观要件,不能避免且不能克服则属于客观要件。[①] 不可抗力属于原因层面,其发生本身为客观事件,只有在不可抗力事件导致客观的履行不能时,才导致"合同目的不能实现"。实现遗赠扶养协议的解除问题时,也需要注意不可抗力与履行不能之间的因果关系。

第二,在拒绝履行与迟延履行经催告后仍不履行的情况中,都包含对"主要债务不履行"的判断。对于扶养人而言,主要债务即扶养义务,"主要债务不履行"可体现为扶养费用之不给付、扶养行为之不履行。对于被扶养人而言,主要债务即约定的遗赠财产,但由于遗赠于继承开始时发生,因此在被扶养人生前尚无给付义务,仅存在不作为义务。

第三,在根本违约条款中,"合同目的能否实现"是判断核心,作为法定解除权的兜底性条款,合同目的的模糊性带来解释的空间。其他违约行为包括第二、第三项之外的"不履行"行为,包含"不完全履行"及不可抗力外"履行不能"的情形。回顾《合同法》对本条款的立法过程,"合同目的不能实现"可近似理解为"严重影响守约方订约时的期望利益",[②]简而言之,"合同目的"可解读为"订立合同的期待利益"。

3.根本违约解除中"合同目的"的具体分析

协议双方追求的是"概括合同目的"相同,遗赠扶养协议作为双方的意思表示,共同的合同目的是形成合意之基础,"概括合同目的"即双方追求达成扶养关系与遗赠约定之法律效果;双方的意思表示方向相对、目的的相向,

---

① 韩世远:《合同法总论》,法律出版社 2018 年第 4 版,第 480 页。

② 崔建远:《合同一般法定解除条件探微》,《法律科学》(西北政法大学学报)2011 年第 6 期。

导致"具体合同目的"存在差别,扶养双方均具有单独的合同目的。① 扶养人与被扶养人给付内容的性质存在差异,阶段性的特点更加异化了双方的具体目的,因此应分别考察扶养双方当事人"单独"的合同目的。

对被扶养人而言,其合同目的为获得生前的扶养、死后的安葬,可具象为获得金钱供养与行为供养以安度晚年。协议具体内容可通过遗赠扶养协议的签订加以明确,在履行过程中也可通过合意进行调整。相较于前述的"拒绝履行"与"迟延履行经催告后仍不履行",②遗赠扶养协议的根本违约解除主要对扶养人"不完全履行"与非不可抗力的"履行不能"所导致的"合同目的不能实现"情况予以补充救济。③ "履行不能"的判断较为明确,而"不完全履行"可通过检验是否符合合理的"扶养标准"来确定扶养义务的履行程度,明确"何种样态和程度的违约"可认定为"不能实现合同目的"的根本违约。④

"扶养标准"在双方约定明确时应依约确定,属于意定解除的情形;而根本违约条款主要适用于扶养标准约定不明确或没有约定的情况,需结合合同解释的相关理论。合同解释以客观主义为主,主观主义为辅,法院居中裁判时应以一个"理性人"处于缔约环境中对合同用语的理解为准。⑤ 在构建扶养标准时应注意以下两点。其一,基础利益的选择倾向。在继承法订立之初,草案说明中就强调了遗赠扶养协议对老人晚年生活之好处,可见被扶养人的养老需求系扶养当事人的订约基础。不同扶养当事人之间的生活习性等具有较大差异,"理性人"标准应充分考虑个案情境,尊重被扶养人在扶

① 崔建远认为可以从不同角度多层次地理解合同目的。典型交易目的,可分为抽象视角审视的与具象视角审视的两种……在合伙合同等"共同行为"的场合,双方当事人有共同的合同目的;但在"契约"的场合,每一方当事人都有自己单独的合同目的。参见崔建远:《论合同目的及其不能实现》,《吉林大学社会科学学报》2015 年第 3 期。

② 在解除权中具有两种类型的"延期履行",构成要件分别为催告或不能实现合同目的,史尚宽将迟延履行所形成解除权因非定期行为和定期行为而分别论以不同的构成要件。由于遗赠扶养协议中扶养义务之履行为扶养行为与扶养费用,持续履行的性质不要求履行期日严守,属于非定期行为,应适用催告解除。另外,若存在特别的履行解除约定,则符合约定解除情形,因此排除被扶养人在无催告时的解除权。参见陆家豪:《履行迟延的合同解除规则释论》,《政治与法律》2021 年第 3 期;史尚宽:《债法总论》,中国政法大学出版社 2000 年版,第 538-544 页。

③ 杜景林:《合同解除的体系建构》,《法商研究》2020 年第 3 期。

④ 赵文杰:《〈合同法〉第 94 条(法定解除)评注》,《法学家》2019 年第 4 期。

⑤ 崔建远:《合同解释的三原则》,《国家检察官学院学报》2019 年第 3 期。

养过程中情感、信任等人身性需求,以满足被扶养人养老的"合理期待"。其二,被扶养人的弱势困境。被扶养人往往因日渐年老而处于弱势,认知、体能等都会逐渐衰退,对扶养人的依赖则逐渐增强。扶养行为对被扶养人的晚年生活质量起决定性作用,但扶养义务作为行为之债不具有强制性。考虑到年老的弱势地位,"以劣势方所属类型的理性人为标准解释合同更为周全"①,因此,对"合同目的不能实现"解释时应充分考虑被扶养人的个体情况,依照其被扶养前的生活标准对其合理期待的被扶养权益作出解释,才能更好保障其安享晚年。

具体情境下"理性人"的构建标准为兼顾客观、主观基准的合同解释机制,②扶养标准可从物质供养与行为供养两个方面展开。

在物质供养中,首先可参考被扶养人所在地的平均生活水平作为客观标准,因地制宜地对扶养费用范围做出一般性界定。此外,扶养标准也应考虑被扶养人的具体情况,以被扶养人协议前的生活水平作为履行扶养义务的参照因素。参考被扶养人的主观标准,是因为扶养双方的订约以存在一定的社会关系(包括非继承关系的其他亲属、情谊关系等)为基础,扶养双方有能力知悉彼此的生活水平。况且被扶养人生活水平与其身家财产对等,可一定程度体现为约定遗赠财产的价值,因而维持被扶养人原有生活水平符合理性人在协议中的合理期待。在个案中被扶养人原有生活标准明显高于平均水平时,具体情形中"理性人"的扶养标准可超越平均标准。

在行为供养中,扶养行为会直接影响被扶养人的生活状态,无论是日常生活照料还是疾病特殊照顾均包含于行为供养之中,扶养行为的类型涉及方方面面。"理性人"视角下,扶养行为应达到情感需求、精神需求等信任标准,不符合此标准的明显扶养瑕疵将导致不能实现合同目的。扶养行为本身具有人身性,其不可强制、不可替代的特点更要求法院应充分考虑扶养与被扶养双方的关系状态与信任基础,否则无法实现协议的持续履行。

对扶养人而言,其合同目的是获得约定的遗赠财产。鉴于遗赠财产的特殊性,遗赠财产请求权于继承开始后产生,遵循诚信原则,被扶养人应当

① 杨代雄:《意思表示解释的原则》,《法学》2020年第7期。
② 叶金强:《合同解释理论的一元模式》,《法制与社会发展》2013年第2期。

在扶养阶段"保有约定遗赠财产",约定遗赠财产的处分会导致终局性的遗赠不能,所以是否能够实现合同目的主要由约定财产范围、处分范围两个因素所决定。在指定部分财产作为遗赠财产时,因约定财产已特定化,处分该部分财产的行为明确导致客观的履行不能,属于默示的"拒绝履行",适用前述的"拒绝履行"条款即可。

而在概括指定全部财产时,由于被扶养人具有完全的处分权,被扶养人的处分行为是否导致解除需结合"合同目的不能实现"进行判断,约定遗赠利益事实上的丧失才构成根本违约。合理的处分行为虽导致被扶养人的财产总量减少,①但属于被扶养人于订约时可预见的财产消耗,实质上并未造成被扶养人的不利益。由于处分行为是"中性"法律行为,财产转移的权属变化作为法律后果存在特定目的,扶养人之处分应考察其原因。② 因此,概括遗赠应对处分行为背后的原因予以考察,若属于恶意处分的情形,③则扶养人的"合同目的"处于不能实现之境地,扶养人具备主张法定解除的条件,从而在充分尊重被扶养人生前处分权的同时,维持扶养人对遗赠财产之期待的基本利益平衡。

综上,遗赠扶养协议可以适用《民法典》第五百六十三条第一款,依据现有法律规范构建出解释论视角下遗赠扶养协议的解除框架。当然,遗赠扶养协议的性质具有一定特殊性:在适用各项法定解除条件时,应考虑遗赠扶养协议阶段性特点导致的适用主体限制;在"合同目的"的解释中,因人身利益优先保护的权益位阶,"理性人"视角下的扶养标准应以当地平均生活水平之客观标准结合被扶养人的原有生活水平、双方信任关系之主观标准予以确定。

(三)意定解除规则的适用

意定解除是当事人根据自身需要、依照双方自由意志而解除合同的情况,此时,法律允许当事人废弃合同约束力的正当性源于意思自治原则。遗

---

① 此处的合理标准为"维持被扶养人原有生活水准与情感需要的处分行为"。

② [德]卡尔·拉伦茨:《德国民法通论》,法律出版社 2003 年版,第 444—445 页。

③ 被扶养人虽属于有权处分,但其处分行为具有主观恶意时,会造成被扶养人的不利益;扶养人虽不能主张处分无效,但可以采取解除手段予以救济。此处的不利益行为如大额的财产赠与、不合理低价转让财产、不合理高价受让财产等行为。

赠扶养协议之意定解除同样包含两种类型,即协议解除与约定解除权,参照适用《民法典》第五百六十二条的第一款与第二款。两种解除类型均基于双方合意而产生,但也存在差别。其一,产生机制不同。协议解除是当事人协商一致后解除的情形,以反对合同的形式直接导致解除的发生;①约定解除权则是对双方不欲合同继续存在的特别情形之预期,更倾向于对违约情形的预先设置、违约后果的预先规定。其二,发生时间不同。协议解除发生于合同履行后,于达成合意时立即生效;而约定解除权则属于事前意愿,解除事由为预设情形,于约定解除权人主张时生效。由于意定解除所发生的机制不同,遗赠扶养协议的适用情形也存在差异。

1. 意定解除与法定解除的衔接规则

遗赠扶养协议解除问题中,意定解除优先于法定解除。意定解除的产生基于双方法律行为,是"合同自由原则"的具体表现,扶养双方当事人"为自身立法",属于因双方意志而产生的"自决",在法律框架内应优于一般解除规范的适用。② 扶养双方当事人被推定为自身利益的最佳判断者,对扶养关系中各自的权利期望、法律行为后果以及后果发生的或然性有自发考虑,无论是约定解除权还是协议解除都将作为一致意见呈现,尤其在这种非纯粹财产利益的协议安排中具有独特价值。

在意定解除存在争议而诉至法院时,法院裁判对意定解除的司法干预应秉持谦抑观念,③充分尊重双方当事人的处分权,以效力规范的合法性检验为界,而无需符合一般解除规范的合理性检验。即使双方所约定的事项相对于法定解除条件而言属于轻微的违约,扶养双方也可以通过合意降低解除协议的门槛,提高履行协议的义务程度。纯粹经济利益合同基于利益考量而排除显著轻微的违约行为,典型的合理性检验规范为《全国法院民商事审判工作会议纪要》第四十七条④。遗赠扶养协议虽具有工具价值,⑤但

---

① 史尚宽:《债法总论》,中国政法大学出版社 2000 年版,第 530 页。

② 韩世远:《合同法总论》,法律出版社 2018 年第 4 版,第 657 页。

③ 陈信勇:《亲属身份行为的立法构造——兼论民法典婚姻家庭编、继承编草案之完善》,《上海政法学院学报》(法治论丛)2019 年第 6 期。

④ 《九民纪要》第四十七条中,约定解除条件之成就需经过是否显著轻微、守约方合同目的之检验。

⑤ 冉克平:《论意思自治在亲属身份行为中的表达及其维度》,《比较法研究》2020 年第 6 期。

协议中的道德因素、信任要求等明显高于商事环境中的解除判断。考虑到扶养关系的人身性特点,对扶养双方所预设的"解除权",以真实的合意为判断标准,予以基础性的效力检验,无需验证违约程度是否显著轻微。若双方约定被扶养人再婚则扶养人可以主张解除协议,则因违反公序良俗而导致约定无效;但双方若约定支付扶养费用延期 5 天,则被扶养人可主张解除合同,此时迟延给付的违约程度虽轻微却因不违反效力性规范而有效。

综上,遗赠扶养协议强烈的人身属性增强了对法定解除要件的排斥,不应以约定解除权规定的违约程度作为否定解除效力的依据。法院的裁判应以原则性规范的兜底检验为限:在意定优先的基础上,与法定解除要件实现衔接,对存在约定的解除争议以尊重约定为原则,以根据合同效力要件及瑕疵检验做出调整为例外;对于约定内容欠缺而导致的诉讼,应回归到法定解除救济的规范路径。

2.意定解除的具体适用情形

在协议解除的情形中,因双方的解除合意实质上构成新的解除合同,属于"消灭既存合同之效力的合同",可以在合同履行的任一阶段发生。对遗赠扶养协议这种分阶段的长期合同而言,合意解除的灵活性更契合其权利义务动态变化的特点。扶养双方当事人中对扶养关系归于终了的合意,基于个案的复杂情况产生,"清官难断家务事",此时对扶养关系的解除也突破了一般法定解除情形的利益考量,以双方当事人自身的意思表示为准。解除之产生原因停留在协议相对人之间,而解除之后果在法律制度内产生效力,属于当事人通过法律行为创制规范之权威。[①] 因遗赠扶养协议与人身利益密切相关,以双方当事人在扶养过程中对协议履行的主观感受为准,采用协议解除应属首选方式。

在约定解除权的情形中,扶养双方在订立遗赠扶养协议之时便对解除事项予以安排,为合同的终了预设条件。约定解除权同样源于双方一致的意思表示,双方的解除合意以协议的形式产生规制效力,并赋予双方平等的、特定范围内的意定解除权。约定解除权之生效以约定事由发生为必要,其目的也是预先规避遗赠扶养协议长期履行的风险;约定解除事项的存在

---

① 杨代雄:《〈民法典〉第 153 条第 1 款评注》,《法治研究》2020 年第 5 期。

同样可以引导扶养人积极履行扶养义务、被扶养人诚实守信地保有遗赠财产。这种解除合意的主体预设比较自由,解除权可以选择保留给扶养关系中的单方或双方。解除权的约定一般产生于遗赠扶养协议订立之时,不以拟解除协议中已有约定为必要,也可以另行订立补充协议约定解除权。另外,关于约定解除权的适用方法及效果,以扶养双方的约定为先,如无特别约定,则可依据《民法典》中关于解除的一般规定。当然,双方对约定事由的预设可能无法涵盖全部情况,此时,在扶养双方约定解除权未涵盖领域,法院裁判仍应该适用法定解除权,符合约定调整模式和法定调整模式相互衔接配合的当然要求。①

三、遗赠扶养协议解除后法律救济规则的适用

(一)解除后法定救济范围

遗赠扶养协议解除后的责任承担具有特殊规定,法院可根据《继承编解释(一)》第四十条进行利益平衡:"继承人以外的组织或者个人与自然人签订遗赠扶养协议后,无正当理由不履行,导致协议解除的,不能享有受遗赠的权利,其支付的供养费用一般不予补偿;遗赠人无正当理由不履行,导致协议解除的,则应当偿还继承人以外的组织或者个人已支付的供养费用。"以供养费用作为恢复原状与损害赔偿的范围,原因如下。

一方面,遗赠扶养协议并非纯粹的经济利益合同,其不以营利作为目的。《继承编解释(一)》第四十条中,立法者所用的词语为"补偿"和"偿还",也表达了从公平原则出发的观点,解除救济以恢复原状以及损害填补为限。不同于经济利益合同中对履行利益之计算,遗赠扶养协议不宜将责任承担范围过分放大而加重双方的顾虑,进而影响协议发挥社会养老的基本价值。

另一方面,遗赠扶养协议解除的可得利益较为有限。② 扶养人以遗赠财产的获得作为合同目的,其本身对遗赠财产具有一定的期待利益,但遗赠财产在扶养阶段尚未上升为财产请求权,可得利益的赔偿应当考量发生的概

---

① 崔建远、吴光荣:《我国合同法上解除权的行使规则》,《法律适用》2009 年第 11 期。
② 《民法典》第五百八十四条规定了法定的违约赔偿损失,赔偿范围在可预见原则下还包括可得利益。

率程度,①长期合同履行过程中的可变因素较多,共同作用导致遗赠财产不能作为损失获得保护。同时,被扶养人的权利为生养死葬的人身权益,属于过程性的利益,因扶养义务之履行而持续产生,亦不得作为可得利益予以保护。因此,遗赠扶养协议因不可抗力或违约而导致的损失主要体现为实际的供养费用。

综上,为填补扶养双方解除后的实际损失,将可量化的扶养费用作为解除后救济的范围具有合理性,《继承编解释(一)》第四十条作为对违约解除后救济的特别规定应优先适用。

不过,在扶养双方对损害赔偿问题有所约定时,则应当从其约定,尊重意思自治在民法问题中的优先地位。约定情况下,遗赠扶养协议的救济可以超越法定解除的损害赔偿范围——供养费用。若扶养双方已经通过合意对某种违约情形的风险作出了预设,在违约行为存在时,法院就应当尊重扶养双方的合意。同时,对于违约金数额,法院裁判时可从违约金约定的一般有效性层面进行检验。若双方对损害赔偿没有约定,则按照遗赠扶养协议的责任承担规则进行处置,回归到法定解除救济的范畴当中。

(二)解除后法定救济规则

1.“无正当理由不履行”之理解

在遗赠扶养协议通过诉讼解除时,法院应当以《民法典》第五百六十六条第一款和《继承编解释(一)》第四十条作为裁判依据:就未履行部分,合同终止履行,扶养人“受遗赠权利”为充分履行扶养义务后终局性的权利,遗赠财产于被扶养人死亡时开始继承,扶养人生前无履行义务,因而不存在终止履行之内容,已履行部分主要为扶养人的扶养义务。在被扶养人“无正当理由不履行”导致协议解除时,被扶养人应当偿还供养费用以恢复原状;在扶养人“无正当理由不履行”导致协议解除时,被扶养人在解除后本应返还供养费用以恢复原状实现溯及既往之效果,但因属于扶养人“不履行”导致的解除,扶养人已支出的供养费用作为赔偿损失不予返还,扶养人赔偿义务和

---

① 黄薇主编:《中华人民共和国民法典合同编释义》,法律出版社 2020 年版,第 434 页。

被扶养人返还义务之间发生抵销。①

"无正当理由不履行"中有两部分的构成要素。其一，"无正当理由"指义务人主观上不具有履约意愿导致无法实现，义务人对该"不履行"的出现具有故意，违约方具有可归责性。正当理由可以包括不可抗力事件的发生、组织扶养人破产、自然人扶养人的死亡或民事行为能力的缺乏等自身原因，被扶养人拒绝受领扶养、履行期未至等外部原因。其二，学界对"不履行"的认定一般等同于违约②，包括履行不能、拒绝履行、迟延履行、不完全履行几种形态③。笔者也持该观点，从"履行"角度实现解除标准与救济标准的衔接，通过"不履行"的责任承担情况与一般法定解除的情形相对应，充分发挥特殊救济规则的作用。

2. "供养费用"之理解

在遗赠扶养协议中供养费用作为承担民事责任的范围，在扶养阶段为扶养人以扶养为目的支出的、保障被扶养人养老需求的各项费用。在扶养人承担解除责任时，作为损害赔偿方式不予返还；在被扶养人承担解除责任时，以恢复原状方式予以返还。因此，供养费用之明确具有重要意义。供养费用包含两部分。

第一，固定生活费支出，扶养人周期性支付费用给被扶养人。有约定时，可参考遗赠扶养协议中关于供养费用的相关约定；在无约定或双方约定不明时，法院可根据当事人所在地人均可支配收入作为参照进行计算，结合扶养义务履行情况、当地经济水平、扶养双方经济能力等因素合理确定，酌情以当地人均可支配收入为依据予以确认。

第二，非固定费用支出，此部分的费用包括医疗支出、住所费用等，此种费用以扶养人实际的供养开销凭据为准。只有在被扶养人导致解除时才涉

---

① 陆青：《合同解除效果与违约责任——以请求权基础为视角之检讨》，《北方法学》2012 年第 6 期。

② 柯伟才：《我国合同法上的"不能履行"——兼论我国合同法的债务不履行形态体系》，《清华法学》2016 年第 5 期。

③ 史尚宽认为"债务不履行，通常包括给付不能及给付迟延。然依我民法，则兼指给付拒绝及不完全给付而言"。参见史尚宽：《债法总论》，中国政法大学出版社 2000 年版，第 370 页。韩世远认为"中国法采统一的违约概念，不特别区分不能履行、迟延履行和不完全履行（积极侵害债权）等债务不履行形态"。参见韩世远：《法典化的合同法：新进展、新问题及新对策》，《法治研究》2021 年第 6 期。

及费用返还的问题,此时扶养人具有主张费用的举证责任,在扶养人不能证明开销时需要承担举证不能的不利后果。

第五节　遗赠扶养协议解除问题的裁判建议

民法典时代对于解除问题具有统一的制度体系,合同编的一般法定解除制度为意定解除与法定解除双模式,规定于《民法典》第五百六十二条与第五百六十三条第一款,而合同编分则也具有特定的解除模式。在上文对遗赠扶养协议充分分析后,笔者认为遗赠扶养协议不能够参照适用委托合同中任意解除规则,其确定终止的属性决定其不适用持续性合同的随时终止规则,遗赠扶养协议的解除依据应回归到法定解除的一般规定,在把握基本原则的基础上,根据性质确立统一的裁判标准,并实现解除标准与救济标准的衔接。

一、遗赠扶养协议解除裁判的基本原则

遗赠扶养协议解除判决应遵循审慎解除的限制原则。协议双方不得滥用解除权,应基于诚信原则,在存在合同履行障碍时才能适用解除规则。审慎行使解除权有利于当事人维护自身合法权益,及时止损;而滥用解除权则会损害对方当事人的履行利益,无论是被扶养人还是扶养人都无法实现自身利益最大化,也无法更好发挥遗赠扶养协议的社会养老效益。

遗赠扶养协议解除应遵循优先适用解除约定的顺序原则。"约定优先"体现了对协议双方自由意志的尊重,充分体现了合同自由原则。合同编的解除规定确立了遗赠扶养协议解除制度的基本框架,包含约定解除与法定解除(《民法典》第五百六十二条、第五百六十三条),其基本适用顺序为约定解除优先;遗赠扶养协议解除后的利益平衡(《民法典》第五百六十六条、《继承编解释(一)》第四十条),在存在约定的责任承担条款时,也应当优先适用约定条款。当然,约定条款以符合法定的效力检验条款为底线要求。

遗赠扶养协议解除判决应坚持诚实守信的兜底原则。由于生前的合同标的为扶养行为,一方面,法官应甄别扶养关系中恶意阻碍相对方履行合同

之行为,不仅扶养人的履行应符合合理的扶养标准,被扶养人配合的受领也十分必要;①另一方面,恶意从事其他背信行为也会导致协议解除,如被扶养人对约定遗赠财产的随意处分等。② 在遗赠扶养协议中,双方履行情况的判断颇为复杂,法官可运用诚信原则所赋予的自由裁量权达成个案正义。

二、遗赠扶养协议解除裁判的统一标准

在遵循上述原则的基础上,遗赠扶养协议诉讼解除的裁判标准在类型化后梳理如下。

遗赠扶养协议的意定解除中,协议解除是基于双方合意而形成的、非诉讼途径的解除。扶养双方均可发出解除的要约,在具有相应的解除承诺后,合意在自治的场域内就可实现,该解除之所以有效,仅是扶养双方意欲如此,尚未到达司法裁判的场域,司法机关应秉持谦抑的理念。

此外,在存在约定解除权的争议且双方对约定内容的意见不一致时,需通过诉讼途径解除协议。此时,法院裁判的重点是对约定解除权条款进行审查,无需以一般法定解除条款为参照,而是以法定的效力条款为检验标准。双方当事人预先约定的解除事由更符合双方对扶养关系与遗赠关系的特殊要求,更宽松或严格的解除约定背后是双方"因案而异"的动机与需求,在个案中具有特殊价值。对于遗赠扶养协议已有的约定内容,应对照《民法典》"民事法律行为的效力",从协议双方的民事行为能力、意思表示之真实与自由、公序良俗等角度进行检验。对于解除条件,应着重于判断是否违反"公序良俗"原则,如限制扶养人或被扶养人婚姻状态的解除条款应属无效;对于解除后救济,原则上认可特殊约定的效力;对于超出供养费用范围的损害赔偿不进行效力上的否认,仍应回归法律行为的效力判断。

遗赠扶养协议的法定解除中,若协议双方无约定或约定不明确时,则应当参照适用《民法典》第五百六十三条第一款,包括遗赠扶养协议因不可抗力解除、遗赠扶养协议守约方解除两种类型。

---

① 吴逸宁:《民法典编纂视野下的债权人不履行受领行为的责任规范整合》,《法治研究》2018年第 5 期。

② 孟勤国、王厚伟:《从附随义务到合作义务——兼论未来民法典合同编应明确规定合作义务》,《北方法学》2019 年第 3 期。

第一,因不可抗力而解除的情形中,理论上主要包括地震等自然灾害以及战争状态、罢工等社会灾害。不可抗力作为基础民法制度易于判断,属于解除的原因层面,因不可抗力导致客观给付不能才是解除权成立的依据。在导致约定遗赠财产的损毁灭失或扶养义务的履行不能时,则符合"合同目的不能实现"之要件。法官在基本规范的基础上确认是否属于"不可抗力"情形,需要行使自由裁量权认定"不能实现合同目的"。

第二,在守约方主张的解除情形中,拒绝履行与迟延履行所产生的解除权较为明确,焦点集中于根本违约时"合同目的不能实现"的判断,此时的"合同目的不能实现"主要基于当事人的行为,与不可抗力导致的情形存在不同。

在被扶养人主张解除的情况下,其概括的合同目的为获得"合乎期待"的扶养,在无明确约定时,结合合同条款的解释规则,以"理性人"视角下扶养程度的判断作为"合乎期待"的扶养标准。对扶养人物质扶养的标准认定以当地平均生活水平为基础,但也应考虑被扶养人原有生活标准,其扶养标准可细化为住所帮扶、供养费用等;而在行为扶养中,如生活照料、医疗看顾的扶养行为标准则内含善意交往等基本信任要求。① 违反合理的扶养标准属于不完全履行,将导致"合同目的不能实现"的后果,例如被扶养人仅维持金钱扶养而缺乏必要行为扶养、被扶养人疾病时消极的扶养行为等。

在扶养人主张解除的情况下,其概括的合同目的为遗赠财产的获得。"合同目的不能实现"主要因被扶养人对约定财产的处分行为。鉴于遗赠扶养协议的阶段性特点,遗赠财产请求权于被扶养人死亡时发生,因而被扶养人生前对遗赠财产具有完整的处分权,仅在公证情况下限制处分才具有一定正当性。② 由于遗赠财产处于客观的变动状态,应以遗赠财产保有的客观情况作为判断标准,是否影响处分权取决于遗赠财产与处分财产之间的关系。在指定部分财产为遗赠财产时,非指定财产仍可以处分;而对被指定部分为非金钱利益时,处分行为则直接导致扶养人的"合同目的不能实现"。

① 此时的情感与精神需求标准低于赡养关系中父母子女的精神赡养标准,对被扶养人的情感与精神需求以尊重、沟通作为要求即可。

② 《遗赠扶养协议公证细则》第十四条规定,公证后未经同意,被扶养人不得处分约定财产。

在指定全部财产作为遗赠财产时,由于遗赠财产并未特定化,只有在被扶养人存在恶意处分行为时,扶养人的"合同目的不能实现"才会发生。

三、遗赠扶养协议解除标准与救济标准的衔接

《继承编解释(一)》第四十条以"无正当理由不履行"作为标准,与解除标准的认定存在差异。在解除标准的救济当中,《民法典》第五百六十三条是以不可抗力及违约(不履行)作为标准,"不以当事人的归责事由(过错)为要件";[1]而救济标准则要求相对方具有可归责性,这就导致解除后不必然发生救济,而需要进一步分析是否存在"正当理由"。解除标准与救济标准的差异源于不同的利益考量。由于扶养关系中信赖基础丧失、生活水平不达标,对被扶养人造成的侵害关乎生存尊严,而生存尊严作为人格尊严具有至高无上性,[2]因而在解除阶段对被扶养人予以倾向性保护,应充分尊重被扶养人的解除请求;而扶养关系中对扶养人的侵害主要体现为遗赠财产利益之丧失,属于对财产利益之侵害。在利益衡量之下,在无约定时应充分考虑被扶养人的情况后确立理性人标准;解除后的责任承担则属于财产领域的利益填补,扶养双方处于财产权利救济的平等位阶,适用同等标准。同时,受信任基础等主观因素影响,不能苛责双方承担过多责任,因而以供养费用作为恢复原状与利益平衡之范围,以正当理由作为免责考量,实现对不利益方的财产性补偿。

"无正当理由不履行"包含两个层次:其一,处于不履行的消极状态,包括不能履行、迟延履行、拒绝履行、不完全履行,可与一般法定解除条款衔接。[3] 其二,不具有"正当理由"作为免责事由。"正当理由"是行为背后动因的考察,基于个案差异,法官具有自由裁量空间。

第一,在扶养双方依据不可抗力提出解除时,不可抗力符合"正当理由"的情形,双方均无法根据《继承编解释(一)》第四十条主张对方承担解除责任。

---

[1]　韩世远:《合同法总论》,法律出版社 2018 年第 4 版,第 658 页。

[2]　王利明:《论民事权益位阶:以〈民法典〉为中心》,《中国法学》2022 年第 1 期。

[3]　韩世远:《合同法总论》,法律出版社 2018 年第 4 版,第 549 页。

第二,在拒绝履行及迟延履行经催告后仍不履行时,违约方属于完全无履行的状态,另一方可根据《继承编解释(一)》第四十条要求解除后救济。在拒绝履行中,扶养双方当事人能履行而违法地表示不履行合同,因此不存在"正当理由";而迟延履行则需要对背后的"正当理由"进一步追问,探究是否存在难以克服的意外情况,例如扶养人丧失民事行为能力等。

第三,在扶养双方兜底性的根本违约解除中,①"合同目的不能实现"的解除标准与"无正当理由不履行"责任承担标准需分情况讨论。

在扶养人主张解除时,其"合同目的"为获得遗赠财产,"合同目的不能实现"为被扶养人对约定遗赠财产的处分超越合理限度,构成遗赠财产获得可能的丧失。在双方概括约定遗赠的范围时,处分行为并无明确边界,仅恶意处分将导致嗣后履行不能的情况,"恶意"与"无正当理由"的评价方向一致,且可归责于被扶养人,造成"不能实现合同目的"之后果,也当然满足"无正当理由不履行"之标准。此时,扶养人的法定解除权成立,可据此请求供养费用之返还。

在被扶养人主张解除时,根本违约的解除一般因不符合约定而发生,扶养行为虽不符合约定标准(无约定时为不符合合理性人标准),但扶养人尚具有可认定为履行的扶养行为,并不属于扶养义务根本否定之情况,而是"不完全履行",此时亦属于《继承编解释(一)》第四十条"不履行"之责任承担范围。当然,非不可抗力导致的履行不能也应该纳入考虑,需对扶养人履行不符合约定的原因予以考察,存在正当理由时则可以补偿供养费用。

遗赠扶养协议解除制度与解除后救济制度的体系化设计,可以更好保护扶养双方当事人的权益。

第六节　研究结论

遗赠扶养协议关涉被扶养人的人身利益和扶养人的遗赠利益,简单的

---

① 谢鸿飞:《〈民法典〉法定解除权的配置机理与统一基础》,《浙江工商大学学报》2020年第6期。

法律规定与复杂的实践纠纷之间存在规范矛盾,亟需完善的退出机制与司法救济制度予以规范。民法典将扶养主体的范围从集体经济组织扩大到所有组织,遗赠扶养协议的实践应用将更加广泛,统一遗赠扶养协议解除纠纷之裁判的法律依据、解决逆向裁判思维等问题具有理论与实践意义。

在法理分析中,笔者认为遗赠扶养协议区分于继承协议与附义务遗赠,其具有人身性与财产性、实质对价性和阶段性的特征。遗赠扶养协议原则上应当允许解除,虽规定于继承编但缺乏特别解除规定,且具备以扶养义务与继受遗产优先顺位为内容的继承法上身份,可将其定性为"有关身份关系的协议"。通过《民法典》第四百六十四条衔接条款,按照"缺乏具体规范—引入类似合同—检验具体条款"的思维路径,在框定参照适用合同类型的基础上,对具体适用条款进行实质检验。首先,遗赠扶养协议优先参照适用《民法典》第五百六十二条意定解除条款。其次,可以参照《民法典》第五百六十三条法定解除条款,并根据性质对扶养双方的解除条件予以明确。通过对解除法律依据的检验,明确法院允许解除遗赠扶养协议的标准与扶养双方的权利边界。最后,《继承编解释(一)》第四十条作为遗赠扶养协议解除后责任承担的特殊法律规范,在扶养双方无救济约定时,以供养费用为责任承担范围予以利益平衡。

在明确遗赠扶养协议解除的裁判建议之余,笔者对遗赠扶养协议的多元纠纷化解予以展望。遗赠扶养协议的个案差异较大且强调合意的特点预示着未来应着眼于对裁判解除的前置制度的构建,利用非对抗争议解决机制调整遗赠扶养协议的解除问题。其实我国司法部早在1991年就颁布了《关于印发〈遗赠扶养协议公证细则〉的通知》,但该细则不仅在效力层级上较低,公证程序也没有成为遗赠扶养协议的规范性制度。在遗赠扶养协议适用范围更加广阔的社会背景下,管见以为,可以通过完善遗赠扶养协议的公证制度实现源头的诉源治理,通过诉前调解实现解除外的争议解决,将该问题的解决在纵向时间上向前延伸,更好实现遗赠扶养协议解除纠纷的处理。遗赠扶养协议的解除不是目的,无争议的继续履行才是最优解,裁判解除应回归权利义务救济的最后保障。

此外,有必要在继承编中创设特殊解除规则,德国法中"缺失性行为"作为继承协议解除的规范具有重要参考意义。考虑到遗赠扶养协议规定于继承编的特殊性,对于被扶养人而言,扶养行为造成的侵害已超越违约解除的评价范围,但其造成的危害必然导致协议解除之后果。管见以为,《民法典》第一千一百二十五条可增加扶养人作为失权主体,在扶养人有侵害行为时予以特殊解除,这也是保障扶养关系之情感、道德要求的应有之义。

　　当然,面对审判实务的现状,当务之急还是通过指导案例的形式统一遗赠扶养协议的解除依据,纠正此类纠纷中"后果导向裁判"审判思维的误用。通过典型案例明确审判依据,统一基本裁判标准,发挥法官群体的能动性,甄别个案的情景差异,并予以充分说理,在统一标准与自由裁量中兼顾遗赠扶养协议纠纷的特殊道德价值,从而在实现个案正义的同时发挥法院裁判的专业性,维护司法公正与权威。

附录 相关法律、法规、规章和司法解释及其简称

《中华人民共和国宪法》(2018年3月11日修正)(《宪法》)

《中华人民共和国民法典》(2020年5月28日)(《民法典》)

《中华人民共和国民法通则》(2009年8月27日修正,已废止)(《民法通则》)

《中华人民共和国民法总则》(2017年3月15日,已废止)(《民法总则》)

《中华人民共和国婚姻法》(2001年4月28日修正,已废止)(《婚姻法》)

《中华人民共和国收养法》(1998年11月4日修正,已废止)(《收养法》)

《中华人民共和国继承法》(1985年4月10日,已废止)(《继承法》)

《中华人民共和国物权法》(2007年3月16日,已废止)(《物权法》)

《中华人民共和国合同法》(1999年3月15日,已废止)(《合同法》)

《中华人民共和国侵权责任法》(2009年12月26日,已废止)(《侵权责任法》)

《中华人民共和国反家庭暴力法》(2015年12月27日)(《反家庭暴力法》)

《中华人民共和国母婴保健法》(2017年11月4日第二次修正)(《母婴保健法》)

《婚姻登记条例》(2003年8月8日)

《中国公民收养子女登记办法》(2019年3月2日修订)

《最高人民法院关于适用〈中华人民共和国民法典〉总则编若干问题的解释》(2021年12月30日)(《总则编解释》)

《最高人民法院关于适用〈中华人民共和国民法典〉婚姻家庭编的解释(一)》(2020年12月29日)(《婚姻家庭编解释(一)》)

《最高人民法院关于适用〈中华人民共和国民法典〉继承编的解释（一）》（2020 年 12 月 29 日）（《继承编解释（一）》）

《最高人民法院关于贯彻执行〈中华人民共和国民法通则〉若干问题的意见（试行）》（1988 年 1 月 26 日，已废止）（《民通意见》）

《最高人民法院关于适用〈中华人民共和国婚姻法〉若干问题的解释（一）》（2001 年 12 月 24 日，已废止）（《婚姻法解释（一）》）

《最高人民法院关于适用〈中华人民共和国婚姻法〉若干问题的解释（二）》（2017 年 2 月 20 日修正，已废止）（《婚姻法解释（二）》）

《最高人民法院关于适用〈中华人民共和国婚姻法〉若干问题的解释（三）》（2011 年 7 月 4 日，已废止）（《婚姻法解释（三）》）

《最高人民法院关于贯彻执行〈中华人民共和国继承法〉若干问题的意见》（1985 年 9 月 11 日，已废止）（《继承法意见》）

《最高人民法院关于人民法院办理执行异议和复议案件若干问题的规定》（2020 年 12 月 29 日修正）（《执行异议复议规定》）

后　记

　　笔者自 1985 年起讲授婚姻法课程（以及后来的亲属与继承法、身份法专题课程），并从那时起关注、研究婚姻家庭和财产继承法律问题。在这 30 多年间，笔者编写了《亲属与继承法》（法律出版社 2016 年版）和《民法》（浙江大学出版社 2010 年第 1 版、2011 年第 2 版、2016 年第 3 版，含婚姻家庭和继承法内容），并发表了《论完善拟制血亲关系》（《杭州大学学报》1988 年第 3 期）、《论死者生命痕迹的法律保护》（《法律科学》1992 年第 3 期）、《自然债与无名身份协议视角下的生育纠纷》（《浙江社会科学》2013 年第 6 期）、《论死亡保险金的非遗产化处理——基于对〈保险法〉第四十二条第一款的分析》（《浙江工商大学学报》2013 年第 6 期）、《离婚时养老保险个人账户资金处理问题研究——以婚姻法解释（三）第十三条为中心》（《浙江学刊》2014 年第 1 期）、《身份法视角下的婚外同居补偿协议》（《法治研究》2014 年第 9 期）、《身份关系视角下的民法总则》（《法治研究》2016 年第 5 期）、《亲属身份行为的立法构造——兼论民法典婚姻家庭编、继承编草案之完善》（《上海政法学院学报》2019 年第 6 期）等论文。同时，笔者先后指导 30 余位研究生完成了以婚姻家庭和财产继承法律问题为选题的学位论文。

　　身份法律行为问题是笔者多年关注、思考的一个学术问题。笔者与本书的其他作者系师生关系，在"亲属法专题"研究生课程以及其他场合就身份法律行为问题展开过深入的研讨。本书的写作过程也可以说是师生间围绕身份法律行为的一个专题教学和研讨的过程。笔者确定了本书的研究主题、思路和框架，并根据各位作者的研究兴趣，拟定了撰写的分工计划。具体的写作分工如下。

　　陈信勇：撰写绪论、第一章身份法律行为的基础理论、第五章婚外同居补偿协议问题分析；

陈安然:撰写第二章身份法律行为的民法典适用；

邓环宇:撰写第三章婚姻无效或者被撤销损害赔偿问题分析、第四章忠诚协议的性质与效力问题分析；

黄桢舜:撰写第六章离婚财产协议的效力问题分析、第八章遗赠婚外同居者遗嘱的效力问题分析；

张晓梅:撰写第七章继承协议问题分析、第九章放弃继承协议问题分析；

齐文熠:撰写第十章遗赠扶养协议的解除问题分析。

全书由笔者统稿后定稿。

陈信勇

2023 年 7 月 31 日于浙江大学之江校区

图书在版编目(CIP)数据

民法典视角下的身份法律行为 / 陈信勇等著. —杭州:浙江大学出版社,2023.8(2024.7 重印)
ISBN 978-7-308-23792-5

Ⅰ.①民… Ⅱ.①陈… Ⅲ.①民法－法律行为－研究－中国 Ⅳ.①D923.14

中国版本图书馆 CIP 数据核字(2023)第 091984 号

民法典视角下的身份法律行为

陈信勇 等著

责任编辑	曲 静
责任校对	朱梦琳
封面设计	雷建军
出版发行	浙江大学出版社
	(杭州市天目山路 148 号 邮政编码 310007)
	(网址:http://www.zjupress.com)
排 版	浙江大千时代文化传媒有限公司
印 刷	广东虎彩云印刷有限公司绍兴分公司
开 本	710mm×1000mm 1/16
印 张	19.5
字 数	310 千
版 印 次	2023 年 8 月第 1 版 2024 年 7 月第 2 次印刷
书 号	ISBN 978-7-308-23792-5
定 价	78.00 元